电路考研18讲

无计算器版

【试题册】

书课包

水木珞研教育 —— 主编

北京理工大学出版社
BEIJING INSTITUTE OF TECHNOLOGY PRESS

版权专有　侵权必究

图书在版编目（CIP）数据

电路考研18讲：无计算器版：函套2册 / 水木珞研教育主编. -- 北京：北京理工大学出版社，2025.5.
ISBN 978-7-5763-5352-5

Ⅰ．TM13

中国国家版本馆CIP数据核字第2025VK4549号

责任编辑：多海鹏		**文案编辑**：多海鹏	
责任校对：周瑞红		**责任印制**：李志强	

出版发行 ／ 北京理工大学出版社有限责任公司
社　　址 ／ 北京市丰台区四合庄路6号
邮　　编 ／ 100070
电　　话 ／（010）68944451（大众售后服务热线）
　　　　　　（010）68912824（大众售后服务热线）
网　　址 ／ http：//www.bitpress.com.cn

版 印 次 ／ 2025年5月第1版第1次印刷
印　　刷 ／ 三河市良远印务有限公司
开　　本 ／ 787 mm × 1092 mm　1/16
印　　张 ／ 31
字　　数 ／ 774 千字
定　　价 ／ 89.80元（共2册）

图书出现印装质量问题，请拨打售后服务热线，负责调换

前　言

"电路"课程是电气工程专业重要的基础课程，该课程所讲述的基本概念、定理、定律和各种分析方法，也是深入学习电气类相关课程的必备理论基础。在电路的学习过程中，夯实课程基础是达成对题目的分析方法得当、计算准确、解题灵活的关键一环。然而，自2024年起，全国硕士研究生招生考试逐步实行禁止使用计算器的标准，这无疑给电路课程的学习带来了新的挑战，电路题目的求解方式也发生了巨大变化。

为帮助在校大学生学好本门课程，也为满足考研学子需求，进一步提高分析能力和计算能力，水木珞研教育培训团队基于十多年来从事电路理论教学与研究的经验，参考国内外优秀电路教材，集百家之所长精心编写本书。希望本书的问世，能帮助电路考研学子在不借助计算器等工具的情况下，选择合适的方法，高效、准确地求解各类电路题目，同时为"电路"学科在无计算器的考研形势下指明命题新方向。

本书共分18讲，每讲均包括以下4个部分的内容。

第1部分为【命题基本点】：归纳出该讲的命题基本点，并标出每个考点的难度系数，为考生指明学习的目标与方向。

第2部分为【基本考点总结】：从基础知识点到重点、难点，进行全面覆盖，帮助考生扫清盲点和梳理易错点，让考生对知识点能从归纳到理解再到运用，层层加深理解程度，最终熟练掌握所学知识，并能灵活应用。

第3部分为【巩固提高】：给出大量的、典型的、难易结合的无计算器习题。按照由浅入深、由易到难、由简到繁的原则，设置了科学的、合理的梯度与坡度，为考生提供一个循序渐进的学习途径，特别是综合提高部分的题目，可用于强化阶段来拔高考生在无计算器时求解电路题目的能力。

第4部分为【习题解析】：每道题都有配套的文字解析和视频讲解，精辟阐述各类题型的解题方法、分析思路、计算步骤及在无计算器求解时应注意的问题，使考生在拿到题目后能做到思路清晰、方法简捷、计算娴熟、举一反三，达到熟能生巧的程度。

水木珞研教育希望精心打磨后出版的本书，能提高电路考研学子的学习能力，帮助大家把握无计算器考研形势下"电路"可能的命题方向，助力所有考生顺利备考研究生初试！

由于编者水平有限，书中难免会存在些许瑕疵，欢迎各位考生、师长及同行批评指正！

编者

题型梳理&计算技巧
——电路考研无计算器版

题型梳理

自2025年起，考研全面禁止使用计算器，无计算器类题目主要有三大题型：

(1) 命题人提前处理好数据，算出来的数据为整数；

(2) 题目中无具体数据，以字母形式替代，尤其是证明题；

(3) 题目中需要的数据会以参考数据的形式给出，比如 $\sqrt{3} \approx 1.732$。

这里给出一些常用的无计算器计算的技巧和小知识点。

计算技巧

▶ 一、根号估计

$$\sqrt{2} \approx 1.414, \sqrt{3} \approx 1.732, \sqrt{5} \approx 2.236, \sqrt{7} \approx 2.646, \sqrt{10} \approx 3.162$$

▶ 二、线性方程组求解

对于简单的线性方程组，直接手算即可。对于较复杂的线性方程组，克拉默法则是很好的求解方式，通常在只需要解其中某一变量而方程个数较多的时候使用，尤其适用于频域和复频域中的线性方程组求解。

对于线性方程组

$$\begin{cases} a_{11}x_1 + a_{12}x_2 + \cdots + a_{1n}x_n = b_1 \\ a_{21}x_1 + a_{22}x_2 + \cdots + a_{2n}x_n = b_2 \\ \cdots\cdots \\ a_{n1}x_1 + a_{n2}x_2 + \cdots + a_{nn}x_n = b_n \end{cases}$$

其系数行列式为

$$d = \begin{vmatrix} a_{11} & a_{12} & \cdots & a_{1n} \\ a_{21} & a_{22} & \cdots & a_{2n} \\ \vdots & \vdots & & \vdots \\ a_{n1} & a_{n2} & \cdots & a_{nn} \end{vmatrix}$$

若 d 不为零，那么线性方程组有唯一解，且

$$x_1 = \frac{d_1}{d}, x_2 = \frac{d_2}{d}, \cdots, x_n = \frac{d_n}{d}$$

其中 $d_j(j=1, 2, \cdots, n)$ 是把 d 中第 j 列换成方程组的常数项 $[b_1, b_2, \cdots, b_n]^T$ 所成的行列式。

▶ 三、三角形模型

1. 特殊三角形(见图)

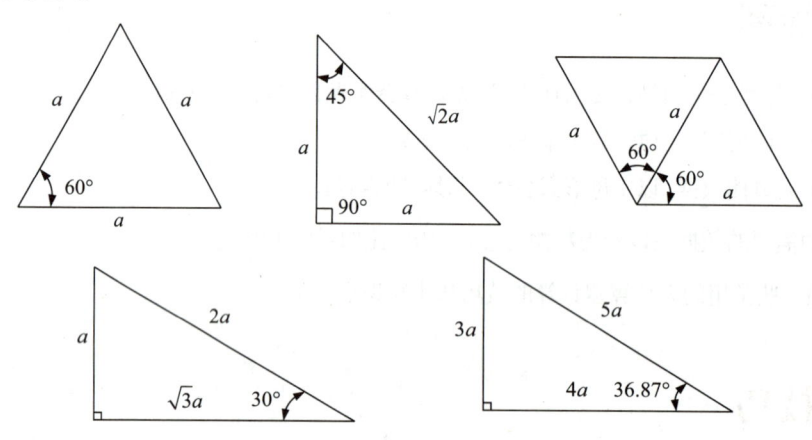

2. 常见三角函数数值(本书中默认为已知数, 见表)

函数＼角度	30°	36.87°	45°	53.13°	60°
sin	$\frac{1}{2}$	$\frac{3}{5}$	$\frac{\sqrt{2}}{2}$	$\frac{4}{5}$	$\frac{\sqrt{3}}{2}$
cos	$\frac{\sqrt{3}}{2}$	$\frac{4}{5}$	$\frac{\sqrt{2}}{2}$	$\frac{3}{5}$	$\frac{1}{2}$
tan	$\frac{\sqrt{3}}{3}$	$\frac{3}{4}$	1	$\frac{4}{3}$	$\sqrt{3}$

▶ 四、复数运算

1. 基础知识

复数的加减法 $\begin{cases} 直角坐标: F_1 \pm F_2 = (a_1 + jb_1) \pm (a_2 + jb_2) = (a_1 \pm a_2) + j(b_1 \pm b_2) \\ 向量运算: 复数的加减运算遵循矢量合成运算规则 \\ (平行四边形法则或三角形法则,见图) \end{cases}$

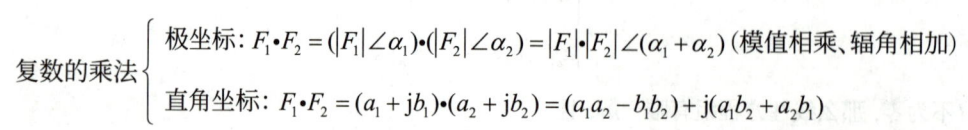

复数的乘法 $\begin{cases} 极坐标: F_1 \cdot F_2 = (|F_1| \angle \alpha_1) \cdot (|F_2| \angle \alpha_2) = |F_1| \cdot |F_2| \angle (\alpha_1 + \alpha_2) \text{ (模值相乘、辐角相加)} \\ 直角坐标: F_1 \cdot F_2 = (a_1 + jb_1) \cdot (a_2 + jb_2) = (a_1a_2 - b_1b_2) + j(a_1b_2 + a_2b_1) \end{cases}$

复数的除法 $\begin{cases} 极坐标：\dfrac{F_1}{F_2} = \dfrac{|F_1|\angle\alpha_1}{|F_2|\angle\alpha_2} = \dfrac{|F_1|}{|F_2|}\angle(\alpha_1-\alpha_2)\ (模值相除，辐角相减) \\ 直角坐标：\dfrac{F_1}{F_2} = \dfrac{a_1+jb_1}{a_2+jb_2} = \dfrac{(a_1+jb_1)\cdot(a_2-jb_2)}{(a_2+jb_2)\cdot(a_2-jb_2)} = \dfrac{a_1a_2+b_1b_2}{a_2^2+b_2^2} + j\dfrac{a_2b_1-a_1b_2}{a_2^2+b_2^2} \end{cases}$

共轭复数的乘积

$$F\cdot \overset{*}{F} = (|F|\angle\alpha)\cdot[|F|\angle(-\alpha)] = |F|^2$$

旋转因子

$$F\cdot e^{j\theta} = (|F|\angle\alpha)\cdot e^{j\theta} = |F|\angle(\alpha+\theta)$$

2. 常见的复数运算(本书中默认为已知)

$\begin{cases} 1+j = \sqrt{2}\angle 45° \\ 1-j = \sqrt{2}\angle(-45°) \\ -1+j = \sqrt{2}\angle 135° \\ -1-j = \sqrt{2}\angle(-135°) \end{cases}$，$\begin{cases} 1+j\sqrt{3} = 2\angle 60° \\ 1-j\sqrt{3} = 2\angle(-60°) \\ -1+j\sqrt{3} = 2\angle 120° \\ -1-j\sqrt{3} = 2\angle(-120°) \end{cases}$，$\begin{cases} \sqrt{3}+j = 2\angle 30° \\ \sqrt{3}-j = 2\angle(-30°) \\ -\sqrt{3}+j = 2\angle 150° \\ -\sqrt{3}-j = 2\angle(-150°) \end{cases}$

$\begin{cases} 3+j4 = 5\angle 53.13° \\ 3-j4 = 5\angle(-53.13°) \\ -3+j4 = 5\angle 126.87° \\ -3-j4 = 5\angle(-126.87°) \end{cases}$，$\begin{cases} 4+j3 = 5\angle 36.87° \\ 4-j3 = 5\angle(-36.87°) \\ -4+j3 = 5\angle 143.13° \\ -4-j3 = 5\angle(-143.13°) \end{cases}$

▶ 五、高次方程求解

一般来说，考查的高次方程的次数不超过三次！出现高次，必须降次处理！只要超过二次的方程，一律进行如下处理。

(1) 试根，用常见的0，±1，±2进行尝试。

(2) 若通过试根拆出相关因式后，最高项次数为二次，则停止，若超过二次，则重复试根过程，直至最后拆出的因式最高项次数为二次。

应用：部分分式展开法。

$$F(s) = \dfrac{N(s)}{D(s)} = \dfrac{a_0 s^m + a_1 s^{m-1} + \cdots + a_m}{b_0 s^n + b_1 s^{n-1} + \cdots + b_n}$$

第1步：将 $F(s)$ 化为真分式。若 $n=m$，则 $F(s) = \dfrac{N(s)}{D(s)} = A + \dfrac{N_0(s)}{D(s)}$，式中 A 是一个常数，其对应的时间函数为 $A\delta(t)$，余数项 $\dfrac{N_0(s)}{D(s)}$ 是真分式。若 $n>m$，则 $F(s)$ 本身为真分式，即 $F(s) = \dfrac{N_0(s)}{D(s)}$。

第2步：将真分式 $F(s)$ (设为 $\dfrac{N_0(s)}{D(s)}$) 用部分分式展开法展开。用部分分式展开法展开真分式时，需

3

要对分母多项式作因式分解，求出 $D(s)=0$ 的根。下面分几种情况进行讨论：

①若 $D(s)=0$ 有 n 个单根，设 n 个单根分别是 $p_1、p_2、\cdots、p_n$，则 $F(s)$ 可以展开为

$$F(s) = \frac{K_1}{s-p_1} + \frac{K_2}{s-p_2} + \cdots + \frac{K_n}{s-p_n}$$

其中，对于 $i=1、2、\cdots、n$，可用待定系数法求得，即

$$K_i = \left[(s-p_i)F(s)\right]\Big|_{s=p_i}$$

也可用求极限的方法求得，即

$$K_i = \lim_{s \to p_i} \frac{(s-p_i)N(s)}{D(s)} = \lim_{s \to p_i} \frac{(s-p_i)N'(s)+N(s)}{D'(s)} = \frac{N(p_i)}{D'(p_i)}, \quad K_i = \frac{N(s)}{D'(s)}\Big|_{s=p_i}$$

②如果 $D(s)=0$ 有共轭复根 $p_1 = \alpha+j\omega$，$p_2 = \alpha-j\omega$，则

$$K_1 = \left[(s-\alpha-j\omega)F(s)\right]\Big|_{s=\alpha+j\omega} = \frac{N(s)}{D'(s)}\Big|_{s=\alpha+j\omega}, \quad K_2 = \left[(s-\alpha+j\omega)F(s)\right]\Big|_{s=\alpha-j\omega} = \frac{N(s)}{D'(s)}\Big|_{s=\alpha-j\omega}$$

由于 $F(s)$ 是实系数多项式之比，故 K_1、K_2 为共轭复数。

设 $K_1 = |K_1|e^{j\theta_1}$，则 $K_2 = |K_1|e^{-j\theta_1}$，有

$$f(t) = K_1 e^{(\alpha+j\omega)t} + K_2 e^{(\alpha-j\omega)t} = 2|K_1|e^{\alpha t}\cos(\omega t + \theta_1)$$

③如果 $D(s)=0$ 有重根 p_1，则应含 $(s-p_1)^n$ 的因式。

现设 $D(s)$ 中含有 $(s-p_1)^3$ 的因式，p_1 为 $D(s)=0$ 的三重根，其余为单根，则

$$F(s) = \frac{K_{13}}{s-p_1} + \frac{K_{12}}{(s-p_1)^2} + \frac{K_{11}}{(s-p_1)^3} + \frac{K_2}{s-p_2} + \cdots$$

$$K_{11} = \left[(s-p_1)^3 F(s)\right]\Big|_{s=p_1}, \quad K_{12} = \frac{\mathrm{d}}{\mathrm{d}s}\left[(s-p_1)^3 F(s)\right]\Big|_{s=p_1}$$

$$K_{13} = \frac{1}{2!}\frac{\mathrm{d}^2}{\mathrm{d}s^2}\left[(s-p_1)^3 F(s)\right]\Big|_{s=p_1}$$

类似地，若 $D(s)$ 中含有 $(s-p_1)^n$ 的因式，则有 $K_{1n} = \frac{1}{(n-1)!}\frac{\mathrm{d}^{n-1}}{\mathrm{d}s^{n-1}}\left[(s-p_1)^n F(s)\right]\Big|_{s=p_1}$。

目 录

第1讲 电路模型及电路定律 ······ 1

第2讲 电阻电路的等效变换 ······ 9

第3讲 电路方程 ······ 20

第4讲 电路定理 ······ 29

第5讲 理想运算放大器 ······ 43

第6讲 动态电路之基本元件 ······ 52

第7讲 动态电路之时域分析 ······ 57

第8讲 正弦稳态电路 ······ 75

第9讲 耦合电感电路 ······ 92

第10讲 谐振电路 ······ 103

第11讲 三相电路 ······ 116

第12讲 非正弦周期电路 ······ 135

第13讲 动态电路复频域分析 ······ 143

第14讲 二端口参数电路 ······ 158

第15讲 非线性电路 ······ 174

第16讲 状态方程 ······ 182

第17讲 图论基础及电路方程矩阵形式 ······ 189

第18讲 均匀传输线 ······ 203

第1讲　电路模型及电路定律

命题基本点

一、电量的参考方向	【☆☆】
二、电功率和能量	【☆】
三、基本电路元件	【☆】
四、电压源和电流源	【☆】
五、受控电源	【☆☆】
六、基尔霍夫定律	【☆☆】

基本考点总结

▶ 一、电量的参考方向

1. 电流的参考方向

以任意选定的一个方向作为电流的参考方向，如图(a)和图(b)所示。

(a) $I > 0$　　(b) $I < 0$

2. 电压的参考方向

以任意选定的一个方向作为电压的参考方向，如图(a)和图(b)所示。

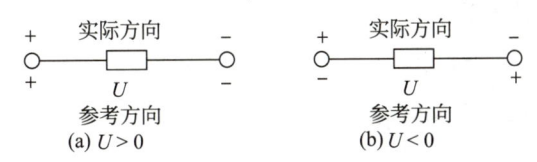

(a) $U > 0$　　(b) $U < 0$

3. 关联/非关联参考方向

关联参考方向和非关联参考方向如图(a)和图(b)所示。

(a) 关联参考方向　　(b) 非关联参考方向

> **水木珞研总结**
>
> 参考方向是各自独立、任意选取的，并且不会改变电路的状态。

二、电功率和能量

1. 电功率定义

单位时间内电场力所做的功。

$$p = \frac{dW}{dt} = \frac{dW}{dq} \cdot \frac{dq}{dt} = ui$$

功率 p 的单位：瓦[特]/W。

2. 吸收和发出功率总结

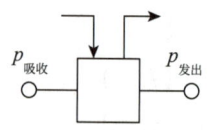

$$p = ui = \begin{cases} u、i \text{取关联参考方向} \begin{cases} p > 0, \text{吸收正功率(发出负功率)} \\ p < 0, \text{发出正功率(吸收负功率)} \end{cases} \\ u、i \text{取非关联参考方向} \begin{cases} p > 0, \text{发出正功率(吸收负功率)} \\ p < 0, \text{吸收正功率(发出负功率)} \end{cases} \end{cases}$$

三、基本电路元件

1. 三种基本电路元件

理想电路元件
- R ⟹ 只反映能量损耗
- C ⟹ 只反映电场储能
- L ⟹ 只反映磁场储能

⟹ 只反映一种物理过程

2. 四种电路基本物理量及其关系

电压：u；电流：i；电荷：q；磁通链：ψ。

四种电路基本物理量的关系如图所示。

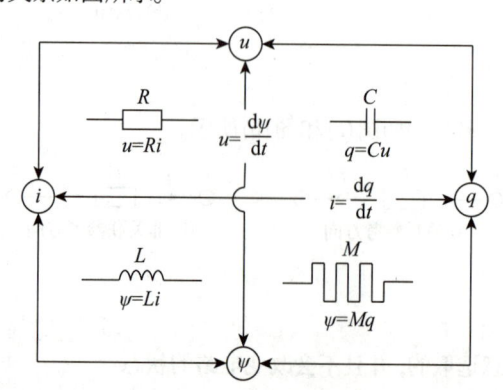

- R：$u = Ri$
- C：$q = Cu$
- L：$\psi = Li$
- M：$\psi = Mq$
- $u = \dfrac{d\psi}{dt}$
- $i = \dfrac{dq}{dt}$

四、电压源和电流源

1.电压源(见图)

(1)定义。

端电压总保持为规定的时间函数值,而与该元件本身流过的电流的大小无关。

(2)符号。

电压值为u_S,单位:伏[特]/V。

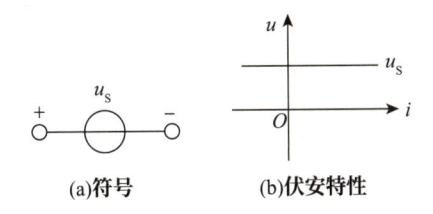

(a)符号　(b)伏安特性

2.电流源(见图)

(1)定义。

流过的电流总保持为规定的时间函数值,而与该元件本身的端电压的大小无关。

(2)符号。

电流值为i_S,单位:安[培]/A。

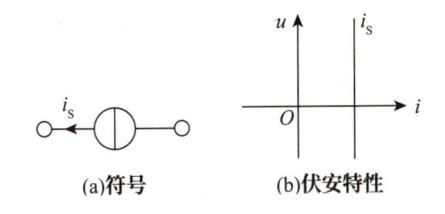

(a)符号　(b)伏安特性

五、受控电源

1.定义

电压或电流的大小和方向不是给定的时间函数,而是受电路中某个地方的电压(或电流)控制的电源,称为受控源。

2.各种受控源对比(见表)

电压控制电压源(VCVS)	$+\ \mu u_1\ -$ (控制端口省略)	端电压u取决于控制端口处的电压u_1,即由u_1控制,而与该元件本身流过的电流i无关
电流控制电压源(CCVS)	$+\ ri_1\ -$ (控制端口省略)	端电压u取决于控制端口处的电流i_1,即由i_1控制,而与该元件本身流过的电流i无关

续表

电压控制电流源（VCCS）	gu_1（控制端口省略）	流过的电流 i 取决于控制端口处的电压 u_1，即由 u_1 控制，而与该元件本身的端电压 u 无关
电流控制电流源（CCCS）	βi_1（控制端口省略）	流过的电流 i 取决于控制端口处的电流 i_1，即由 i_1 控制，而与该元件本身的端电压 u 无关

▶ 六、基尔霍夫定律

1. 基尔霍夫电流定律（KCL）

(1) 定义。

任一时刻流出(流入)任一节点的各支路电流的代数和为零，即

$$\sum i_k(t) = 0 \quad (i_k \text{表示第} k \text{条支路的电流})$$

(2) 广义节点。

如图所示，被封闭面切割的各支路电流的代数和为零。

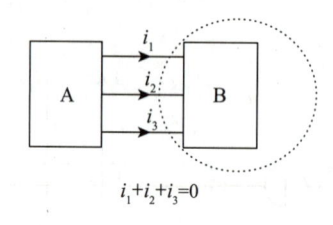

$i_1 + i_2 + i_3 = 0$

2. 基尔霍夫电压定律（KVL）

(1) 定义。

任一时刻沿任一闭合路径(按固定绕向)，各支路电压代数和为零，即

$$\sum u_k = 0 \quad (u_k \text{表示第} k \text{条支路的端电压})$$

(2) 广义回路。

绕行的路径必须构成闭合路线才能应用KVL，但被研究的电路不一定是通路，如图所示，此时可构成广义回路。

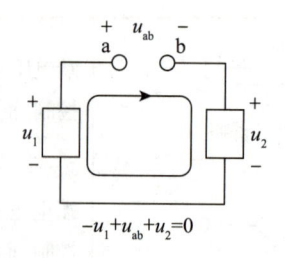

$-u_1 + u_{ab} + u_2 = 0$

4

巩固提高

题1 试求解如图所示电路中各个元件的功率，并验证整个电路处于功率平衡状态。

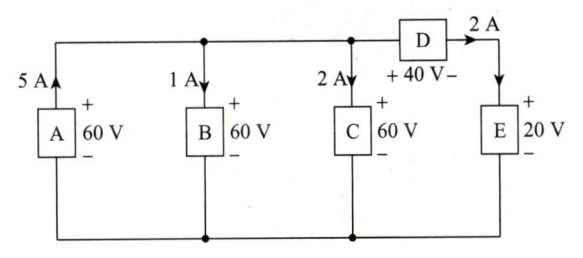

题2 电路如图所示，试求电压 U。

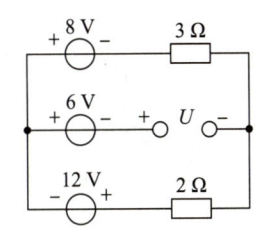

题3 电路如图所示，求 c 点电位。

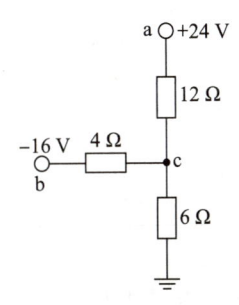

题4 电路如图所示，求解下面两个情况下的 b 点电位。
(1) 开关 S 断开时；
(2) 开关 S 闭合时。

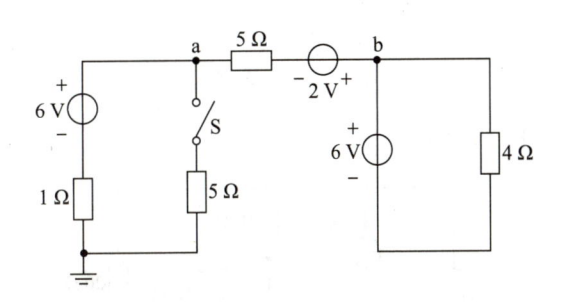

题5 计算如图所示电路中端口电压 U_{ab} 的值。

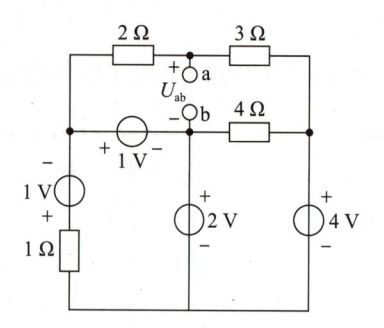

题6 如图所示电路中 $U=10\,\text{V}$，$I=2\,\text{A}$，求电流源和网络 A 与 B 各自发出的功率。

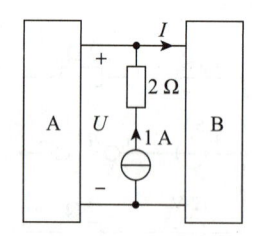

题7 电路如图所示，已知网络 N_1、N_2，其中 N_1 发出功率为 $1\,\text{W}$，N_2 吸收功率为 $2\,\text{W}$，$U_{S2}=2\,\text{V}$，$I=2\,\text{A}$。求 U_{S1} 的值。

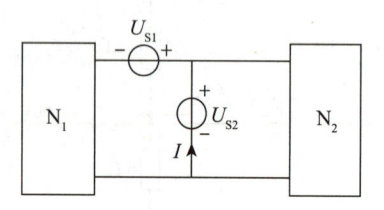

题8 如图所示电路中，若电流 $I=0$，求电流源 I_S。

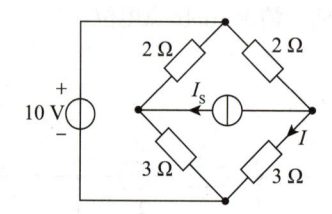

题9 求如图所示电路中的电流 i。

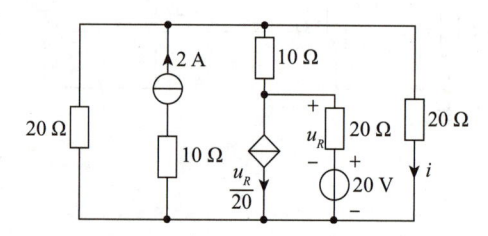

题 10 电路如图所示，求端口电压 U_{ab}。

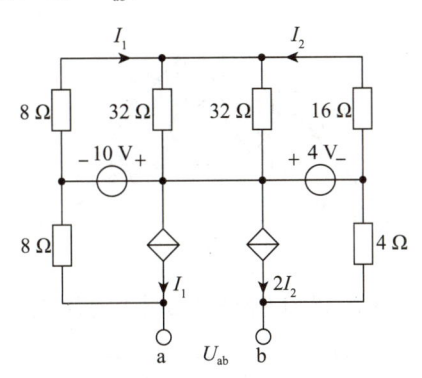

题 11 如图所示电路中，已知 5 V 电压源支路的支路电流 I_0 为 10 A，试确定受控电流源的控制系数 α。

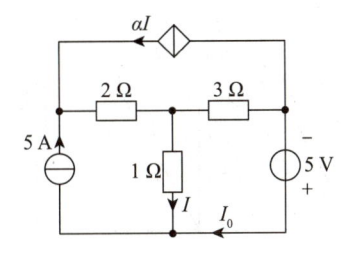

题 12【综合提高】如图所示电路中，已知 $I = 0$，求电阻 R。

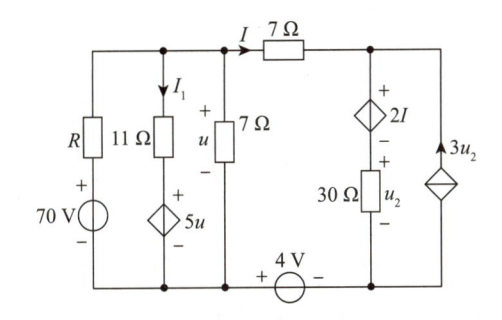

题 13【综合提高】如图所示电路中，当 1 V 电压源发出的功率为 0 时，求此时的 U 和 g。

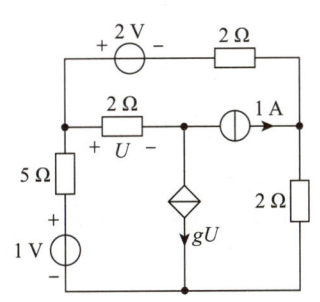

题14【综合提高】计算如图所示电路中各支路电流及所有电源的功率。

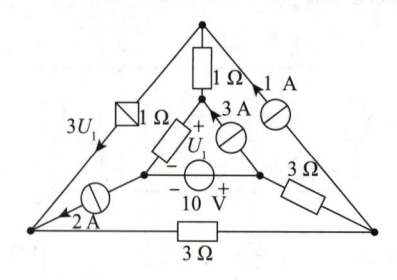

题15【综合提高】电路如图所示，已知不论开关S是否闭合，电路状态均不变。求电阻R。

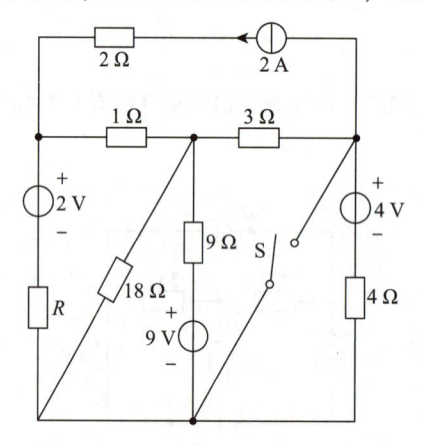

第2讲 电阻电路的等效变换

命题基本点

一、电阻的串联和并联　　　【☆☆】

二、电阻的Y⇔△等效变换　　【☆☆☆】

三、电压源、电流源的串联和并联　【☆☆☆】

四、实际电源模型的等效变换　【☆☆】

五、一般性输入电阻求解　　　【☆☆☆】

基本考点总结

一、电阻的串联和并联

1. 电阻串联

n 个电阻串联电路如图(a)所示。

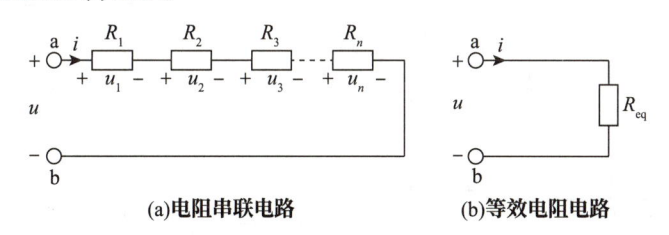

(a)电阻串联电路　　(b)等效电阻电路

(1)等效电阻电路如图(b)所示。

$$R_{eq} = R_1 + R_2 + \cdots + R_n$$

(2)分压公式。

$$u_k = \frac{R_k}{R_{eq}} u \ (k=1,2,\cdots,n)$$

(3)电路功率。

$$p = ui, \ p = R_{eq} i^2, \ p = p_{R_1} + p_{R_2} + \cdots + p_{R_n}$$

(4)串联特点。

①对于串联的每个电阻，其分得的电压与其阻值成正比；

②等效电阻数值大于任意一个电阻，串联电阻越多，等效电阻越大(不考虑负电阻)。

2. 电阻并联

n 个电阻并联电路如图(a)所示。

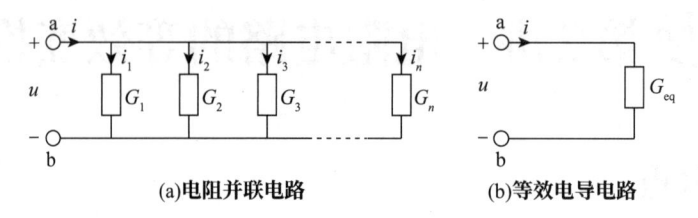

(1) 等效电导(电阻)电路如图(b)所示。

$$G_{eq} = G_1 + G_2 + \cdots + G_n \text{ 或 } \frac{1}{R_{eq}} = \frac{1}{R_1} + \frac{1}{R_2} + \cdots + \frac{1}{R_n}$$

(2) 分流公式。

$$i_k = \frac{G_k}{G_{eq}} i \ (k=1,2,\cdots,n) \text{ 或 } i_k = \frac{R_{eq}}{R_k} i (k=1,2,\cdots,n)$$

(3) 电路功率。

$$p = ui,\ p = G_{eq}u^2,\ p = p_{R_1} + p_{R_2} + \cdots + p_{R_n}$$

3. 一般形式的串并联(见图)

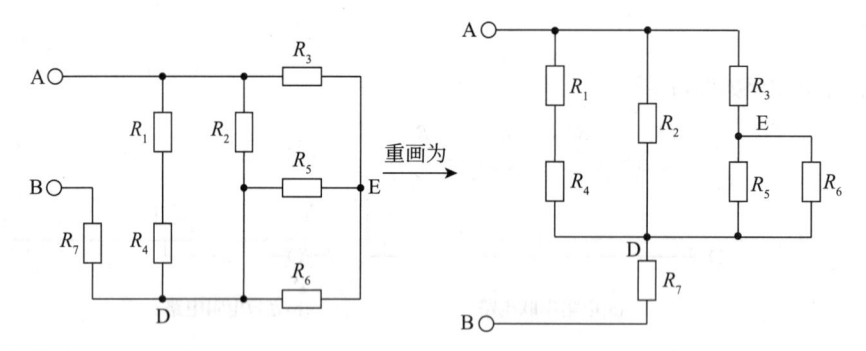

端口等效电阻

$$R_{AB} = (R_1 + R_4) // R_2 // (R_3 + R_5 // R_6) + R_7$$

4. 电桥

(1) 电桥定义。

如图所示，桥形结构电路中电阻既不是串联也不是并联，R_5 所在支路为桥支路，其余4个电阻所在支路为桥臂。

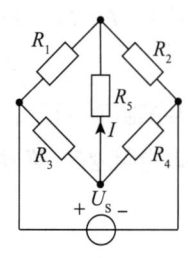

(2) 电桥平衡。

当 $\dfrac{R_1}{R_2} = \dfrac{R_3}{R_4}$，即 $R_1R_4 = R_2R_3$ 时，$I=0$，称 $R_1R_4 = R_2R_3$ 为电桥的平衡条件。

电桥平衡时，桥支路可以看成短路或者开路，等效电阻

$$R_{eq} = R_1 // R_3 + R_2 // R_4 \text{ 或者 } R_{eq} = (R_1+R_2) // (R_3+R_4)$$

▶ **二、电阻的 Y ⇔ △ 等效变换**

1. Y ⇔ △ 电阻关系（见图）

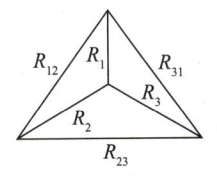

等效变换

$$\begin{cases} R_{12} = R_1 + R_2 + \dfrac{R_1R_2}{R_3} \\ R_{23} = R_2 + R_3 + \dfrac{R_2R_3}{R_1} \\ R_{31} = R_3 + R_1 + \dfrac{R_3R_1}{R_2} \end{cases}$$

$$R_\triangle = \dfrac{\sum Y \text{形相邻电阻乘积}}{\text{不相邻} R_Y}$$

2. △ ⇔ Y 电阻关系（见图）

等效变换

$$\begin{cases} R_1 = \dfrac{R_{12}R_{31}}{R_{12}+R_{23}+R_{31}} \\ R_2 = \dfrac{R_{23}R_{12}}{R_{12}+R_{23}+R_{31}} \\ R_3 = \dfrac{R_{31}R_{23}}{R_{12}+R_{23}+R_{31}} \end{cases}$$

$$R_Y = \dfrac{\triangle \text{形相邻电阻乘积}}{\sum R_\triangle}$$

特别地，若三个电阻相等（对称），则有 $R_\triangle = 3R_Y$（考得最多）。

三、电压源、电流源的串联和并联

1. 理想电压源的串并联

(1) 串联。

n 个电压源的串联可等效成一个理想电压源 u_S(注意参考方向):

$$u_S = \sum u_{Sk} = u_{S1} + u_{S2} + \cdots + u_{Sn} \text{(代数和)}$$

u_{Sk} 的参考方向与 u_S 的参考方向一致时,式中 u_{Sk} 的前面取 "+" 号,不一致时取 "−" 号。

(2) 并联。

激励电压相等且极性一致的电压源才允许并联,否则违背 KVL,且每个电压源的电流无法确定。

2. 理想电压源和元件并联的等效电路(见图)

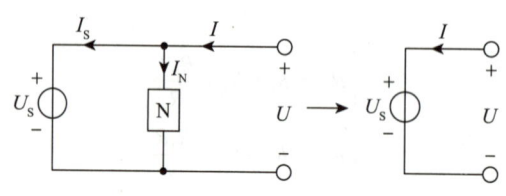

其中 N 为二端元件或二端电路。

3. 理想电流源的串并联

(1) 并联。

n 个电流源的并联可等效成一个理想电流源 i_S(注意参考方向):

$$i_S = \sum i_{Sk} = i_{S1} + i_{S2} + \cdots + i_{Sk} \text{(代数和)}$$

i_{Sk} 的参考方向与 i_S 的参考方向一致时,式中 i_{Sk} 的前面取 "+" 号,不一致时取 "−" 号。

(2) 串联。

激励电流相等且方向一致的电流源才允许串联,否则违背 KCL,每个电流源两端的电压无法确定。

4. 理想电流源与元件串联的等效电路(见图)

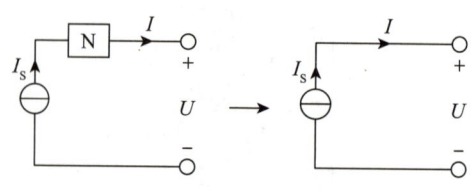

其中 N 为二端元件或二端电路。

四、实际电源模型的等效变换

1. 非受控源等效变换

如图所示,有伴电压源(电压源与电阻串联组合) ⇔ 有伴电流源(电流源与电阻并联组合)。

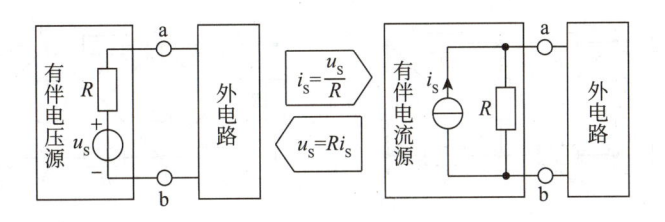

2.含受控源等效变换

如图所示,当控制量 u_1 或 i_1 处在 a、b 端口右侧外电路时,有伴受控电压源 ⇔ 有伴受控电流源。

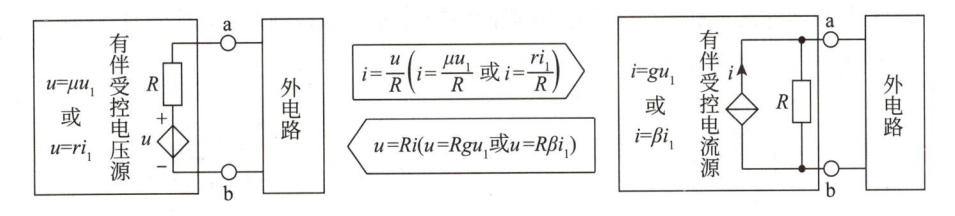

▶ 五、一般性输入电阻求解

1.纯电阻网络:对网络进行化简

(1) 若网络 N 是简单的串、并联结构(混联网络)。

应用电阻的串、并联等效变换求解。

(2) 若包含电桥结构。

① 若电桥处于平衡状态: 应用平衡电桥结论;

② 若电桥处于不平衡状态: 利用 Y ⇔ △ 变换。

(3) 若电路含有等电位点。

利用导线构成等电位、对称电路法等。

① 编号法。

a. 编码:

顺电势高低比较各电阻两端的电势,凡相同者用同一数码标号。

b. 识别:

两端数码对应相同的电阻为并联;

只有一个数码相同的为相邻的电阻;

若某电阻两端编码相同, 说明它的两端电势相等, 无电流流过, 在电路中不画。

c. 作图:

将电阻按识别好的串、并联关系排列作图,凡数码相同的各端点应集合在同一节点上。

举例: 如图所示, 图中 10 个电阻均并联在 A、B 之间。

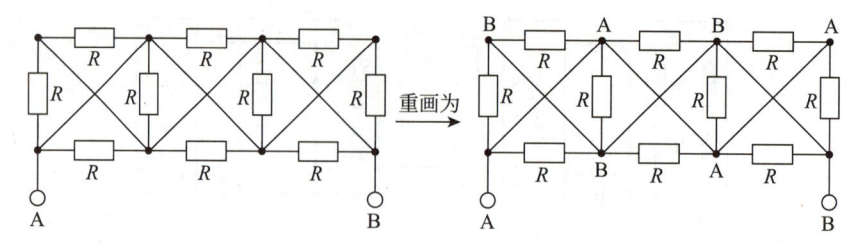

②对称型。

在电路中处于对称位置的点通常是自然等位点,于是可利用自然等位点的性质,或将这些对称点短接,或将连于对称点间的支路断开,从而达到化简网络的目的(一般找到对称轴或者对称面)。

举例: 如图所示, a、b 两点等电位。

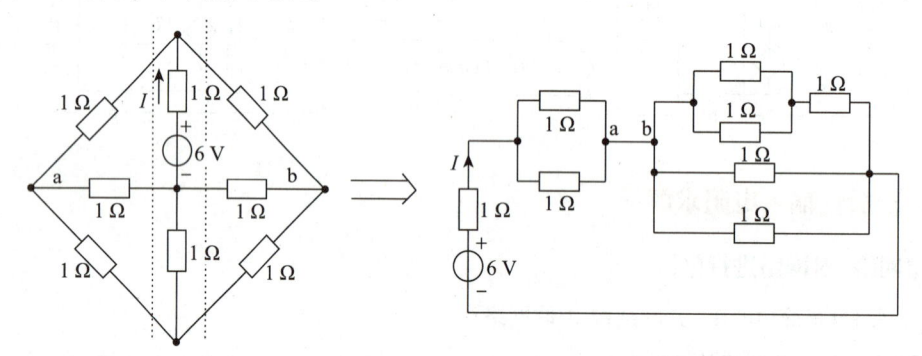

类似这些可以扩展的一般性的平面对称或空间对称亦可满足。

2.含受控源电路:对受控源处理

(1)受控源可以直接等效成电阻。

(2)加压求流法及加流求压法:先将电路中所有独立电源置零,接着在电路端口外加电压源或者电流源,最后求出端口电压和电流比值即可。

(3)开路电压/短路电流法:先求端口的开路电压,再求端口的短路电流。

(4)一步法(求出端口的伏安特性法):端口外加电压源或者电流源,求出端口的VCR。

巩固提高

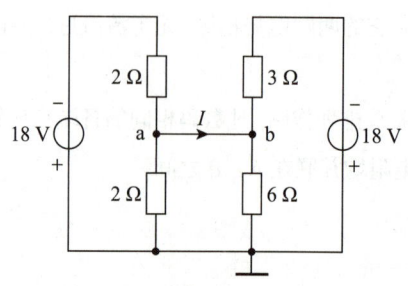

题1 求如图所示电路中的电流 I。

题 2 求如图所示电路中的电流 I 和电压 U。

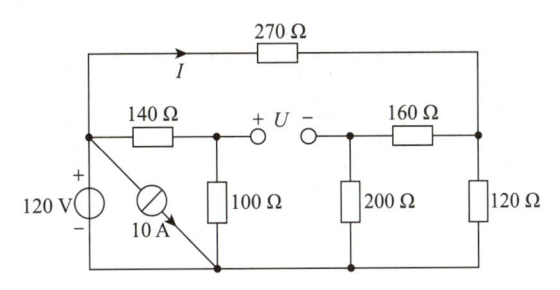

题 3 电路如图所示,求 a、b 端口的等效电阻 R_{ab}。

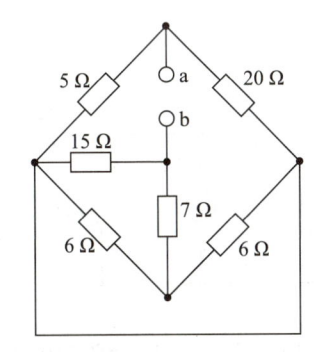

题 4 电阻电路如图所示(单位: Ω),求端口的等效电阻 R_{eq}。

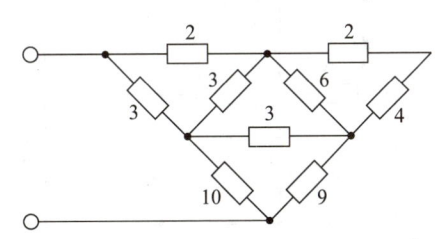

题 5 电路如图所示,求图中的电流 I_1 和 I_2。

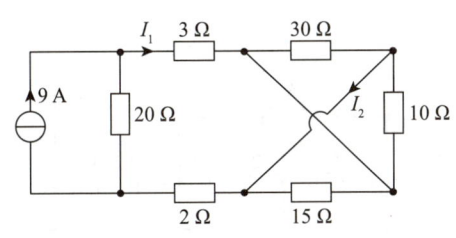

题 6 求如图所示一端口的等效电阻。

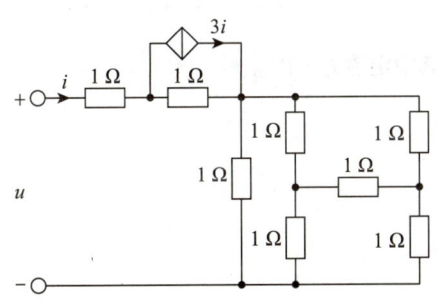

15

题7 求如图所示电路中两受控源各自发出的功率。

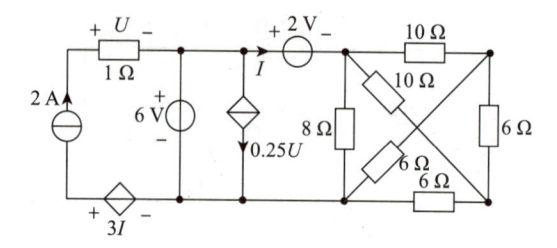

题8 电路如图所示。

(1) 求电流 I_1 和 I_2；

(2) 求 1 A 电流源和 3 V 电压源的功率。

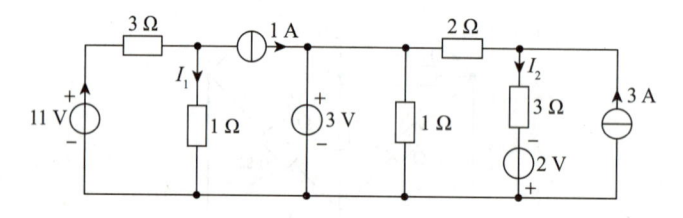

题9 已知如图所示电路中，30 V 电压源发出的功率为 150 W，求 R 的值。

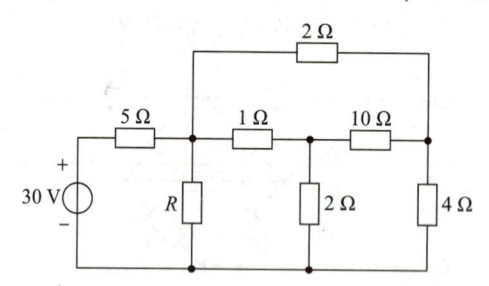

题10 如图所示电路中，$R_1 = R_2 = R_3 = R_4 = R_5 = R_6 = 1\,\Omega$，求电压 U_0。

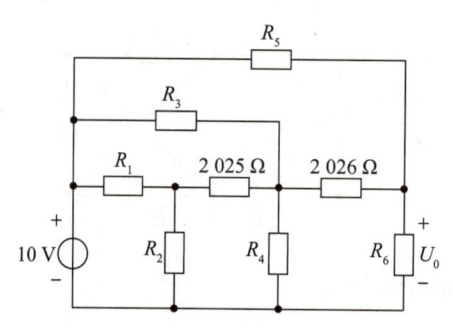

题11 电路如图所示，求其中电流 I_{ab} 的值。

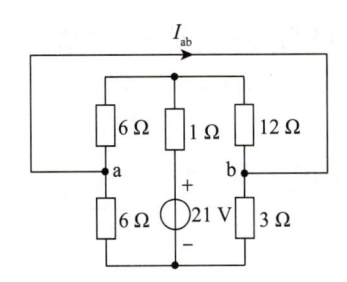

题 12 电路如图所示，已知 $U = 6$ V，试求电压源 U_S 发出的功率。

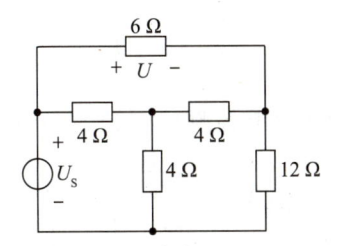

题 13 电路如图所示，试求电流 i。

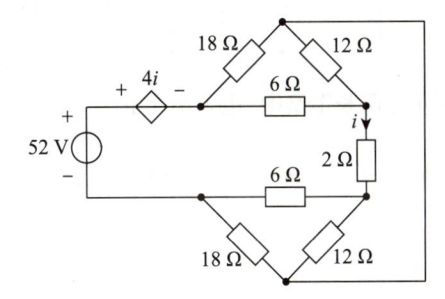

题 14 已知 I_S、R、R_L，求如图所示电路中的电压 U_L。

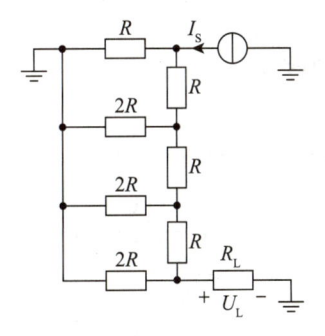

题 15 电路如图所示，试求电流 I。

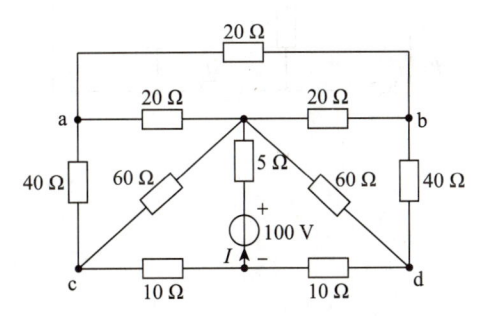

题16【综合提高】如图所示电路中的 $I=0$，试求 U_S 的值。

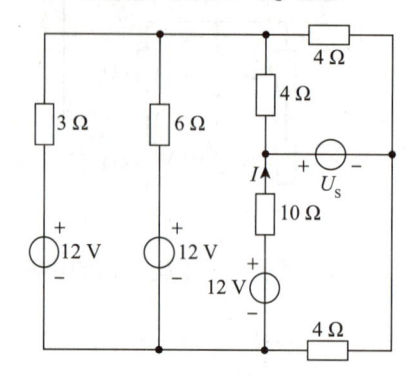

题17【综合提高】电路如图所示，问电流源 I_S 为何值时，可以使得电流 I_L 为零。

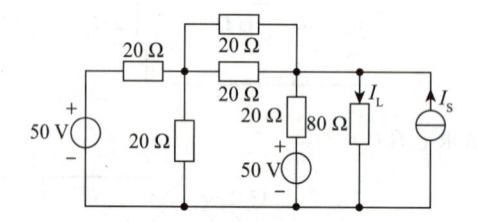

题18【综合提高】如图所示无限长电路中，电阻均大于 0。

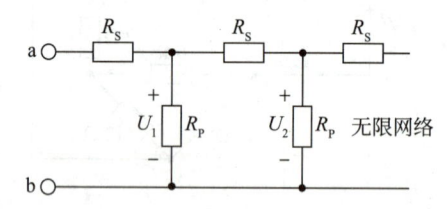

(1) 求 a、b 端口等效电阻；

(2) 若 $\dfrac{U_1}{U_2}=n\,(n\neq 1)$，则 $\dfrac{R_P}{R_S}$ 的值为多少。

题19【综合提高】如图所示的电路，试求输入电阻 R_{ab}。

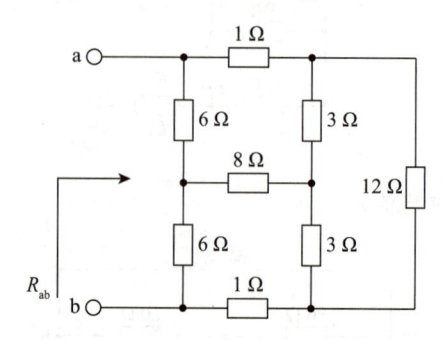

题20 【综合提高】求如图所示电路中的电流 I、I_1 和 I_2。

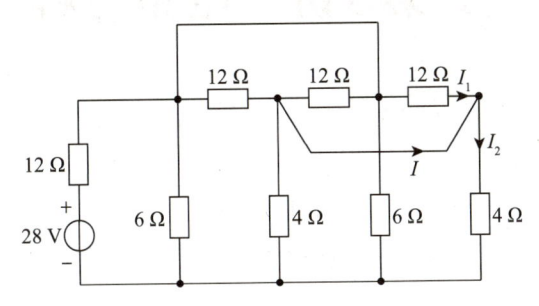

第3讲 电路方程

命题基本点

一、支路电流法　　　　　【☆】
二、网孔电流法　　　　　【☆☆】
三、回路电流法　　　　　【☆☆】
四、节点电压法　　　　　【☆☆】

基本考点总结

一、支路电流法

1. 2b法

(1) 定义。

以 b 条支路电压 u、b 条支路电流 i 为待求解变量，共 $2b$ 个待求解变量。

(2) 列写方程一般形式。

$$\begin{cases} \text{KCL}: \sum_{k=1}^{n-1} i_k = 0 \\ \text{KVL}: \sum_{m=1}^{b-n+1} u_m = 0 \\ \text{支路VCR}: u_j = f(i_j) \text{或} i_j = g(u_j)(j=1,2,\cdots,b) \end{cases}$$

2. 支路电流法基本概念

(1) 定义。

以 b 条支路电流 i 为待求解变量，共 b 个待求解变量。

(2) 列写方程一般形式。

$$\begin{cases} \text{KCL}: \sum_{j=1}^{n-1} i_j = 0 \\ \text{KVL}: \sum_{k=1}^{b-n+1} R_k i_k = \sum_{k=1}^{b-n+1} u_{Sk} + \sum_{k=1}^{b-n+1} R_k i_{Sk} = 0 \end{cases}$$

式中 $\sum R_k i_k$ ——某回路上的所有电阻与其所在支路的电流乘积的代数和，支路电流 i_k 的参考方向与回路绕行方向一致时，$R_k i_k$ 项前取"+"号，反之取"−"号。

$\sum u_{Sk}$ ——某回路上的所有电压源的代数和，电压源 u_{Sk} 方向与回路绕行方向一致时，u_{Sk} 项前取"−"

号,反之取"+"号。

$\sum R_k i_{Sk}$——某回路上的有伴电流源(电流源i_{Sk}与电阻R_k并联支路)变换为有伴电压源(电压源$R_k i_{Sk}$与电阻R_k串联支路)后的等效电压源的代数和,电流源i_{Sk}的参考方向与回路绕行方向一致时,等效电压源$R_k i_{Sk}$项前取"+"号,电流源i_{Sk}的参考方向与回路绕行方向相反时,等效电压源$R_k i_{Sk}$项前取"−"号。

▶ 二、网孔电流法

1. 基本概念

(1) 定义。

假想每一个网孔都有一个沿着网孔边沿闭合流动的电流(环流)。

(2) 列写方程一般形式。

$$\begin{cases} R_{11}i_{11} + R_{12}i_{12} + \cdots + R_{1l}i_{1l} = \sum u_{S11} \\ R_{21}i_{11} + R_{22}i_{12} + \cdots + R_{2l}i_{1l} = \sum u_{S22} \\ \cdots \\ R_{l1}i_{11} + R_{l2}i_{12} + \cdots + R_{ll}i_{1l} = \sum u_{Sll} \end{cases}$$

① R_{kk}:网孔k的自电阻(始终为正),$k=1,2,\cdots,l$;

② R_{ik}:网孔i与网孔k的互电阻,若两个网孔的电流绕行方向一致,则互电阻一定为负;

③ "+":流过互电阻时两个网孔电流方向相同;

④ "−":流过互电阻时两个网孔电流方向相反;

⑤ $\sum u_{Sii}$:回路中的等效电压源,回路i中所有电压源电压的代数和$i=1,2,\cdots,l$。当电压源方向与该回路方向一致时,取"−"号;反之取"+"号。

(3) 网孔方程列写步骤。

①选一组独立回路,指定l个回路电流及绕行方向;

②对$b-n+1$个独立回路列写KVL方程;

③受控源的控制量用回路电流表示;

④求解上述方程,得到l个回路电流,并用求得的回路电流求各支路电流。

2. 含无伴电流源(包含受控源)支路的电路处理

(1) 补充变量法。

①将无伴电流源支路电压u_v作为解变量保留在方程中(相当于将无伴电流源支路视为电压u_v的电压源支路列写网孔电流方程);

②补充用网孔电流表示无伴电流源电流的附加方程。

(2) 独立网孔法。

选取网孔时，使无伴电流源支路只属于一个网孔，该网孔电流即 I_S，则该无伴电流源所在网孔不必列写网孔电流方程。

▶ 三、回路电流法

1. 基本概念

(1) 定义。

假想每一个基本回路都有一个沿着回路边沿闭合流动的电流(环流)。

(2) 列写方程一般形式。

$$\begin{cases} R_{11}i_{11} + R_{12}i_{12} + \cdots + R_{1l}i_{1l} = \sum u_{S11} \\ R_{21}i_{11} + R_{22}i_{12} + \cdots + R_{2l}i_{1l} = \sum u_{S22} \\ \cdots \\ R_{l1}i_{11} + R_{l2}i_{12} + \cdots + R_{ll}i_{1l} = \sum u_{Sll} \end{cases}$$

① R_{kk}：回路 k 的自电阻(始终为正)，$k=1,2,\cdots,l$；

② R_{ik}：回路 i 与回路 k 的互电阻；

③ "+"：流过互电阻时两个回路电流方向相同；

④ "−"：流过互电阻时两个回路电流方向相反；

⑤ $\sum u_{Sii}$：回路中的等效电压源，回路 i 中所有电压源电压的代数和 $i=1,2,\cdots,l$。当电压源方向与该回路方向一致时，取"−"号；反之取"+"号。

(3) 回路方程列写步骤。

①选一组独立回路，指定 l 个回路电流及绕行方向；

②对 $b-n+1$ 个独立回路列写 KVL 方程；

③受控源的控制量用回路电流表示；

④求解上述方程，得到 l 个回路电流，并用求得的回路电流求各支路电流。

2. 含无伴电流源(包含受控源)支路的电路处理

(1) 补充变量法——可以参考前面的网孔电流法。

①将无伴电流源支路电压 u_v 作为解变量保留在方程中(相当于将无伴电流源支路视为电压 u_v 的电压源支路列写回路电流方程)；

②补充用回路电流表示无伴电流源电流的附加方程。

(2) 独立回路法。

选取回路时，使无伴电流源支路只属于一个回路，该回路电流即 I_S，则该无伴电流源所在回路不必列写回路电流方程。

四、节点电压法

1. 基本概念

(1) 定义。

任意选定一参考点(零电位点),其余 $n-1$ 个独立节点都可随之确定电位(即与参考节点之间的电压)。

(2) 列写方程一般形式。

$$\begin{cases} G_{11}u_{n1} + G_{12}u_{n2} + \cdots + G_{1k}u_{nk} + \cdots + G_{1(n-1)}u_{n(n-1)} = \sum i_{S1} + \sum G_1 u_{S1} \\ G_{21}u_{n1} + G_{22}u_{n2} + \cdots + G_{2k}u_{nk} + \cdots + G_{2(n-1)}u_{n(n-1)} = \sum i_{S2} + \sum G_2 u_{S2} \\ \cdots \\ G_{(n-1)1}u_{n1} + G_{(n-1)2}u_{n2} + \cdots + G_{(n-1)k}u_{nk} + \cdots + G_{(n-1)(n-1)}u_{n(n-1)} = \sum i_{Sk} + \sum G_k u_{Sk} \end{cases}$$

① G_{kk}:自导纳(第 k 个节点连接的所有支路上的电导之和),总为"+";

② G_{jk}:互导纳(第 j 个节点与第 k 个节点之间的所有公共支路的电导之和),总为"-";

③ $\sum i_{Sk}$:第 k 个节点上的所有电流源的代数和,电流源 i_{Sk} 方向指向 k 节点时,i_{Sk} 项前取"+"号,而电流源 i_{Sk} 方向背离 k 节点时,i_{Sk} 项前取"-"号;

④ $\sum G_k u_{Sk}$:第 k 个节点上的有伴电压源变换为有伴电流源后的等效电流源代数和,等效电流源方向指向 k 节点(即有伴电压源 u_{Sk} 的"+"极性端靠近 k 节点)时,$G_k u_{Sk}$ 项前取"+"号,反之 $G_k u_{Sk}$ 项前取"-"号。

(3) 节点电压方程列写步骤。

①选一参考节点,并指定 $n-1$ 个独立节点;

②对 $n-1$ 个独立节点列写KCL方程;

③受控源的控制量用节点电压表示;

④如参考节点选在无伴电压源的一端,其另一端的独立节点电压由此电压源的电压确定,则不必列写该独立节点的KCL方程;

⑤求解上述方程,得到 $n-1$ 个节点电压,进而求解 b 个支路电压。

2. 含无伴电压源(包括无伴受控电压源)支路电路处理

(1) 补充变量法。

①列写节点电压方程(KCL)时将无伴电压源支路电流 i_v 作为解变量保留在方程中(相当于将无伴电压源支路视为电流 i_v 的电流源支路列写节点电压方程);

②补充用节点电压表示无伴电压源电压的附加方程。

(2) 独立节点法。

选取节点电压时,使理想电压源支路成为一个单独的节点,该节点电压即 U_S,则与该无伴电压源所连节点不必列写节点电压方程。

巩固提高

题1 试用回路电流法求如图所示电路中的电流 I 以及受控源发出的功率。

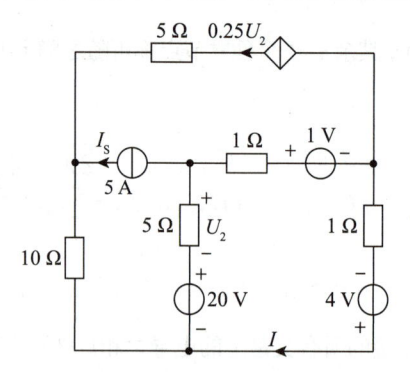

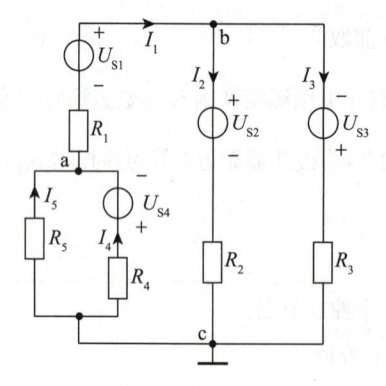

题2 在如图所示电路中：$U_{S1}=70\,\text{V}$，$U_{S2}=5\,\text{V}$，$U_{S3}=15\,\text{V}$，$U_{S4}=10\,\text{V}$，$R_1=R_4=5\,\Omega$，$R_2=R_3=10\,\Omega$，$R_5=3\,\Omega$，试用节点电压法求 U_{na}、U_{nb} 及各支路电流。

题3 试列写如图所示电路的网孔电流法方程，并求独立电源和受控电源吸收的功率。

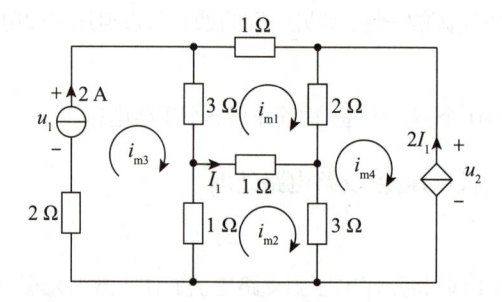

题4 电路如图所示，若欲使 $\dfrac{I_1}{I_2}=1.5$，用节点电压法求电压源 U_S 的值。

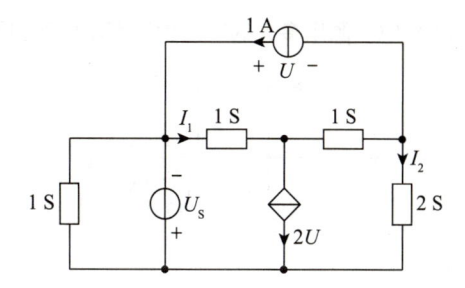

题5 已知电路如图所示,电压源 $U_1 = 10\text{ V}$,利用节点电压法求 I。

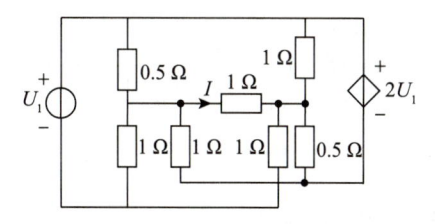

题6 电路如图所示,分别用节点电压法和回路电流法求电流 I。

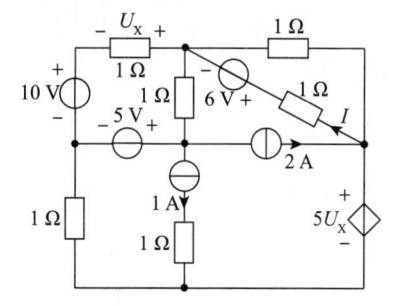

题7 求如图所示电路受控电压源输出的功率。

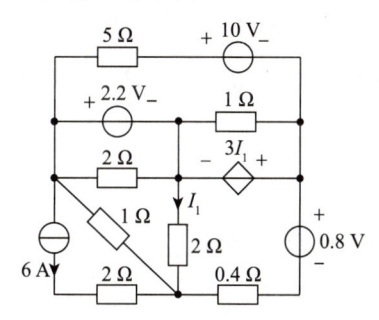

题8 已知如图所示电路参数及电流分布。如果 U_S 增加 8 V,求此时的电流 I。

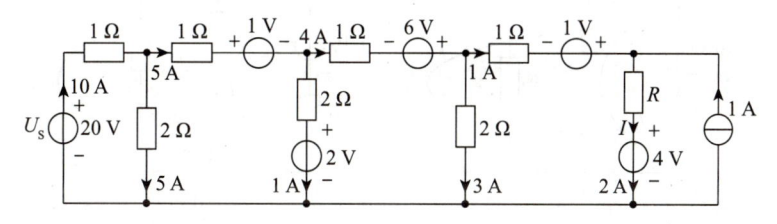

25

题9 电路如图所示，试求 2 V 电压源用多大的电阻置换而不影响电路的工作状态。

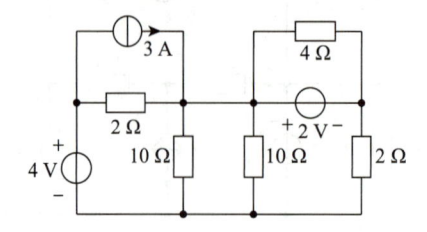

题10 某线性电路的节点电压方程为

$$\begin{bmatrix} 1.6 & 1 & -1 \\ -0.5 & 1.6 & -0.1 \\ -1 & -0.1 & 3.1 \end{bmatrix} \begin{bmatrix} u_{n1} \\ u_{n2} \\ u_{n3} \end{bmatrix} = \begin{bmatrix} 1 \\ 0 \\ -1 \end{bmatrix}$$

试画出其最简单的电路。

题11 某线性电阻电路的节点电压方程为

$$\begin{bmatrix} 2 & -0.5 & -0.5 \\ 0 & 1 & 0 \\ -3.5 & -1 & 3.5 \end{bmatrix} \begin{bmatrix} u_{n1} \\ u_{n2} \\ u_{n3} \end{bmatrix} = \begin{bmatrix} 0 \\ 5 \\ 0 \end{bmatrix}$$

试画出其对应的电路。

题12 图(a)所示网络 N 有三个独立回路，三个独立回路电流分别为 i_{l1}、i_{l2}、i_{l3}，参考方向如图所示，列出回路电流方程为

$$\begin{cases} 5i_{l1} + 4i_{l2} + 2i_{l3} = 10 \\ 4i_{l1} + 8i_{l2} + 3i_{l3} = 10 \\ 2i_{l1} + 3i_{l2} + 4i_{l3} = 0 \end{cases}$$

如果将图(a)中的 10 V 电压源改为 15 V，R_2 支路串联一个 $2i_{l3}$ 的受控电压源，如图(b)所示。在图(b)中：

(1) 求电流 i_{l1}、i_{l2}、i_{l3}；

(2) 求 15 V 电压源和 $2i_{l3}$ 受控电压源吸收的功率。

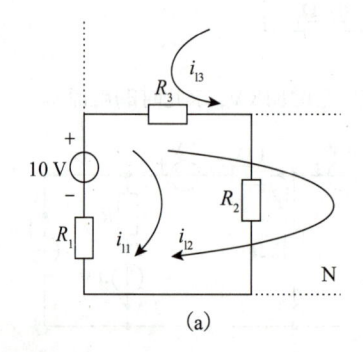

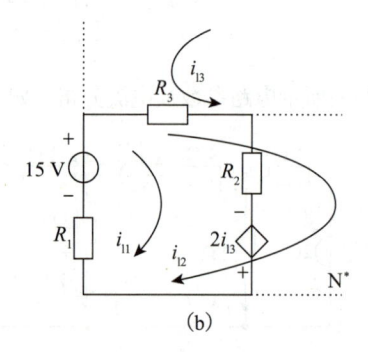

题13【综合提高】已知电路如图所示,图中所有电阻R均为$1\,\Omega$,求各电阻支路电流及$10\,\text{V}$电压源发出的功率。

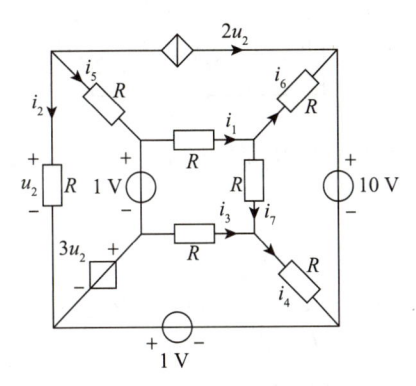

题14【综合提高】在如图所示电路中,已知N是具有n个节点的含有受控源的线性时不变网络。

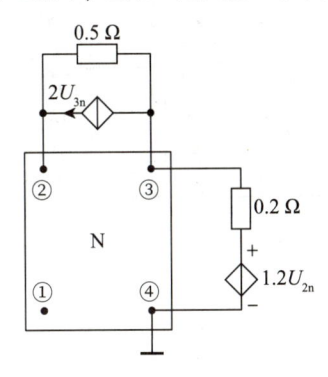

其节点电压的矩阵形式如下。

$$\begin{bmatrix} 4 & -2 & -1 \\ -2 & 6 & -4 \\ -1 & -2 & 5 \end{bmatrix} \begin{bmatrix} U_{1n} \\ U_{2n} \\ U_{3n} \end{bmatrix} = \begin{bmatrix} -5 \\ 0 \\ -1 \end{bmatrix}$$

现在节点③与④和节点②和③之间分别接入一个受控源支路,求:

(1) $2U_{3n}$与$1.2U_{2n}$两个受控源各自的功率;

(2) 两个电阻各自的功率。

题15【综合提高】已知如图所示电路的回路电流方程为$\begin{cases} 2I_1 + I_2 = 4 \\ 4I_2 = 8 \end{cases}$,式中各电流的单位为A。求:

(1) 各元件的参数:R_1、R_2、R_3、U_{S1}、U_{S2}、k;

(2) U_{S1}、U_{S2}独立源及受控源发出的功率;

(3) 如何仅改变U_{S1}、U_{S2}的值,可使各电阻消耗的功率增加一倍。

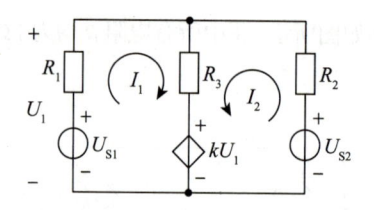

题16【综合提高】如图所示电路中，N_0 是以 $a-a'$、$b-b'$、$c-c'$ 为端口的线性无源三端口网络，其短路导纳参数方程为

$$\begin{cases} I_a = 0U_a + GU_b - GU_c \\ I_b = -GU_a + 0U_b + GU_c \\ I_c = GU_a - GU_b + 0U_c \end{cases}$$

试以④节点为参考节点，写出该电路的节点电压方程。

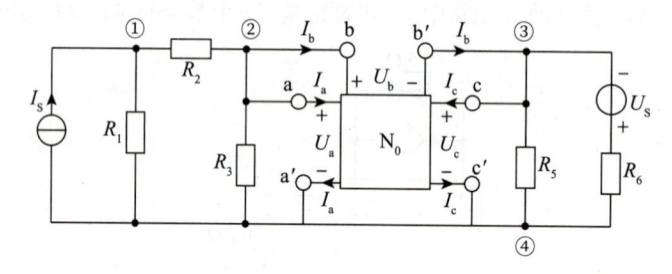

第4讲 电路定理

命题基本点

一、叠加定理　　　　　　　　【☆☆☆】

二、替代定理　　　　　　　　【☆☆】

三、戴维南定理和诺顿定理　　【☆☆☆☆】

四、最大功率传输定理　　　　【☆☆】

五、特勒根定理　　　　　　　【☆☆】

六、互易定理　　　　　　　　【☆☆☆☆】

七、电路定理大综合　　　　　【☆☆☆☆☆☆】

基本考点总结

一、叠加定理

1. 叠加定理概念

在线性电路中，如图(a)所示，任一支路电流(或电压)都是电路中各个独立电源[电流源如图(c)所示，电压源如图(b)所示]单独作用时，在该支路产生的电流(或电压)的代数和。

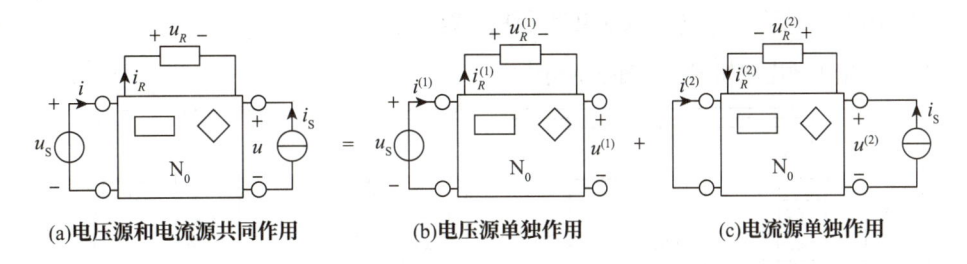

(a) 电压源和电流源共同作用　　(b) 电压源单独作用　　(c) 电流源单独作用

$$i = i^{(1)} + i^{(2)}, \quad u_R = u_R^{(1)} - u_R^{(2)}, \quad i_R = i_R^{(1)} - i_R^{(2)}, \quad u = u^{(1)} + u^{(2)}$$

2. 叠加定理的特殊情况——齐性定理

在线性电路中，当所有激励都同时增大(或缩小) k 倍(k 为实常数)时，则响应也将同时增大(或缩小) k 倍。

特别地，当电路中只有一个激励时，响应与激励成正比。

单个激励扩大k倍时的等效电路如图所示。

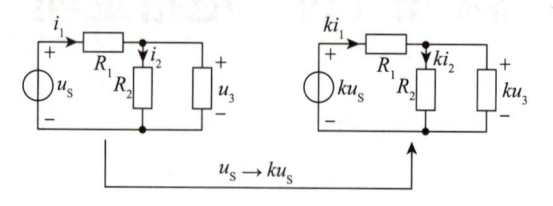

3. 关于叠加定理的说明

(1) 叠加定理只适用于线性电路求电压和电流, 不适用于非线性电路；

(2) 不作用的独立电源置零: 电压源用短路代替, 电流源用开路代替；

(3) 功率是u或i的二次函数, 不能使用叠加定理。

▶ 二、替代定理

1. 定义

给定任意一个电路, 其中已知第k条支路的电压u_k和电流i_k, 那么这条支路就可用一个电压源u_k、电流源i_k或者电阻u_k/i_k替代, 而替代后的电路中的全部电压、电流均保持原值不变。

2. 替代形式

(1) 将支路用电压等于u_k的独立电压源替代；

(2) 将支路用电流等于i_k的独立电流源替代；

(3) 将支路用电阻值等于u_k/i_k的线性电阻元件替代。

替代定理应用等效电路如图(a)~图(d)所示。

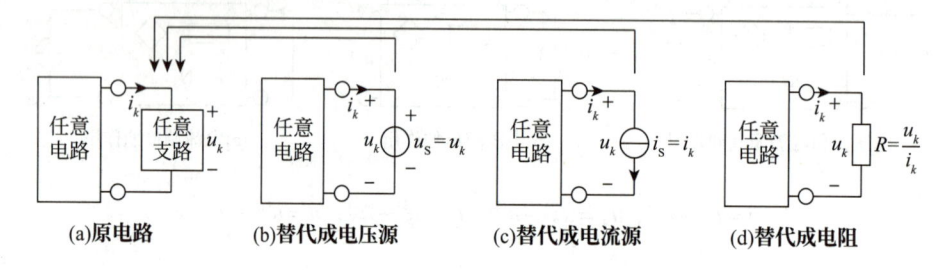

(a) 原电路　(b) 替代成电压源　(c) 替代成电流源　(d) 替代成电阻

▶ 三、戴维南定理和诺顿定理

1. 戴维南定理

一般地, 一个含有独立电源、线性电阻和线性受控源的一端口, 对外电路来说, 可以用一个电压源U_{OC}和电阻R_{eq}的串联组合来等效替代。

戴维南等效电路如图所示。

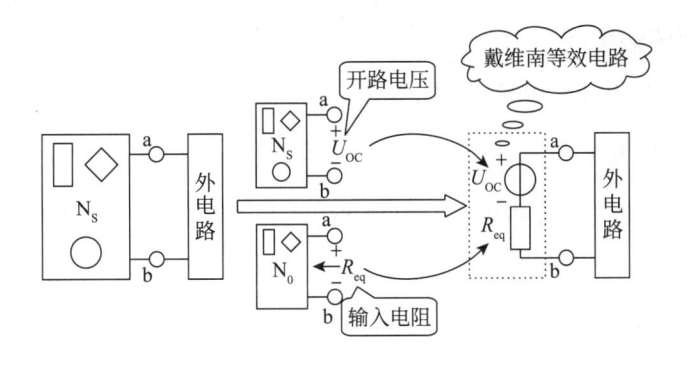

2.诺顿定理

一般地,一个含有独立电源、线性电阻和线性受控源的一端口,对外电路来说,可以用一个电流源 I_{SC} 和电阻 R_{eq} 的并联组合来等效替代。

诺顿等效电路如图所示。

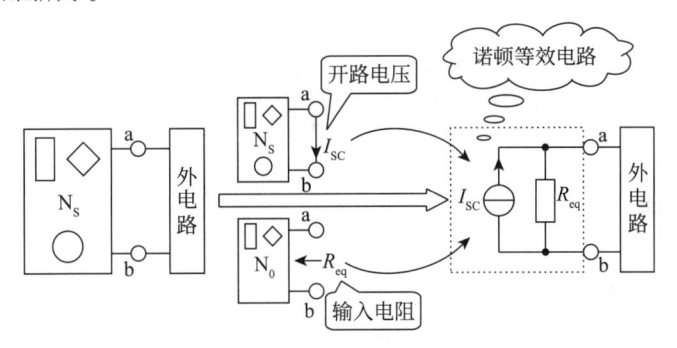

3.戴维南等效电路和诺顿等效电路求解方法

(1) 开路电压 U_{OC}、等效电阻 R_{eq} 法;

(2) 开路电压 U_{OC}、短路电流 I_{SC} 法(等效电阻 $R_{eq} = U_{OC} / I_{SC}$);

(3) "一步法":任意含源一端口,其端口的电压和电流呈线性函数关系,可以等效为一个戴维南等效电路,可以假定戴维南等效电路中开路电压、等效电阻为 U_{OC}、R_{eq},则从端口往内看一定满足 $U = R_{eq} \cdot I + U_{OC}$,因此我们可以假定端口流入电流为 I,则利用回路电压降表示出端口电压,即可直接求出戴维南等效电路。

4.戴维南定理和诺顿定理说明

(1) 应用戴维南(或诺顿)定理求解电路中第 k 条支路的电流 i_k(或电压 u_k)时,要把原电路中除该条支路外其他部分用戴维南(或诺顿)等效电路替代后再去求电流 i_k(或电压 u_k),而不用在原电路中直接求解。

(2) 通常戴维南等效电路和诺顿等效电路同时存在。但是,当 $R_{eq} = 0$ 时,诺顿等效电路不存在,其戴维南等效电路为无伴电压源;而当 $R_{eq} = \infty$ 时,戴维南等效电路不存在,其诺顿等效电路为无伴电流源。

四、最大功率传输定理

最大功率传输定理应用电路如图(a)和图(b)所示,其中图(a)为一端口N_S的戴维南等效电路,图(b)为一端口N_S的诺顿等效电路。

任何一个含独立电源、线性电阻和线性受控源的一端口N_S,外接一个可变负载电阻R_L,当负载电阻R_L等于一端口N_S的输入电阻R_{eq}时,负载电阻R_L从一端口N_S可获得最大功率。

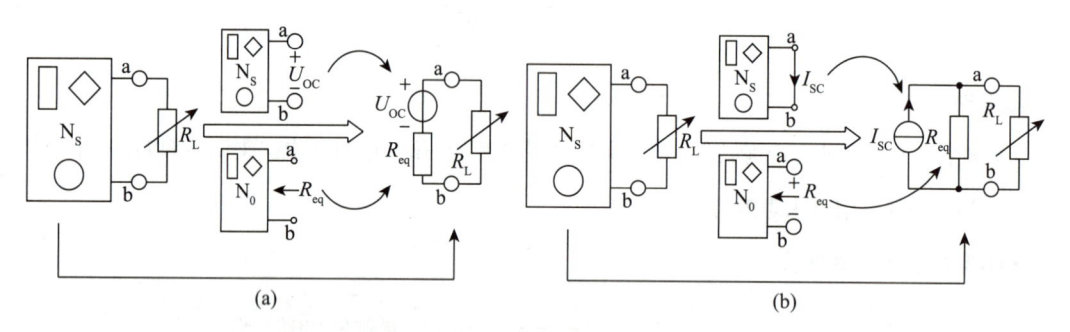

(a) (b)

当$G_L = G_{eq}$时(或$R_L = R_{eq}$时),有最大功率$P_{R_{Lmax}} = \dfrac{U_{OC}^2}{4R_{eq}} = \dfrac{I_{SC}^2}{4G_{eq}} = \dfrac{R_{eq}}{4}I_{SC}^2$。

五、特勒根定理

1. 特勒根定理 I

对于一个具有n个节点和b条支路的电路,设各支路电流和支路电压取关联参考方向,并令$(i_1、i_2、\cdots、i_b)$、$(u_1、u_2、\cdots、u_b)$分别为b条支路的电流和电压,则对任何时间t,有$\sum\limits_{k=1}^{b} u_k i_k = 0$。

2. 特勒根定理 II

设有两个网络 N 和 $\hat{N}$,它们的图完全相同,但对应支路上的元件可以不同。若网络 N 各支路电压、电流为u_k、i_k(取关联参考方向),网络$\hat{N}$中与 N 对应的支路电压、电流为$\hat{u}_k$、$\hat{i}_k$(取关联参考方向),则对任何时间t,有如图所示的电压、电流关系,

N 的b条支路的电流和电压 $\Rightarrow (i_1、i_2、\cdots、i_b)、(u_1、u_2、\cdots、u_b)$

$\hat{N}$的b条支路的电流和电压 $\Rightarrow (\hat{i}_1、\hat{i}_2、\cdots、\hat{i}_b)、(\hat{u}_1、\hat{u}_2、\cdots、\hat{u}_b)$

则

$$\sum_{k=1}^{b} \hat{u}_k i_k = 0$$

$$\sum_{k=1}^{b} u_k \hat{i}_k = 0$$

▶ 六、互易定理

对一个仅含线性电阻的电路，在单一激励的作用下，激励和响应互换位置前后，响应与激励的比值保持不动。

1. 形式1

如图所示，任何一个仅含线性电阻的网络 N_0，在单一独立电压源 u_S 作用时，将此电压源 u_S 与电路另一处的响应电流 i_2 互换位置，则有 $\dfrac{i_2}{u_S} = \dfrac{\hat{i}_1}{\hat{u}_S}$。若 $\hat{u}_S = u_S$，则 $i_2 = \hat{i}_1$。注：若 $\hat{u}_S$ 与 i_2 参考方向一致，则 u_S 与 $\hat{i}_1$ 参考方向亦一致。

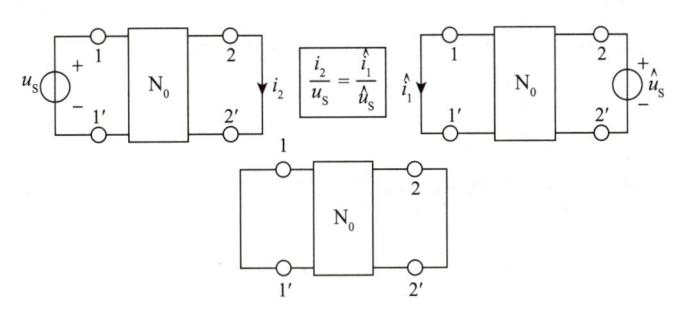

2. 形式2

如图所示，任何一个仅含线性电阻的网络 N_0，在单一独立电流源 i_S 作用时，将此电流源 i_S 与电路另一处的响应电压 u_2 互换位置，则有 $\dfrac{u_2}{i_S} = \dfrac{\hat{u}_1}{\hat{i}_S}$。若 $\hat{i}_S = i_S$，则 $u_2 = \hat{u}_1$。注：若 u_2 与 $\hat{i}_S$ 参考方向不一致，则 $\hat{u}_1$ 与 i_S 参考方向也不一致。

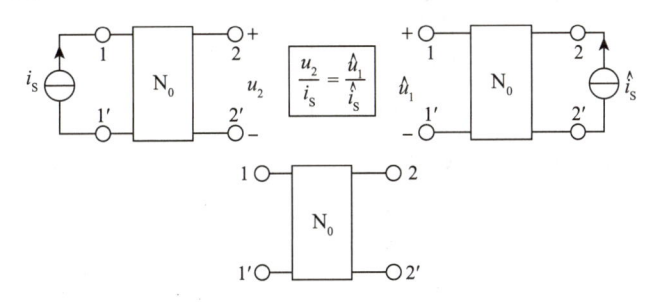

3. 形式3

如图所示，任何一个仅含线性电阻的网络 N_0，在单一独立电流源 i_S 作用时，将此电流源 i_S 与电路另一处的响应电流 i_2 互换位置，然后用独立电压源 $\hat{u}_S$ 与开路电压 $\hat{u}_1$ 替代，则有 $\dfrac{i_2}{i_S} = \dfrac{\hat{u}_1}{\hat{u}_S}$。若在数值上有 $\hat{u}_S = i_S$，则在数值上有 $i_2 = \hat{u}_1$。

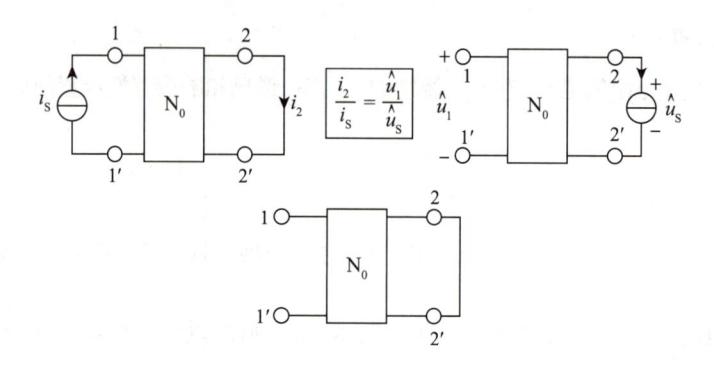

▶ 七、电路定理大综合

在实际考试中，一般都是集中考查多种电路定理，通常进行戴维南定理+替代定理+叠加定理的综合考查，一般步骤如下：

(1) 用戴维南定理分析变化支路的响应；

(2) 分析其余部分的响应，可先将变化的支路替代成独立源，则该支路的变化就转化为独立源数值的变化；

(3) 利用替代后的电路，结合线性关系去表示其他部分的响应。

举例： 电路如图所示，网络 A 为含独立电源的电阻网络。当 $R_1 = 7\,\Omega$ 时，$I_1 = 20\,\text{A}$，$I_2 = 10\,\text{A}$；当 $R_1 = 2.5\,\Omega$ 时，$I_1 = 40\,\text{A}$，$I_2 = 6\,\text{A}$。

(1) 求电阻 R_1 为何值时，它获得最大功率，并求此最大功率；

(2) 当 R_1 为何值时，R_2 消耗功率最小？

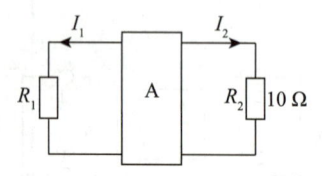

解析： (1) 设 R_1 右侧戴维南等效电路如图所示。

代入数据有

$$\begin{cases} \dfrac{U_{OC}}{R_{eq}+7} = 20 \\ \dfrac{U_{OC}}{R_{eq}+2.5} = 40 \end{cases}$$

解得
$$U_{OC} = 180 \text{ V}, \ R_{eq} = 2 \text{ Ω}$$

当 $R_1 = R_{eq} = 2 \text{ Ω}$ 时，
$$P_{max} = \frac{U_{OC}^2}{4R_{eq}} = 4\,050 \text{ W}$$

(2) 用电流源替代 I_1，设 $I_2 = kI_1 + b$，代入数据可得
$$\begin{cases} 10 = 20k + b \\ 6 = 40k + b \end{cases} \Rightarrow \begin{cases} k = -\dfrac{1}{5} \\ b = 14 \end{cases}$$

若 R_2 消耗功率最小，则 $I_2 = 0$，即
$$-\frac{1}{5}I_1 + 14 = 0$$

解得
$$I_1 = 70 \text{ A}$$

电阻为
$$R_1 = \frac{U_{OC}}{I_1} - R_{eq} = \frac{4}{7} \text{ Ω}$$

巩固提高

题1 在如图所示的电路中，N_0 为不含独立电源的线性电阻网络，已知当 $E_1 = 0$ 时，$U_2 = 6 \text{ V}$；当 $E_1 = 32 \text{ V}$ 时，$U_2 = 12 \text{ V}$。求当 $E_1 = 80 \text{ V}$ 时，4 A 电流源发出的功率。

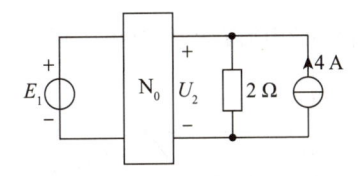

题2 在如图所示的直流电路中，若电压 U_O 不受电压源 U_S 的影响，试确定受控源控制系数 α 的值。

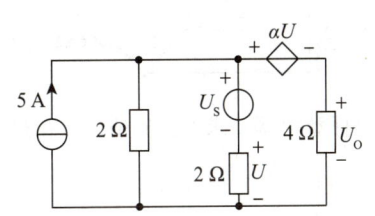

题3 如图所示,电流源 $I_{S1}=8$ A,$I_{S2}=3$ A,$I_{S3}=1$ A,电压源 $U_{S1}=4$ V,$U_{S2}=3$ V,电阻 $R_1=2\,\Omega$,$R_2=3\,\Omega$,$R_3=1\,\Omega$,试用叠加定理求电阻 R_3 两端电压 U 的值。

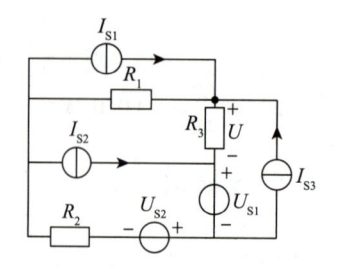

题4 在如图所示电路中,完成以下问题。

(1) 若电流 $I_0=1$ A,求电压源 U_S 的值;

(2) 若电压源 $u'_S=\left[e^{-t}\cdot\sin(2\,026t)+\cos(2\,026t)\right]$ V,求电流 i'_0 的值。

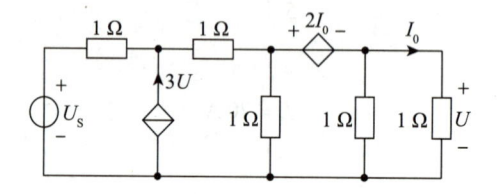

题5 在如图所示的电路中,两个电压源保持不变,电流源的电流可调。当 $I_S=0$ 时,$I_X=1$ A;当 $I_S=3$ A 时,求 I_X 的值。

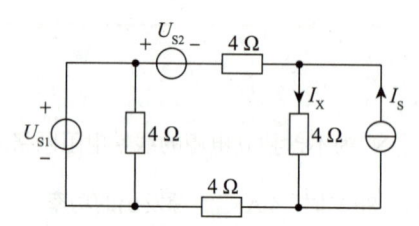

题6 在如图所示的电路中,若要使电流 I 变为 $3I$(电压源和其他电阻保持不变),则应用多大的电阻替代 $21\,\Omega$ 电阻。

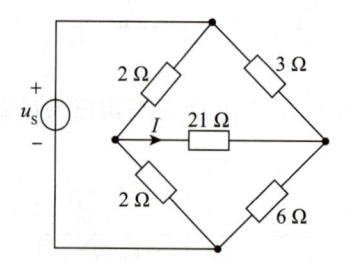

题7 在如图所示的电路中,R 任意可调。求 R 为何值时获得最大功率,并求该最大功率值。

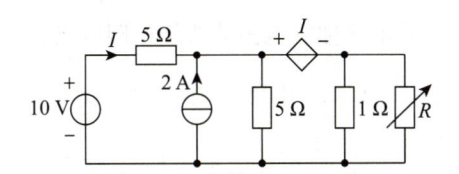

题8 在如图所示的电路中,已知两电流比值为 $I_1 = \dfrac{I}{10}$,求电阻 R 的值。

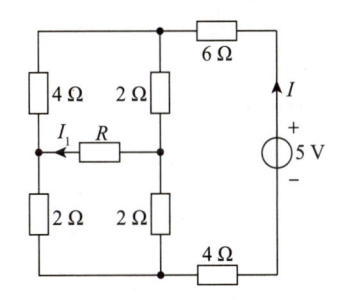

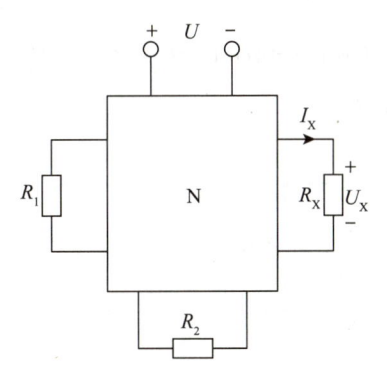

题9 电路如图所示,网络 N 为线性含源网络。已知当 $R_X = 0$ 时,有 $I_X = 8\,\text{A}$,$U = 12\,\text{V}$;当 $R_X = \infty$ 时,有 $U_X = 36\,\text{V}$,$U = 6\,\text{V}$。试求当 $R_X = 9\,\Omega$ 时,U_X 和 U 的值。

题10 如图所示电路中的负载电阻 R_L 可调,求 R_L 为何值时可获得最大功率,并求出该最大功率。

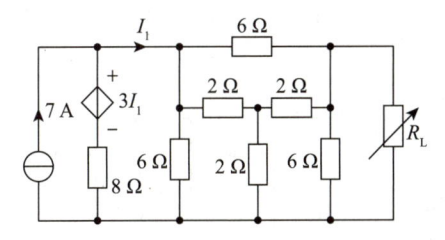

题11 电路如图所示,用戴维南定理求电流 I 的值。

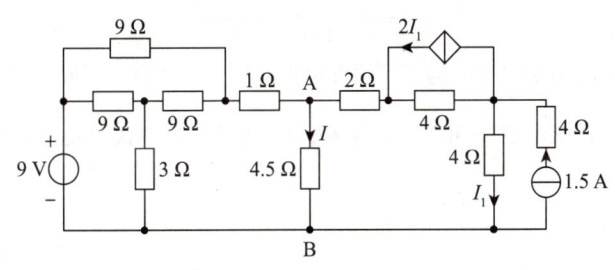

题12 电路如图所示，N_0 为不含独立电源的线性电阻网络。已知当 $I_S = 0$ 时，$U_1 = 16\,\text{V}$；当 $I_S = 15\,\text{A}$ 时，$U_1 = 24\,\text{V}$。求当 $I_S = 12\,\text{A}$ 时，a、b 端口右侧的戴维南等效电路参数。

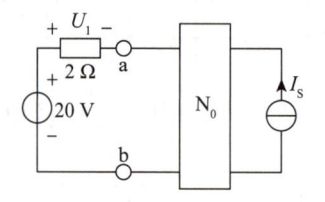

题13 电路如图所示，A 为线性直流网络，已知 $R_1 = 20\,\Omega$，$R_2 = 10\,\Omega$。当 CCCS 的控制系数 $\beta = 1$ 时，$U = 20\,\text{V}$；当 $\beta = -1$ 时，$U = 12.5\,\text{V}$。求 β 为何值时，网络 A 输出最大功率，并求出该最大功率。

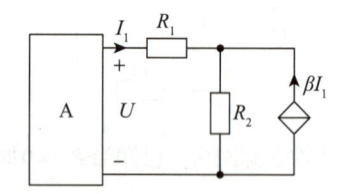

题14 在如图所示的线性时不变电阻电路中，N 内只含直流电源与电阻。已知 (1) 当 $i_S(t) = 2\cos(10t)\,\text{A}$，$R_L = 2\,\Omega$ 时，电流 $i(t) = [4\cos(10t) + 2]\,\text{A}$；(2) 当 $i_S = 4\,\text{A}$，$R_L = 4\,\Omega$ 时，电流 $i = 8\,\text{A}$。求当 $i_S = 5\,\text{A}$，$R_L = 10\,\Omega$ 时，电流 i 的值。

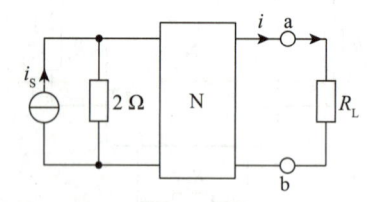

题15 在如图所示的电路中，N_1 和 N_2 为无源线性电阻网络。现有两组条件：当 $U_S = 10\,\text{V}$，$R = 2$ 时，$I_1 = 2.5\,\text{A}$，$I_2 = 1\,\text{A}$；当 $U_S = 20\,\text{V}$，$R = 0$ 时，$I_1 = 5.5\,\text{A}$，$I_2 = 3\,\text{A}$。求当 $U_S = 25\,\text{V}$，$R = 3.5\,\Omega$ 时，I_1 和 I_2 的值。

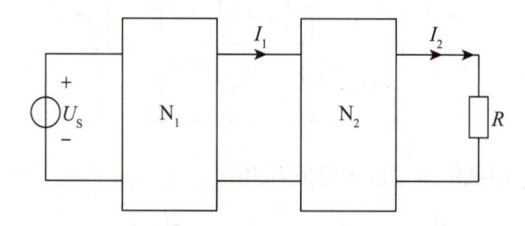

题16 在如图所示的电路中，N_0 为无源线性电阻网络，$R = 5\,\Omega$。已知当 $U_S = 0$ 时，$U_1 = 10\,\text{V}$；当 $U_S = 60\,\text{V}$ 时，$U_1 = 40\,\text{V}$。求当 $U_S = 30\,\text{V}$，R 为多少时，可从电路中获取最大功率，并求此最大功率。

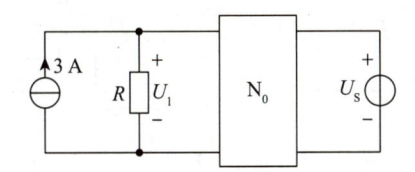

题17 在如图所示的电路中，N 为线性有源电阻电路。已知当 $R_2 = \infty$ 时，$i_a = I_o$；当 $R_2 = 0$ 时，$i_a = I_S$，且端口 b–b' 左侧电路的输入端电阻为 R_o。试求解当 R_2 为任意值时，电流 i_a 为多少。

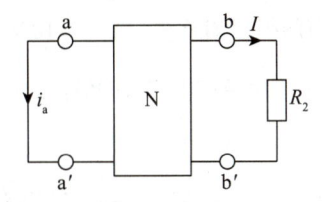

题18 在如图所示的电路中，电阻 R_L 可调，当 $R_L = 35\,\Omega$ 时，电流 $I_L = 1\,\text{A}$。试求电阻 R_L 为何值时获得最大功率，并求此最大功率。

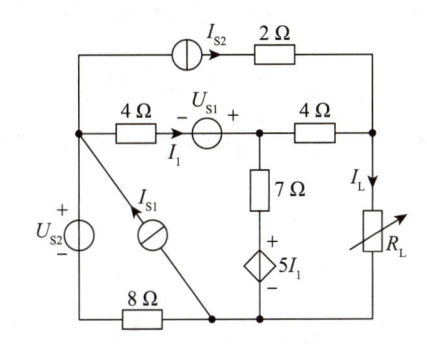

题19 如图所示，N 为互易网络，试根据图中的条件计算图(b)中电流 I_1 的值。【特勒根互易定理习题】

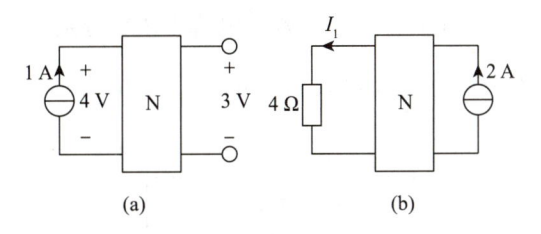

(a)　　　　(b)

题20 在如图(a)和图(b)所示的电路中，N 为相同的无源线性电阻网络，求图(b)中 $2\,\Omega$ 电阻所消耗的功率。【特勒根互易定理习题】

(a)   (b)

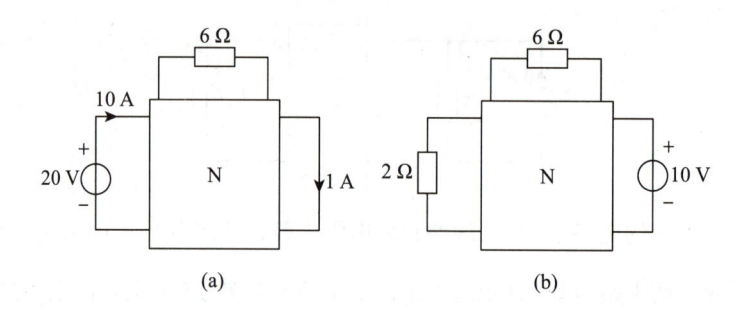

题21 在如图所示的电路中,有两组已知条件:当 $U_1=10\text{ V}$,$R_2=4\,\Omega$ 时,$I_1=2\text{ A}$,$I_2=1\text{ A}$;当 $U_1=24\text{ V}$,$R_2=1\,\Omega$ 时,$I_1=6\text{ A}$。求后一组条件下的 I_2 的值。【特勒根互易定理习题】

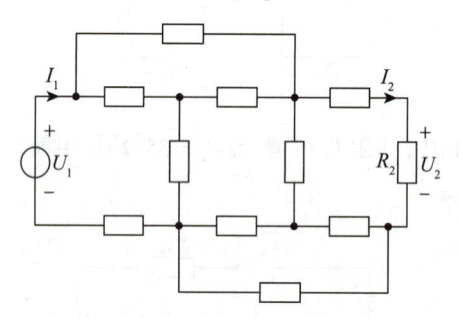

题22 在如图所示的电路中,已知 $2\,\Omega$ 电阻消耗的功率为 8 W,求电压源 U_S 的值。

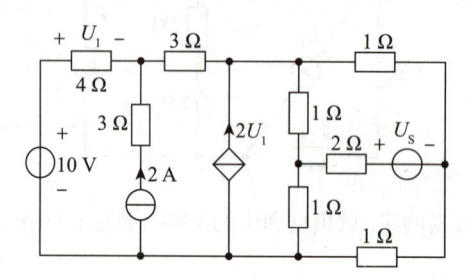

题23 电路如图所示,当电压 $U=0$ 时,两个电流表读数分别为 $\text{A}=0$,$\text{A}_2=0.2\text{ A}$;当电压 $U=6\text{ V}$ 时,两个电流表读数分别为 $\text{A}=0.4\text{ A}$,$\text{A}_2=0.8\text{ A}$。当 $U=10\text{ V}$,R 减小 $5\,\Omega$ 时,求电流表 A_2 读数。

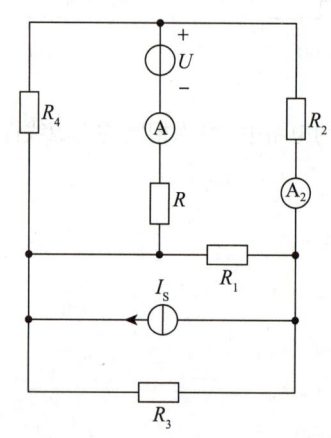

题24 【综合提高】在如图所示的电路中，N_S 为含源线性电阻网络，电阻 R 可调。当 $R = 12\,\Omega$ 时，$I_1 = \dfrac{4}{3}\,\text{A}$；当 $R = 6\,\Omega$ 时，$I_1 = 1.2\,\text{A}$；当 $R = 3\,\Omega$ 时，$I_1 = 1\,\text{A}$。求当 $R = 30\,\Omega$ 时，I_1 的值。

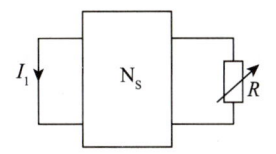

题25 【综合提高】在如图所示的电路中，已知 $U_S = 12\,\text{V}$，电阻 R 可变，试求当电阻 R 为 $500\,\Omega$ 时，流过它的电流 I 的值。

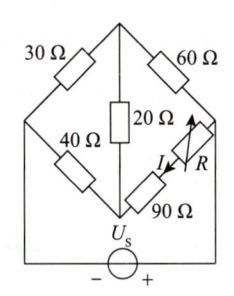

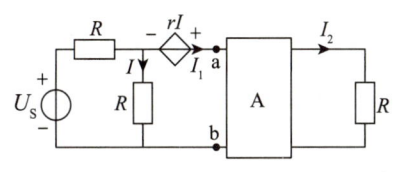

题26 【综合提高】电路如图所示，已知 A 为线性有源网络，$U_S = 2\,\text{V}$，$R = 1\,\Omega$，当 $r = 1\,\Omega$ 时，$I_1 = 0$，$I_2 = \dfrac{1}{2}\,\text{A}$；当 $r = 3\,\Omega$ 时，$I_1 = \dfrac{2}{3}\,\text{A}$，$I_2 = \dfrac{3}{2}\,\text{A}$。试求当 $r = 5\,\Omega$ 时，电流 I_2 的值。

题27 【综合提高】在如图(a)所示的电路中，网络 N_0 内不含独立源和受控源，仅含线性时不变电阻。已知 $I_{S1} = 1\,\text{A}$、$R_2 = 2\,\Omega$，电流源 I_{S1} 的端电压为 U_1，当端口 $2-2'$ 开路后的电路如图(b)所示，其中 $U_{OC} = 3\,\text{V}$、$R_{out} = 1\,\Omega$，电流源 I_{S1} 的端电压为 $U_1^{(1)}$。若在图(b)中维持电流源 I_{S1} 的端电压仍为 U_1，试求此时与电流源 I_{S1} 串接电阻 R_1 的值。【特勒根互易定理习题】

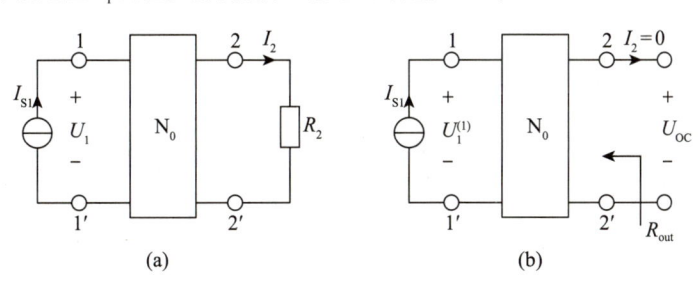

题28【综合提高】电路如图(a)和图(b)所示,网络N_0为无源网络。在图(a)中开关S打开时,$i_1 = 1\text{ A}$。在图(b)中,左侧电流源发出的功率为40 W,右侧电流源发出的功率为48 W。试求图(a)中开关S闭合时的电流i的值。【特勒根互易定理习题】

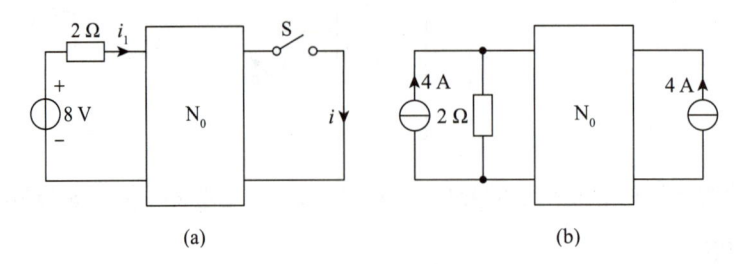

(a)　　(b)

题29【综合提高】电路如图所示,N_R由线性电阻构成。当$R_L = 3\text{ }\Omega$时,$u_1 = 3\text{ V}$,$u_2 = 9\text{ V}$;当$R_L = 5\text{ }\Omega$时,$u_2 = 10\text{ V}$。求当$R_L = 2\text{ }\Omega$时的u_1、u_2的值。【特勒根互易定理习题】

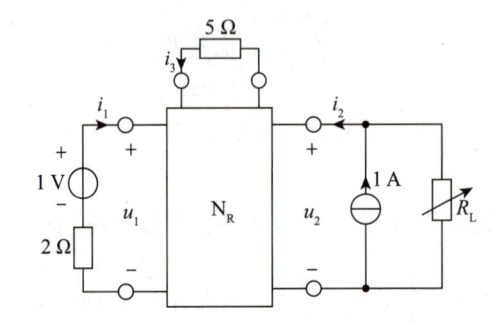

第5讲　理想运算放大器

命题基本点

一、理想运算放大器的基本概念　　【☆】
二、理想运算放大器的分析方法　　【☆☆☆】

基本考点总结

一、理想运算放大器的基本概念

1. 定义

假设在运算放大器(简称运放)的电路模型中,输入电阻 $R_i = \infty$、输出电阻 $R_o = 0$、放大倍数 $A = \infty$,则称运算放大器为理想运算放大器(简称理想运放)。

当理想运放工作在线性放大区时,即 $-U_{sat} < u_o < U_{sat}$ 时(U_{sat} 为运放饱和输出电压),如图(a)所示。

2. 理想运放性质

(1) 虚短。

若放大倍数 $A = \infty$,且输出电压 u_o 为有限值时,则有 $u_b - u_a \approx 0$。

(2) 虚断。

若 $R_i = \infty$,即从输入端看进去,元件相当于开路(虚断路),则有 $i_+ = 0$、$i_- = 0$。

于是理想化下,运算放大器的电路模型如图(b)所示。

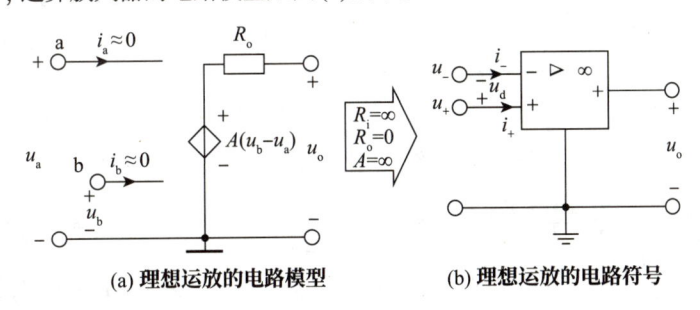

(a) 理想运放的电路模型　　(b) 理想运放的电路符号

二、理想运算放大器的分析方法

1. 节点电压法

(1) 用节点电压法分析,列写节点电压方程;

(2) 在对理想运放列节点电压方程时,注意不要在运放输出端的节点列方程,因为运放输出端的电流无法直接确定;

(3)如果要求出运放的输出端电流,只能先求出各个点的电压,最后利用KCL求出运放输出端电流。

2. 性质求解法

(1) 利用理想运放"虚短"和"虚断"的特点列写 KCL 和 KVL 方程求解；
(2) 一般从最末一级的运放输入端开始分析,逐渐前移。

3. 常见理想运放电路(见表)

名称	电路图	功能
反向放大器		$u_o = -\dfrac{R_f}{R_1} u_i$ 当 $R_1 = R_f$ 时,则 $u_o = -u_i$
同向放大器		$u_o = \left(1 + \dfrac{R_2}{R_1}\right) u_i$ 将 R_1 开路、R_2 短路,则 $u_o = u_i$,同向放大器变成电压跟随器
电压跟随器		$u_o = u_i$ 由于 $R_i = \infty$,跟随器起"隔离作用"
加法器		$u_o = -\left(\dfrac{R_f}{R_1} u_{i1} + \dfrac{R_f}{R_2} u_{i2}\right)$ 当 $R_1 = R_2 = R_f$ 时,则 $u_o = -(u_{i1} + u_{i2})$

续表

名称	电路图	功能
减法器		$u_o = \dfrac{R_2}{R_1}(u_{i2} - u_{i1})$ 当 $R_1 = R_2$ 时，则 $u_o = u_{i2} - u_{i1}$
积分电路		$u_o = -\dfrac{1}{RC_f}\displaystyle\int_{-\infty}^{t} u_i(\xi)\,d\xi$
微分电路		$u_o = -R_f C \dfrac{du_i}{dt}$

4. 理想运放的输入和输出电阻

(1) 定义法。

如图所示，理想运放的条件为 $R_i = \infty$, $R_o = 0$, $A = \infty$，说明单个运放的输入电阻为无穷大，输出电阻为 0 (分析前需要将电源置零)。

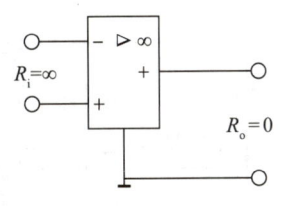

(2) 电路法。

理想运放电路的输入电阻和输出电阻求解类似于受控源电路的求解。

① 外加电源法：先将电源置零，再给端口施加电源，求出端口电压和电流的比值即可。

② 开路短路法：依次求出开路电压和短路电流，两者的比值即为等效电阻。

巩固提高

题1 求如图所示电路中输出电压 u_o 的值。

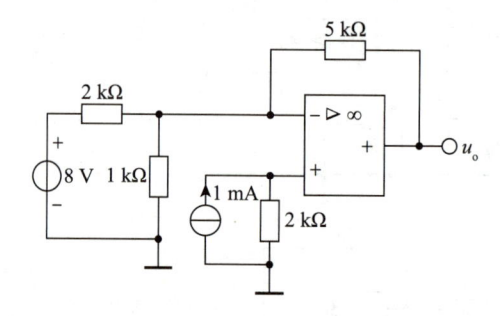

题2 理想集成运放电路如图所示，两个电压源都是已知量，求输出电压 u_o 的值。

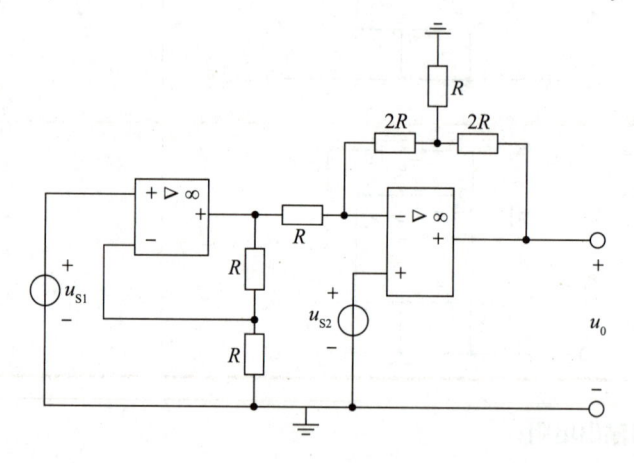

题3 电路如图所示，已知 $U_2 = 2U_1$，$R_1 = R_2$，$R_4 = R_5$，试求：

(1) 输出电压 U_{01} 的值；

(2) 输出电压 U 的值。

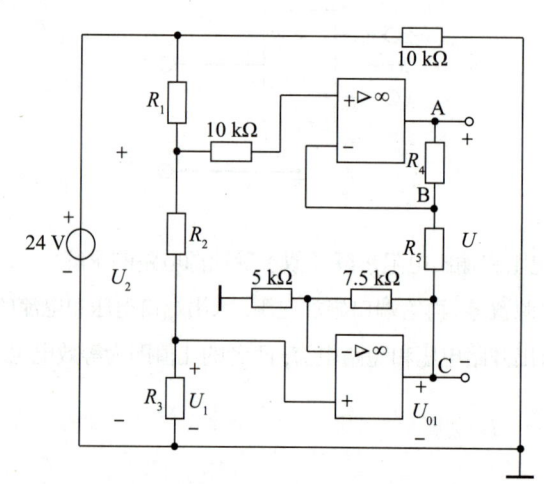

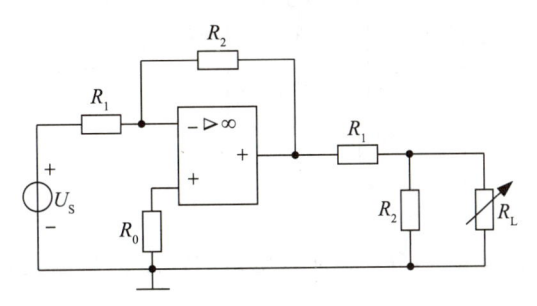

题 4 如图所示含有理想放大器的电路中，已知 $U_S = 1\,\text{V}$，$R_0 = 1\,\text{k}\Omega$，正电阻 R_1 和 R_2。当负载电阻 $R_L = \dfrac{2}{3}\,\text{k}\Omega$ 时，R_L 可获得最大功率 $\dfrac{2}{3}\,\text{mW}$。试确定 R_1 和 R_2 的值。

题 5 如图所示为理想运算放大器电路。已知各输入电压为 $u_{i1} = 1\,\text{V}$，$u_{i2} = 2\,\text{V}$，$u_{i3} = 3\,\text{V}$。求输出电压 u_0 的值。

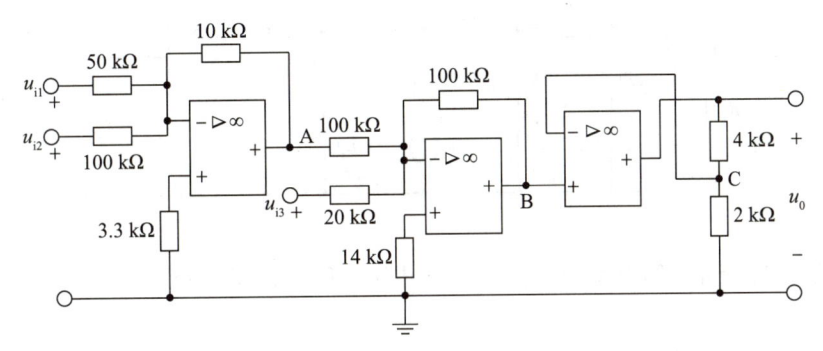

题 6 含理想运算放大器的电路如图所示，试求转移电压比 $Av = \dfrac{U_o}{U_i}$ 及输入电阻 R_{in} 的值（$R_1 \neq R_2$）。

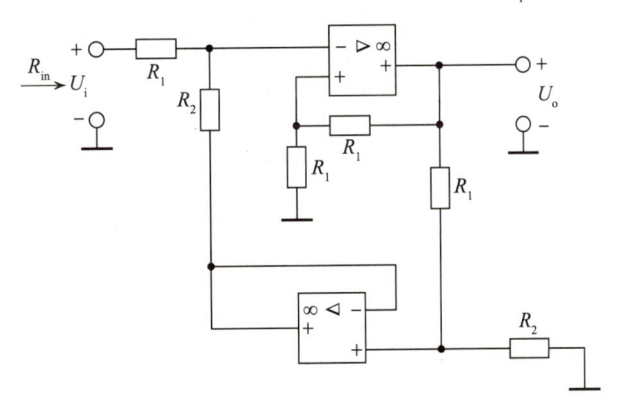

题7 求如图所示理想运放电路中 u_o 和 u_i 的比值。

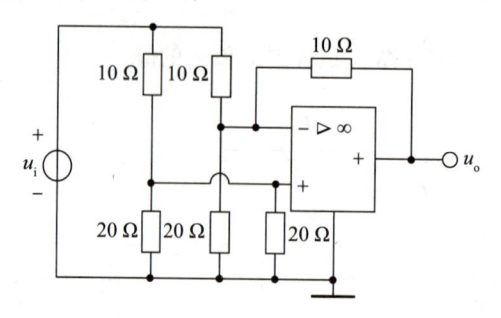

题8 电路如图所示,设 $R_f = 16R$,验证该电路的输出 u_o 与输入 $u_1 \sim u_4$ 之间的关系为 $u_o = -(8u_1 + 4u_2 + 2u_3 + u_4)$。

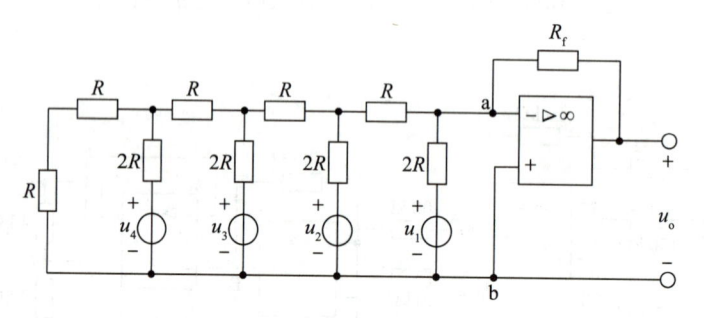

题9 试求如图所示电路中输出电压 u_o 与输入电压 u_1 和 u_2 的函数关系。

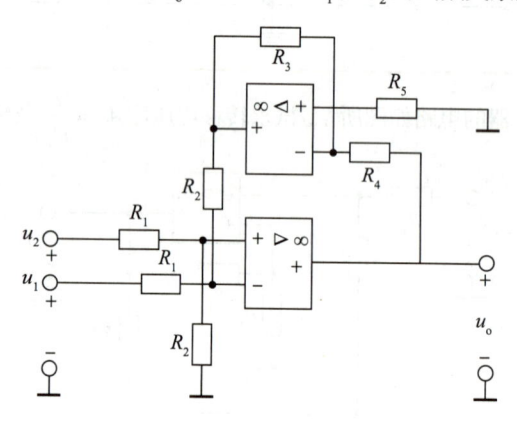

题10 理想运放电路如图所示，求电压比 $\dfrac{u_o}{u_i}$。

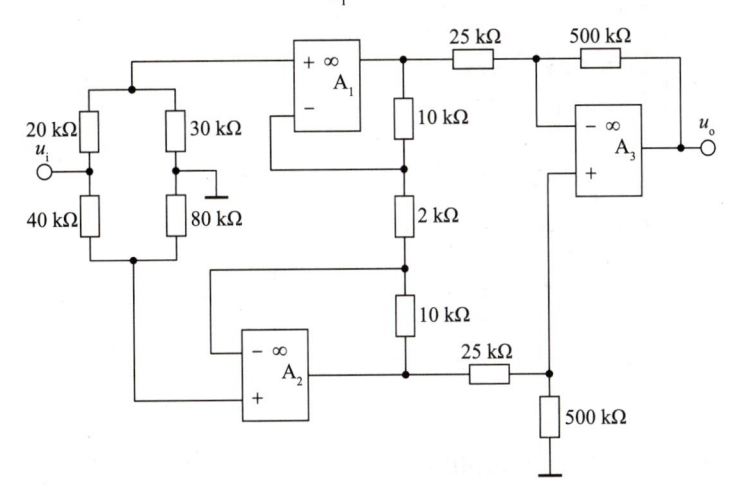

题11 理想运放电路如图所示，已知 $U_1 = 1.5U_2$，$I_3 = 0.4I$，试求：

(1) 输出电压 U_{o1} 的值；

(2) 输出电压 U_{o2} 的值；

(3) 电阻 R_1、R_2、R_3、R_4、R_5 的值；

(4) 24 V 电源的总功率。

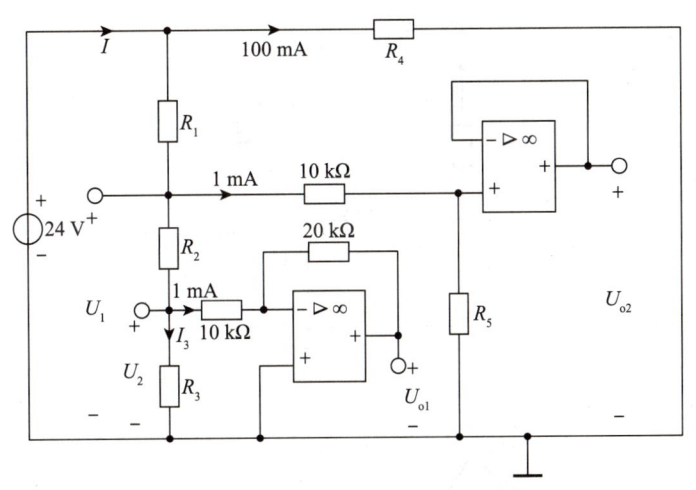

题12【综合提高】电路如图(a)所示，其中运算放大器为理想运算放大器。

(1) 求输出电压与输入电压的关系 $\dfrac{u_o}{u_i}$；

(2) 若 $u_i(t)$ 的波形如图(b)所示，且 $R_1 = 10\,\Omega$，$r = 10\,\Omega$，画出 u_o 的波形。

(a)

(b)

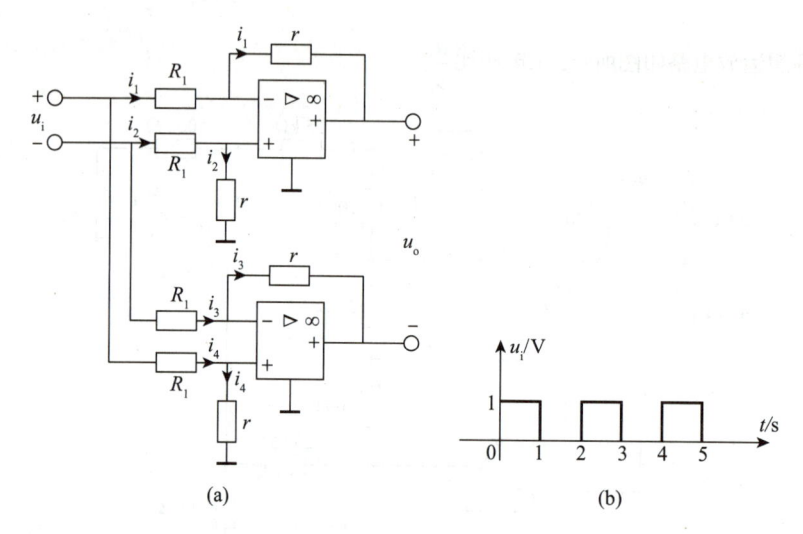

题13【综合提高】含运算放大器的电路如图(a)所示,当运算放大器工作于线性区时可以视为理想放大器,其饱和输出电压为±12 V。电阻 $R_1 = 2\ \text{k}\Omega$,$R_2 = 24\ \text{k}\Omega$,$R_3 = 48\ \text{k}\Omega$,$R_4 = 4\ \text{k}\Omega$,$R_5 = 2\ \text{k}\Omega$,$R_6 = 4\ \text{k}\Omega$。

(1) 试计算输入电阻 R_i 的值;

(2) 输入电压 u_i 波形为三角波,如图(b)所示,试画出输出电压 u_o 波形。

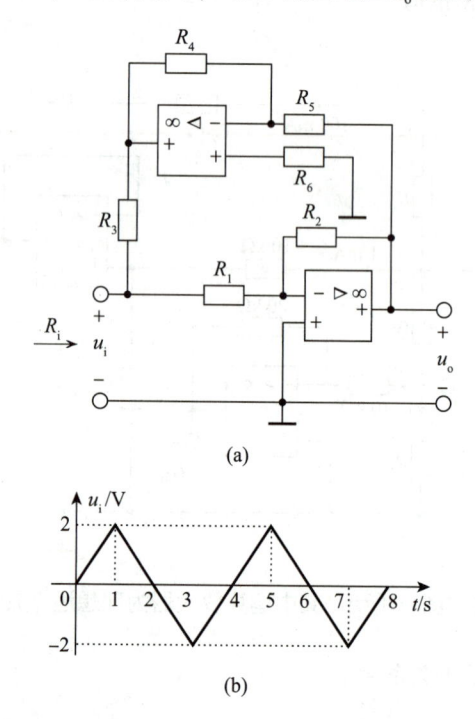

(a)

(b)

题 14【综合提高】如图所示的理想集成运放电路为减法器，输出电压 $u_0 = \dfrac{1}{3}u_2 - u_1$。

(1) 求电阻比值 $\dfrac{R_1}{R_2}$ 和 $\dfrac{R_3}{R_4}$；

(2) 设 u_1 和 u_2 不超过 10 V（$0 \leqslant u_1$、$u_2 \leqslant 10$），为使每个电阻所消耗的功率不超过 0.25 W，试确定各个电阻的取值范围。

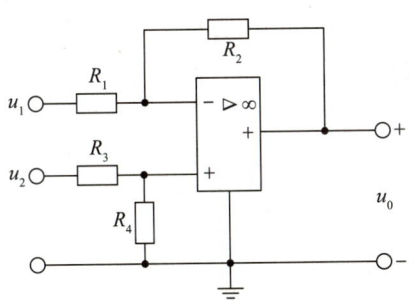

第6讲　动态电路之基本元件

命题基本点

一、电容元件的性质及应用　　【☆☆】

二、电感元件的性质及应用　　【☆☆】

三、电感和电容元件的串并联　【☆☆】

基本考点总结

一、电容元件的性质及应用

1. 电容元件的伏安关系

电容元件如图所示。

(1) 第一种形式。

$$i_C = f(u_C)$$

$$i_C(t) = \frac{\mathrm{d}q(t)}{\mathrm{d}t} = \frac{\mathrm{d}[C \cdot u_C(t)]}{\mathrm{d}t} = C \cdot \frac{\mathrm{d}u_C(t)}{\mathrm{d}t}$$

(2) 第二种形式。

$$u_C = g(i_C)$$

$$u_C(t) = \frac{1}{C}\int_{-\infty}^{t_0} i_C(\xi)\mathrm{d}\xi + \frac{1}{C}\int_{t_0}^{t} i_C(\xi)\mathrm{d}\xi = u_C(t_0) + \frac{1}{C}\int_{t_0}^{t} i_C(\xi)\mathrm{d}\xi$$

2. 电容元件的储能

电容在 t_0 时的储能为

$$W_C(t_0) = \frac{C}{2}u_C^2(t_0)$$

二、电感元件的性质及应用

1. 电感元件的伏安关系

电感元件如图所示。

(1) 第一种形式。

$$u_L = g(i_L)$$

$$u_L(t) = \frac{\mathrm{d}\Psi(t)}{\mathrm{d}t} = \frac{\mathrm{d}[L \cdot i_L(t)]}{\mathrm{d}t} = L\frac{\mathrm{d}i_L(t)}{\mathrm{d}t}$$

(2) 第二种形式。

$$i_L = f(u_L)$$

$$i_L(t) = \frac{1}{L}\int_{-\infty}^{t} u_L(\xi)\mathrm{d}\xi = i_L(t_0) + \frac{1}{L}\int_{t_0}^{t} u_L(\xi)\mathrm{d}\xi$$

2. 电感元件的储能

电感在 t_0 时的储能为

$$W_L(t_0) = \frac{L}{2}i_L^2(t_0)$$

▶ 三、电感和电容元件的串并联

1. 电感元件串并联

电感元件串并联如图所示。

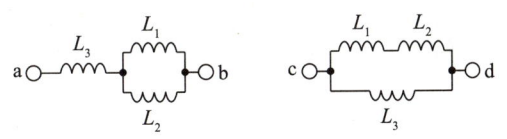

等效电感分别为

$$L_{ab} = \frac{L_1 L_2}{L_1 + L_2} + L_3, \quad L_{cd} = \frac{(L_1 + L_2)L_3}{(L_1 + L_2) + L_3}$$

2. 电感并联分流

电感并联分流如图所示。

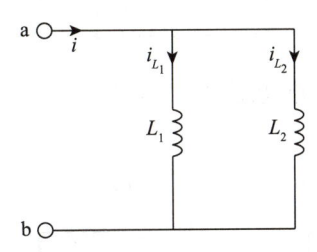

每个电感的电流为

$$i_{L_1} = \frac{L_2}{L_1 + L_2}i, \quad i_{L_2} = \frac{L_1}{L_1 + L_2}i$$

3. 电容元件串并联

电容元件串并联如图所示。

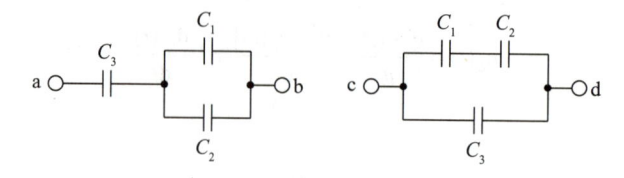

等效电容分别为

$$C_{ab} = \frac{(C_1+C_2)C_3}{(C_1+C_2)+C_3}, \quad C_{cd} = \frac{C_1 C_2}{C_1+C_2} + C_3$$

4. 电容串联分压

电容元件的分压如图所示。

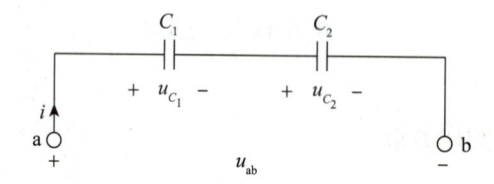

每个电容的电压为

$$u_{C_1} = \frac{C_{eq}}{C_1} u_{ab} = \frac{C_2}{C_1+C_2} u_{ab}, \quad u_{C_2} = \frac{C_{eq}}{C_2} u_{ab} = \frac{C_1}{C_1+C_2} u_{ab}$$

巩固提高

题 1 电路如图所示，试求电流 i。

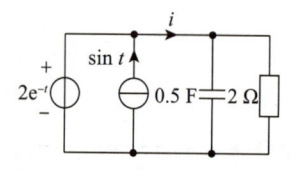

题 2 电容电路如图(a)所示，已知电流源电流波形如图(b)所示，$u(0)=1\,\text{V}$，试求 $u(t)$ 并绘制出其波形图。

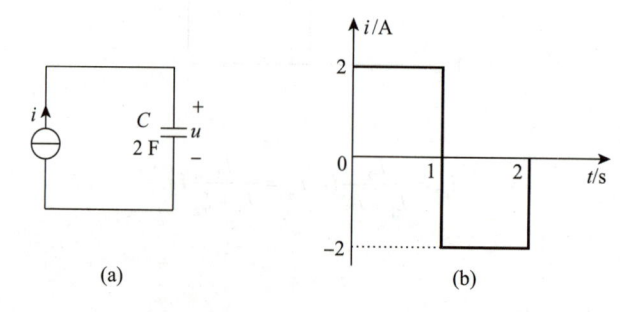

题 3 如图(a)所示的电感 $L=10$ mH，其电流波形 $i(t)$ 如图(b)所示。试计算 $t\geq 0$ 时的电压 $u(t)$ 和瞬时功率 $p(t)$，并绘出它们的波形图。

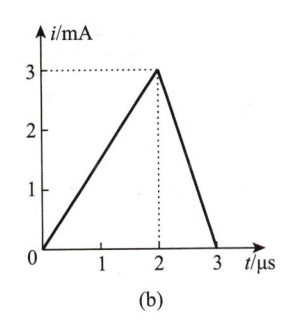

题 4 电路如图所示。

(1) 求端口的等效电容 C；

(2) 若端口电压 $u=10$ V，求各电容的电压；

(3) 若端口电流 $i=8\mathrm{e}^{-3t}$ A，求电流 i_1 和 i_2。

题 5 电路如图所示，设各电感的初始电流为0。

(1) 求端口的等效电感；

(2) 若端口电压 $u(t)=8\mathrm{e}^{-2t}\varepsilon(t)$ V，求电感电流 i_1、i_2 和电压 u_2、u_3。

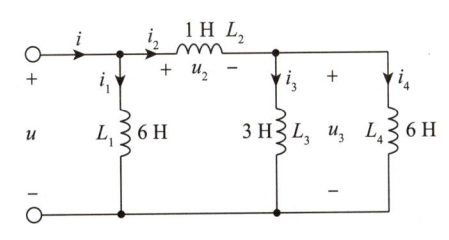

题 6【综合提高】直流稳态电路如图所示，已知电感 L 上的储能为9 J，且电流 $I_L>0$。求受控源控制系数 r 以及 4 V 电压源发出的功率 P。

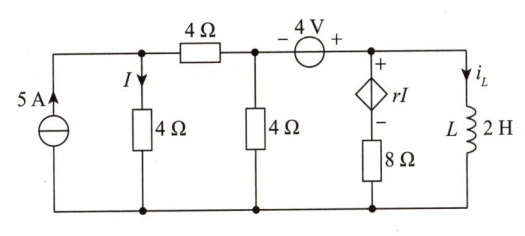

题7【综合提高】如图所示的电路由一个电阻R、电感L和电容C组成。$i(t) = (10e^{-t} - 20e^{-2t})$ A,$t \geq 0$,$u_1(t) = (-5e^{-t} + 20e^{-2t})$ V,$t \geq 0$。当$t = 0$时,电路总储能为25 J,试求R、L和C。

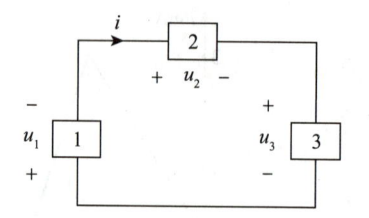

第7讲 动态电路之时域分析

命题基本点

一、一阶电路 　　　　　　　　【☆☆☆☆】
二、二阶电路 　　　　　　　　【☆☆☆】
三、动态电路常用的电信号　　　【☆】
四、阶跃响应及冲激响应　　　　【☆☆】

基本考点总结

一、一阶电路

1. 一阶电路的响应

(1) 零输入响应。

由电路的起始状态引起的响应。

在如图(a)所示电路中，其微分方程为

$$RC\frac{du_C}{dt} + u_C = 0 (t > 0), \quad u_C(0_+) = U_0$$

求解得

$$u_C = U_0 e^{-\frac{t}{RC}}$$

(a) 一阶 RC 零输入响应电路示意图

(2) 零状态响应。

由电路的输入引起的响应。

在如图(b)所示电路中，其微分方程为

$$RC\frac{du_C}{dt} + u_C = U_S (t > 0), \quad u_C(0_+) = 0$$

求解得

$$u_C = U_S\left(1 - e^{-\frac{t}{RC}}\right)$$

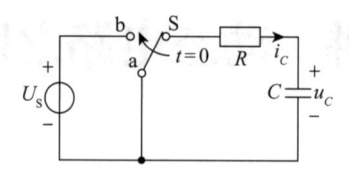

(b) 一阶RC零状态响应电路示意图

(3) 全响应。

由电路的起始状态和输入共同引起的响应。

在如图(c)所示电路中，其微分方程为

$$RC\frac{du_C}{dt} + u_C = U_S(t>0), \quad u_C(0_+) = U_0$$

求解得

$$u_C = (U_0 - U_S)e^{-\frac{t}{RC}} + U_S$$

(c) 一阶RC全响应电路示意图

2. 全响应的两种分解方式

(1) 对线性电路，全响应等于对应的零输入响应与零状态响应之和。

$$u_C = U_0 e^{-\frac{t}{RC}} + U_S\left(1 - e^{-\frac{t}{RC}}\right)(t \geq 0)$$

(2) 对线性电路，全响应等于对应的自由分量(或自由响应)$y_h(t)$与强制分量(或强制响应)$y_p(t)$之和。

$$y(t) = y_h(t) + y_p(t), \quad y(t) = \left[y(0_+) - y_p(0_+)\right]e^{-\frac{t}{RC}} + y_p(t)$$

3. 求解一阶电路的三要素法

(1) 直流电路三要素求解(不考虑初值跃变)。

①初值$y(0_+)$(电容元件相当于开路，电感元件相当于短路)。利用$u_C(0_-) = u_C(0_+), i_L(0_-) = i_L(0_+)$确定其他变量的初值$y(0_+)$。

②时间常数τ。与输入无关，归结为求等效电容元件、等效电感元件、等效电阻元件。

$$\tau = R_{eq}C_{eq}, \quad \tau = \frac{L_{eq}}{R_{eq}}$$

③稳态值$y(\infty)$(电容元件相当于开路，电感元件相当于短路)。

利用三要素法：

$$y(t) = \left[y(0_+) - y(\infty)\right]e^{-\frac{t}{\tau}} + y(\infty)$$

(2) 正弦稳态激励的三要素公式。

$$y(t) = \left[y(0_+) - y_p(0_+)\right]e^{-\frac{t}{\tau}} + y_p(t)$$

其中 $y(0_+)$ 表示电流或电压的初值；$y_p(t)$ 表示电流或电压的稳态值；τ 表示电路的时间常数。

注：和直流激励不同的是，正弦激励的稳态值也是一个正弦量。

▶ 二、二阶电路

1. 定义

用二阶微分方程描述的电路为二阶电路。

2. 以二阶 *RLC* 电路(见图)为例求响应

(1) 求解步骤。

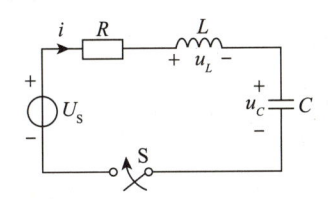

①已知电路初值：

$$u_C(0_+) = u_C(0_-) = U_0, \ i(0_+) = i(0_-) = I_0$$

②二阶电路为非齐次微分方程：

$$LC\frac{\mathrm{d}^2 u_C}{\mathrm{d}t^2} + RC\frac{\mathrm{d}u_C}{\mathrm{d}t} + u_C = U_S$$

非齐次微分方程的通解：

$$u_C(t) = u_C'(t) + u_C''(t)$$

③非齐次微分方程的特解：

$$u_C' = U_S$$

④齐次微分方程为

$$LC\frac{\mathrm{d}^2 u_C}{\mathrm{d}t^2} + RC\frac{\mathrm{d}u_C}{\mathrm{d}t} + u_C = 0$$

特征方程：

$$LCp^2 + RCp + 1 = 0$$

特征根：

$$p_{1,2} = -\frac{R}{2L} \pm \sqrt{\left(\frac{R}{2L}\right)^2 - \frac{1}{LC}}$$

(2) 微分方程特征根分析。

① p_1、p_2 为一对不相等的负实根 $\left(R > 2\sqrt{\dfrac{L}{C}}\right)$。

$$u_C(t) = K_1 e^{p_1 t} + K_2 e^{p_2 t}$$

此时电路的工作状态为过阻尼非振荡状态。

② p_1、p_2 为一对相等的负实根 $\left(R = 2\sqrt{\dfrac{L}{C}}\right)$。

$$u_C(t) = K_1 e^{pt} + K_2 t e^{pt}$$

此时电路的工作状态为临界阻尼状态(振荡与非振荡临界点)。

③ p_1、p_2 为一对共轭复根 $\left(R < 2\sqrt{\dfrac{L}{C}}\right)$,$p_{1,2} = -\alpha \pm j\omega_\alpha$。

$$u_C(t) = e^{-\alpha t}\left[K_1 \cos(\omega_\alpha t) + K_2 \sin(\omega_\alpha t)\right]$$

此时电路的工作状态为欠阻尼振荡状态。

④ p_1、p_2 为一对纯虚根 $\left(R < 2\sqrt{\dfrac{L}{C}}\right)$,$p_{1,2} = \pm j\omega_\alpha$。

$$u_C(t) = M_1 \cos(\omega_\alpha t) + M_2 \sin(\omega_\alpha t)$$

此时电路的工作状态为等幅振荡状态。

(3) 系数求解。

通解 p_1、p_2 中有两个未知量,因此需要两个方程求解参数,一般可以选择状态初值和状态导数初值。

$$\begin{cases} u_C(0_+) = U_0 \\ \dfrac{\mathrm{d}u_C}{\mathrm{d}t}\bigg|_{t=0_+} = \dfrac{I_0}{C} \end{cases}$$

▶ 三、动态电路常用的电信号

1. 阶跃函数

(1) 无延时阶跃函数。

① 信号函数表达式:

$$f(t) = A\varepsilon(t)$$

② 信号函数定义:

$$A\varepsilon(t) = \begin{cases} 0, & t < 0 \\ A, & t > 0 \end{cases}$$

奇异值为
$$\varepsilon(0_-) = 0,\ \varepsilon(0_+) = A,\ \varepsilon(0_+) \neq \varepsilon(0_-)$$
③信号波形(见图)。

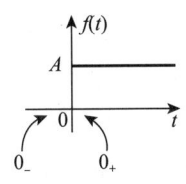

特别地,当 $A=1$ 时,称为单位阶跃函数。

(2)延时单位阶跃函数。

①信号函数表达式:
$$f(t) = \varepsilon(t - t_0)$$

②信号函数定义:
$$\varepsilon(t - t_0) = \begin{cases} 0,\ t < t_0 \\ 1,\ t > t_0 \end{cases}$$

奇异值为
$$\varepsilon(t_{0_-}) = 0,\ \varepsilon(t_{0_+}) = 1,\ \varepsilon(t_{0_+}) \neq \varepsilon(t_{0_-})$$

③信号波形(见图)。

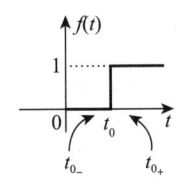

(3)应用:表示各种脉冲信号。

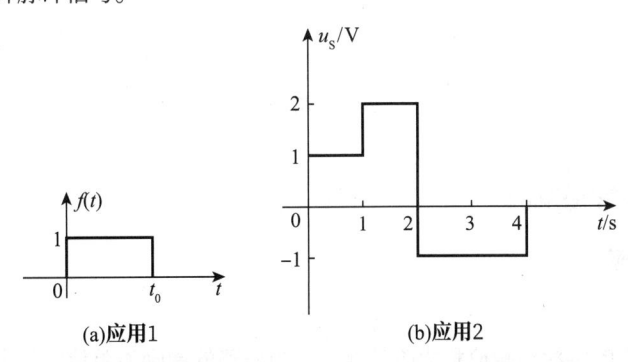

(a)应用1 (b)应用2

图(a)波形表示
$$f(t) = \varepsilon(t) - \varepsilon(t - t_0)$$

图(b)波形表示
$$u_S(t) = \varepsilon(t) + \varepsilon(t-1) - 3\varepsilon(t-2) + \varepsilon(t-4)$$

2. 冲激函数

(1) 信号函数表达式：

$$f(t) = A\delta(t)$$

(2) 信号函数定义：

$$\begin{cases} A\delta(t) = \begin{cases} 0, & t \neq 0 \\ 奇异, & t = 0 \end{cases} \\ \int_{-\infty}^{+\infty} A\delta(t)\mathrm{d}t = A \end{cases}$$

$A\delta(t)$ 表示波形面积或冲激强度为 A 的冲激函数。

(3) 信号波形(见图)。

(4) 冲激函数性质。

① 积分性质：

$$\int_{0_-}^{0_+} \delta(t)\mathrm{d}t = 1$$

② 筛分性质：

$$\begin{cases} f(t)\cdot\delta(t) = f(0)\cdot\delta(t) \Leftrightarrow \int_{-\infty}^{+\infty} f(t)\cdot\delta(t)\mathrm{d}t = f(0) \\ f(t)\cdot\delta(t-t_0) = f(t_0)\cdot\delta(t-t_0) \Leftrightarrow \int_{-\infty}^{+\infty} f(t)\cdot\delta(t-t_0)\mathrm{d}t = f(t_0) \end{cases}$$

③ 冲激与阶跃的关系：

$$\delta(t) = \frac{\mathrm{d}\varepsilon(t)}{\mathrm{d}t}, \quad \varepsilon(t) = \int_{-\infty}^{t} \delta(x)\mathrm{d}x$$

④ 偶函数：

$$\delta(t) = \delta(-t)$$

▶ 四、阶跃响应及冲激响应

1. 动态电路的阶跃响应

(1) 定义。

由阶跃电源作用下的零状态响应称为阶跃响应。当电路的激励为单位阶跃电源时，称为单位阶跃响应，常用 $s(t)$ 表示。

(2) 阶跃响应求解。

阶跃响应电路如图所示。

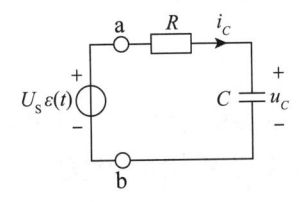

该动态电路的阶跃响应为

$$u_C(t) = U_S(1 - e^{\frac{-t}{\tau}})\varepsilon(t), \quad i_C = \frac{U_S}{R}e^{\frac{-t}{\tau}}\varepsilon(t)$$

2.动态电路的冲激响应

(1)定义。

由冲激电源作用下的零状态响应称为冲激响应。当电路的激励为单位冲激电源时,称为单位冲激响应,常用 $h(t)$ 表示。

(2)单位冲激函数 $\delta(t)$。

单位冲激函数波形如图所示。

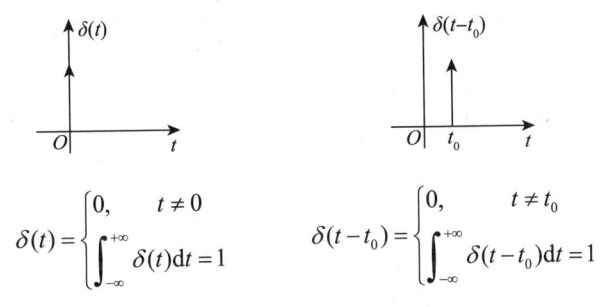

$$\delta(t) = \begin{cases} 0, & t \neq 0 \\ \int_{-\infty}^{+\infty} \delta(t)\mathrm{d}t = 1 \end{cases} \qquad \delta(t - t_0) = \begin{cases} 0, & t \neq t_0 \\ \int_{-\infty}^{+\infty} \delta(t - t_0)\mathrm{d}t = 1 \end{cases}$$

(3)冲激响应求解。

① "阶跃响应求导法"求冲激响应。

根据单位冲激响应 $h(t)$ 是单位阶跃响应 $s(t)$ 的一阶导数,可以先将冲激激励用相应的阶跃激励来替代,求出电路的阶跃响应 $s(t)$,然后对 $s(t)$ 求导,从而求得相应的冲激响应 $h(t)$。

根据电路(见图)求得阶跃响应为

$$u_C(t) = A(1 - e^{\frac{-t}{\tau}})\varepsilon(t)$$

求导得出冲激响应

$$h_C(t) = \frac{\mathrm{d}u_C(t)}{\mathrm{d}t} = \frac{A}{RC}e^{\frac{-t}{\tau}}\varepsilon(t)$$

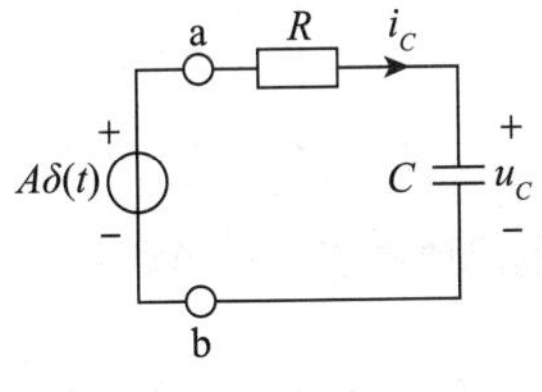

② "充电法"求冲激响应。

具体计算方法如下：

在 $0_-\sim 0_+$ 时，作出 $t=0$ 的等效电路；

将电感元件开路(因为 $i_L(0_-)=0$)，计算电感元件两端的开路电压 $u_L(t)$；

将电容元件短路(因为 $u_C(0_-)=0$)，计算电容元件的短路电流 $i_C(t)$；

在关联参考方向下，根据元件的伏安关系式，可以确定电路在冲激作用下所建立的初始状态

$$i_L(0_+) = i_L(0_-) + \frac{1}{L}\int_{0_-}^{0_+} u_L(\xi)d\xi,\ u_C(0_+) = u_C(0_-) + \frac{1}{C}\int_{0_-}^{0_+} i_C(\xi)d\xi$$

在 $t>0_+$ 时的等效电路中，将电路响应看成零输入响应，如下计算冲激响应 $u_C(t)$、$i_L(t)$。

$$u_C(t) = u_C(0_+)e^{-\frac{t}{\tau}} \cdot \varepsilon(t),\ i_L(t) = i_L(0_+)e^{-\frac{t}{\tau}} \cdot \varepsilon(t)$$

巩固提高

题1 如图所示，电路开关闭合前电路已达到稳态，$t=0$ 时开关闭合，试求下列电量的初值：

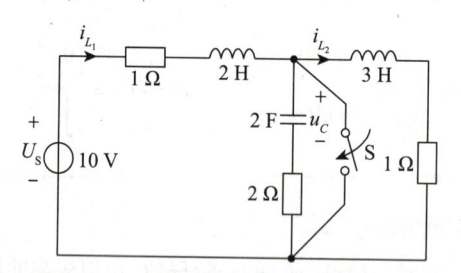

$u_C(0_+)$、$i_{L_1}(0_+)$、$i_{L_2}(0_+)$、$\left.\dfrac{du_C}{dt}\right|_{0_+}$、$\left.\dfrac{di_{L_1}}{dt}\right|_{0_+}$、$\left.\dfrac{di_{L_2}}{dt}\right|_{0_+}$。

题2 如图所示，电路在换路前已达稳定状态。若开关S在 $t=0$ 时刻闭合，求在闭合瞬间流过它的电流 $i(0_+)$。

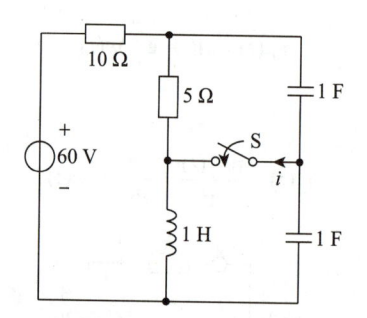

题3 如图所示，电路在开关闭合前已达稳态。$t=0$ 时将开关K闭合，求开关K闭合后的电流 $i(t)$。

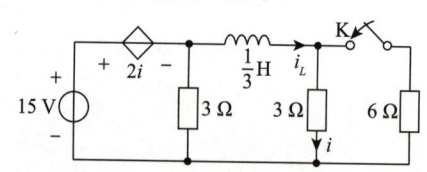

题4 试用三要素法求图中 $t \geq 0$ 时的输出电压 $u_0(t)$。

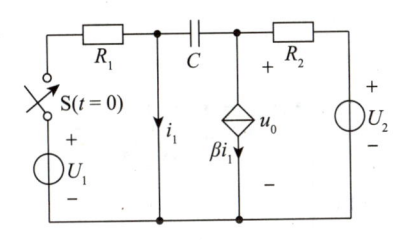

题5 在如图所示电路中，已知 $u_S = 10\,\text{V}$，$R = 100\,\Omega$，F 为一个可更换的理想线性二端储能元件，开关闭合前电路已处于稳定状态。当 $t = 0$ 时，开关闭合后储能元件的电压 $u(t)$ 如下，试判断下述三种情况所对应的二端元件是何种元件，并求出该元件的参数及应有的初始值。

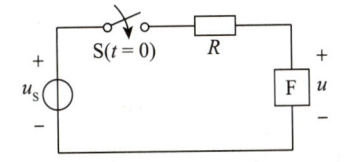

(1) $u(t) = 10\text{e}^{-1000t}\,\text{V}$；

(2) $u(t) = \left(10 - 10\text{e}^{-1000t}\right)\,\text{V}$；

(3) $u(t) = \left(10 - 4\text{e}^{-1000t}\right)\,\text{V}$。

题6 如图所示电路，$t = 0$ 时把开关 S 打开，$t = 0.1\,\text{s}$ 时测得电流 $i(0.1) = 0.5\,\text{A}$。求电流源的电流 I_S。（参考数据：$\text{e}^{-0.5} \approx 0.6065$）

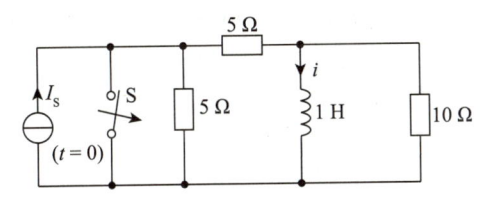

题7 已知电路如图所示，开关 S 闭合前原电路已处于稳态，$t > 0$ 时闭合开关 S，在 $t = 10^{-7}\,\text{s}$ 时，u_1 电压为初始电压的 90%，求电容 C。（$\ln\left(\dfrac{20}{19}\right) \approx 0.05129329$）

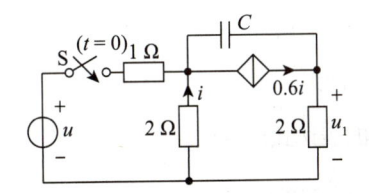

题8 如图所示电路中，电路原处于稳态，在 $t=0$ 时断开开关 S，用三要素法求 $i_2(t)$，并计算在暂态过程中 $3\,\Omega$ 电阻所消耗的能量。

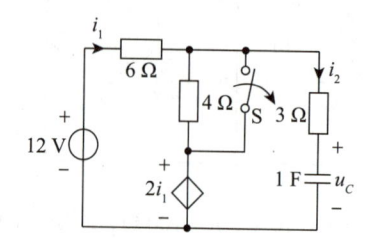

题9 电路如图所示，S_1 和 S_2 原来在闭合状态。开关动作前电路已达稳态，$t=0$ 时将开关 S_1 断开，再过 1 s 后将开关 S_2 断开，用三要素法求流过电感的电流 $i_L(t)$ 的变化，以及两次换路之间电感上的能量变化。

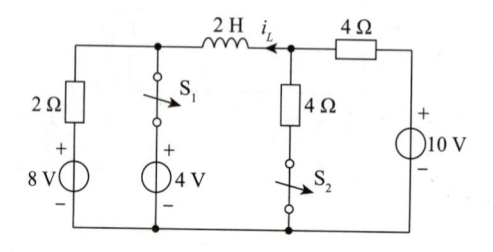

题10 求如图(a)所示网络在图(b)所示波形激励下的零状态响应 u_C。

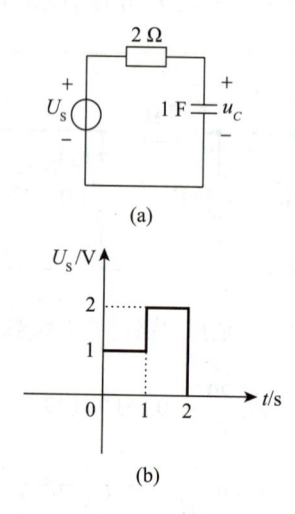

题11 已知如图(a)所示电路，试求：

(1) 当 $i_s = \varepsilon(t)$ 时，$u_C(t)$ 和 $i_1(t)$ 的表达式；

(2) 当 i_s 为图(b)所示波形时，$u_C(t)$ 的表达式。

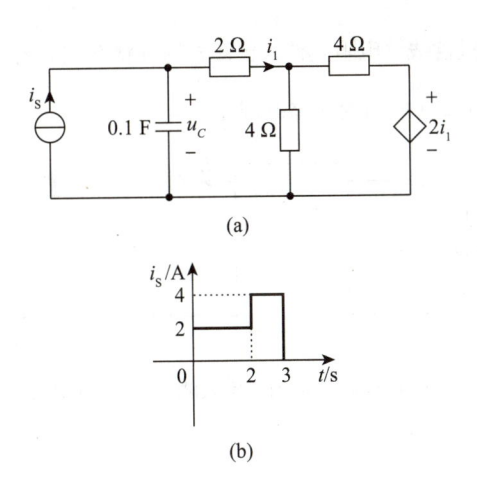

题12 电路如图(a)所示，电流源波形如图(b)所示。$t<0$ 时原电路已稳定，$t=0$ 时开关打开，求 $t>0$ 时的电容电压 $u_C(t)$。

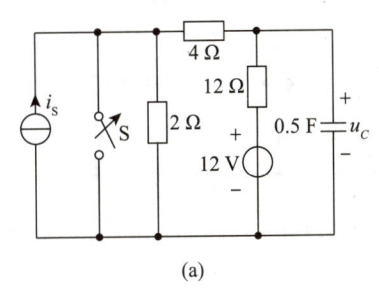

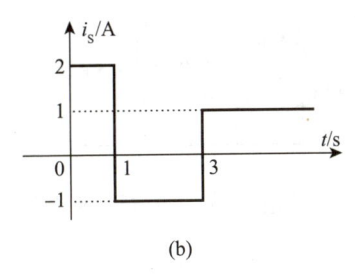

题13 求如图所示电路的冲激响应 $i_L(t)$。

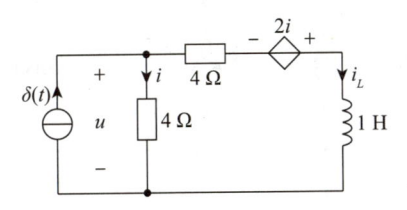

题 14 如图所示网络 N 只含线性电阻元件。已知 i_L 的零状态响应为 $i_L = 6(1-e^{-0.5t})\varepsilon(t)$ A。若用电容元件 C 替代电感元件 L，且 $C = 4$ F，求零状态响应 $u_C(t)$。

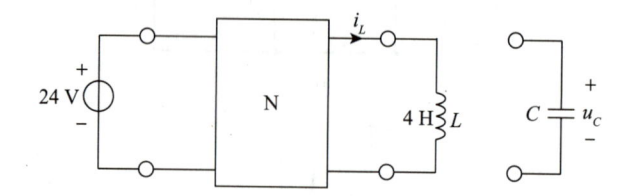

题 15 电路如图所示，$u_S = 20\cos(1000t + \varphi)$，开关闭合前已达稳态。

(1) 求开关动作后 $u_C(t)$；

(2) 若开关闭合后没有过渡过程，求 φ 的值。

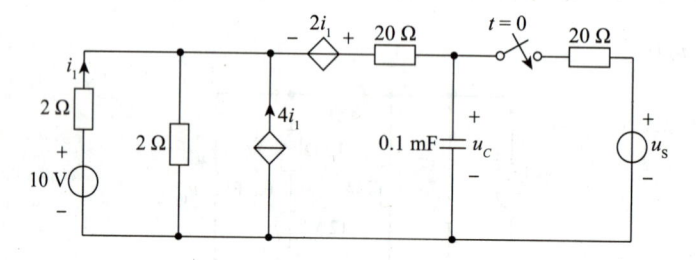

题 16 如图所示电路，换路前电路已处于稳态，$t = 0$ 时开关由 a 打向 b，求换路后的电压 $u_C(t)$。

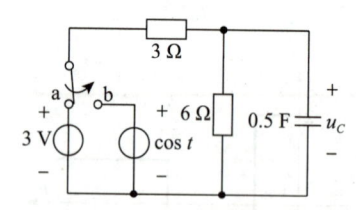

题 17 如图所示电路中，换路前已达稳态，$t = 0$ 时开关 S 闭合，求开关闭合后的 $u_C(t)$、$i_L(t)$ 及 $i(t)$ 的表达式。

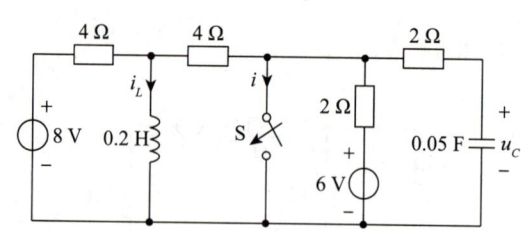

题 18 如图所示,电路开关打开时,电路已经稳定。$t=0$ 时,开关 S 闭合,试用时域法求开关 S 闭合后的 $i_L(t)$、$u_C(t)$ 和 $i(t)$。

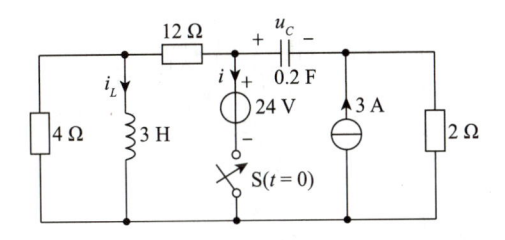

题 19 如图所示电路原已稳定,$t=0$ 时,打开开关 S,用时域法求 $t \geq 0_+$ 时的 $u_C(t)$、$i_L(t)$ 和 $u(t)$。

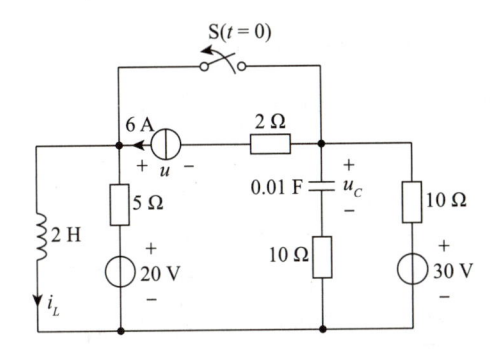

题 20 如图所示电路中,$t<0$ 时处于稳态,$t=0$ 时开关突然断开。用三要素公式求 $t>0$ 时的电压 $u(t)$。

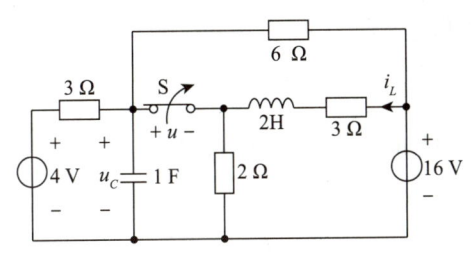

题 21 电路如图所示,已知 $u(t) = 200\cos(1\,000t + 36.9°)$ V,开关 S 闭合前电路已达稳态,$t=0$ 时开关 S 闭合,用三要素法求换路后流过电感中的电流 $i_L(t)$ 和流过电容中的电流 $i(t)$。(参考数据:$\cos 8.1° \approx 0.99$)

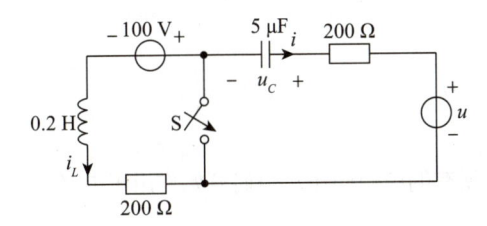

题22 如图所示电路中，开关S闭合前电路已经达到稳态，$t=0$时开关S闭合。求开关S闭合后的电流$i(t)$。

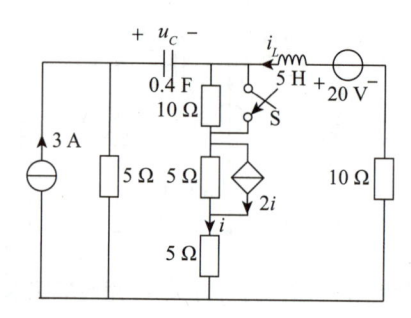

题23 电路如图所示，已知$R_1=R_3=3\,\Omega$，$R_2=6\,\Omega$，直流电压源$U_{S1}=10\,\text{V}$和$U_{S2}=5\,\text{V}$，$L=2\,\text{H}$，$u_S(t)=2\sin(2t)\,\text{V}$，$t=0$时，开关S闭合，已知闭合前电路已达稳定，试求电感电流$i_L(t)$。（$\arctan 2\approx 63.435°$，$\sin 63.435°\approx 0.894\,1$）

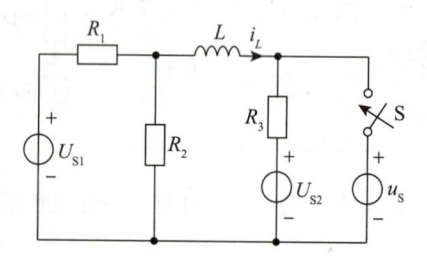

题24 电路如图所示，已知$U_{S1}=8\varepsilon(t)\,\text{V}$，$U_{S2}=10\text{e}^{-t}\varepsilon(t)\,\text{V}$，全响应$u_C(t)=(5\text{e}^{-t}-3\text{e}^{-2t}+2)\varepsilon(t)\,\text{V}$。

(1) 求零输入响应u_C'''；

(2) 分别求U_{S1}、U_{S2}单独作用时的零状态响应u_C'和u_C''。

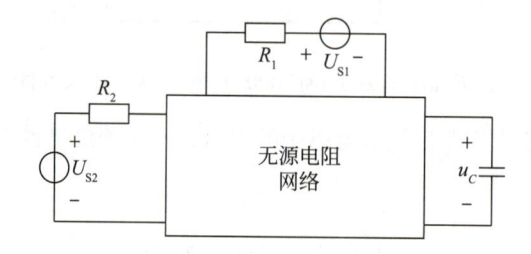

题25 如图所示，当$u_S=\varepsilon(t)\,\text{V}$，$i_S=0$时，$u_C^{(1)}(t)=\left(2\text{e}^{-2t}+\dfrac{1}{2}\right)\text{V}$，$t\geqslant 0$；当$u_S=0$，$i_S=\varepsilon(t)\,\text{A}$时，$u_C^{(2)}(t)=\left(\dfrac{1}{2}\text{e}^{-2t}+2\right)\text{V}$，$t\geqslant 0$，所有的电源均在$t=0$时开始作用于电路。

(1) 求电路中R_1、R_2、C的值；

(2) 若电压源u_S和电流源i_S共同作用，求电容响应$u_C(t)$。

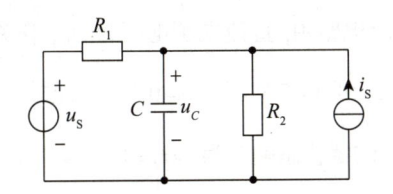

题26 如图所示，N_0 为无源电阻性网络，E 为直流电压源，U_S 为正弦电压源，已知全响应 $i_L(t) = \left[1 - 3\mathrm{e}^{-t} + \sqrt{2}\sin(t - 45°)\right]$ A。求：

(1) 电路的零输入响应 $i_{L1}(t)$；

(2) 当 $U_S(t) = 0$ 时，在同样初始状态下的 $i_{L2}(t)$；

(3) $U_S(t)$ 单独作用时的零状态响应 $i_{L3}(t)$。

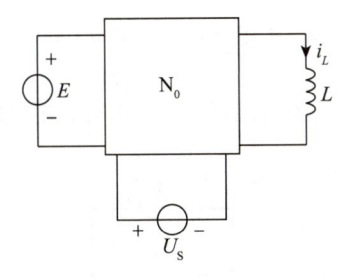

题27 求如图所示电路的零状态响应 $i_L(t)$、$u_C(t)$。

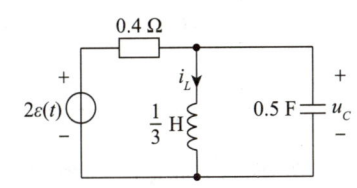

题28 电路如图所示，已知 $\dfrac{R_1}{R_2} = \dfrac{C_1}{C_2} = k$，为使此电路产生等幅振荡，求受控源 ai 的转移电流比 a 的值。

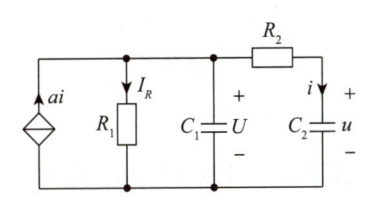

题29【综合提高】如图所示电路中，直流电源电压为 U_S，开关 S 动作前，电路已达稳态，原来开关 S 处于位置1，电容初始储能 $u_C(0_-) = 2\text{ V}$。当 $t = 0$ 时，将开关 S 合至位置2；经过时间 t_1 后，开关由位置2倒向位置3。已知 $t > t_1$ 时的零状态响应为 $i_L(t) = \left(2 - 14\text{e}^{-2t}\right)\text{ A}$，试求 $t > 0$ 时的响应电压 $u(t)$。（$\ln 7 \approx 1.94591$）

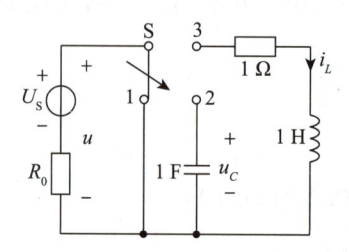

题30【综合提高】如图所示电路中，已知 $i_S(t) = 40\sqrt{2}\sin\left(10t + \dfrac{3\pi}{4}\right)\text{ A}$，$u_S(t) = [3\varepsilon(t) + 2\delta(t)]\text{ V}$，开关动作前，电路处于稳定状态。当 $t = 0$ 时，S_1 闭合，S_2 断开。用时域分析法求开关动作后的 $u_C(t)$。

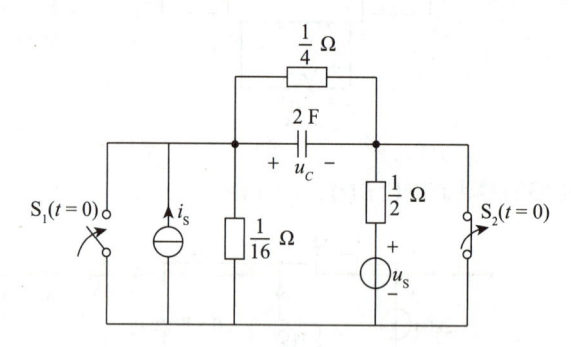

题31【综合提高】电路如图所示，已知 $i_S(t) = 6\varepsilon(t)\text{ A}$ 时，$i_L(t) = \left(3 - 5\text{e}^{-2t}\right)\text{ A}$。若 $i_S(t) = [2\delta(t) + 3\varepsilon(t)]\text{ A}$，且 $i_L(0_-) = 3\text{ A}$，求 $i_L(t)$ ($t > 0$) 的表达式。

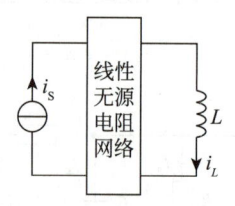

题32【综合提高】如图所示电路，开关 S 闭合时已处于稳态，$t = 0$ 时 S 断开，已知 $R_1 = R_2 = 10\text{ }\Omega$，$R_3 = 20\text{ }\Omega$，$L_1 = 1\text{ H}$，$L_2 = 5\text{ H}$，$U_S = 50\text{ V}$，试求 $t \geq 0$ 时的 $i_{L_1}(t)$、$i_{L_2}(t)$、$u_{L_1}(t)$ 和 $u_{L_2}(t)$。

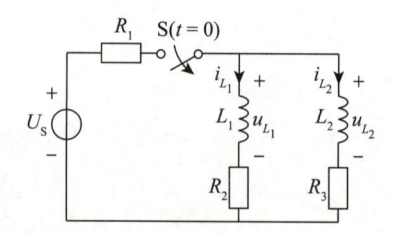

第7讲 动态电路之时域分析

题33【综合提高】在如图所示电路中，已知 $R = R_1 = 1\,\Omega$，$R_2 = 2\,\Omega$，$C_1 = 1\,\text{F}$，$C_2 = 2\,\text{F}$，$E_S = 3\,\text{V}$，电路已处于稳态。$t = 0$ 时开关S合上，试求电流 $i(t)$。

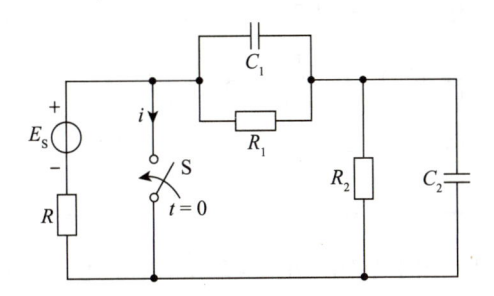

题34【综合提高】如图(a)所示电路中N为线性时不变无源网络。在阶跃电压源激励下，$2-2'$ 端接电阻 $R = 2\,\Omega$ 时，零状态响应 $u_0' = \dfrac{1}{4}(1-\mathrm{e}^{-t})\varepsilon(t)$；换接电容 $C = 1\,\text{F}$ 时，零状态响应 $u_0'' = \dfrac{1}{2}\left(1-\mathrm{e}^{-\frac{1}{4}t}\right)\varepsilon(t)$。试求图(b)电路中的零状态响应 $u_0(t)$。

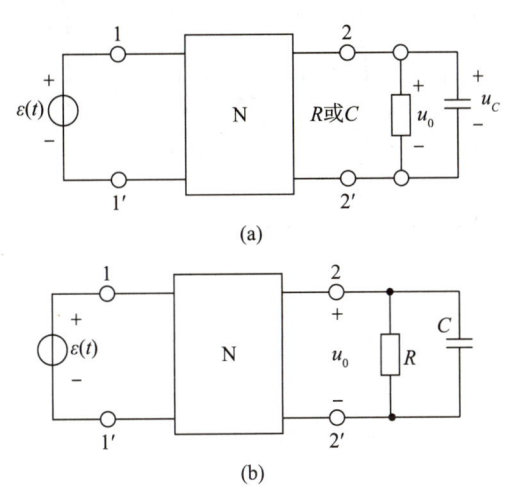

题35【综合提高】电路如图所示，$t < 0$ 时原电路已稳定，当 $t = 0$ 时，开关S由1合向2。已知直流激励 $U_S = 1\,\text{V}$，正弦激励 $u_S(t) = 8\cos t\,\text{V}$。试计算 $t \geq 0_+$ 时的电压 $u_C(t)$ 和电流 $i_2(t)$。

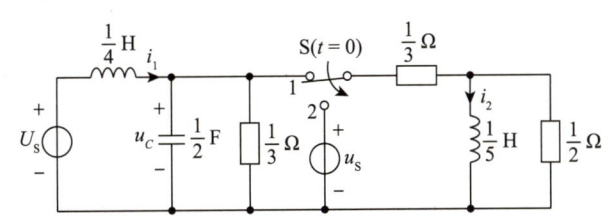

题36【综合提高】如图所示电路中，已知 $R=10\,\Omega$，$U_S=12\,\text{V}$，$L=0.2\,\text{H}$，$C=0.01\,\text{F}$，$\beta=\dfrac{1}{3}$，开关闭合已久。求开关打开后的电压 $u_K(t)$ 和电流 $i_L(t)$。

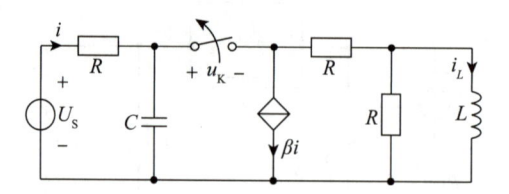

题37【综合提高】如图所示的电路中，开关K动作前电路处于稳态，当 $t=0$ 时，开关K打开，已知 $R_1=R_5=4\,\Omega$，$R_2=R_3=R_4=2\,\Omega$，$L_1=3\,\text{H}$，$L_2=2\,\text{H}$，$C_1=200\,\mu\text{F}$，$C_2=100\,\mu\text{F}$，$U_S=10\,\text{V}$，试求 $t\geqslant 0$ 时的 $u_{C_1}(t)$、$u_{C_2}(t)$、$i_{L_1}(t)$、$i_{L_2}(t)$。

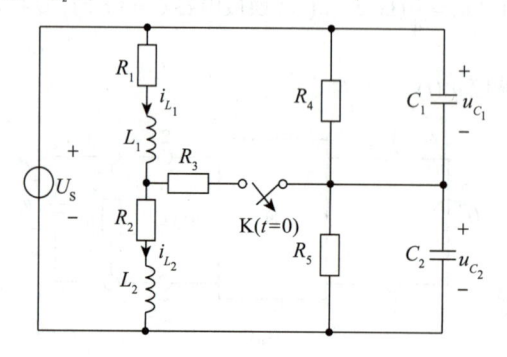

第8讲　正弦稳态电路

命题基本点

一、相量法基础　　　　　　【☆】
二、相量基本电路　　　　　　【☆☆☆】
三、正弦稳态电路求解　　　　【☆☆☆☆】
四、正弦稳态电路的功率　　　【☆☆☆】

基本考点总结

▶ 一、相量法基础

1. 基本概念

(1) 相量的表示形式。

①代数形式：$\vec{F} = a + jb$。

$a = \text{Re}[\vec{F}]$——实部，$b = \text{Im}[\vec{F}]$——虚部，$j = \sqrt{-1}$——虚单位。

②向量形式：$|\vec{F}| = \sqrt{a^2 + b^2}$——$\vec{F}$的模，$\tan\theta = \dfrac{b}{a}$，$\theta$——$\vec{F}$的辐角。

在复平面上的向量表示如图所示。

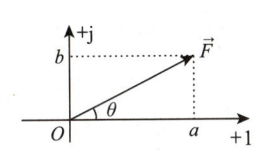

③三角形式：$\vec{F} = |\vec{F}|\cos\theta + j|\vec{F}|\sin\theta$。

④指数形式：$\vec{F} = |\vec{F}|e^{j\theta}$。

⑤极坐标形式：$\vec{F} = |\vec{F}|\angle\theta$。

> **水木珞研总结**
>
> 为了表示方便和简洁，本书后面统一用F表示相量。

(2) 代数形式与极坐标形式的相互转换。

① $F = a + jb \to F = |F|\angle\theta$。其中$|F| = \sqrt{a^2 + b^2}$，$\theta = \arctan\left(\dfrac{b}{a}\right)$。

② $F = |F| \angle \theta \to F = a + jb$。其中 $a = |F|\cos\theta$, $b = |F|\sin\theta$。

(3) 复数的运算。

①复数的加减运算。

复数相加和相减的代数运算必须用代数形式进行。

$$F_1 \pm F_2 = (a_1 + jb_1) \pm (a_2 + jb_2) = (a_1 \pm a_2) + j(b_1 \pm b_2)$$

②复数的乘除运算。

a. 用代数形式进行。

$$F_1 F_2 = (a_1 + jb_1)(a_2 + jb_2)$$

$$\frac{F_1}{F_2} = \frac{a_1 + jb_1}{a_2 + jb_2}$$

b. 用指数形式或极坐标形式进行。

两个复数的相乘, 用指数形式表示, 有

$$F_1 F_2 = |F_1|e^{j\theta_1}|F_2|e^{j\theta_2} = |F_1||F_2|e^{j(\theta_1+\theta_2)}$$

用极坐标形式表示(模相乘, 辐角相加), 有

$$F_1 F_2 = |F_1|\angle\theta_1 |F_2|\angle\theta_2 = |F_1||F_2|\angle(\theta_1 + \theta_2)$$

两个复数的相除, 用极坐标形式表示, 有

$$\frac{F_1}{F_2} = \frac{|F_1|\angle\theta_1}{|F_2|\angle\theta_2} = \frac{|F_1|}{|F_2|} \angle(\theta_1 - \theta_2)$$

2. 一般性的正弦交流电量的有效值

设电流 $i = I_m \sin(\omega t)$, 则正弦交流电流的有效值为

$$I = \sqrt{\frac{1}{T}\int_0^T I_m^2 \sin^2(\omega t) dt} = \sqrt{\frac{1}{T}\int_0^T I_m^2 \left[\frac{1 - \cos(2\omega t)}{2}\right] dt} = \frac{I_m}{\sqrt{2}}$$

即 $I = \frac{I_m}{\sqrt{2}}$, 同样可定义电压有效值为 $U = \frac{U_m}{\sqrt{2}}$。

水木珞研总结

电气工程上电压电流的大小, 一般都用有效值来表示, 电气工程测量仪表一般也指有效值。电路计算中除非题目的条件特殊说明, 否则默认为有效值。

3. 正弦量的相量表示及其应用

(1) 正弦量的相量表示。

①正弦量的三要素: 幅值、角频率、初相位。

$$i(t) = I_m \sin(\omega t + \varphi)$$

$\dot{I} = I\angle\varphi$ 称为正弦量 $i(t)$ 对应的相量，一般规定 $|\varphi| \leq \pi(180°)$。

②同频率正弦量的相位差(只有频率相同才有意义)。

设 $u(t) = U_m\cos(\omega t + \varphi_u), i(t) = I_m\cos(\omega t + \varphi_i)$，则 u 与 i 的相位差为

$$\varphi = (\omega t + \varphi_u) - (\omega t + \varphi_i) = \varphi_u - \varphi_i = 常数$$

③常见的相位关系。

$\varphi = 0$，称为同相；$\varphi = \pm 180°$，称为反相；$\varphi = 90°$，称为正交(垂直)。

(2) 元件的相量形式。

①元件 VCR 的相量形式如表所示。

元件	相量模型	有效值关系	相量图
电阻 R	$\dot{U}_R = R\dot{I}_R$	$U_R = RI_R$	$\dot{U}_R$ 与 $\dot{I}_R$ 同相
电感 L	$\dot{U}_L = j\omega L\dot{I}_L$	$U_L = \omega L I_L = X_L I_L$	$\dot{U}_L$ 超前 $\dot{I}_L$ 90°
电容 C	$\dot{U}_C = \dfrac{1}{j\omega C}\dot{I}_C$	$U_C = \dfrac{1}{\omega C}I_C = X_C I_C$	$\dot{I}_C$ 超前 $\dot{U}_C$ 90°
RL 串联	$\dot{U} = (R + j\omega L)\dot{I}$	$U = \sqrt{R^2 + (\omega L)^2}\cdot I$	$\dot{I}$ 滞后 $\dot{U}$，电路呈感性
RC 串联	$\dot{U} = \left(R + \dfrac{1}{j\omega C}\right)\dot{I}$	$U = \sqrt{R^2 + \left(\dfrac{1}{\omega C}\right)^2}\cdot I$	$\dot{I}$ 超前 $\dot{U}$，电路呈容性

②KCL、KVL 的相量形式。

$$\sum i(t) = 0 \to \sum \dot{I} = 0$$
$$\sum u(t) = 0 \to \sum \dot{U} = 0$$

二、相量基本电路

1. 阻抗和导纳

(1) 阻抗。

如图(a)所示,端口阻抗为

$$Z = \frac{\dot{U}}{\dot{I}} = \frac{U\angle\varphi_u}{I\angle\varphi_i} = \frac{U}{I}\angle(\varphi_u - \varphi_i) = |Z|\angle\varphi_Z = R + jX$$

如图(b)所示,阻抗三角形转化关系为

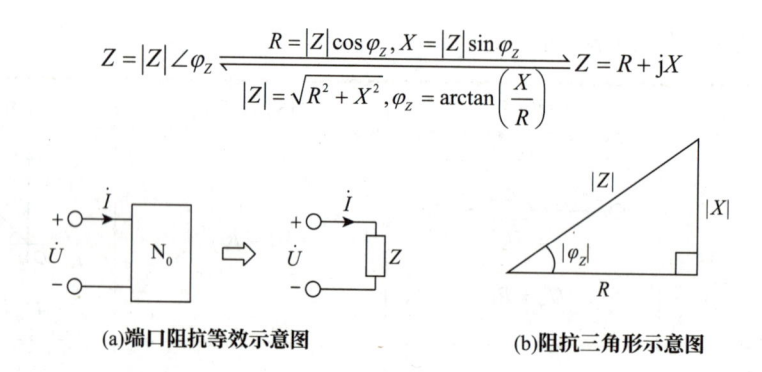

$$Z = |Z|\angle\varphi_Z \underset{|Z|=\sqrt{R^2+X^2},\,\varphi_Z=\arctan\left(\frac{X}{R}\right)}{\overset{R=|Z|\cos\varphi_Z,\,X=|Z|\sin\varphi_Z}{\rightleftharpoons}} Z = R + jX$$

(a) 端口阻抗等效示意图　　(b) 阻抗三角形示意图

(2) 导纳。

如图(a)所示,端口导纳为

$$Y = \frac{\dot{I}}{\dot{U}} = \frac{I\angle\varphi_i}{U\angle\varphi_u} = \frac{I}{U}\angle(\varphi_i - \varphi_u) = |Y|\angle\varphi_Y = G + jB$$

如图(b)所示,导纳三角形转化关系为

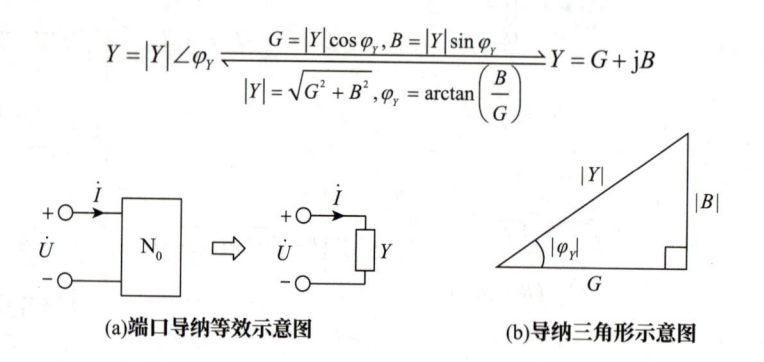

$$Y = |Y|\angle\varphi_Y \underset{|Y|=\sqrt{G^2+B^2},\,\varphi_Y=\arctan\left(\frac{B}{G}\right)}{\overset{G=|Y|\cos\varphi_Y,\,B=|Y|\sin\varphi_Y}{\rightleftharpoons}} Y = G + jB$$

(a) 端口导纳等效示意图　　(b) 导纳三角形示意图

2. 阻抗和导纳的等效转化(见图)

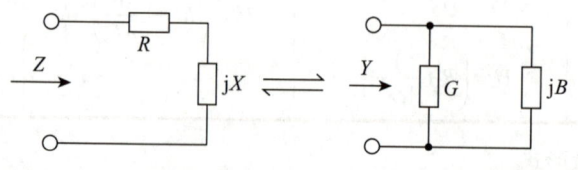

阻抗 $Z = R + jX$,则导纳

$$Y = \frac{1}{Z} = \frac{1}{R+jX} = \frac{R-jX}{R^2+X^2} = G+jB$$

其中 $G = \dfrac{R}{R^2+X^2}$，$B = \dfrac{-X}{R^2+X^2}$。

▶ 三、正弦稳态电路求解

1.常规方法：作出相量电路模型，利用直流电路的方法求解

(1)KCL、KVL；

(2)等效变换方法：串联、并联、电源等效变换等；

(3)电路方程：节点电压法、回路电流法；

(4)电路定理：叠加定理、替代定理、戴维南定理等。

2.相量图法

相量图法的核心是先选定参考相量，再根据元件VCR特性以及电压、电流数据画出相量图。

(1) R、L、C 串联电路的相量图。

串联电路一般选电流为参考相量。

根据如图(a)所示电路，作出相量图，如图(b)所示(设 $\dot{I} = I\angle 0°$)。

(a) R、L、C 串联电路　　(b)相量图

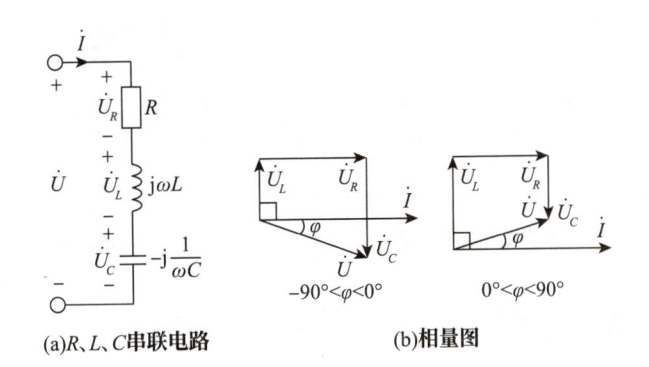

(2) R、L、C 并联电路的相量图。

并联电路一般选电压为参考相量。

根据如图(a)所示电路，作出相量图，如图(b)所示(设 $\dot{U} = U\angle 0°$)。

(a) R、L、C 并联电路　　(b)相量图

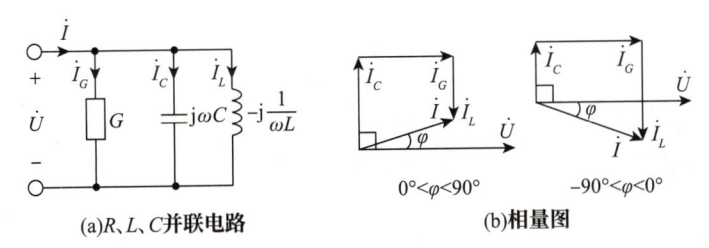

(3)串并联(混联)电路的相量图。

混联电路的相量图，一般选择最右侧支路的部分电量作为参考相量。如果最右侧是串联电路，则选

用电流作为参考相量；如果最右侧是并联电路，则选用电压作为参考相量。

① "先串后并"电路。

根据图(a)所示电路图，有

$$\dot{I} = \dot{I}_1 + \dot{I}_2, \quad \dot{U}_S = \dot{U}_{R1} + \dot{U}_L + \dot{U}_{R2}$$

作出相量图，如图(b)所示(设 $\dot{U}_{R2} = U_{R2}\angle 0°$)。

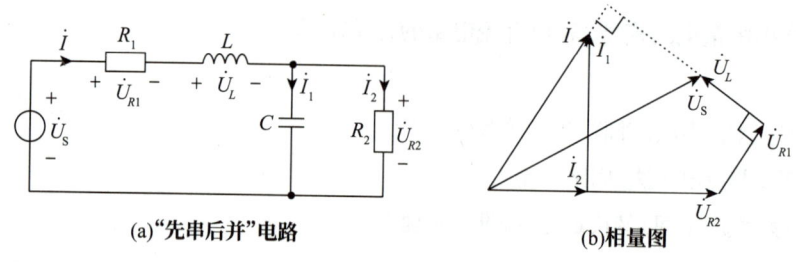

(a)"先串后并"电路 (b)相量图

② "先并后串"电路。

根据图(a)所示电路图，有

$$\dot{I} = \dot{I}_1 + \dot{I}_2, \quad \dot{U}_S = \dot{U}_{R1} + \dot{U}_{C1} + \dot{U}_2$$

作出相量图，如图(b)所示(设 $\dot{I} = I\angle 0°$)。

(a)"先并后串"电路 (b)相量图

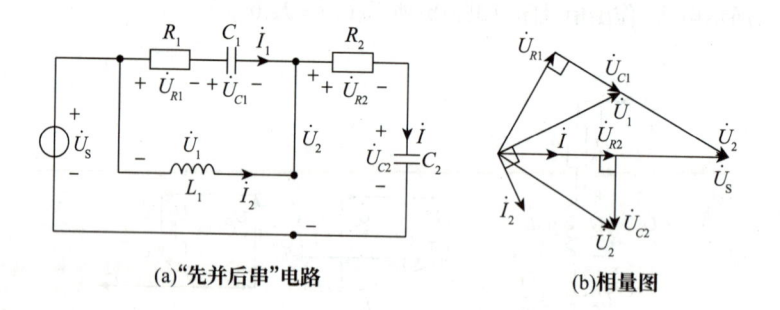

四、正弦稳态电路的功率

1.功率定义

如图所示为一端口N，设 $u = \sqrt{2}U\cos(\omega t + \varphi_u)$ V，$i = \sqrt{2}I\cos(\omega t + \varphi_i)$ A，功率定义式为 $P = UI\cos\varphi$，其中 $\varphi = \varphi_u - \varphi_i$。

功率对比如表所示。

功率名称	功率计算	单位
瞬时功率	$p(t) = ui$	瓦[特] / W
有功功率(平均功率)	$P = UI\cos\varphi$	瓦[特] / W
无功功率	$Q = UI\sin\varphi$	伏安无功或乏 / var
视在功率	$S = UI$	伏安 / (V•A)
复功率	$\overline{S} = \dot{U}\dot{I}^* = S\angle\varphi = P + jQ$	伏安 / (V•A)

功率三角形(见图):

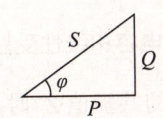

相互关系: $\varphi = \arctan\left(\dfrac{Q}{P}\right)$, $S = \sqrt{P^2 + Q^2}$, $\cos\varphi = \dfrac{P}{S}$

> **水木珞研总结**
>
> 一个正弦稳态电路中,所有支路吸收复功率、有功功率、无功功率的代数和恒等于零(复功率平衡),即复功率守恒,亦即 $\sum\limits_{k=1}^{b}\overline{S}_k = 0$;有功功率守恒: $\sum\limits_{k=1}^{b}P_k = 0$;无功功率守恒: $\sum\limits_{k=1}^{b}Q_k = 0$。

2.功率因数

定义:特别地,当上述一端口 N 无源时,$\lambda = \cos\varphi$ 称为该端口电路的功率因数。

举例:给定原始电路的有功功率 P_1 和功率因数 $\cos\varphi_1$,现要求将功率因数 $\cos\varphi_1$ 提高到 $\cos\varphi$,求当用何值的电容 C 并联在电压源侧时可满足要求。

电容电流为

$$I_C = I_1\sin\varphi_1 - I\sin\varphi = \frac{P}{U}(\tan\varphi_1 - \tan\varphi) = \omega CU$$

所求电容为

$$C = \frac{P}{\omega U^2}(\tan\varphi_1 - \tan\varphi)$$

3.有功功率测量及功率表的应用

(1)有功功率测量。

正弦交流电功率测量包括电压、电流有效值以及二者之间的相位差,工程应用上用功率表来测量正弦交流电路的有功功率。

(2)功率表的应用。

① 如图所示电路，接线时，功率表读数等于以"*"号为参考方向的电压电流表达式，用 $P = U \times I \times \cos(\varphi_u - \varphi_i) = UI\cos\varphi$ 计算所得的数值。

② 功率表测量值有正负符号。若 $P > 0$，则表示网络 A 吸收功率；若 $P < 0$，则表示网络 A 发出功率。

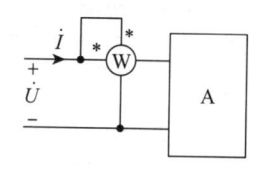

4. 最大平均功率的传输

(1) 最大功率的共轭匹配情况。

任何一个含独立电源、线性电阻、电感、电容和线性受控源的一端口 N_S，外接一可变负载阻抗 Z_L，当负载阻抗 Z_L 等于一端口 N_S 的输入阻抗的共轭值 Z_i^* 时，负载 Z_L 从一端口 N_S 可获得最大功率(设 $Z_L = R_L + jX_L$，$Z_i = R_i + jX_i$)。

如图所示，从戴维南等效电路角度来看，当 $Z_L = Z_i^* = R_i - jX_i$ 时，有最大功率 $P_{Z_{L\max}} = \dfrac{U_{OC}^2}{4R_i}$。

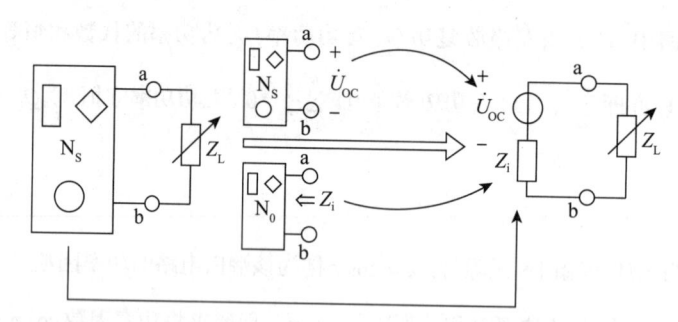

如图所示，从诺顿等效电路角度来看，当 $Z_L = Z_i^*$ 时(或 $Y_L = Y_i^*$ 时)，有最大功率 $P_{Z_{L\max}} = \dfrac{I_{SC}^2}{4G_i} = \dfrac{R_i}{4}I_{SC}^2$。

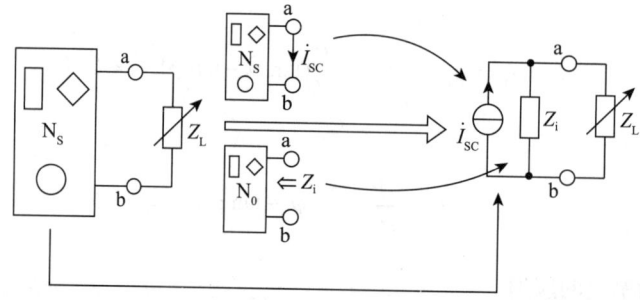

(2) 最大功率的非共轭匹配情况。

很多时候负载并不能随意变化，这就导致了不一定可以满足 $Z_L = Z_i^*$ 的条件，此时的最大功率要借助数学法求解。

负载电流

$$\dot{I} = \frac{\dot{U}_{OC}}{(|Z_L|\cos\varphi_L + |Z_i|\cos\varphi) + j(|Z_L|\sin\varphi_L + |Z_i|\sin\varphi)}$$

负载功率

$$P_{Z_L} = |Z_L|\cos\varphi_L \cdot I^2 = \frac{|Z_L|\cos\varphi_L U_{OC}^2}{(|Z_L|\cos\varphi_L + |Z_i|\cos\varphi)^2 + (|Z_L|\sin\varphi_L + |Z_i|\sin\varphi)^2}$$

①当可变负载模长$|Z_L|$可变，阻抗角φ_L不变，且$|Z_L|=|Z_i|$时，有最大功率$P_{Z_L\max}$。

特别地，当可变负载为纯电阻R_L，且$R_L=|Z_i|$时，有最大功率$P_{R_L\max} = \frac{U_{OC}^2}{2(R_i+|Z_i|)}$。

②当可变负载模长$|Z_L|$不变，阻抗角φ_L变化时，

$$P_L = |Z_L|\cos\varphi_L \cdot I^2 = f(\varphi_L)$$

一般可以使用函数法、相量法。

③当遇到电路中频率变化等情况时，要求出函数表达式。

> **水木珞研总结**
>
> **最大功率求解很多时候要根据题目的不同去采取相应的方法，不可以照搬照套，需要大家具有一定的判断力。**

巩固提高

题1 如图所示电路，试求输入阻抗Z_i。

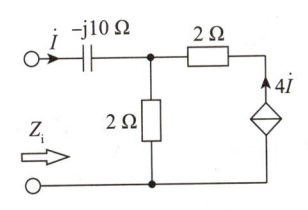

题2 在如图所示的稳态电路中，$U_S = 220\text{ V}$（有效值）。当开关打开时，电流表的读数为4 A；当开关闭合时，电流表的读数为3 A。试确定阻抗Z。

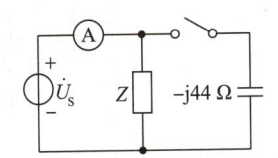

题3 在如图所示的正弦稳态电路中,已知电压表 V_1、V_2 的读数分别为 3 V、4 V,电流表 A 的读数为 2 A,求所接正弦电压源的有效值 U_S。

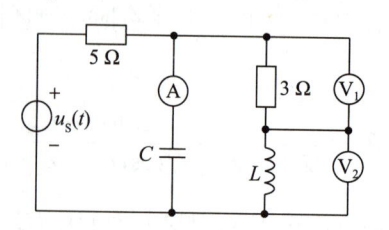

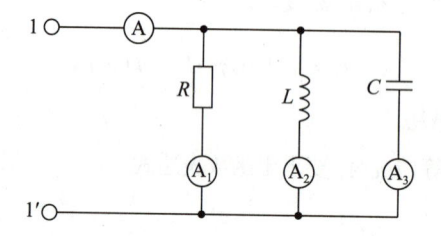

题4 如图所示正弦稳态电路,当电源角频率为 ω 时,交流电流表 A、A_1、A_2 的读数分别为 5 A、4 A、7 A,表 A_3 读数小于表 A_2,保持 1-1' 端口的电压有效值不变,当电源角频率变为 $\dfrac{\omega}{2}$ 时,求表 A 的读数。

题5 在如图所示的正弦电路中,电源 $\dot{U}_{S1} = 100\angle 0°$ V,$\dot{U}_{S2} = 100\angle(-120°)$ V,$\dot{I}_S = 1\angle(-30°)$ A,$R = X_L = X_C = 50\,\Omega$,求电流 I_1、I_2、I_3。(参考数据:$\sqrt{2} \approx 1.414$,$\sqrt{3} \approx 1.732$,$\sqrt{6} \approx 2.449$)

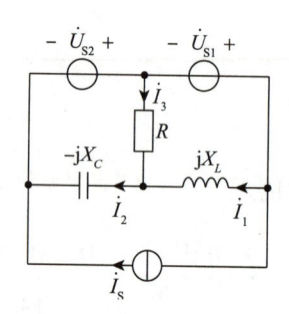

题6 正弦稳态电路如图所示,$I_1 = 10$ A,$I_2 = 12$ A,$\dfrac{1}{\omega C} = \dfrac{3}{4}R_1$,$Q = 600$ var,以 $\dot{U}_1$ 为参考相量画出相量图,并求 ωL 的值。

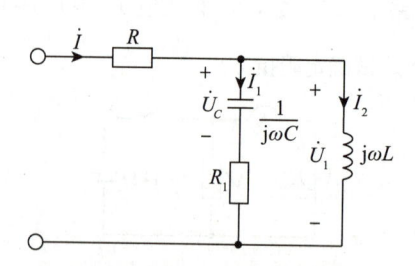

题7 如图所示电路,已知 $\dot{U} = 100\angle 0°$ V,其中 $\dot{U}_1$ 与 $\dot{U}_2$ 相互垂直,并且 $U_1 = U_2$,求参数 R、X_C 和 $\dot{I}$。

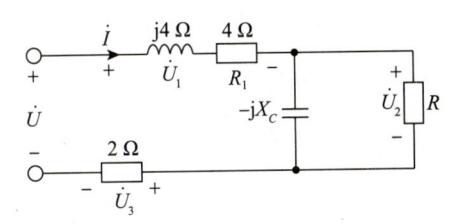

题8 如图所示电路,若电压 $\dot{U}_O$ 相位滞后于电源电压 $\dot{U}_S$ 相位 90°,求角频率 ω。

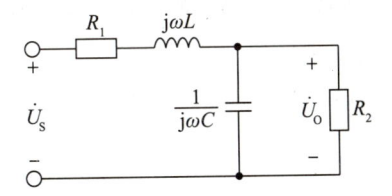

题9 如图所示电路,$U = 100$ V,$I_L = 5$ A,$I_C = 3$ A,$\dot{U}$ 与 $\dot{I}_C$ 同相,求 R、X_C、X_L。

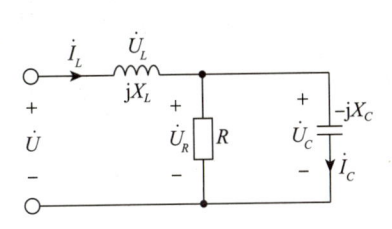

题10 如图所示正弦电流电路,已知 $R = 1\ \Omega$,$\dfrac{1}{\omega C} = \sqrt{3}R$,若 φ_1、φ_2 分别为 U_1、U_2 的初相角,当满足 $\varphi_2 - \varphi_1 = 60°$ 时,感抗 ωL 应为何值?

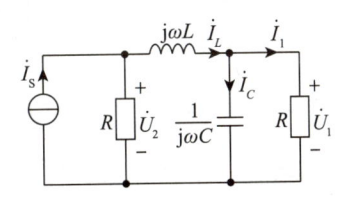

题11 如图所示正弦稳态电路,输入电压 $u = 240\sqrt{2}\cos(\omega t)$ V,已知 $R = X$,电路消耗的功率为 2 880 W,试求 I、I_1、I_2 以及 R。

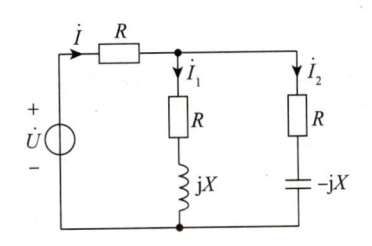

题 12 求如图所示电路中 45 Ω 电阻消耗的有功功率。

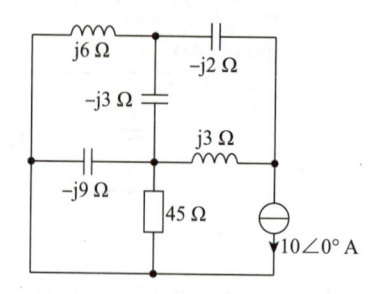

题 13 某负载的等效电路模型如图所示，已知 $R_1 = X_1 = 8\,\Omega$，$R_2 = X_2 = 3\,\Omega$，$R_m = X_m = 6\,\Omega$，外加正弦电压有效值 $U = 220\,\text{V}$，频率 $f = 50\,\text{Hz}$。

(1) 求负载的平均功率和功率因数；

(2) 若并上电容，将功率因数提高到 0.9，求 C。（参考数据：$\tan(\arccos 0.9) = 0.48$）

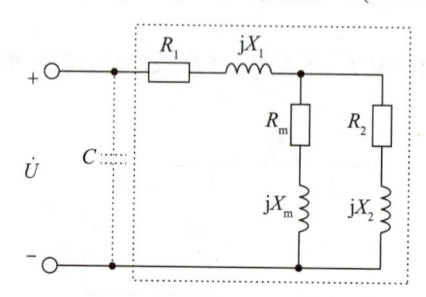

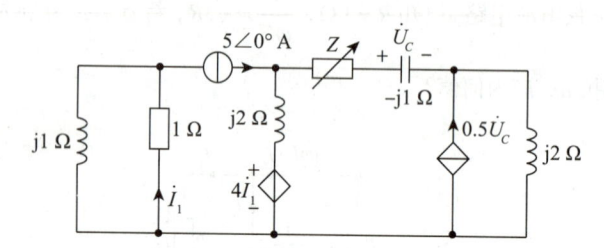

题 14 如图所示电路，当 Z 为多少时可获得最大功率，并求 $P_{\max}$。

题 15 如图所示稳态电路，N_O 显容性，$U_1 = U_2 = 100\,\text{V}$，$\dot{I}_1$ 相位超前 $\dot{U}_1$ 相位 $60°$，$I_1 = I_L = I_2$，N_O 的功率为 866 W。

(1) 求 N_O 的阻抗(表达式)；

(2) 求 R_1、X_{C_1}、X_{L_1} 的值；

(3) 求 U 的值和整个电路的有功功率 P。（参考数据：$\cos 15° = 0.96563$）

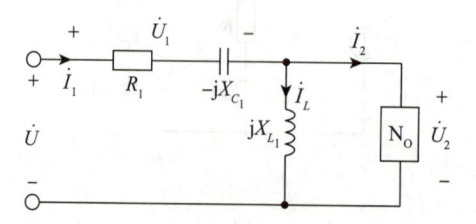

题16 在如图所示电路中,已知 $I_R = 3$ A,$U_S = 9$ V,$\omega = 100$ rad/s,u_S 与 i_C 的相位差 $\varphi = -36.9°$,且 $\dot{U}_S$ 与 $\dot{U}_L$ 正交,试画出相量图并确定元件参数 R、L、C 的值。

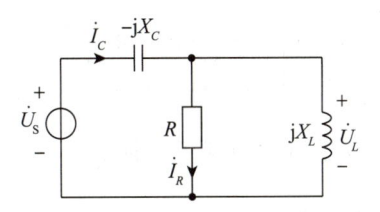

题17 如图所示正弦稳态电路,已知电路的有功功率 $P = 60$ W,$R_1 = R_2 = R$ 电压有效值,$U_S = U_L = 10$ V,且二者相位差为 $90°$,试求 R、X_L、X_C 和 I。

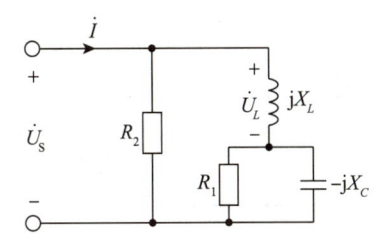

题18 如图所示正弦交流电路,电压表 V_1 和 V_2 的读数均为 250 V,电流表的读数为 10 A,总电路呈电感性,功率表的读数为 2 kW。已知 $R_2 = 15\ \Omega$,$X_{L2} = 50\ \Omega$,求 R_1、X_{L1} 和 X_C 的值。

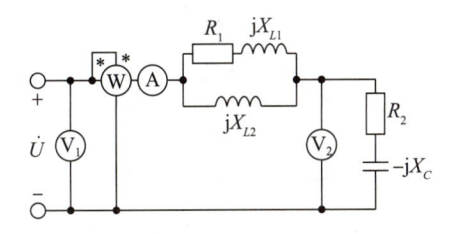

题19 如图所示正弦电路,已知电压源电压 $U_S = 35$ V,$R_1 = 4\ \Omega$,电压源提供的功率为 $P_S = 84$ W,$Q_S = -63$ var,电压 $\dot{U}_S$ 和 $\dot{U}_2$ 同相位,$\dot{U}_{R_1}$ 和 $\dot{U}_L$ 同相位。试求 R_2、X_{C1}、X_{C2} 和 X_L 的值。

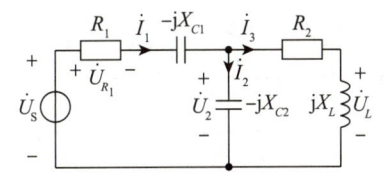

题20 如图所示正弦交流电路,已知 $\dot{U}_1 = 30\angle 0°$ V,$\omega = 314$ rad/s,$C = 10\ \mu$F。

(1) 讨论当 R 从 0 到 ∞ 变化时,输出电压 U_0 的大小和相位的变化情况,并作出相量图;

(2) 当 $\dot{U}_0$ 和 $\dot{U}_1$ 相位差为 $140°$ 时,计算 R 和 U_0 的值。(参考数据:$\tan 20° = 0.363\,97$)

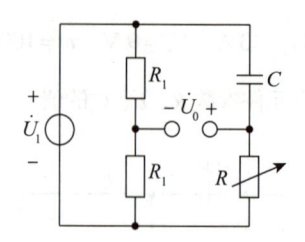

题21 在如图所示的正弦稳态电路中，已知功率表读数为 $P = 300$ W，$U_S = 300$ V，$U_1 = U_2 = U_3 = U_4 = U_O$，$I_1 = I_2$，求 R、X_{C_1}、X_{L_1}、X_{L_2}、X_{C_2}。

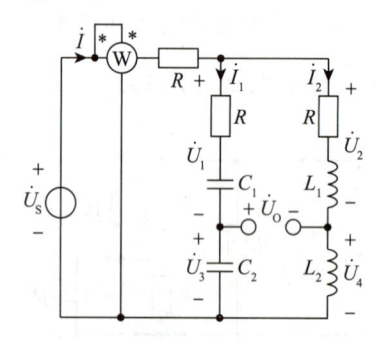

题22 已知正弦稳态电路如图所示，电路参数为 $R_1 = 500\ \Omega$，$R_2 = 1\,000\ \Omega$，$L = 10$ mH，电压有效值有 $U_O = U_S = 100$ V，求 C 的值；若 $\omega = 10^5$ rad/s，求 u_O 与 u_S 的相位差。（参考数据：$\arctan 0.5 \approx 26.57°$）

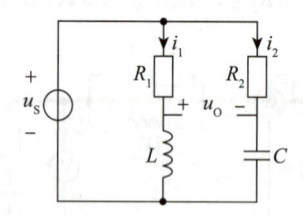

题23 在如图所示正弦稳态电路中，滑动变阻器的总阻值为 R，滑片端接电流源，电流源有效值 $I_S = 10$ A，调节滑动变阻器使电流表 A 读数最小，求此时 A 的读数。

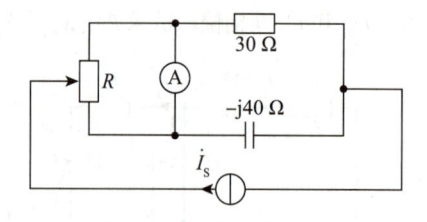

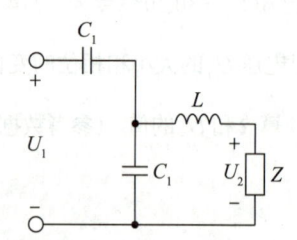

题24 如图所示电路，求 $\omega(\omega \neq 0)$ 为何值时，U_2 不随 Z 改变而改变。

题 25 正弦稳态电路如图所示，电流源和电压源的角频率 $\omega = 100$ rad/s, $Z_1 = (3 + j3)\ \Omega$, $Z_2 = (6 + j6)\ \Omega$，开关 S 原来处于断开状态，此时电压表读数为 10 V，若开关 S 闭合，此时电容 C 接入到电路中，通过调节 C 的大小可以改变 Z_1 所获得的有功功率。

(1) C 为多少时，Z_1 可以获得最大有功功率；

(2) 求 Z_1 获得最大有功功率时电压表的读数。

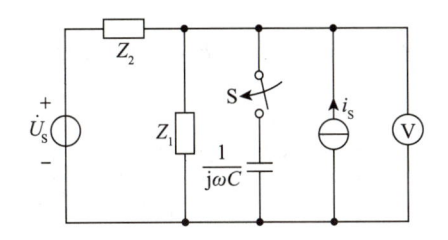

题 26 在如图所示的正弦稳态电路中，已知 $\dot{U}_S = 100\angle 0°$ V, $R = 10\ \Omega$, $C = 1\,000\ \mu$F, $L = \dfrac{1}{15}$ H，电压源的角频率可调，要使 R 获得最大功率，ω 应为多少？并求此最大功率。

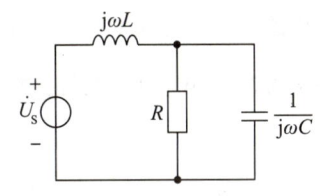

题 27 在如图所示电路中，外加正弦交流电压 $\dot{U}$，电压有效值 $U = 10$ V, $R_1 = R_2 = 10\ \Omega$，移动触点 D，当伏特表读数最小时，$R_3 = 2\ \Omega$, $U_{DB} = 3$ V。R_4、X_C 分别为多少？

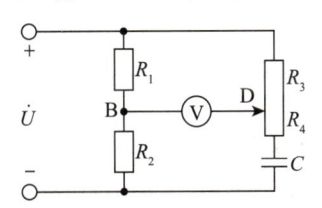

题 28 【综合提高】在如图所示电路中，已知电源电压 $U = 0.1$ V, $f = 100\times 10^6$ Hz。若欲使 R_2 吸取的功率为最大，应使电容 C 和电阻 R_2 为多少？并求此最大功率。

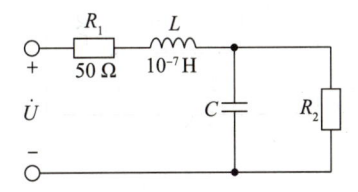

题 29 【综合提高】在如图所示电路中，已知 $R_2 = 100\ \Omega, L = 5$ mH, $C = 1\ \mu$F，现已知输出电压 $\dot{U}_O = 0$，试计算电源 $\dot{U}_S$ 的角频率 ω 和电阻 R_1 的值。

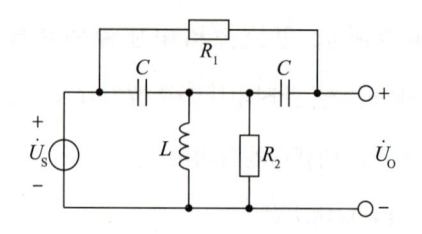

题30【综合提高】在如图所示正弦稳态电路中，$I = I_1 = I_2$，功率表W的读数为50 W，电压表V的读数为$\dfrac{20}{\sqrt{3}}$ V，$\omega = 10$ rad/s，且有$\dot{U}_2$与$\dot{I}$同相位，$\dot{I}_2$与$\dot{U}$垂直，试求参数R_1、R_2、L、C与C_0的值。

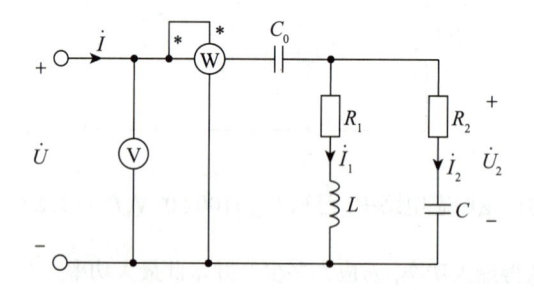

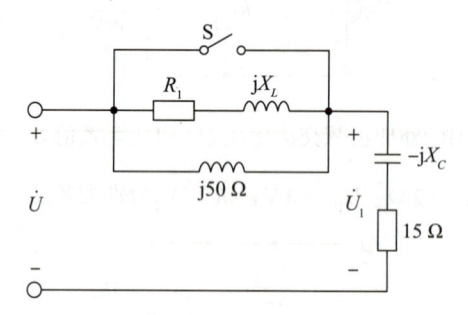

题31【综合提高】在如图所示电路中，$U = 250$ V，开关S闭合时，电路消耗的功率为1 500 W，当S断开时，$U_1 = 250$ V，电路消耗功率为2 000 W，计算电路参数R_1、X_L、X_C的值。

题32【综合提高】正弦稳态电路如图所示，已知电流源$\dot{I}_S = 1\angle 0°$ A，$R_1 = 3R_2$，电感L可变。求证理想电流表的读数为恒定值，并求出相应读数。【水木珞研2026考研原创题】

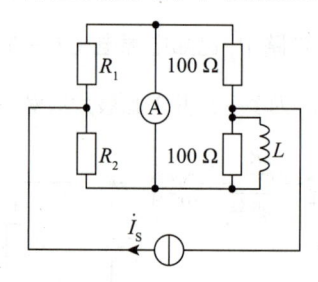

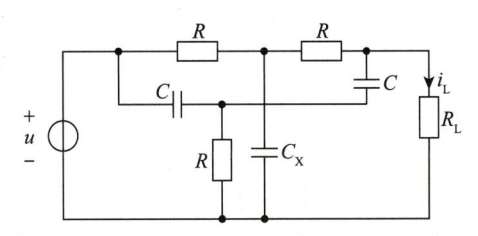

题33【综合提高】如图所示正弦稳态电路，$R = 10\,\Omega$，$C = 50\,\mu F$，$R_L = 4\,\Omega$，$u(t) = u_m\cos(\omega t)$ V，问当电源角频率 ω 和电容 C_x 为何值时，流过负载的电流 i_L 为零？

第9讲　耦合电感电路

命题基本点

一、耦合电感元件及伏安关系　　【☆】
二、耦合电感电路化简　　【☆☆】
三、互感耦合电路的分析方法　　【☆☆☆】
四、理想变压器及其分析　　【☆☆☆】

基本考点总结

一、耦合电感元件及伏安关系

1. 确定耦合电感同名端的方法

(1) 同名端定义。

当两线圈中的电流所产生的磁通链相互增强时，流入(或流出)电流的两端称为两个线圈的同名端，用符号"·"或"*"或"△"标记。

(2) 耦合系数(k)。

两线圈的耦合系数表示两线圈耦合的紧密程度，$k \overset{\text{def}}{=\!=} \dfrac{M}{\sqrt{L_1 L_2}} \leqslant 1$，$k$ 与两线圈的结构、相对位置和周围磁介质有关。特别地，$k=1$ 表示为全耦合电路。

(3) 判断方法。

方法一：当两个线圈中电流同时由同名端流入(或流出)时，两个电流产生的磁场相互增强。

方法二：当随时间增大的时变电流从一线圈的一端流入时，将会引起另一线圈相应同名端的电位升高。

举例： 互感线圈同名端判断的示意图如图(a)和图(b)所示。

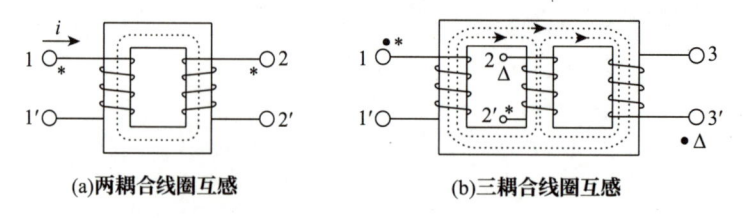

(a) 两耦合线圈互感　　(b) 三耦合线圈互感

2. 耦合电感伏安特性关系及其等效电路

耦合电感伏安关系及其等效电路如图(a)和图(b)所示。

第 9 讲 | 耦合电感电路

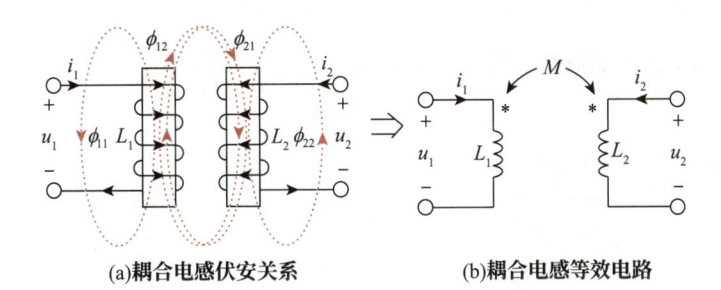

(a)耦合电感伏安关系 (b)耦合电感等效电路

电流 i_1、i_2 产生的自感磁链为 ϕ_{11}、ϕ_{22}；电流 i_1、i_2 产生的互感磁链为 ϕ_{21} 和 ϕ_{12}。

自感磁链 ϕ_{11}、ϕ_{22} 产生的电压为**自感电压**；互感磁链 ϕ_{21} 和 ϕ_{12} 产生的电压为**互感电压**。

线圈1的端电压 u_1：

$$u_1 = u_{11} + u_{12} = L_1 \frac{di_1}{dt} + M \frac{di_2}{dt}$$

线圈2的端电压 u_2：

$$u_2 = u_{22} + u_{21} = L_2 \frac{di_2}{dt} + M \frac{di_1}{dt}$$

写成复域形式：

$$\begin{cases} \dot{U}_1 = j\omega L_1 \cdot \dot{I}_1 + j\omega M \cdot \dot{I}_2 \\ \dot{U}_2 = j\omega M \cdot \dot{I}_1 + j\omega L_2 \cdot \dot{I}_2 \end{cases}$$

水木珞研总结

互感电压和同名端有关，同名端不同应具体分析。

▶ 二、耦合电感电路化简

1. 两线圈串联耦合电路

(1) 同向。

去耦等效电路及等效电感值如图所示。等效电感：$L_{eq} = L_1 + L_2 + 2M$。

(2) 反向。

去耦等效电路及等效电感值如图所示。等效电感：$L_{eq} = L_1 + L_2 - 2M$。

2. 两线圈并联耦合电路

(1) 同侧并联。

去耦等效电路及等效电感值如图所示。等效电感：$L_{eq} = \dfrac{L_1 L_2 - M^2}{L_1 + L_2 - 2M}$。

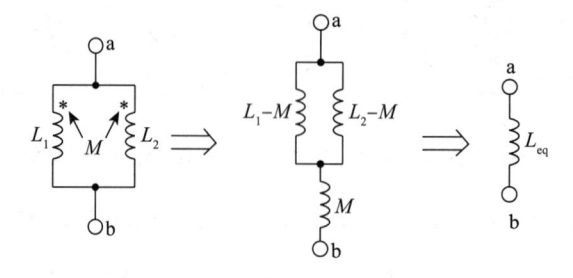

(2) 异侧并联。

去耦等效电路及等效电感值如图所示。等效电感：$L_{eq} = \dfrac{L_1 L_2 - M^2}{L_1 + L_2 + 2M}$。

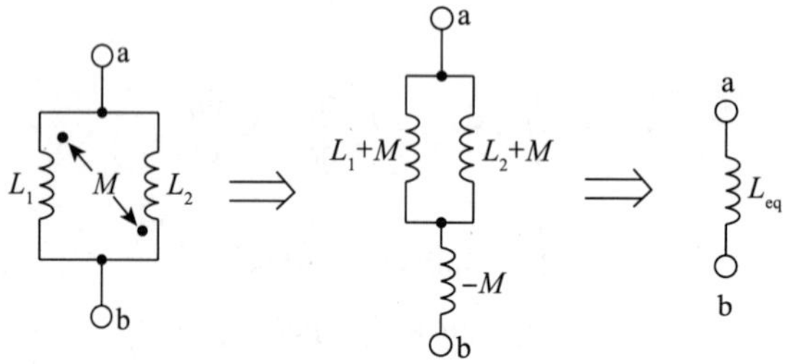

3. 两线圈单端连接耦合电路

(1) 单端同侧接。

去耦等效电路及等效电感值如图所示。等效电感：$L_{eq1} = L_1 - M$，$L_{eq2} = L_2 - M$，$L_{eq3} = M$。

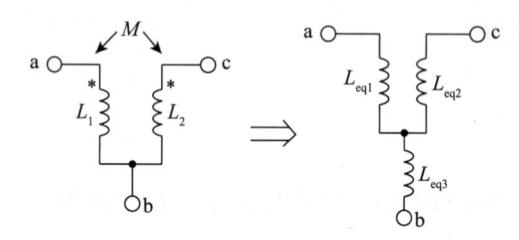

(2) 单端异侧接。

去耦等效电路及等效电感值如图所示。等效电感：$L_{eq1} = L_1 + M$，$L_{eq2} = L_2 + M$，$L_{eq3} = -M$。

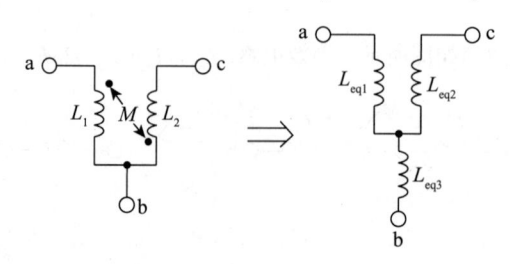

4. 两线圈无端连接耦合电路

(1) 无端连接一型。

去耦等效电路及等效电感值如图所示。等效电感：$L_{eq1} = L_1 - M$，$L_{eq2} = L_2 - M$，$L_{eq3} = M$。

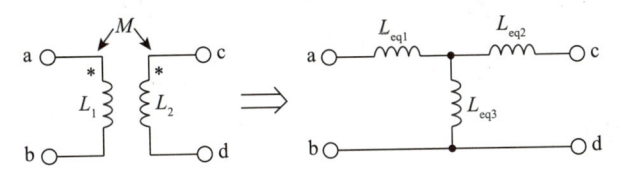

(2) 无端连接二型。

去耦等效电路及等效电感值如图所示。等效电感：$L_{eq1} = L_1 + M$，$L_{eq2} = L_2 + M$，$L_{eq3} = -M$。

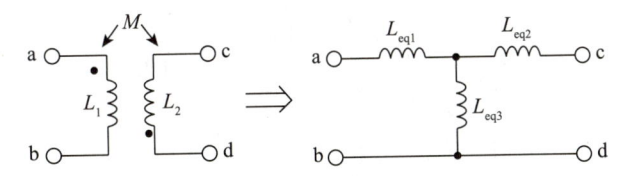

▶ 三、互感耦合电路的分析方法

(1) 通常和电源相接的绕组称为初级线圈，也称为互感线圈的原边。

(2) 和负载相接的绕组称为次级线圈，也称为互感线圈的副边。

互感耦合电路图如图所示。

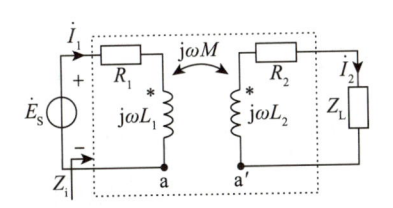

1. 列方程法

互感耦合电路回路电流方向如图所示。

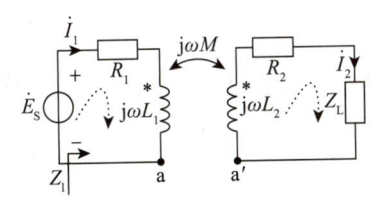

按照上述虚线绕行方向分别列出原边和副边的回路方程

$$\begin{cases} \dot{E}_S = (R_1 + j\omega L_1)\dot{I}_1 - j\omega M \dot{I}_2 \\ 0 = (R_2 + Z_L + j\omega L_2)\dot{I}_2 - j\omega M \dot{I}_1 \end{cases}$$

2. 去耦等效电路法

利用上述的去耦等效电路知识点及T形耦合电感元件，故作出T形去耦等效电路，如图所示。

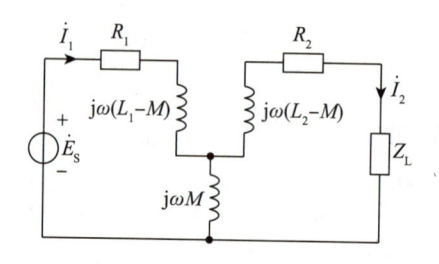

3. 含受控源的等效电路法

受控源去耦等效电路如图所示。受控电压源的极性与同名端有关，以同名端为参考产生。

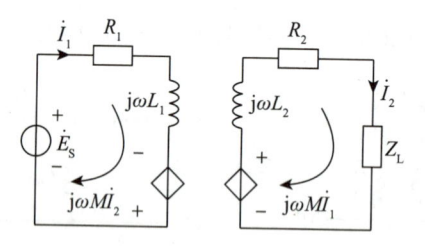

4. 反射阻抗法

反射阻抗去耦等效电路如图(a)和图(b)所示。初级回路的自阻抗：$Z_{11} = R_1 + j\omega L_1$；次级回路的自阻抗：$Z_{22} = R_2 + j\omega L_2 + Z_L$。

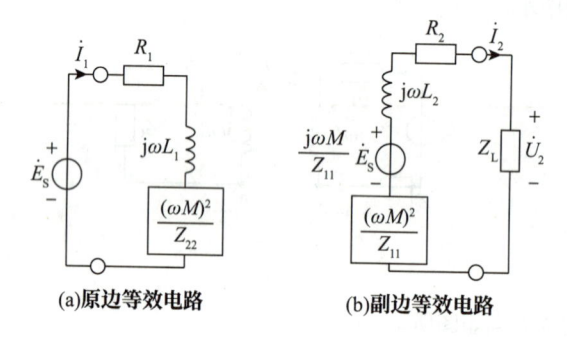

(a)原边等效电路　　(b)副边等效电路

原边和副边反射阻抗为

$$\frac{(\omega M)^2}{Z_{22}} = \frac{(\omega M)^2}{R_2 + j\omega L_2 + Z_L}, \quad \frac{(\omega M)^2}{Z_{11}} = \frac{(\omega M)^2}{R_1 + j\omega L_1}$$

输入阻抗为

$$Z_i = \frac{\dot{E}_S}{\dot{I}_1} = R_1 + j\omega L_1 + \frac{(\omega M)^2}{R_2 + j\omega L_2 + Z_L} = Z_{11} + \frac{(\omega M)^2}{Z_{22}}$$

▶ 四、理想变压器及其分析

1. 理想变压器

(1)理想化条件。

①无损耗：线圈导线无电阻，做芯子的铁磁材料的磁导率无限大。

②全耦合：$k=1 \Rightarrow M = \sqrt{L_1 L_2}$。

③参数无限大：L_1、L_2、$M \to \infty$，但 $\sqrt{L_1/L_2} = N_1/N_2 = n$。

(2) 理想变压器电路模型。

理想变压器电路模型如图所示。电压、电流关系分别为 $\dfrac{u_1}{u_2} = \dfrac{N_1}{N_2} = n$，$\dfrac{i_1}{i_2} = -\dfrac{1}{n}$。

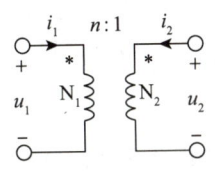

2. 理想变压器的折算总结

含理想变压器电路如图所示。

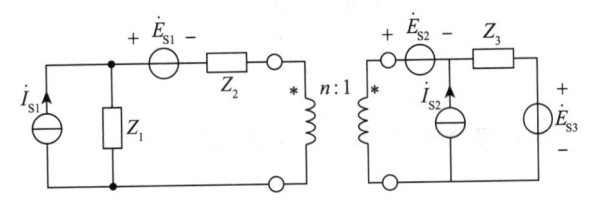

(1) 将二次侧全部折算到一次侧。

一次侧等效电路如图所示。

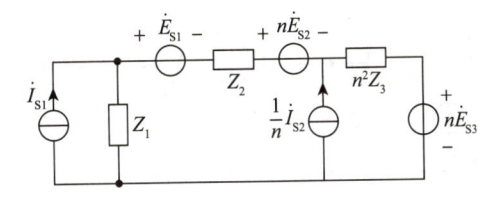

(2) 将一次侧全部折算到二次侧。

二次侧等效电路如图所示。

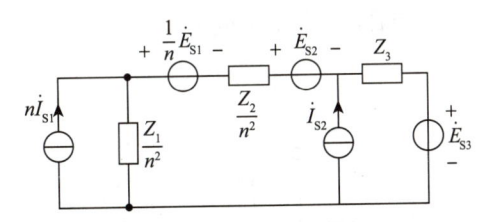

水木珞研总结

上述变压器是同名端折算，如果是非同名端折算，那么电压源和电流源折算时要加一个"负号"，阻抗不用加"负号"。

巩固提高

题1 如图所示电路中，端口等效电感 $L_{ab} = 7\,\text{H}$，求互感系数 M。

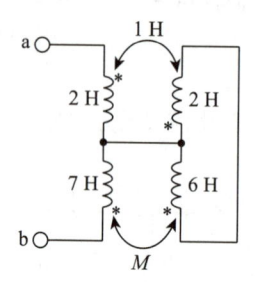

题2 电路如图所示，图中耦合电感的耦合系数 $k = 0.4\sqrt{2}$，角频率 $2 \times 10^3\,\text{rad/s}$，求输入阻抗 Z_{ab}。

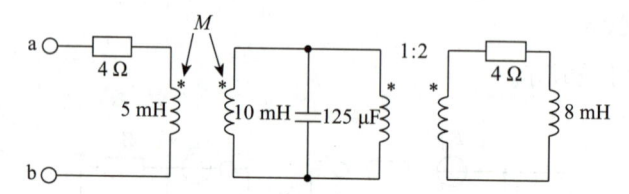

题3 如图所示正弦稳态电路中，已知 $u_S = 4\sqrt{2}\sin(10^4 t)\,\text{V}$，$R = 2\,\Omega$，$C = 100\,\mu\text{F}$，$L_1 = 0.2\,\text{mH}$，$M = 0.1\,\text{mH}$，试求：

(1) 电压 u_{ab}；

(2) 电压源发出的复功率。

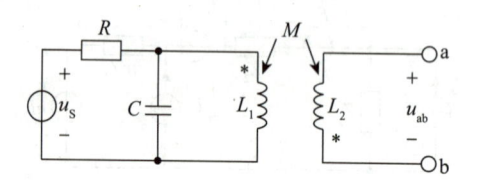

题4 如图所示电路中，已知 $u_S(t) = 100\sqrt{2}\cos(\omega t + 30°)\,\text{V}$，$\omega L_1 = \omega L_2 = 8$，$\omega M = 4$，$R = 10\,\Omega$，$f = 1000\,\text{Hz}$，已知 $\dot{U}_S$ 与 $\dot{U}$ 同相，求电容值 C 与电压 $u(t)$。

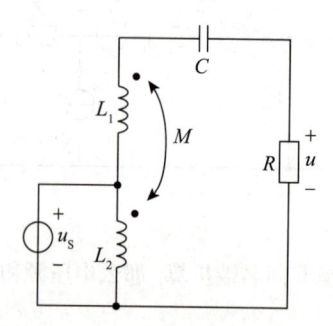

题5 如图所示电路中，已知 $u_S(t) = 1000\sqrt{2}\cos(100t)\,\text{V}$，电流表的读数为 10 A，功率表的读数为

10 kW，$L_1 = 4\,\text{H}$，$L_2 = 3\,\text{H}$，$M = 1\,\text{H}$，试求：

(1) 电阻 R 和电容 C 的值；

(2) 电流 $i_C(t)$。

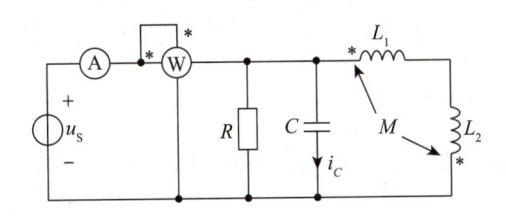

题6 将某耦合电感元件分别如图(a)和图(b)所示连接。已知激励源 $u_s(t) = 20\sqrt{2}\sin(1\,000t)$ V，电流表 A_1、A_2 的读数分别为 0.2 A、0.5 A，求耦合电感元件的互感系数 M。

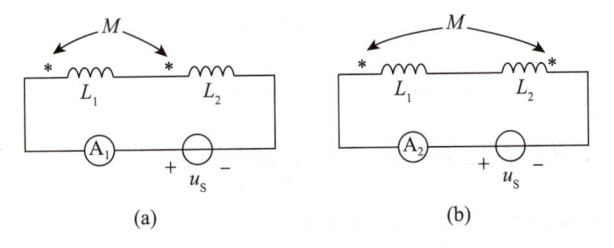

(a)   (b)

题7 正弦稳态电路如图所示，已知 $u_s = 100\sqrt{2}\cos(\omega t)$ V，$R = 50\,\Omega$，$\omega L_1 = 60\,\Omega$，$\omega L_2 = 10\,\Omega$，$\omega M = 10\,\Omega$，$\dfrac{1}{\omega C} = 60\,\Omega$，问负载 Z_L 为何值时获最大功率，并求此最大功率。

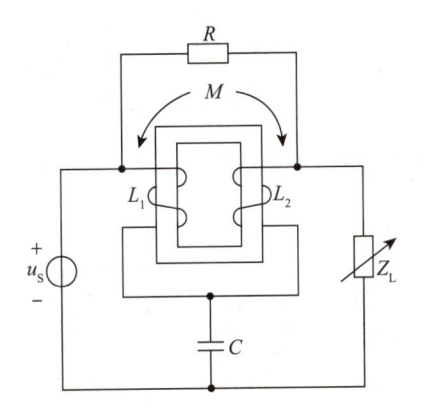

题8 在如图所示电路中，$u_s = 10\sqrt{2}\cos(\omega t)$ V，$R_1 = 10\,\Omega$，$L_1 = L_2 = 0.1\,\text{mH}$，$M = 0.02\,\text{mH}$，$C_1 = C_2 = 0.01\,\mu\text{F}$，$\omega = 10^6$ rad/s。求 R_2 为何值时获得最大功率，并求此最大功率。

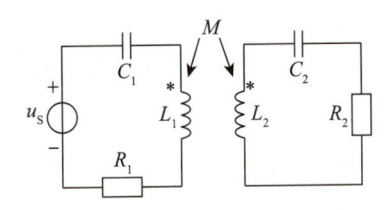

题9 在如图所示电路中,已知 $u_S = 2\sqrt{2}\cos t$ V,求稳态电流 i 及 $1\,\Omega$ 电阻上消耗的功率。

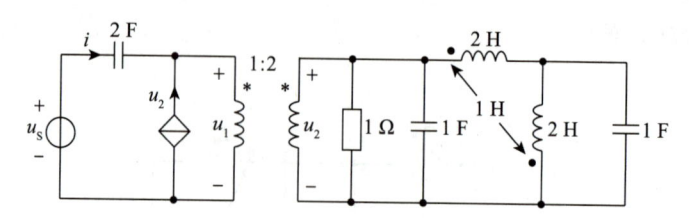

题10 在如图所示电路中,若 $u_S(t) = 220\sqrt{2}\sin(314t)$ V,求 R_L 为何值时可获得最大功率 $P_{\max}$,并求出 $P_{\max}$。

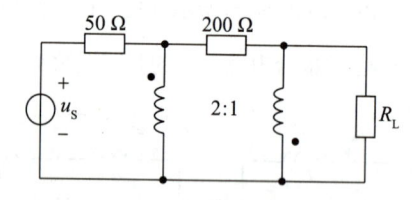

题11 在如图所示正弦稳态电路中,$u_S = 100\sqrt{2}\cos(10t + 30°)$ V。

(1) 若 Z_L 任意可调,确定 Z_L 获得的最大有功功率;

(2) 若 $Z_L = R_L$,R_L 任意可调,R_L 为何值时获得的功率最大?

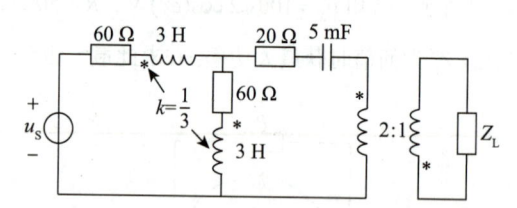

题12 在如图所示含理想变压器的正弦电路中,已知 $U_L = 200$ V,$U_R = 50$ V,$I_S = 5$ A,$\omega = 10$ rad/s,且有 i_S 和 u_C 同相位。试求 R、L 和 C。

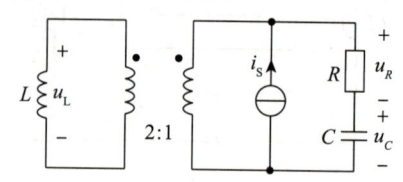

题 13 电路如图所示，求 R_2 消耗的功率（用已知元件表示）。

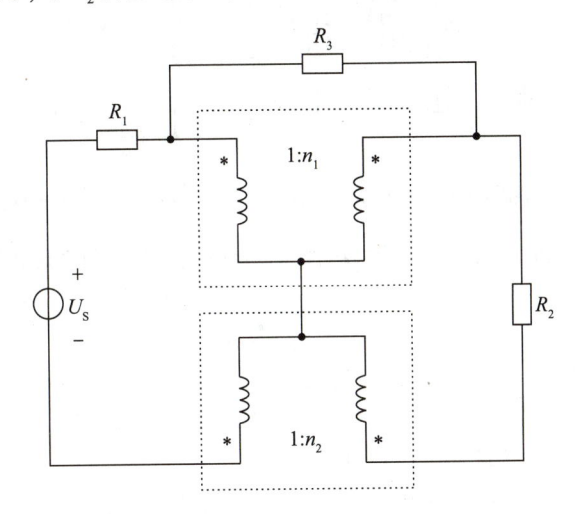

题 14 在如图所示含有理想变压器的电路中，求两个理想变压器的变比 n_1、n_2 为多少时，$80\,\Omega$ 电阻可获得最大功率，并求此最大功率。

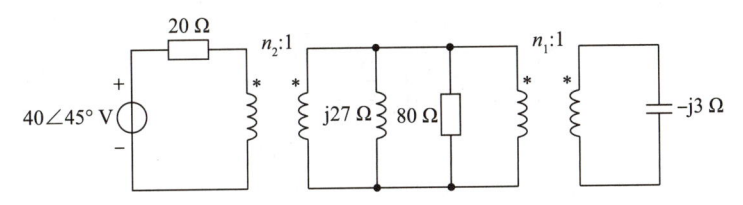

题 15 正弦稳态电路如图所示，若 Z_L 能获得最大功率 $P_{L\max}$，求 Z_L 及 $P_{L\max}$。

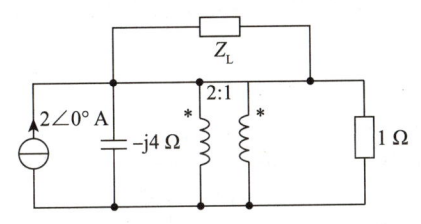

题 16 正弦稳态电路如图所示，i_1 与 u_S 同相位，则电路各参数满足什么条件？

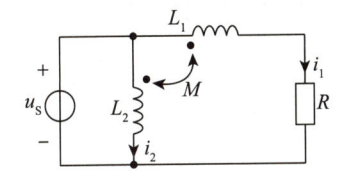

题 17 含理想变压器的电路如图所示，当负载 R_L 获最大平均功率时，试求变比 n、容抗 X_C，并求负载所获得的最大平均功率 $P_{\max}$ 及电流有效值 I_L。

101

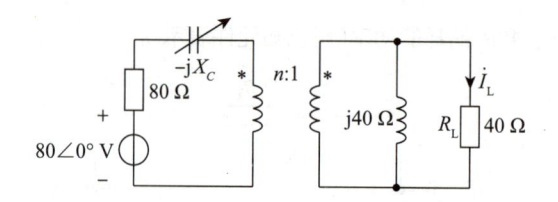

题 18【综合提高】在如图所示电路中，$R = 5\text{ k}\Omega$，$L_1 = 10\text{ mH}$，$L_2 = 20\text{ mH}$，$i_S = 10\sqrt{2}\sin(10^3 t)\text{ mA}$，在稳态下功率表的读数为 0.5 W，电流表的读数为 1 A。试确定电容 C 及互感系数 M。

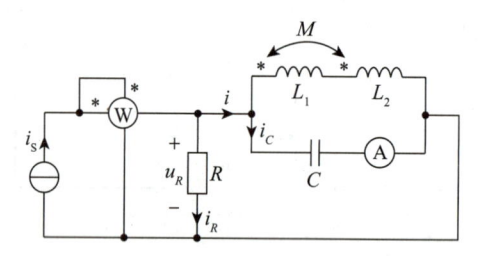

题 19【综合提高】求如图所示含互感的正弦稳态电路中的电压 $\dot{U}_2$（写成 $a + jb$ 形式即可）。

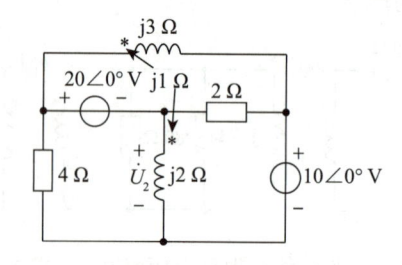

题 20【综合提高】在如图所示电路中，三个电流表的读数均为 10 A，功率表的读数为 433 W，电源频率为 50 Hz，求互感系数 M。

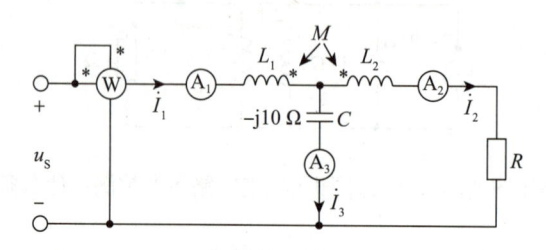

第10讲 谐振电路

命题基本点

一、谐振相关概念 【☆☆】
二、串联谐振与并联谐振 【☆☆☆】
三、一般性谐振网络 【☆☆☆☆】
四、频率特性 【☆☆】

基本考点总结

▶ 一、谐振相关概念

1. 谐振定义

在正弦稳态电路中，含电感、电容或电阻的无独立源的一端口网络，其端口电压相量 $\dot{U}$ 和电流相量 $\dot{I}$ 同相位，即相位差 $\varphi = 0$，称电路发生了谐振。

2. 谐振分类

(1) 串联谐振：RLC 电路某部分可以化简成 LC 串联，通常用阻抗 Z 表示更方便。

(2) 并联谐振：GLC 电路某部分可以化简成 LC 并联，通常用导纳 Y 表示更方便。

(3) 一般谐振：电路无法化简出单独的 LC 串联或并联部分，此时用谐振定义，即将端口电压相量 $\dot{U}$ 和电流相量 $\dot{I}$ 同相位表示。

▶ 二、串联谐振与并联谐振

1. 串联谐振电路

(1) 相量模型。

串联谐振相量电路如图所示。

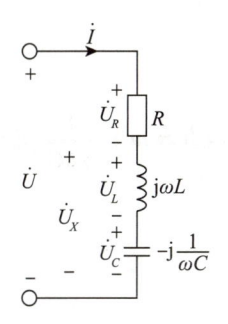

(2)谐振角频率、频率。

$$\omega_0 L - \frac{1}{\omega_0 C} = 0 \Rightarrow \omega_0 = \frac{1}{\sqrt{LC}}, f_0 = \frac{1}{2\pi\sqrt{LC}}$$

(3)谐振时的相量图(见图)。

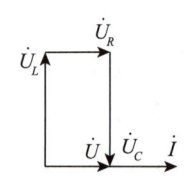

(4)串联谐振特征具体表述(见表)。

相位	$\dot{U}$ 与 $\dot{I}$ 同相
阻抗	$Z(j\omega_0) = Z_0 = R$ (最小)
电流	$\dot{I} = \dot{I}_0 = \dfrac{\dot{U}}{R}$ (最大)
电压	$\dot{U} = \dot{U}_R$, $\dot{U}_L = -\dot{U}_C$, $\dot{U}_X = 0$, $U_C = U_L = Q_串 U$
等效	LC 部分相当于导线
品质因数	参数定义:$Q_串 = \dfrac{1}{R}\sqrt{\dfrac{L}{C}}$ 电压定义:$Q_串 = \dfrac{U_L}{U} = \dfrac{U_C}{U} = \dfrac{\omega_0 L}{R} = \dfrac{1}{\omega_0 CR}$

2. 并联谐振电路

(1)相量模型。

并联谐振相量电路如图所示。

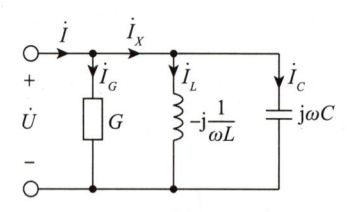

(2)谐振角频率、频率。

$$\omega_0 C - \frac{1}{\omega_0 L} = 0 \Rightarrow \omega_0 = \frac{1}{\sqrt{LC}}, f_0 = \frac{1}{2\pi\sqrt{LC}}$$

(3)谐振时的相量图(见图)。

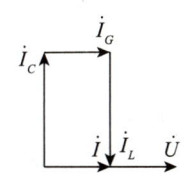

(4)并联谐振特征具体表述(见表)。

相位	$\dot{I}$ 与 $\dot{U}$ 同相
导纳	$Y(\mathrm{j}\omega_0) = Y_0 = G$ (最小) $R = \dfrac{1}{G}$ (最大)
电压	$\dot{U} = \dot{U}_0 = R\dot{I}$ (最大)
电流	$\dot{I} = \dot{I}_R,\ \dot{I}_L = -\dot{I}_C,\ \dot{I}_X = 0,\ I_L = I_C = Q_{并}I$
等效	LC 部分相当于开路
品质因数	参数定义：$Q_{并} = \dfrac{1}{G}\sqrt{\dfrac{C}{L}} = R\sqrt{\dfrac{C}{L}}$ 电流定义：$Q_{并} = \dfrac{I_L}{I} = \dfrac{I_C}{I} = \dfrac{1}{G\omega_0 L} = \dfrac{\omega_0 C}{G} = \dfrac{R}{\omega_0 L} = \omega_0 CR$

3.串并联谐振电路扩展

(1) LC 串并联谐振。

①串并联谐振电路模型一如图所示。

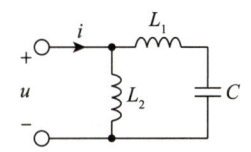

谐振条件：

$$\frac{1}{\omega L_2} = \frac{1}{\dfrac{1}{\omega C} - \omega L_1}$$

谐振角频率：

$$\omega_{01} = \frac{1}{\sqrt{L_1 C}},\ \omega_{02} = \frac{1}{\sqrt{(L_1 + L_2)C}}$$

②串并联谐振电路模型二如图所示。

谐振条件：

$$\omega C_2 = \cfrac{1}{\omega L - \cfrac{1}{\omega C_1}}$$

谐振角频率：

$$\omega_{01} = \frac{1}{\sqrt{LC_1}}, \quad \omega_{02} = \frac{1}{\sqrt{\cfrac{C_1 C_2}{C_1 + C_2} L}}$$

(2) LC 并串联谐振。

①并串联谐振电路模型一如图所示。

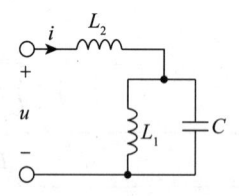

谐振条件：

$$\omega L_2 = \cfrac{1}{\omega C - \cfrac{1}{\omega L_1}}$$

谐振角频率：

$$\omega_{01} = \frac{1}{\sqrt{L_1 C}}, \quad \omega_{02} = \frac{1}{\sqrt{\cfrac{L_1 L_2}{L_1 + L_2} C}}$$

②并串联谐振电路模型二如图所示。

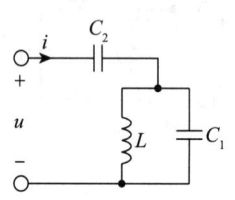

谐振条件：

$$\frac{1}{\omega C_2} = \cfrac{1}{\cfrac{1}{\omega L} - \omega C_1}$$

谐振角频率：

$$\omega_{01} = \frac{1}{\sqrt{LC_1}}, \quad \omega_{02} = \frac{1}{\sqrt{(C_1 + C_2)L}}$$

③并串联谐振电路模型三如图所示。

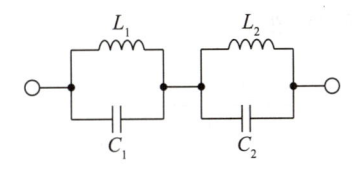

谐振条件：

$$\frac{1}{\omega C_1 - \dfrac{1}{\omega L_1}} = \frac{1}{\dfrac{1}{\omega L_2} - \omega C_2}$$

谐振角频率：

$$\omega_{01} = \frac{1}{\sqrt{L_1 C_1}}, \quad \omega_{02} = \frac{1}{\sqrt{L_2 C_2}}, \quad \omega_{03} = \frac{1}{\sqrt{\dfrac{L_1 L_2}{L_1 + L_2}(C_1 + C_2)}}$$

▶ 三、一般性谐振网络

背景：我们分析的"串联谐振"和"并联谐振"网络是针对可以分成纯动态元件部分和纯电阻元件部分而言的，但是，在实际情况下，很多时候我们是无法将一个网络分成动态元件和电阻元件两个单独的部分。

1. R 与 LC 部分可分离的 RLC 网络

(1) 对 LC 部分。

串联谐振时，LC 部分整体对外等效短路；

并联谐振时，LC 部分整体对外等效开路。

(2) 整体而言。

谐振时，网络对外相当于纯电阻。

举例：可分离的 RLC 网络如图所示。

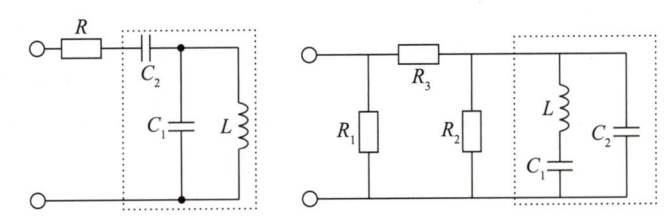

对 LC 部分：串联谐振短路、并联谐振开路(对网络整体而言不成立)。

2. R 与 LC 部分不可分离的 RLC 网络

(1) 定义。

谐振时，网络对外相当于纯电阻(端口电压、电流同相位) ⇒ 一般意义上的谐振。

(2) 特点。

谐振时，网络对外相当于一个纯电阻，此时不再区分串联谐振和并联谐振，统称为谐振。(串联谐振短路、并联谐振开路不成立！）

举例： ① 一般性谐振电路相量模型如图所示。

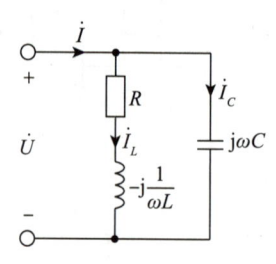

② 谐振角频率。

a. 精确求解：利用阻抗或导纳的虚部为0求解，即 $\text{Im}[Z(j\omega_0)] = 0$ 或 $\text{Im}[Y(j\omega_0)] = 0$。

b. 近似求解：在实际应用中，当 $R \ll \omega_0 L$ 时，$\omega_0 \approx \dfrac{1}{\sqrt{LC}}$。

③ 谐振时相量图如图所示。

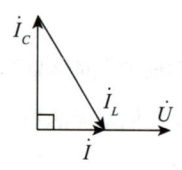

④ 一般性谐振特征具体表述(见表)。

相位	$\dot{U}$ 与 $\dot{I}$ 同相
导纳	$Y(j\omega_0) = Y_0 = \dfrac{RC}{L}$ (不最小)
电流	$\dot{I} = \dfrac{RC}{L}\dot{U}$ (不最小)
特定情况：当 $R \ll \omega_0 L$ 时	$\dot{I}_L \approx -\dot{I}_C,\ I_L \approx I_C \approx Q_并 I$ $Q_并 \approx \dfrac{I_L}{I} \approx \dfrac{I_C}{I} \approx \dfrac{R}{\omega_0 L} \approx \omega_0 CR$

▶ 四、频率特性

1. 幅频和相频特性

(1) 网络函数。

$$H(j\omega) = \frac{\text{响应相量}}{\text{激励相量}} = |H(j\omega)| \angle \varphi(\omega)$$

108

式中，$|H(j\omega)|$ 与频率 ω 的关系 $(H(j\omega)\sim\omega)$ 称为幅频特性，$\varphi(\omega)$ 与频率 ω 的关系 $(\varphi(\omega)\sim\omega)$ 称为相频特性。

(2) 阻抗的频率特性。

$$Z(j\omega) = R + j\left(\omega L - \frac{1}{\omega C}\right)$$

① 幅频特性。

$$|Z(j\omega)| = \sqrt{R^2 + \left(\omega L - \frac{1}{\omega C}\right)^2}$$

幅频特性示意图如图所示。

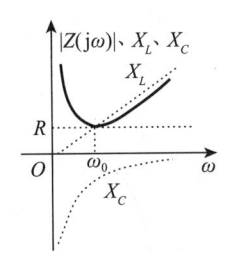

角频率 ω 从 $0 \to +\infty$ 时，幅频改变。

a. 当 $\omega = 0$ 时，$|Z(j\omega)| \to +\infty$，随着 ω 的增大，$|Z(j\omega)|$ 减小；

b. 当 $0 < \omega < \omega_0$ 时，随着 ω 的增大，$|Z(j\omega)|$ 减小；

c. 当 $\omega = \omega_0$ 时，$|Z(j\omega_0)| = R = |Z(j\omega)|_{\min}$；

d. 当 $\omega_0 < \omega < +\infty$ 时，随着 ω 的增大，$|Z(j\omega)|$ 增大；

e. 当 $\omega \to +\infty$ 时，$|Z(j\omega)| \to +\infty$。

为了更好体现电容和电感的变化，图中 $X_L = \omega L$，$X_C = -\dfrac{1}{\omega C}$。

② 相频特性。

$$\varphi(\omega) = \tan^{-1}\left(\frac{\omega L - \dfrac{1}{\omega C}}{R}\right)$$

相频特性示意图如图所示。

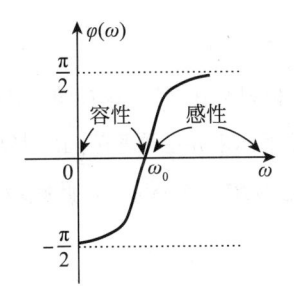

角频率 ω 从 $0 \to +\infty$ 时，相频改变。

a. 当 $\omega = 0$ 时，$\varphi(\omega) = -\dfrac{\pi}{2}$；

b. 当 $\omega = \omega_0$ 时，$\varphi(\omega) = 0$；

c. 当 $\omega \to +\infty$ 时，$\varphi(\omega) = \dfrac{\pi}{2}$。

③电流的频率特性。

a. 幅频特性。

$$I(\omega) = \dfrac{U}{\sqrt{R^2 + \left(\omega L - \dfrac{1}{\omega C}\right)^2}}$$

电流幅频特性示意图如图所示。

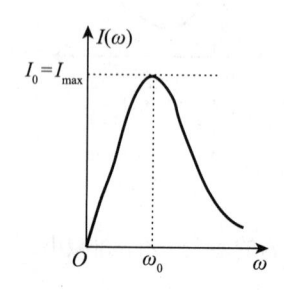

b. 相频特性（$\varphi_u = 0$）。

$$\varphi(\omega) = -\tan^{-1}\left(\dfrac{\omega L - \dfrac{1}{\omega C}}{R}\right)$$

电流相频特性示意图如图所示。

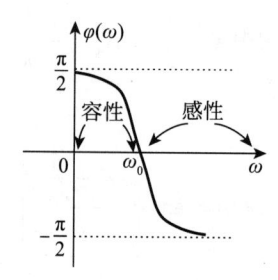

2. 通频带

（1）定义。

电路在全频域内都有信号的输出，但只有在谐振点附近的邻域内输出幅度较大，具有工程实际应用价值。为此，工程上设定一个输出幅度指标来界定频率范围，划分出谐振电路的通频带（简称通带）和阻带。通带限定的频域范围称为带宽，记为 BW，如图所示，此频域范围内的电流值（或输出电压值）等于或大于其在谐振频率时的 70.7%。

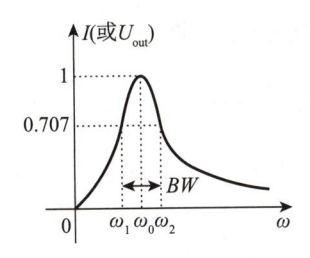

(2)计算。

$$BW = \omega_2 - \omega_1 = \frac{\omega_0}{Q} \text{ 或 } BW = f_2 - f_1 = \frac{f_0}{Q}$$

式中　Q——品质因数，且 Q 值越大，谐振点附近信号衰减越快，选择性越强；

BW——通带带宽，单位：rad/s 或 Hz；

ω_0 或 f_0——谐振角频率或谐振频率；

ω_1 或 f_1——下截止角频率或频率，称为通带的下界（位于谐振点 ω_0 或 f_0 左侧）；

ω_2 或 f_2——上截止角频率或频率，称为通带的上界（位于谐振点 ω_0 或 f_0 右侧）。

巩固提高

题1 RLC 并联电路如图所示。若 $I_S = 2\text{ A}$，电路的谐振角频率 $\omega_0 = 2 \times 10^6 \text{ rad/s}$，谐振时电感电流有效值为 200 A，电路消耗的有功功率为 40 mW，试求参数 R、L、C 及品质因数 Q 和通频带 Δf（单位 Hz）。

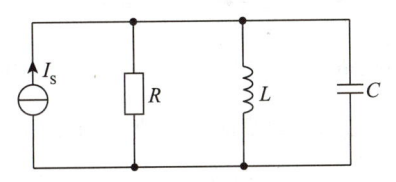

题2 求如图所示各电路的谐振角频率。

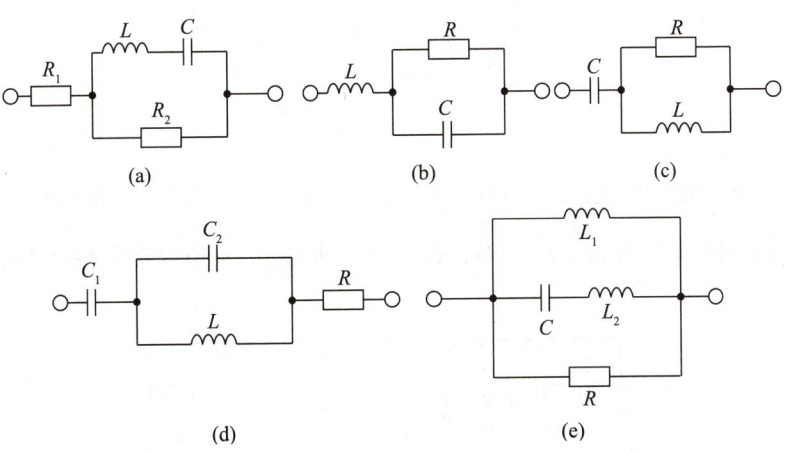

(a)　(b)　(c)

(d)　(e)

题 3 如图所示正弦稳态电路发生谐振，求谐振角频率 ω。

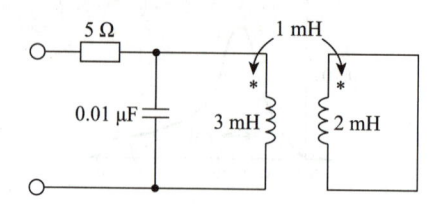

题 4 在如图所示电路中，已知电源的角频率 $\omega = 5\times 10^6$ rad/s。当 C 分别为 200 pF 和 500 pF 时，电流 I 的大小皆为最大电流的 $\dfrac{1}{\sqrt{10}}$，试求电感 L 和电阻 R 的值。

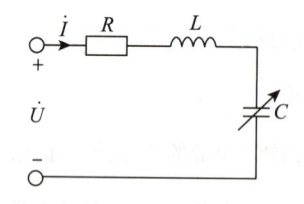

题 5 对如图所示的电路，$M = 1$ H，求：

(1) 当 $\omega = 1$ rad/s 时的输入阻抗 Z；

(2) 能使电路发生谐振的 ω 的值。

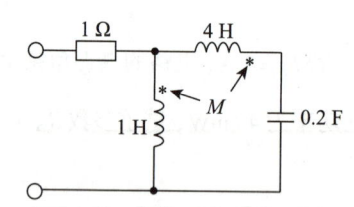

题 6 如图所示的正弦稳态电路中，$L_1 = L_2 = L_3 = 0.1$ H，$M = 0.04$ H，$R_1 = R_2 = 90\,\Omega$，$C = 5\,\mu\text{F}$，$U = 30$ V，$\omega = 1000$ rad/s，求使 C、L_4 发生谐振时 L_4 的值，并求此时的电压 $\dot{U}_{AB}$ 及平均功率 P。

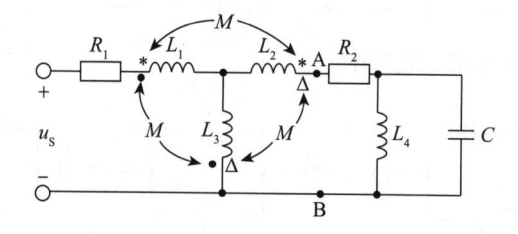

题 7 如图所示电路中，已知 $\omega = 1000$ rad/s，$U_S = 20$ V，功率表读数为 80 W，安培表读数为 0.5 A，$L_1 = L_2 = 0.4$ H，$C_3 = 10\,\mu\text{F}$，$R_1 = 5\,\Omega$，$R_2 = 10\,\Omega$，求电感 L_3 的值以及互感系数 M。

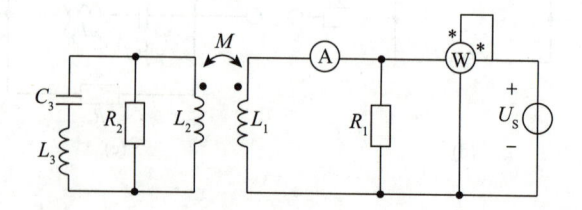

题8 正弦交流电路如图所示，已知 $\omega = 200$ rad/s, $I_2 = 1$ A，调节 C_2 使 $\dot{U}_2$ 和 $\dot{I}_2$ 同相，调节 C_1 使 $\dot{I}$ 相位超前 $\dot{U}_2$ 相位 45°。

(1) 求 C_1、C_2；

(2) 求电路消耗的总有功功率。

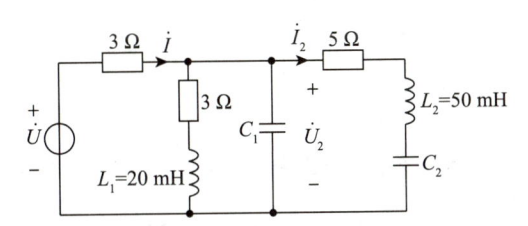

题9 正弦稳态电路如图所示，其中电流 $I_1 = I_2 = I = 10$ A，两电压表读数均为 100 V。已知整个电路发生谐振，求电路参数 R_1、R_2、X_L、X_{C1}、X_{C2}。

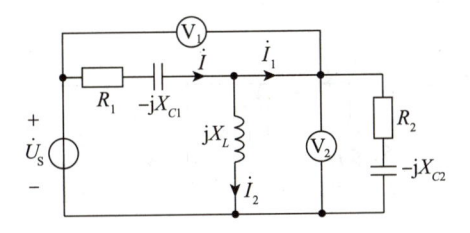

题10 在如图所示的正弦稳态电路中，已知 $U_s(t) = 300\sqrt{2}\sin(1\,000t)$ V，调节电容 C 使电压表读数最大，求此时的 C 值、电压表的读数及电流 $i(t)$。

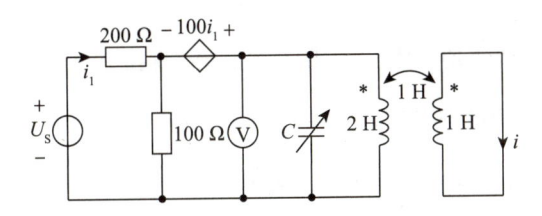

题11 电路如图所示，已知 $R_1 = 1\,\Omega$，$R_2 = 3\,\Omega$，$R_3 = 6\,\Omega$，$C_1 = C_2 = 10^3\,\mu\text{F}$，$L = 0.4$ mH，$\dot{U}_s = 50\angle(-45°)$ V，$\omega = 10^3$ rad/s，负载 Z_L 可任意变动。

(1) Z_L 为何值时可获最大功率？并求此功率。

(2) 若 Z_L 中的电流最大，Z_L 又该取何值？并求此电流。

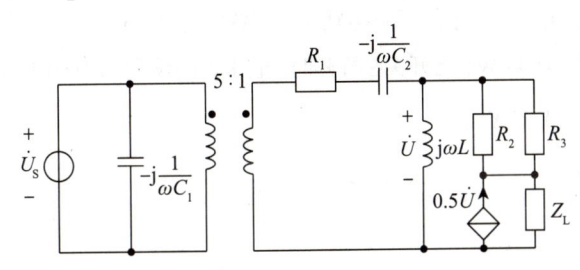

题12 如图所示电路中,已知正弦电流源 $I_S = 10$ mA,角频率 $\omega = 1\,000$ rad/s,调节可变电容 C,问 C 为多少时,R 支路电流 I 最小?电容 C 为多少时,电流 I 最大?并分别求两种情况下 I 的最小值和最大值。

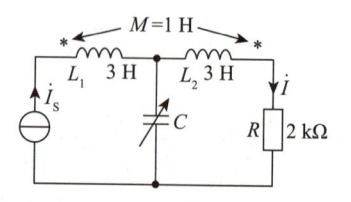

题13 【综合提高】如图所示正弦稳态电路中,端口 2-2′ 开路,已知输入端口电压 $\dot{U}_S$ 与电流 $\dot{I}_S$ 同相位,电路消耗功率为 $1\,000$ W,$U_S = 400\sqrt{2}\cos(\omega t)$ V,$R_1 = 20\,\Omega$,$R_2 = X_L$,$R_3 = 10\,\Omega$,求:

(1) 电流有效值 I、I_L、I_C;

(2) R_2、X_L 与 X_C 的数值和电压 U_2' 的瞬时表达式。

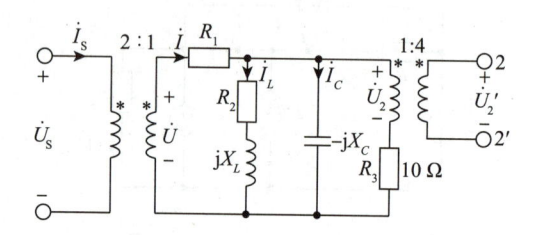

题14 【综合提高】有两个电路如图(a)和图(b)所示,已知图(a)和图(b)中的 U_S 均为 $220\sqrt{2} \cdot \cos(1\,000t)$ V。

(1) 图(a)所示电路中,若改变 Z_L,但电流 $\dot{I}_L$ 的有效值始终保持 10 A,试确定参数 L 及 C 的值;

(2) 在图(b)所示电路中,电源内阻 $Z_S = (50 + \text{j}100)\,\Omega$,负载 $Z_L = 100\,\Omega$,设计电容 C_1 和 C_2 的参数使得负载 Z_L 可以获得最大功率,计算电容 C_1 和 C_2 的数值。

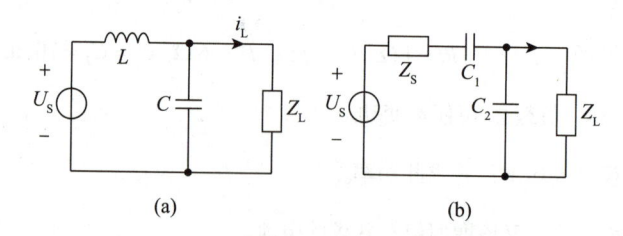

题15 【综合提高】在如图所示的正弦电路中,电路由电流源供电。当开关 S 闭合时,电压表的读数为 50 V,功率表的读数为 500 W;当开关 S 打开时,电压表的读数仍为 50 V,功率表的读数为 750 W,$I_C = 5$ A。求参数 R_1、R_2、X_L、X_C。

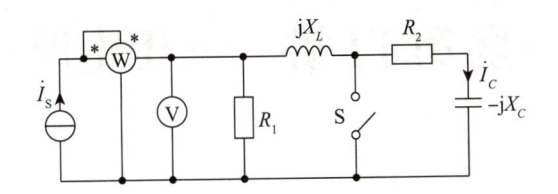

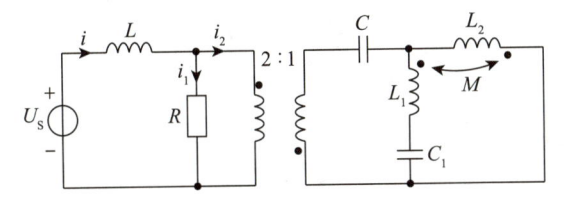

题 16【综合提高】正弦稳态电路如图所示，且已知 $\omega = 1\,000\text{ rad/s}$，相量 $\dot{U}_S$ 与 $\dot{I}$ 同相位，$U_S = 50\sqrt{2}\text{ V}$，$I_1 = I_2 = 5\text{ A}$，$L_1 = 6\text{ mH}$，$L_2 = 10\text{ mH}$，$M = 4\text{ mH}$，$C_1 = 100\text{ μF}$，求 R、L、C 的值。

题 17【综合提高】在如图所示正弦稳态电路中，已知 $R_1 = 2R_2 = R$，$I_1 = I_2 = I_3$，$U = 40\text{ V}$，电路吸收的功率为 60 W，且电路的并联部分处于谐振状态（即虚线框内发生谐振），求参数 X_{L2} 和 X_M 的值。（$\sqrt{3} \approx 1.73$）

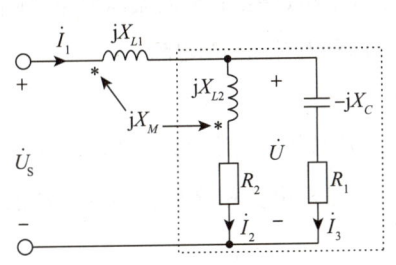

第11讲 三相电路

命题基本点

一、对称三相电路　　　【☆☆】

二、不对称三相电路　　【☆☆☆☆】

三、三相电路的功率　　【☆☆☆☆】

基本考点总结

一、对称三相电路

1. 三相电路基本概念

(1) 对称三相电源。

三个正弦电压源分别为 A 相、B 相和 C 相，它们的振幅相等、频率相同、相位互差 120°，这三个电源以星形或三角形连接而组成的电源称为对称三相电源。

(2) 相序。

三相电源 A 相、B 相和 C 相三者相位排列的次序称为相序。

①正序(顺序)：以 A 相为参考，三相电源相序按 A→B→C 依次落后 120° 的相位次序排列的相序。

②反序(逆序)：以 C 相为参考，三相电源相序按 C→B→A（或以 A 相为参考，按 A→C→B）依次落后 120° 的相位次序排列的相序。

未特殊说明情况下均认为相序是正序。

(3) 线量和相量。

①相电压(U_p)：每相电源的电压称为电源端相电压，如图(a)所示的 $\dot{U}_A$、$\dot{U}_B$、$\dot{U}_C$；每相负载阻抗的电压称为负载端相电压，如图(a)所示的 $\dot{U}_{A'N'}$、$\dot{U}_{B'N'}$、$\dot{U}_{C'N'}$。

②线电压(U_l)：端线之间的电压。三相电路中从电源 A、B、C 端引出的端线之间的电压称为电源端的线电压，从负载 A′、B′、C′ 端引出的端线之间的电压称为负载端的线电压。如图(a)和图(b)所示电源端的线电压 $\dot{U}_{AB}$、$\dot{U}_{BC}$、$\dot{U}_{CA}$，负载端的线电压 $\dot{U}_{A'B'}$、$\dot{U}_{B'C'}$、$\dot{U}_{C'A'}$。

③相电流(I_p)：每相电源中的电流或每相负载阻抗的电流。如图(b)所示，电源端的相电流为 $\dot{I}_A$、$\dot{I}_B$、$\dot{I}_C$，负载端的相电流为 $\dot{I}_{A'B'}$、$\dot{I}_{B'C'}$、$\dot{I}_{C'A'}$。

④线电流(I_l)：端线中的电流。三相电路中从电源 A、B、C 端引出的端线中的电流或从负载 A′、

B′、C′端引出的端线中的电流。如图(a)和图(b)所示电源端的线电流及负载端的线电流均为 $\dot{I}_A$、$\dot{I}_B$、$\dot{I}_C$。

(a) 星形负载三相电路

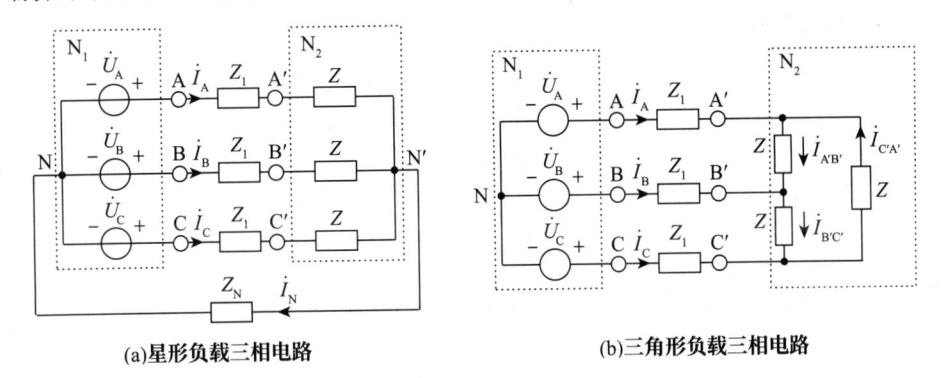

(b) 三角形负载三相电路

2. 三相电源和负载的连接方式

(1) 星形(Y形)连接——不含中性线(见图)。

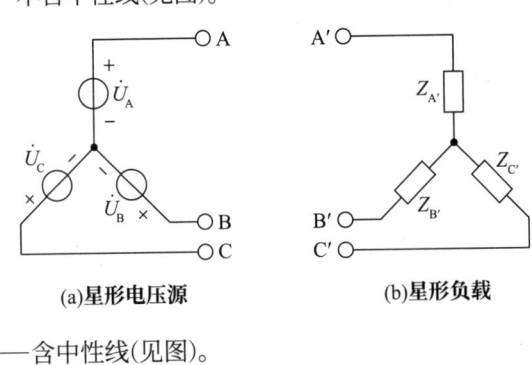

(a) 星形电压源

(b) 星形负载

(2) 星形(Y_N形)连接——含中性线(见图)。

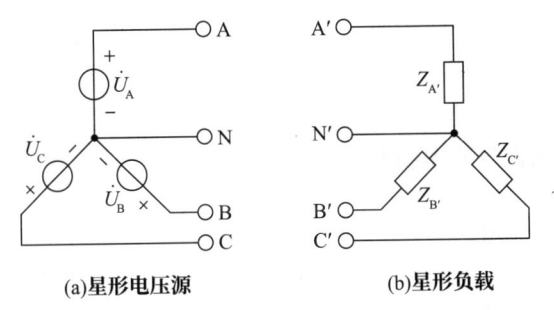

(a) 星形电压源

(b) 星形负载

(3) 三角形(△形)连接(见图)。

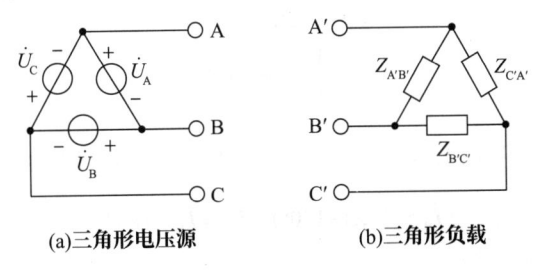

(a) 三角形电压源

(b) 三角形负载

特别地,当 $Z_{A'} = Z_{B'} = Z_{C'}$,$Z_{A'B'} = Z_{B'C'} = Z_{C'A'}$ 时,这种负载称为对称三相负载。

3. 对称三相电路中线量和相量的关系

(1) 对称Y形连接负载(见图)。

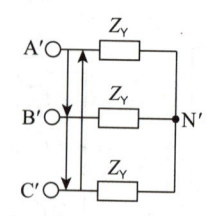

①电压关系：已知对称相电压 $\dot{U}_{A'N'}$、$\dot{U}_{B'N'}$、$\dot{U}_{C'N'}$，则对称线电压关系如下。

$$\dot{U}_{B'C'} = \dot{U}_{A'B'}\angle(-120°), \quad \dot{U}_{C'A'} = \dot{U}_{A'B'}\angle 120°$$

对称线电压与相电压的关系为

$$\dot{U}_{A'B'} = \sqrt{3}\dot{U}_{A'N'}\angle 30°, \quad \dot{U}_{B'C'} = \dot{U}_{B'N'}\angle 30°, \quad \dot{U}_{C'A'} = \dot{U}_{C'N'}\angle 30°$$

相量图如图所示。

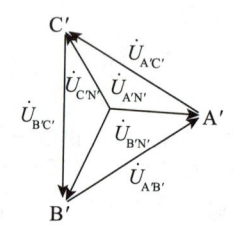

②电流关系：对应线、相电流相等，即

$$\dot{I}_{A'} = \dot{I}_{A'N'}, \quad \dot{I}_{B'} = \dot{I}_{B'N'}, \quad \dot{I}_{C'} = \dot{I}_{C'N'}$$

> **水木珞研总结**
>
> **相量图中线、相电压的方向与下角标相反。**

(2) 对称△形连接负载(见图)。

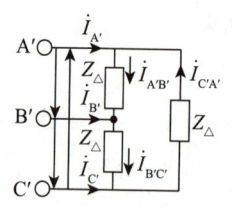

①电流关系：已知对称相电流 $\dot{I}_{A'B'}$、$\dot{I}_{B'C'}$、$\dot{I}_{C'A'}$，则对称线电流关系如下。

$$\dot{I}_{B'} = \dot{I}_{A'}\angle(-120°), \quad \dot{I}_{C'} = \dot{I}_{A'}\angle 120°$$

对称线电流与相电流的关系为

$$\dot{I}_{A'} = \sqrt{3}\dot{I}_{A'B'}\angle(-30°), \quad \dot{I}_{B'} = \sqrt{3}\dot{I}_{B'C'}\angle(-30°), \quad \dot{I}_{C'} = \sqrt{3}\dot{I}_{C'A'}\angle(-30°)$$

相量图如图所示。

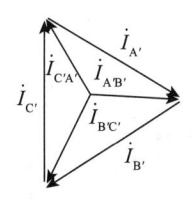

②电压关系：对应线、相电压相等。

4.三相电路连接方式

三相电路的构成为

$$三相电源+三相负载=三相电路$$

有以下几种接法：

(1) Y–Y/△接法。

$$Y形电源 + \begin{cases} Y形负载 \rightarrow Y–Y形 \\ △形负载 \rightarrow Y–△形 \end{cases}$$

(2) △–Y/△接法。

$$△形电源 + \begin{cases} Y形负载 \rightarrow △–Y形 \\ △形负载 \rightarrow △–△形 \end{cases}$$

(3) Y_N–Y_N接法(见图)。

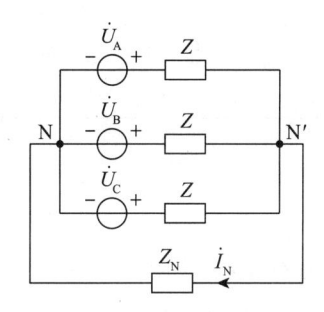

5.对称三相电路分析

(1)对称三相电路的分析计算——抽单相法。

①△形连接的电源或负载全部等效变换为Y形连接；

②短接电源和所有负载的中性点(若原来有中线，则中线电流为零)；

③取其中一相(A相)做具体计算；

④根据△、Y形连接中线电压(线电流)与相电压(相电流)的关系计算原电路中△形连接的电源或负载的电压(电流)；

⑤由对称关系直接写出另外两相的电压(电流)。

(2)对称三相电路化简流程图。

以下给出两种典型三相电路化简的例子：

① Y_N-Y_N接法(见图)。

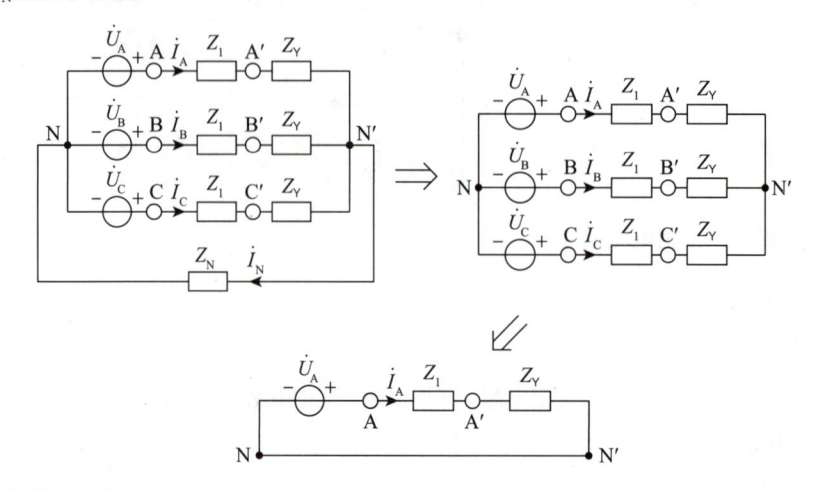

② Y-△接法(见图)。

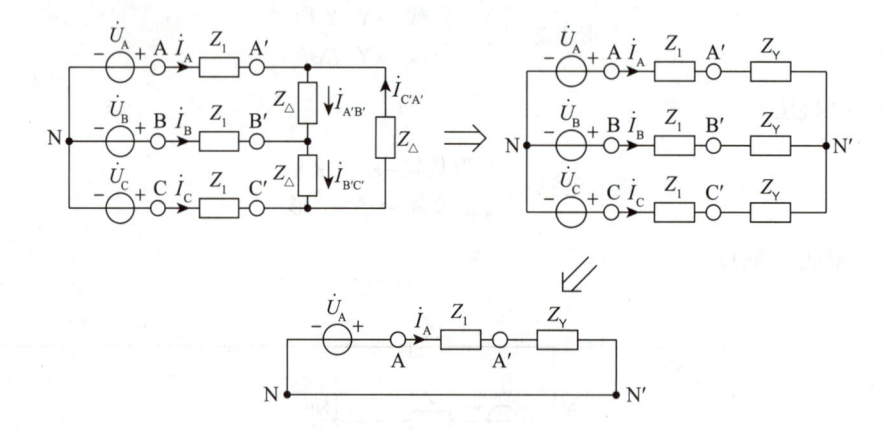

▶ 二、不对称三相电路

若三相电路中存在不对称电源或者不对称三相阻抗,则称为不对称三相电路。实际中,电阻不对称为多数情况。

1. 三相四线制不对称三相电路(见图)

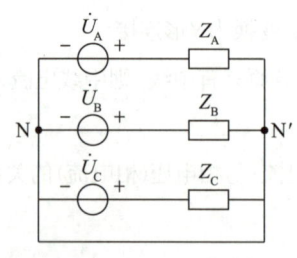

(1) 特点:由于中性线的存在,N′为零电位点。

(2) 分析方法:负载上的电压为各相电压。

2. 三角形不对称电路 [见图(a)]

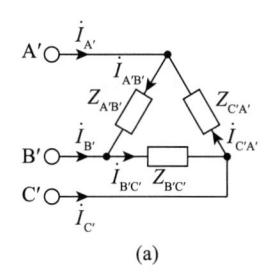

(1) 特点: 每一个负载上的电压都是线电压。

(2) 分析方法(两种):

① 由于负载是△接法, 每一个负载上的电压都是线电压, 可以直接用线电压求解。

② 先将负载变为Y接法 [见图(b)], 然后用节点电压法求解 N′ 电位, 最后计算电压和电流。

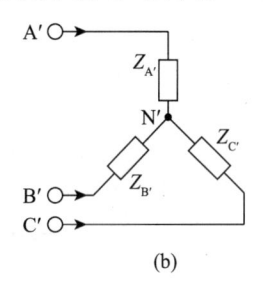

3. 半对称的不对称电路(见图)

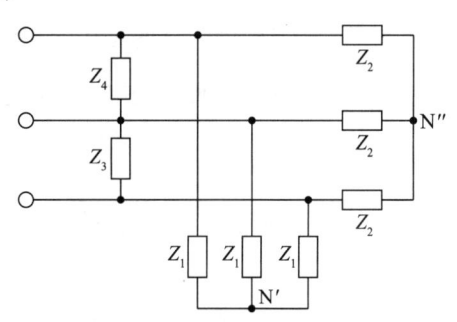

(1) 特点: 由于负载 Z_3 和 Z_4 跨接在两相之间, 因此 N′ 和 N″ 为零电位点。

(2) 分析方法: 负载 Z_3 和 Z_4 用线电压分析求解, 两组Y形负载 Z_1 和 Z_2 用抽单相法进行分析。

4. 发生故障的不对称电路

(1) 特点: 负载发生短路或者开路, 导致 N′ 不再是零电位点。

(2) 分析方法: 根据短路或者开路的性质, 判断中性点的电位。

如图(a)所示为短路故障: $\dot{U}_{N'} = \dot{U}_A$。

如图(b)所示为开路故障: $\dot{U}_{N'} = \dfrac{Z}{Z+Z}\dot{U}_{BC} + \dot{U}_C = \dfrac{1}{2}\dot{U}_B + \dfrac{1}{2}\dot{U}_C$。

(a)短路故障　　　　　　　(b)开路故障

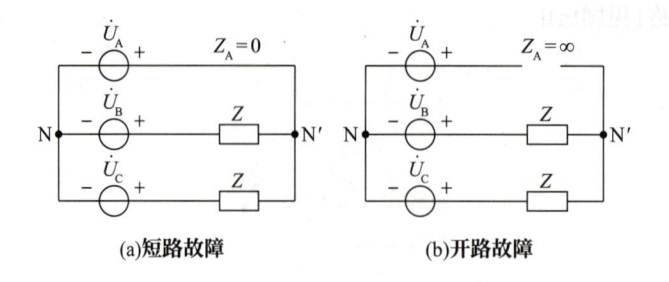

▶ 三、三相电路的功率

1. 三相电路功率的计算

(1) 对称电源功率。

对称三相电源如图所示。

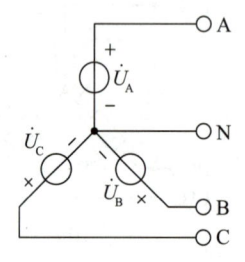

① 电源有功功率：

$$P = 3P_A = 3U_{p电源}I_{p电源}\cos\varphi = \sqrt{3}U_{l电源}I_{l电源}\cos\varphi$$

式中　$I_{l电源} = I_{p电源}$，$U_{l电源} = \sqrt{3}U_{p电源}$；$\varphi$ 为电源功率因数角，下面不再赘述。

② 电源无功功率：

$$Q = 3Q_A = 3U_{p电源}I_{p电源}\sin\varphi = \sqrt{3}U_{l电源}I_{l电源}\sin\varphi$$

③ 电源视在功率：

$$S = 3U_{p电源}I_{p电源} = \sqrt{3}U_{l电源}I_{l电源} = \sqrt{P^2 + Q^2}$$

④ 电源复功率：

$$\overline{S} = 3\overline{S}_A = P + jQ = 3(P_A + jQ_A)$$

(2) 对称三相负载：星形连接负载。

对称星形连接负载如图所示。

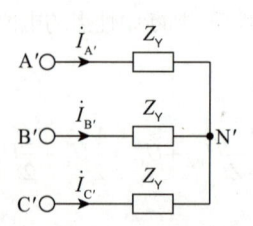

①负载有功功率：
$$P = 3P_{A'} = 3U_{p负载}I_{p负载}\cos\varphi = \sqrt{3}U_{l负载}I_{l负载}\cos\varphi$$

式中 $I_{l负载} = I_{p负载}$，$U_{l负载} = \sqrt{3}U_{p负载}$；$\varphi$ 为负载阻抗角，下面不再赘述。

②负载无功功率：
$$Q = 3Q_{A'} = 3U_{p负载}I_{p负载}\sin\varphi = \sqrt{3}U_{l负载}I_{l负载}\sin\varphi$$

③总视在功率：
$$S = 3U_{p负载}I_{p负载} = \sqrt{3}U_{l负载}I_{l负载} = \sqrt{P^2 + Q^2}$$

④总复功率：
$$\overline{S} = 3\overline{S}_{A'} = P + jQ = 3(P_{A'} + jQ_{A'})$$

(3) 对称三相负载：三角形连接负载。

对称三角形连接负载如图所示。

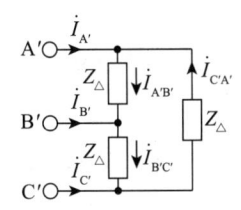

①负载有功功率：
$$P = 3P_{A'} = 3U_{p负载}I_{p负载}\cos\varphi = \sqrt{3}U_{l负载}I_{l负载}\cos\varphi$$

式中 $U_{l负载} = U_{p负载}$，$I_{l负载} = \sqrt{3}I_{p负载}$；$\varphi$ 为负载阻抗角，下面不再赘述。

②负载无功功率：
$$Q = 3Q_{A'} = 3U_{p负载}I_{p负载}\sin\varphi = \sqrt{3}U_{l负载}I_{l负载}\sin\varphi$$

③总视在功率：
$$S = 3U_{p负载}I_{p负载} = \sqrt{3}U_{l负载}I_{l负载} = \sqrt{P^2 + Q^2}$$

④总复功率：
$$\overline{S} = 3\overline{S}_{A'} = P + jQ = 3(P_{A'} + jQ_{A'})$$

(4) 不对称三相负载：星形连接负载。

不对称星形连接负载如图所示。

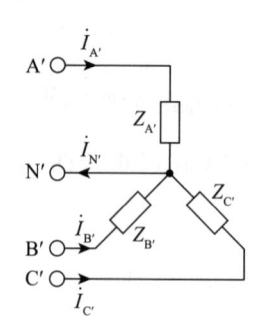

①负载有功功率：
$$P = P_{A'} + P_{B'} + P_{C'} = U_{A'N'}I_{A'}\cos\varphi_{A'} + U_{B'N'}I_{B'}\cos\varphi_{B'} + U_{C'N'}I_{C'}\cos\varphi_{C'}$$

式中 $I_{lA'} = I_{pA'}$，$I_{lB'} = I_{pB'}$，$I_{lC'} = I_{pC'}$；$\varphi_{A'}$、$\varphi_{B'}$、$\varphi_{C'}$ 为每相负载阻抗角，下面不再赘述。

②负载无功功率：
$$Q = Q_{A'} + Q_{B'} + Q_{C'} = U_{pA'}I_{pA'}\sin\varphi_{A'} + U_{pB'}I_{pB'}\sin\varphi_{B'} + U_{pC'}I_{pC'}\sin\varphi_{C'}$$

③总视在功率：
$$S = \sqrt{P^2 + Q^2}$$

④总复功率：
$$\overline{S} = \overline{S}_{A'} + \overline{S}_{B'} + \overline{S}_{C'} = P + jQ$$

(5) 不对称三相负载：三角形连接负载。

不对称三角形连接负载如图所示。

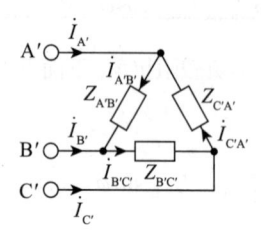

①负载有功功率：
$$P = P_{A'B'} + P_{B'C'} + P_{C'A'} = U_{A'B'}I_{A'B'}\cos\varphi_{A'} + U_{B'C'}I_{B'C'}\cos\varphi_{B'} + U_{C'A'}I_{C'A'}\cos\varphi_{C'}$$

式中 $U_{lA'B'} = U_{pA'B'}$，$U_{lB'C'} = U_{pB'C'}$，$U_{lC'A'} = U_{pC'A'}$；$\varphi_{A'}$、$\varphi_{B'}$、$\varphi_{C'}$ 为每相负载阻抗角，下面不再赘述。

②负载无功功率：
$$Q = Q_{A'B'} + Q_{B'C'} + Q_{C'A'} = U_{A'B'}I_{A'B'}\sin\varphi_{A'} + U_{B'C'}I_{B'C'}\sin\varphi_{B'} + U_{C'A'}I_{C'A'}\sin\varphi_{C'}$$

③总视在功率：
$$S = \sqrt{P^2 + Q^2}$$

④总复功率：
$$\overline{S} = \overline{S}_{A'} + \overline{S}_{B'} + \overline{S}_{C'} = P + jQ$$

> **水木珞研总结**
>
> 上述变量的下角标 A、A′，表示星形电源 A 相及星形负载 A′ 相，A′B′ 表示△形负载 A′B′ 相，下角标 l、p 表示中文"线、相"之意，是英文单词 line、phase 的首字母。

2. 三相电路功率测量

(1) 对称三相四线制：一表法(见图)。

本方法要求三相负载对称，则总功率为三倍功率表读数。

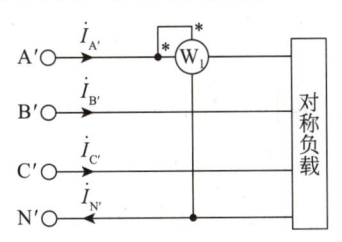

总功率：
$$P = 3P_1$$

(2) 不对称或对称三相四线制：三表法(见图)。

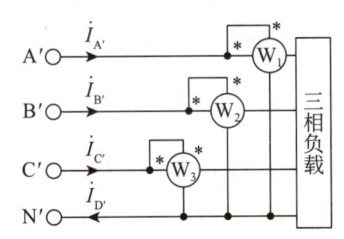

总功率：
$$P = P_1 + P_2 + P_3$$

不对称三相四线制中
$$P_1 = \text{Re}\left[\dot{U}_{A'N'} \dot{i}_{A'}^*\right], \quad P_2 = \text{Re}\left[\dot{U}_{B'N'} \dot{i}_{B'}^*\right], \quad P_3 = \text{Re}\left[\dot{U}_{C'N'} \dot{i}_{C'}^*\right]$$

对称三相四线制中
$$P = 3P_1 = 3P_2 = 3P_3$$

(3) 不对称或对称三相三线制：二表法(多种形式)。

三相功率等于两个功率表读数之和：$P = P_1 + P_2$。(注意：功率表读数有正负)

① 功率表连接方式一(见图)。

总功率：
$$P = P_1 + P_2$$

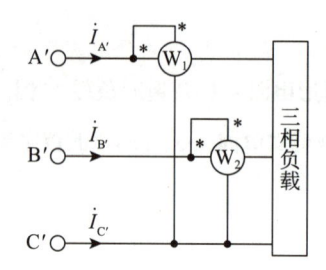

不对称三相三线制中
$$P_1 = \mathrm{Re}[\dot{U}_{A'C'}\dot{I}_{A'}^*], \quad P_2 = \mathrm{Re}[\dot{U}_{B'C'}\dot{I}_{B'}^*]$$

对称三相三线制中
$$P_1 = U_{A'C'}I_{A'}\cos(\varphi - 30°), P_2 = U_{B'C'}I_{B'}\cos(\varphi + 30°)$$

式中 φ 为阻抗角。

推导过程如下。

三相电源的总有功功率为
$$P = P_1 + P_2 + P_3 = \mathrm{Re}[\dot{U}_A\dot{I}_{A'}^*] + \mathrm{Re}[\dot{U}_B\dot{I}_{B'}^*] + \mathrm{Re}[\dot{U}_C\dot{I}_{C'}^*] = \mathrm{Re}[\dot{U}_A\dot{I}_{A'}^* + \dot{U}_B\dot{I}_{B'}^* + \dot{U}_C\dot{I}_{C'}^*]$$

式中 $\dot{I}_{A'} + \dot{I}_{B'} + \dot{I}_{C'} = 0$，则 $\dot{I}_{C'} = -(\dot{I}_{A'} + \dot{I}_{B'})$，代入上式有

$$\begin{aligned}
P &= \mathrm{Re}[\dot{U}_A\dot{I}_{A'}^* + \dot{U}_B\dot{I}_{B'}^* + \dot{U}_C\dot{I}_{C'}^*] = \mathrm{Re}[\dot{U}_A\dot{I}_{A'}^* + \dot{U}_B\dot{I}_{B'}^* + \dot{U}_C(-\dot{I}_{A'} - \dot{I}_{B'})^*] \\
&= \mathrm{Re}[\dot{U}_A\dot{I}_{A'}^* + \dot{U}_B\dot{I}_{B'}^* - \dot{U}_C\dot{I}_{A'}^* - \dot{U}_C\dot{I}_{B'}^*] \\
&= \mathrm{Re}[(\dot{U}_{A'} - \dot{U}_{C'})\dot{I}_{A'}^* + (\dot{U}_{B'} - \dot{U}_{C'})\dot{I}_{B'}^*] \\
&= \mathrm{Re}[\dot{U}_{A'C'}\dot{I}_{A'}^* + \dot{U}_{B'C'}\dot{I}_{B'}^*] \\
&= \mathrm{Re}[\dot{U}_{A'C'}\dot{I}_{A'}^*] + \mathrm{Re}[\dot{U}_{B'C'}\dot{I}_{B'}^*] \\
&= P_1 + P_2
\end{aligned}$$

> **水木珞研总结**
>
> a. 不对称或对称的三相三线制电路用两个功率表测量功率，功率表的接线只触及端线，而与负载和电源的连接方式无关，习惯上称这种方法为二瓦计法。
>
> b. 图中两个功率表读数的代数和为三相负载吸收的平均功率，单个功率表读数是没有意义的。功率表 W_1、W_2 的读数分别为 P_1、P_2，则测量的总功率为 $P = P_1 + P_2$。
>
> c. 二表法测量功率的核心是 $\dot{I}_A + \dot{I}_B + \dot{I}_C = 0$，所以 $\dot{I}_N \neq 0$ 的三相四线制电路不适合二表法测量有功功率。

②功率表连接方式二（见图）。

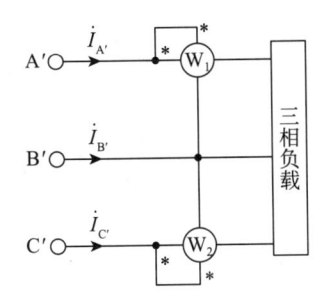

总功率：
$$P = P_1 + P_2$$

不对称三相三线制中
$$P_1 = \text{Re}\left[\dot{U}_{A'B'}\dot{I}_{A'}^*\right], \quad P_2 = \text{Re}\left[\dot{U}_{C'B'}\dot{I}_{C'}^*\right]$$

对称三相三线制中
$$P = U_{A'B'}I_{A'}\cos(\varphi+30°) + U_{C'B'}I_{C'}\cos(\varphi-30°)$$

式中 φ 为阻抗角。

③功率表连接方式三(见图)。

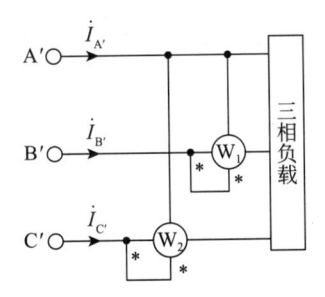

总功率：
$$P = P_1 + P_2$$

不对称三相三线制中
$$P_1 = \text{Re}\left[\dot{U}_{B'A'}\dot{I}_{B'}^*\right], \quad P_2 = \text{Re}\left[\dot{U}_{C'A'}\dot{I}_{C'}^*\right]$$

对称三相三线制中
$$P = U_{B'A'}I_{B'}\cos(\varphi-30°) + U_{C'A'}I_{C'}\cos(\varphi+30°)$$

式中 φ 为阻抗角。

3. 对称三相电路无功功率测量

(1) 单表法测三相电路无功功率。

单表法测三相电路无功功率的前提是三相电路是对称的，下面以单A相为例介绍，如图所示。

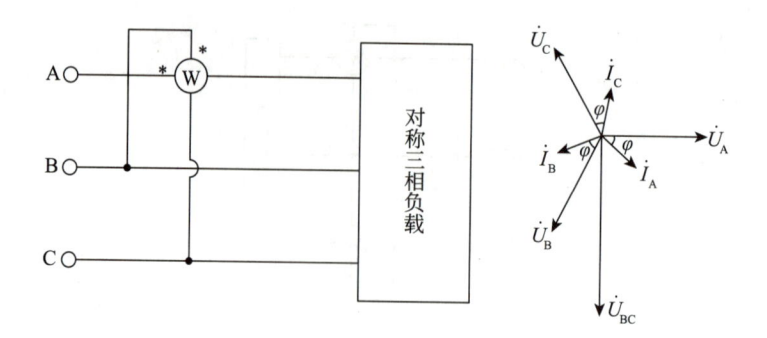

电量

$$\dot{U}_A = U\angle 0° \to \dot{U}_{AB} = \sqrt{3}U\angle 30° \to \dot{I}_A = I\angle(-\varphi) \to \dot{U}_{BC} = \sqrt{3}U\angle(-90°)$$

功率表读数

$$P = U_{BC}I_A\cos(\varphi_{\dot{U}_{BC}} - \varphi_{\dot{I}_A}) = U_lI_l\cos(-90° + \varphi) = U_lI_l\sin\varphi$$

总无功功率为

$$Q = \sqrt{3}U_lI_l\sin\varphi = \sqrt{3}P$$

(2) 另外两种接线方式[见图(a)和(b)]。

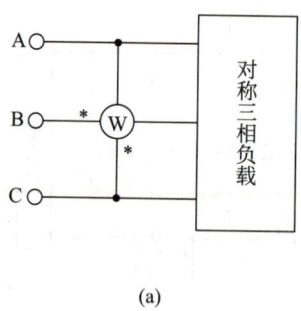

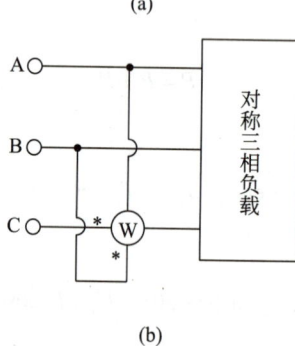

(a)

(b)

巩固提高

题1 在如图所示的对称三相电路中,线电压为 380 V,$X_C = 220\,\Omega$,S 闭合时,$\dot{I} = 0$,则 X_L 为多少?【西安理工大学2023年真题】

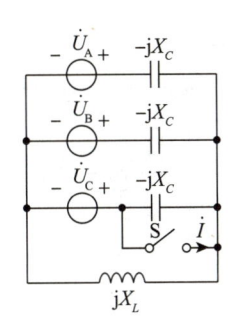

题 2 三相电路如图所示，电源为正序对称三相电源，$\dot{U}_A = 220\angle 0°$ V，Z_1 为对称三相Y形连接容性负载，且每相负载功率因数为 0.8，$Z_2 = (90 + j120)\,\Omega$，$Z_3 = (30 - j40)\,\Omega$，$Z_4 = j25\,\Omega$，两功率表的读数之和为 5 808 W，试求负载 Z_1 的值。

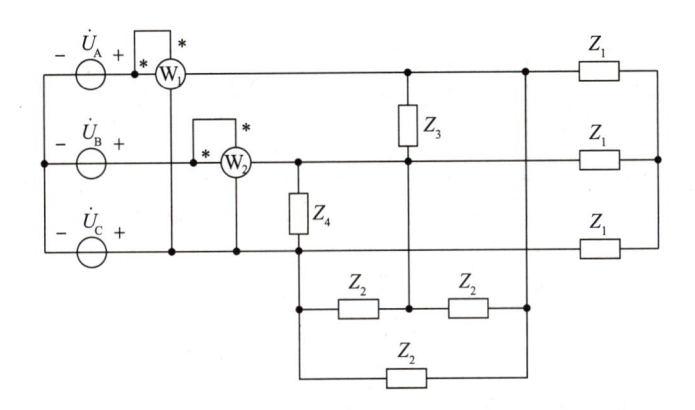

题 3 三相电路如图所示，已知顺序对称三相电源线电压 $\dot{U}_{AB} = 380\angle 30°$ V，试求：

(1) 开关 S 闭合，线电流 $\dot{I}_A = 30\angle 30°$ A 时，电路消耗的平均功率 P 和无功功率 Q；

(2) 开关 S 断开时的线电流 $\dot{I}_A$、$\dot{I}_B$ 及功率表读数。

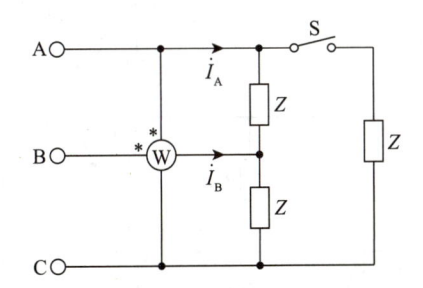

题 4 如图所示电路在开关 S 闭合前为对称三相电路，两功率表的读数分别为 760 W、1 520 W，三个理想电流表读数均为 3 A。

(1) 求开关闭合前三相电路吸收的总有功功率。

(2) 开关闭合后，如图所示接线的两个功率表的读数是否仍可计算三相电路的总功率？

(3) 求开关 S 闭合并达到稳态后三个电流表的读数。

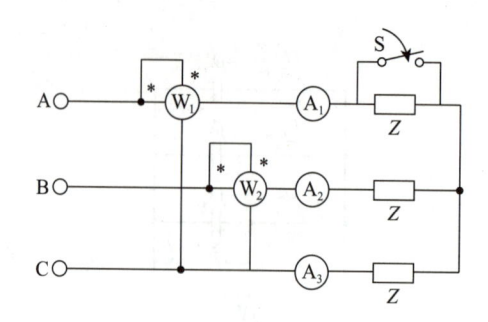

题 5 三相电路如图所示,已知对称三相电源 $\dot{U}_a = 100\sqrt{3}\angle 30°$ V, $\dot{U}_b = 100\sqrt{3}\angle(-90°)$ V, $\dot{U}_c = 100\sqrt{3}\angle 150°$ V, $\omega L = 10\,\Omega$, $R = 10\,\Omega$, $\dfrac{1}{\omega C} = 30\,\Omega$, $Z = 5\sqrt{6}\angle(-15°)\,\Omega$, 求功率表 W_1 和 W_2 的读数。

(参考数据:$\cos 15° \approx 0.9659$)

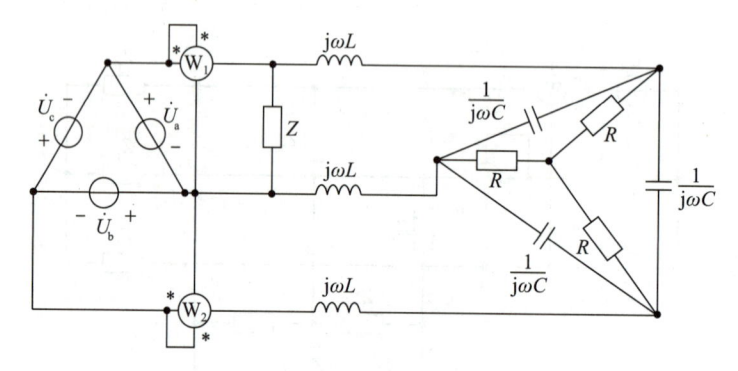

题 6 三相电路如图所示,$R_1 = 5\sqrt{3}\,\Omega$, $\dfrac{1}{\omega C_2} = 10\,\Omega$, $\omega L_2 = 25\,\Omega$, $\omega L_1 = 5\,\Omega$, $\omega M = 5\,\Omega$, $\dfrac{1}{\omega C_1} = 20\,\Omega$, $u_1 = 100\sqrt{6}\cos(\omega t + 30°)$ V, $u_2 = 100\sqrt{6}\cos(\omega t - 90°)$ V, 功率表读数 $P = 2\,000$ W, 求 R_2 的值。

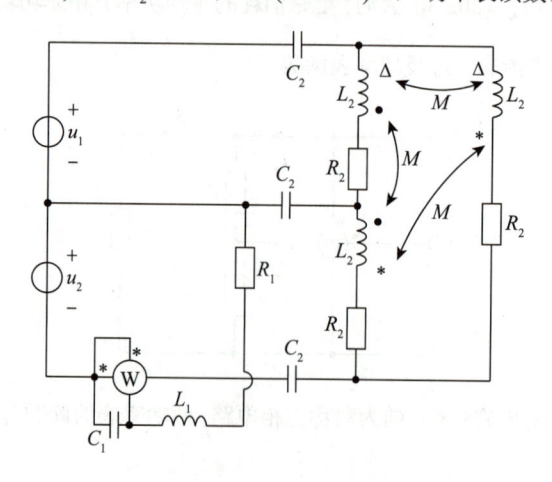

题 7 对称三相电路如图所示,$\dot{U}_{SA} = 200\angle 0°$ V, $\dot{U}_{SB} = 200\angle(-120°)$ V, $\dot{U}_{SC} = 200\angle 120°$ V, $Z_1 = (20 - j20)\,\Omega$, $Z_2 = (15 + j15)\,\Omega$, $Z_3 = (45 + j45)\,\Omega$。

(1) 求电流 $\dot{I}_1$；

(2) 求电流 $\dot{I}_2$；

(3) 如果在D点线路断开了，那么功率表 W_1 的读数应为多少？

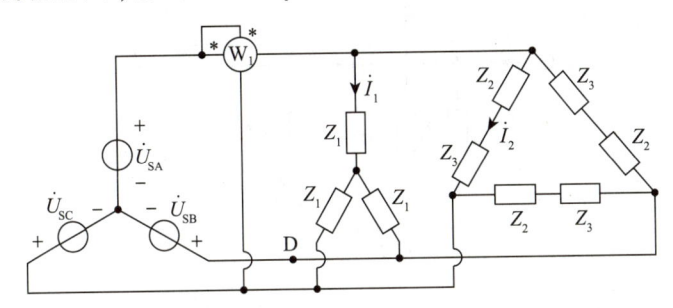

题8 如图所示的对称三相电路中，对称负载 $Z = 90 + j120$，线电压 380 V，求 $\dot{I}_A$、$\dot{I}_N$ 和总功率。（参考数据：$\arctan 0.5 \approx 26.57°$）

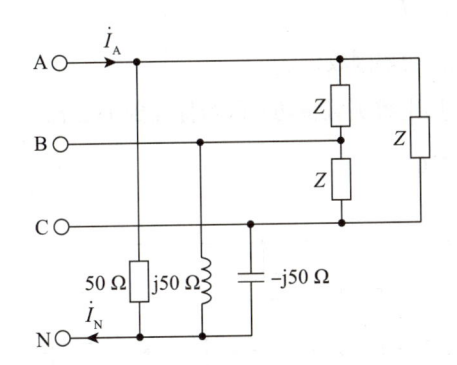

题9 如图所示电路中当 K_1、K_2 闭合时，各电流表的读数都是 10 A，试求：

(1) K_1 闭合，K_2 断开时各电流表读数；

(2) K_1 断开，K_2 闭合时各电流表读数。

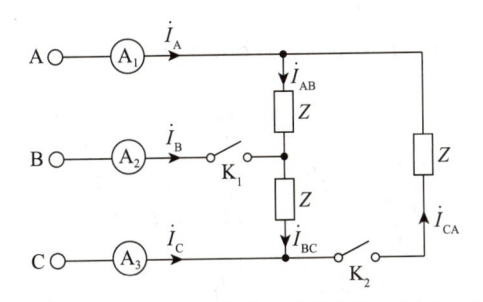

题10 三相电路如图所示，$\dot{U}_{AB} = 380\angle 60°$ V，$Z_1 = (11 - j11\sqrt{3})\,\Omega$，$Z_2 = 22\sqrt{2}\angle 75°\,\Omega$。

(1) 当S打开时，求 $\dot{I}_A$、$\dot{I}_B$、$\dot{I}_C$ 及整个电路消耗的 P 和 Q；

(2) 当S闭合时，求 $\dot{I}_{C1}$。（参考数据：$\sin 15° \approx 0.258\,8$，$\cos 15° \approx 0.965\,9$）

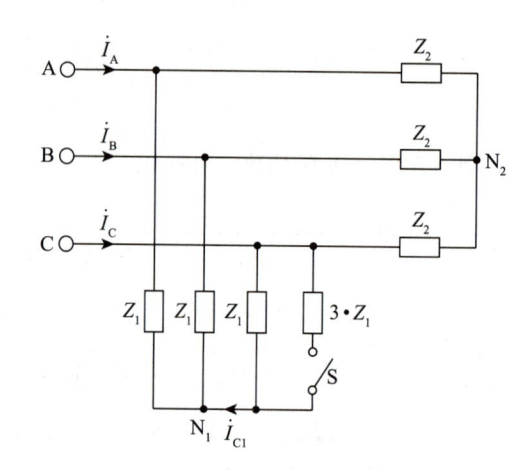

题11【综合提高】在如图所示的对称正序正弦稳态三相电路中,已知电源 A 相的相电压为 $\dot{U}_A = 200\angle 0°$ V,$R_1 = 20\,\Omega$,$Z_1 = \text{j}10\,\Omega$,$Z_2 = -\text{j}20\,\Omega$,$f = 50$ Hz。

(1) 求图中的电流相量 $\dot{I}_A$、$\dot{I}_1$、$\dot{I}_2$、$\dot{I}_3$;

(2) 求三相总的有功功率及其功率因数;

(3) 若在电源端并接一组星形电容负载将功率因数提高到 0.92(滞后),求并联的电容元件的参数 C。

(参考数据:$\tan(\arccos 0.92) \approx 0.426$)

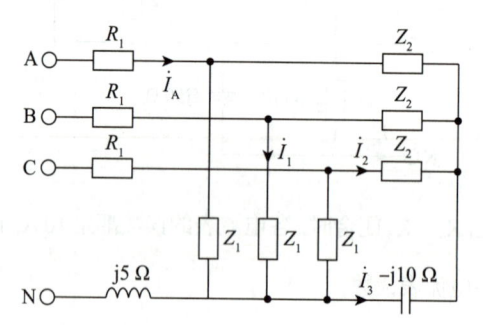

题12【综合提高】电路如图所示,已知 $u_S(t) = \sqrt{2}U\sin(100t)$,$R = 30\,\Omega$,为使得电流 $\dot{I}_1$、$\dot{I}_2$ 和 $\dot{I}_3$ 幅值相等,且 $\dot{I}_2$ 相位滞后 $\dot{I}_1$ 相位 120°,$\dot{I}_3$ 相位滞后 $\dot{I}_2$ 相位 120°,试计算 L、C 的值。

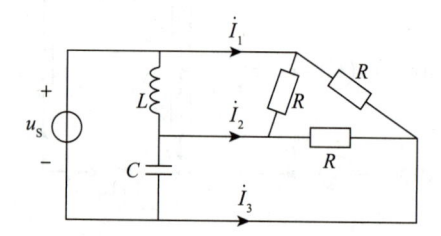

题13【综合提高】三相电路如图所示,已知顺序对称三相电源相电压 $\dot{U}_A = 220\angle 0°$ V,电路阻抗 $Z_1 = (1+\text{j}2)\,\Omega$,$Z_2 = (9+\text{j}18)\,\Omega$,$Z_3 = (3+\text{j}3)\,\Omega$。

(1) 当开关S断开时，求 $\dot{I}_A$、$\dot{U}_{ab}$、三相电源的总功率 $P_总$；

(2) 当开关S闭合时，求电流 $\dot{I}_3$。（参考数据：$\sin 63.43° \approx 0.894\,4$，$\cos 63.43° \approx 0.447\,3$，$\tan 63.43° \approx 2$）

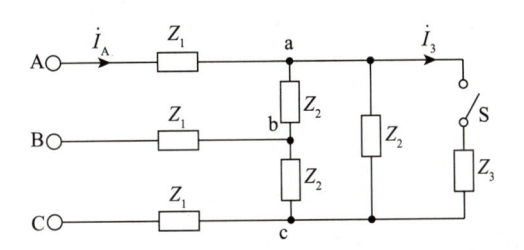

题14【综合提高】如图所示对称三相电源电路，相序为正序。当 R、L、C 满足何种关系时，电压 $U_{NN'}=0$？

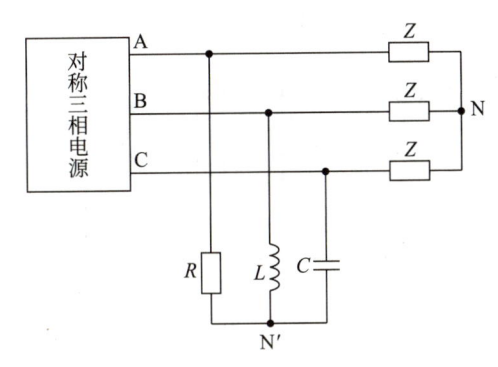

题15【综合提高】如图所示对称三相电源连接两组负载，已知 $R_L=300\,\Omega$，$R=\omega L=\dfrac{1}{\omega C}=100\,\Omega$，两组星形负载 N_1 与 N_2 之间接有电阻 $R_0=200\,\Omega$，电源线电压为 $380\,V$，求 R_0 两端的电压有效值 U_{R_0}。

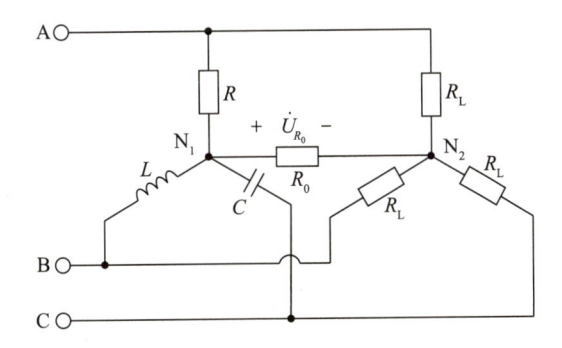

题16【综合提高】如图所示三相电路中，三相电源为正序对称三相电源，线电压 $U_l=380\,V$，负载为对称三相感性负载。当 m、n 两点间未接入电容时，功率表读数为 $658.2\,W$，电流表读数为 $2\sqrt{3}\,A$。

(1) 求负载的功率因数 $\cos\varphi$ 和三相电源提供的功率；

(2) 若在 m、n 间接入可调电容 C，使功率表读数为零，求 X_C。

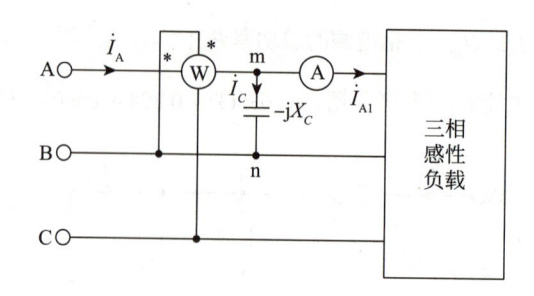

题17【综合提高】如图所示的对称三相负载接到对称三相电源上，其中功率表1的电压线圈内阻为 R_1，功率表1的电流线圈阻抗忽略，功率表2视为理想功率表。试证明：功率表1的读数与三相负载的有功功率成正比；功率表2的读数与三相负载的无功功率成正比，并分别求出这两个比例系数。

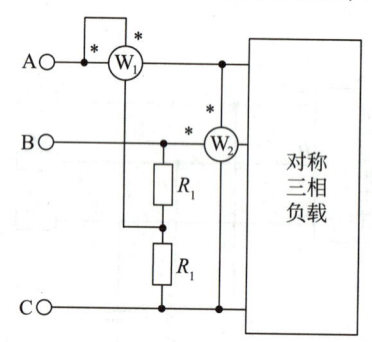

第12讲 非正弦周期电路

命题基本点

一、傅里叶级数及其特点　　【☆】
二、非正弦量的有效值及平均值　　【☆☆】
三、非正弦周期电路的分析　　【☆☆☆】

基本考点总结

一、傅里叶级数及其特点

1. 傅里叶级数介绍

(1) 表达式。

$$f(t) = A_0 + \sum_{k=1}^{\infty} A_{km} \sin(k\omega t + \varphi_k)$$

(2) 系数说明。

A_0——常数项(直流分量)，ω——基波角频率，$\omega = \dfrac{2\pi}{T}$，k——整数。

(3) 系数求解。

$$f(t) = A_0 + \sum_{k=1}^{\infty} b_{km} \sin(k\omega t) + \sum_{k=1}^{\infty} a_{km} \cos(k\omega t)$$

$$A_{km} = \sqrt{a_{km}^2 + b_{km}^2}, \ b_{km} = \frac{2}{T}\int_0^T f(t)\sin(k\omega t)\mathrm{d}t, \ a_{km} = \frac{2}{T}\int_0^T f(t)\cos(k\omega t)\mathrm{d}t$$

$$\varphi_k = -\arctan\frac{b_{km}}{a_{km}}, \ A_0 = \frac{1}{T}\int_0^T f(t)\mathrm{d}t$$

2. 利用函数的对称性可使傅里叶系数的确定简化

(1) 偶函数(见图)。

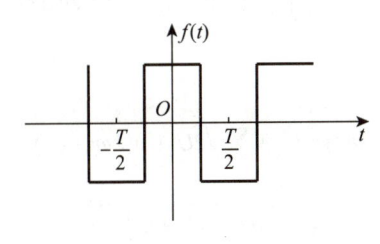

$$f(t) = f(-t), \ b_{km} = 0$$

(2) 奇函数(见图)。

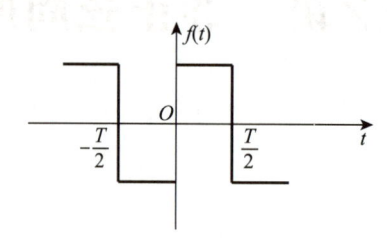

$$f(t) = -f(-t), \quad a_{km} = 0, \quad a_0 = 0$$

(3) 奇谐波函数(见图)。

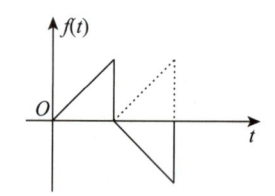

$$f(t) = -f\left(t + \frac{T}{2}\right), \quad a_{2km} = b_{2km} = 0$$

> **水木珞研总结**
>
> 在非正弦周期电路中，绝大部分院校都是提前给出各次谐波的表达式，不用直接去分解。

▶ 二、非正弦量的有效值及平均值

1. 几种数值求解

(1) 平均值。

定义

$$U_0 = \frac{1}{T}\int_0^T u(t)\mathrm{d}t$$

(2) 均绝值。

定义

$$U_{av} = \frac{1}{T}\int_0^T |u(t)|\mathrm{d}t$$

(3) 有效值。

①定义

$$U = \sqrt{\frac{1}{T}\int_0^T u^2(t)\mathrm{d}t} \quad (\text{对所有周期函数})$$

②非正弦周期电压有效值

$$u(t) = U_0 + \sum_{k=1}^{\infty} \sqrt{2}U_k \sin(k\omega t + \varphi_k)$$

$$U = \sqrt{U_0^2 + U_1^2 + U_2^2 + \cdots}$$

2.平均功率求解

非正弦周期电路如图所示。

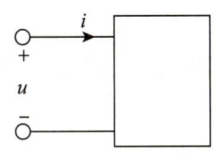

(1)定义。

$$P = \frac{1}{T}\int_0^T u(t)i(t)\mathrm{d}t$$

(2)非正弦周期电量。

$$u(t) = U_0 + \sum_{k=1}^{\infty}\sqrt{2}U_k\sin(k\omega t + \varphi_{uk}), \quad i(t) = I_0 + \sum_{k=1}^{\infty}\sqrt{2}I_k\sin(k\omega t + \varphi_{ik})$$

$$u(t)i(t)\begin{cases}相同次谐波电压与电流的乘积：u_k(t)i_k(t)\\不同次谐波电压与电流的乘积：u_k(t)i_q(t)\end{cases}$$

(3)平均功率。

$$P = U_0 I_0 + \sum_{k=1}^{\infty}\frac{1}{T}\int_0^T u_k(t)i_k(t)\mathrm{d}t$$

(4)计算式。

$$P = U_0 I_0 + U_1 I_1 \cos\varphi_1 + U_2 I_2 \cos\varphi_2 + U_3 I_3 \cos\varphi_3 + \cdots$$

▶ 三、非正弦周期电路的分析

1.方法步骤

(1)构造非正弦周期量。

将非正弦周期电源分解为傅里叶级数，高次谐波取到哪一项为止，需根据计算的精度确定。(绝大部分学校都是给出分解好的非正弦周期谐波)

$$u_S(t) = U_0 + U_1 + U_2 + \cdots, \quad i_S(t) = I_0 + I_1 + I_2 + \cdots$$

(2)依次分析各次谐波作用。

由叠加定理，将直流和各次谐波按频率分组作用，依次计算它们的响应。不作用的电源置零(电压源短路，电流源开路)。

①直流量：按直流电阻电路计算(电容开路，电感短路)。注意电容上有直流电压，电感上有直流电流。

②交流量：先计算各次谐波下的电感和电容阻抗，作出各次谐波下的等效电路。

③求解各个谐波作用下所需要的电压、电流和功率情况。

(3)结合其他章节知识。

①对各次谐波电流都分别使用相量法计算。注意感抗、容抗都是频率的函数，在不同频率下的数值是不同的。

②实际求解时，要注意电路中的谐振现象，对某个频率电路可能发生谐振要重点关注，会大大简化计算。

(4) 最终综合。

①将各次谐波解出的瞬时值叠加得到非正弦周期电路的解；

②电压表和电流表为有效值；

③功率表读数为各次谐波作用下的代数和。

2. 图解分析

非正弦周期电路电压源分解图如图所示。

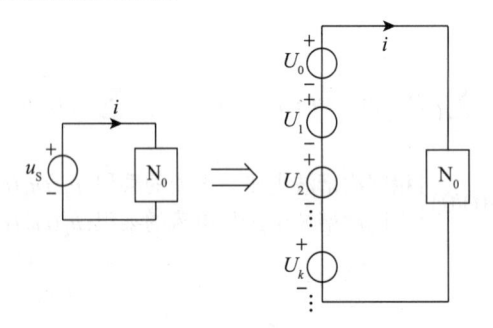

(1) 将电压源分解：
$$u_S(t) = U_0 + \sum_{k=1}^{\infty} U_k \sqrt{2} \cos(k\omega_1 t + \varphi_{uk})$$

$$\dot{U}_1 = U_1 \angle \varphi_{u1}, \ \dot{U}_2 = U_2 \angle \varphi_{u2}, \cdots, \dot{U}_k = U_k \angle \varphi_{uk}, \cdots$$

(2) 依次分析各次谐波作用。

非正弦周期电路各次谐波作用图如图所示。

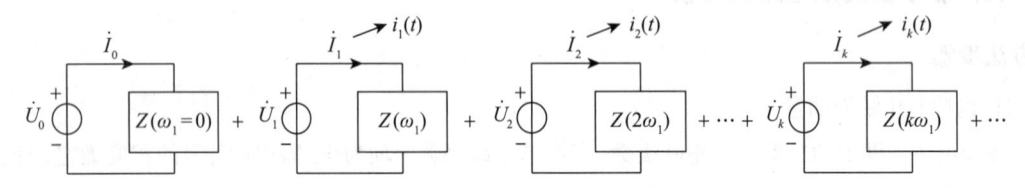

(3) 解得电流。

$$i(t) = I_0 + \sum_{k=1}^{\infty} \sqrt{2} I_k \cos(k\omega_1 t + \varphi_{ik})$$

(4) 求出功率。

$$P = U_0 I_0 + \sum_{k=1}^{\infty} U_k I_k \cos \varphi_k = U_0 I_0 + U_1 I_1 \cos \varphi_1 + U_2 I_2 \cos \varphi_2 + \cdots + U_k I_k \cos \varphi_k + \cdots$$

式中 $U_k = U_{km}/\sqrt{2}$，$I_k = I_{km}/\sqrt{2}$，$\varphi_k = \varphi_{uk} - \varphi_{ik}$，$k = 1, 2, \cdots$。

特别地，当求解电阻功率时，可以用 $P = R(I_0^2 + I_1^2 + \cdots + I_k^2 + \cdots)$ 求解。

巩固提高

题1 求如图所示电压信号的平均值和有效值。

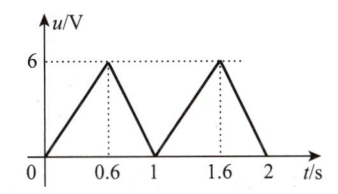

题2 某周期性非正弦稳态电路的端口电压 $u(t)$ 和端口电流 $i(t)$ 为关联参考方向，且 $u(t) = [60 + 300\sqrt{2}\sin(100t) + 280\sqrt{2}\sin(100t + 30°) + 200\sin(200t - 60°) + 100\sqrt{2}\sin(300t)]$ V，$i(t) = [3 + 6\sin(100t + 60°) + 4\sqrt{2}\sin(200t) + 3\sqrt{2}\cos(200t) - 2\cos(300t - 30°)]$ A，求该电路吸收的平均功率。（参考数据：$\arctan\left(\dfrac{140}{542.48}\right) \approx 14.47°$，$\cos 45.53° \approx 0.701$，$\cos(-96.87°) \approx -0.120$）

题3 如图所示电路中，$u(t) = [100 + 50\sqrt{2}\sin(314t - 53.13°) + 90\sqrt{2}\sin(942t + 30°)]$ V，$i(t) = [\sqrt{2}\sin(314t) + 3\sqrt{2}\sin(942t + 30°)]$ A，求 R、L、C 的值。

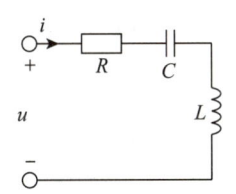

题4 如图所示交流稳态电路中，已知 $u_S(t) = [50 + U_{1m}\sin(1\,000t) + 30\sqrt{2}\sin(2\,000t)]$ V，测得电流有效值 $I_1 = 5$ A，$I_R = 3$ A，整个电路消耗的总功率等于 360 W，当 $\omega = 10^3$ rad/s 时，$\omega L_1 = 10\ \Omega$，$\dfrac{1}{\omega C_1} = 40\ \Omega$。试求 R 和 C 的值。

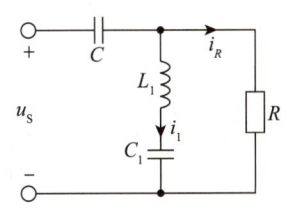

题5 如图所示电路中，$u_S(t) = [10 + 10\sqrt{2}\sin(\omega t) + 5\sqrt{2}\sin(3\omega t)]$ V，$R = \dfrac{3}{8}\ \Omega$，$\omega L = \dfrac{1}{3}\ \Omega$，$\dfrac{1}{\omega C} = 3\ \Omega$，$\omega M = \dfrac{1}{6}\ \Omega$，求电流表、电压表和功率表的读数以及开路电压 $u_1(t)$。

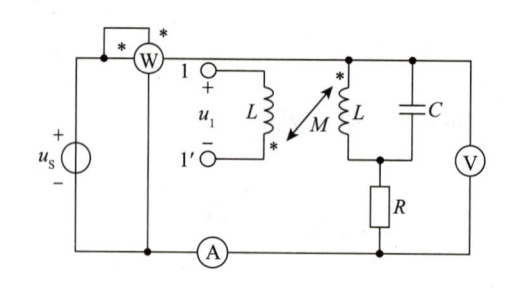

题6 如图所示电路中，$e_s(t) = [100 + 200\sqrt{2}\cos(1000t)]$ V，$L_1 = L_2 = L_3 = 0.3$ H，$M = 0.1$ H，$R_1 = 100\,\Omega$，$R_2 = 200\,\Omega$，$C = 5\,\mu\text{F}$，求各电表的读数。（参考数据：$\arctan 0.5 \approx 26.57°$，$\cos 26.57° \approx 0.894$）

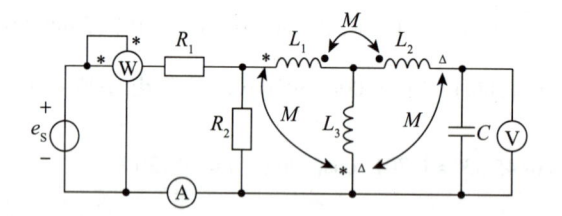

题7 如图所示电路中，已知输入电压为 $u_i(t) = [10\cos(200t) + 10\sin(400t) + 10\cos(800t)]$ V，若要使输出电压 $u_o(t)$ 中仅包含角频率为 200 rad/s 的分量，问 L、C 应取何值？

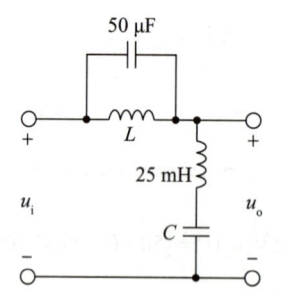

题8 如图所示电路中，已知 $u_S = [100 + 90\sqrt{2}\cos(1000t)]$ V，电流表 A_1、A_2 的读数均为 5 A，功率表 W 的读数为 670 W。当交流电源 $u_{S(1)} = 90\sqrt{2}\cos(1000t)$ 单独作用时，功率表 W 的读数为 270 W。求元件参数 R_1、R_2、L 及 C 的值。

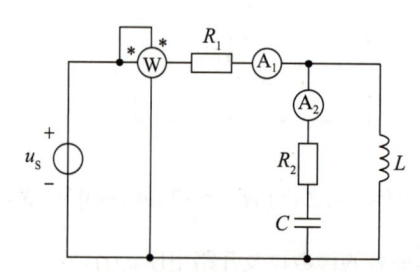

题9 如图所示电路中，已知 $u_S(t) = [10 + 20\sqrt{2}\cos(\omega_1 t) + 10\sqrt{2}\cos(3\omega_1 t)]$ V，$i_S(t) = 5\sqrt{2}\cos(\omega_1 t - 90°)$ A，$\omega_1 M = 2\,\Omega$，$\omega_1 L_2 = 1.25\,\Omega$，$R = \dfrac{1}{\omega_1 C} = \omega_1 L_1 = 10\,\Omega$，$\omega_1 L_3 = 10\,\Omega$。求 $i_1(t)$、$u_C(t)$ 及电压源 $u_S(t)$

发出的有功功率。

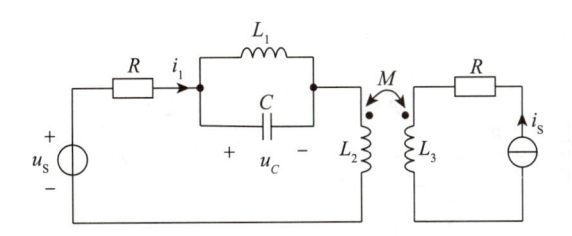

题10 在如图所示电路中,试求功率表、电流表及电压表的读数。已知 $u_S(t) = [10 + 2\sqrt{2}\sin t + 12\sqrt{2} \cdot \cos(2t - 30°)]$ V。(参考数据:$4 + \dfrac{8}{3}\text{j} = \dfrac{4\sqrt{13}}{3}\angle 33.69° \approx 4.8\angle 33.69°$)

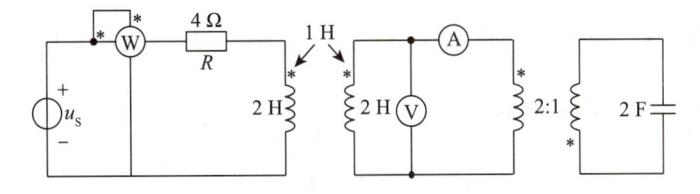

题11 电路如图所示,已知 $u_S(t) = [8 + 12\sqrt{2}\cos(2\times 10^3 t)]$ V,$i_S(t) = 13\sqrt{2}\cos(10^3 t)$ A。

(1) 求电流 $i_L(t)$ 及有效值 I_L;

(2) 当 R_2 为何值时,R_1 可获得最大平均功率 $P_{\max}$,并求此最大平均功率 $P_{\max}$ 的值。

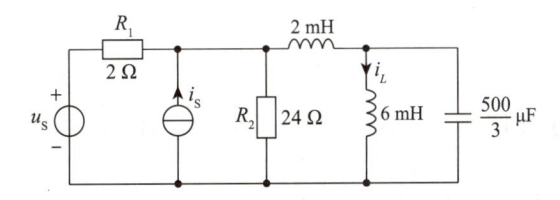

题12 【综合提高】电路如图所示,已知直流源 $E_S = 30$ V,其发出功率为 60 W,正弦电流源 $i_S(t) = 5\sqrt{2}\sin(1\,000t)$,其发出的有功功率为 100 W,无功功率为 0。其中电阻 $R_1 = R_2 = R_3$,求 R_1、R_2、R_3、L、C 的值。

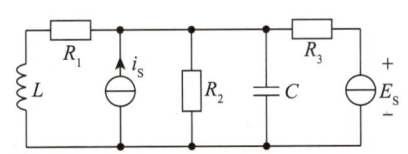

题13 【综合提高】如图(a)所示电路中 $e_1(t)$ 呈正弦曲线形状 [见图(b)],$e_2(t) = 220\sqrt{2}\sin(\omega t + 90°) + 110\sqrt{2}\sin(3\omega t)$,$R = 220\sqrt{2}$ Ω,$\omega L_1 = \omega L_2 = \omega L_3 = \dfrac{1}{\omega C} = 220$ Ω,$\omega M = 110$ Ω,功率表读数为 $220\sqrt{2}$ W。求开路电压 $u(t)$ 及其有效值。

141

(a)　(b)

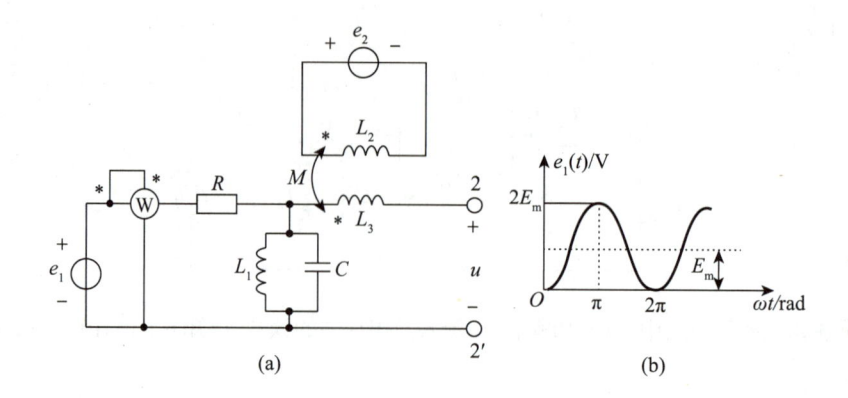

题 14【综合提高】如图所示的电路中，已知直流电流源 $I_S = 14\text{ A}$，$\dot{U}_S$ 为正弦交流电压源的相量，$R_1 = R_2 = 4\text{ }\Omega$，电流表 A_1、A_2 和 A_3 均为 10 A，电阻 R_1、R_2 和 R_3 的功率之和为 1484 W。计算 R_3、X_L、X_C 及电压源 U_S 的有效值。（参考数据：$\sqrt{45.5^2 + 18^2} = \sqrt{\dfrac{9577}{4}} \approx 48.93$）

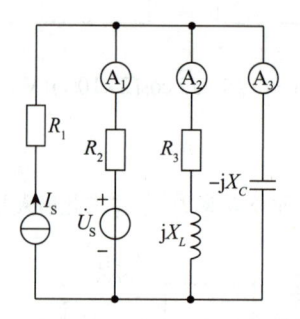

题 15【综合提高】如图所示电路中，$u_S(t) = [10\sqrt{2}\sin(10^4 t) + 10\sqrt{2}\sin(3\times 10^4 t)]\text{ V}$，$R = 4\text{ k}\Omega$，$g = \dfrac{1}{4000}\text{ S}$，理想变压器变比 $N_1 : N_2 = 2 : 1$，$C = 1\text{ μF}$，$L_1 = 1.25\text{ mH}$，$M = 1\text{ mH}$，开关 K 闭合和打开时电流 $i(t)$ 均无基波分量，求：

(1) 电感 L_2；

(2) 开关闭合时电流 $i(t)$；

(3) 开关打开时输出电压 $u_o(t)$。

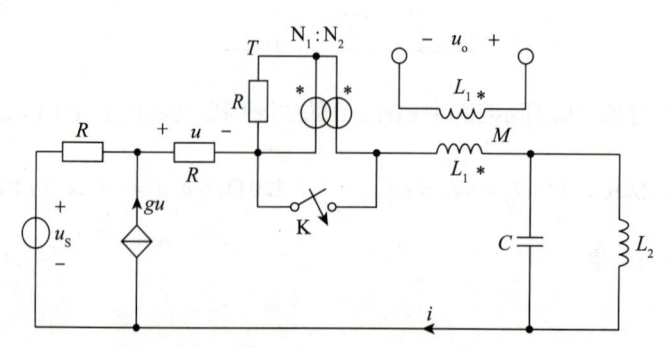

第13讲 动态电路复频域分析

命题基本点

一、拉普拉斯变换及其反变换　　【☆】
二、拉普拉斯变换的基本性质　　【☆☆】
三、复频域电路定律及其模型　　【☆☆】
四、复频域方法分析电路　　　　【☆☆☆】
五、网络函数　　　　　　　　　【☆☆☆】

基本考点总结

一、拉普拉斯变换及其反变换

1. 拉普拉斯变换的定义

(1) 定义。

一个定义在 $[0,\infty)$ 区间的函数 $f(t)$，它的拉普拉斯变换式 $F(s)$ 定义为

$$F(s) = \int_{0_-}^{\infty} f(t) e^{-st} dt$$

式中 $s = \sigma + j\omega$ 为复数，$F(s)$ 称为 $f(t)$ 的象函数，$f(t)$ 称为 $F(s)$ 的原函数。拉普拉斯变换简称拉氏变换。

(2) 说明。

① 拉氏变换把一个时间域的函数 $f(t)$ 变换为一个 s 域内的复变函数 $F(s)$；

② 积分下限取 0_- 时，可以计及 $t=0$ 时 $f(t)$ 包含的冲激，给计算冲激响应带来方便。

2. 拉普拉斯反变换的定义

如果 $F(s)$ 已知，求它对应的原函数 $f(t)$，由 $F(s)$ 到 $f(t)$ 的变换称为拉普拉斯反变换，且有

$$f(t) = \frac{1}{2\pi j} \int_{c-j\infty}^{c+j\infty} F(s) e^{st} ds$$

式中 c 为正的有限常数。

通常用 $\mathcal{L}[f(t)]$ 表示对 $f(t)$ 作拉氏变换；用 $\mathcal{L}^{-1}[F(s)]$ 表示对 $F(s)$ 作拉氏反变换。(实际中基本上不用定义法)

3. 求解拉普拉斯反变换的常用方法

(1) 将 $F(s)$ 化成真分式形式。

电路响应的象函数通常可表示为两个实系数的 s 的多项式之比,即 s 的一个有理分式:

$$F(s) = \frac{N(s)}{D(s)} = \frac{a_0 s^m + a_1 s^{m-1} + \cdots + a_m}{b_0 s^n + b_1 s^{n-1} + \cdots + b_n}$$

式中 m 和 n 为正整数,且 $n \geq m$。

将 $F(s)$ 化为真分式,若 $n = m$,则 $F(s) = \dfrac{N(s)}{D(s)} = A + \dfrac{N_0(s)}{D(s)}$,式中 A 是一个常数,其对应的时间函数为 $A\delta(t)$,余数项 $\dfrac{N_0(s)}{D(s)}$ 是真分式。若 $n > m$,则 $F(s)$ 本身为真分式。

(2) 求真分式分母的根,确定分解单元。

令分母 $D(s) = 0$,求得所有根 p_1、p_2、$\cdots$、p_n,再根据每个根的重根次数确定分解单元形式。

(3) 求各部分分式的系数。

将真分式 $F(s)\left(\text{设为}\dfrac{N_0(s)}{D(s)}\right)$ 用部分分式法展开,用部分分式法展开真分式时,需要对分母多项式作因式分解,求出 $D(s) = 0$ 的根。下面分几种情况进行讨论。

①若 $D(s) = 0$ 有 n 个单根,设 n 个单根分别是 p_1、p_2、$\cdots$、p_n,则 $F(s)$ 可以展开为

$$F(s) = \frac{K_1}{s - p_1} + \frac{K_2}{s - p_2} + \cdots + \frac{K_n}{s - p_n}$$

待定系数 $K_i = \left[(s - p_i)F(s)\right]\big|_{s = p_i}$ $(i = 1, 2, \cdots, n)$,则

$$f(t) = K_1 e^{p_1 t} + K_2 e^{p_2 t} + \cdots + K_n e^{p_n t}$$

其中 K_i 也可用求极限的方法求得

$$K_i = \lim_{s \to p_i} \frac{(s - p_i)N(s)}{D(s)} = \lim_{s \to p_i} \frac{(s - p_i)N'(s) + N(s)}{D'(s)} = \frac{N(p_i)}{D'(p_i)}, \quad K_i = \frac{N(s)}{D'(s)}\bigg|_{s = p_i} \quad (i = 1, 2, \cdots, n)$$

②如果 $D(s) = 0$ 有共轭复根 $p_1 = \alpha + j\omega$,$p_2 = \alpha - j\omega$,则

$$K_1 = \left[(s - \alpha - j\omega)F(s)\right]\big|_{s = \alpha + j\omega} = \frac{N(s)}{D'(s)}\bigg|_{s = \alpha + j\omega}, \quad K_2 = \left[(s - \alpha + j\omega)F(s)\right]\big|_{s = \alpha - j\omega} = \frac{N(s)}{D'(s)}\bigg|_{s = \alpha - j\omega}$$

由于 $F(s)$ 是实系数多项式之比,故 K_1、K_2 为共轭复数。

设 $K_1 = |K_1| e^{j\theta_1}$,则 $K_2 = |K_1| e^{-j\theta_1}$,有

$$f(t) = K_1 e^{(\alpha + j\omega)t} + K_2 e^{(\alpha - j\omega)t} = 2|K_1| e^{\alpha t} \cos(\omega t + \theta_1)$$

③如果 $D(s) = 0$ 有重根 p_1,则应含 $(s - p_1)^n$ 的因式。

现设 $D(s)$ 中含有 $(s - p_1)^3$ 的因式,p_1 为 $D(s) = 0$ 的三重根,其余为单根,则

$$F(s) = \frac{K_{13}}{s-p_1} + \frac{K_{12}}{(s-p_1)^2} + \frac{K_{11}}{(s-p_1)^3} + \frac{K_2}{s-p_2} + \cdots$$

其中系数
$$K_{11} = \left[(s-p_1)^3 F(s)\right]\Big|_{s=p_1}$$

$$K_{12} = \frac{\mathrm{d}}{\mathrm{d}s}\left[(s-p_1)^3 F(s)\right]\Big|_{s=p_1}$$

$$K_{13} = \frac{1}{2!}\frac{\mathrm{d}^2}{\mathrm{d}s^2}\left[(s-p_1)^3 F(s)\right]\Big|_{s=p_1}$$

(4) 对每个部分分式和多项式逐项求拉氏反变换。

对 $F(s)$ 的部分分式进行拉氏反变换

$$f(t) = \mathcal{L}^{-1}[F(s)] = \mathcal{L}^{-1}[F_1(s) + F_2(s) + \cdots + F_n(s)] = f_1(t) + f_2(t) + \cdots + f_n(t)$$

▶ 二、拉普拉斯变换的基本性质

1.常见性质

(1) 线性性质。

设 $\mathcal{L}[f_1(t)] = F_1(s)$ 和 $\mathcal{L}[f_2(t)] = F_2(s)$，$A_1$ 和 A_2 是两个任意实常数，则有

$$\mathcal{L}[A_1 f_1(t) + A_2 f_2(t)] = A_1 F_1(s) + A_2 F_2(s)$$

(2) 微分性质。

若 $\mathcal{L}[f(t)] = F(s)$，则函数 $f(t)$ 的象函数与其导数 $f'(t) = \dfrac{\mathrm{d}f(t)}{\mathrm{d}t}$ 的象函数之间有如下关系：

$$\mathcal{L}[f'(t)] = sF(s) - f(0_-)$$

(3) 积分性质。

若 $\mathcal{L}[f(t)] = F(s)$，则函数 $f(t)$ 的象函数与其积分 $\int_{0_-}^{t} f(\xi)\mathrm{d}\xi$ 的象函数之间有如下关系：

$$\mathcal{L}\left[\int_{0_-}^{t} f(\xi)\mathrm{d}\xi\right] = \frac{F(s)}{s}$$

(4) 延迟性质。

若 $\mathcal{L}[f(t)] = F(s)$，则函数 $f(t)$ 的象函数与其延迟函数 $f(t-t_0)\varepsilon(t-t_0)$ 的象函数之间有如下关系：

$$\mathcal{L}[f(t-t_0)\varepsilon(t-t_0)] = \mathrm{e}^{-st_0}F(s)$$

(5) 频域平移性质。

若 $\mathcal{L}[f(t)] = F(s)$，则函数 $\mathrm{e}^{-\alpha t}f(t)$ 的象函数为

$$\mathcal{L}[\mathrm{e}^{-\alpha t}f(t)] = F(s+\alpha)$$

2. 常见函数的拉普拉斯变换表

原函数 $f(t)$	象函数 $F(s)$	原函数 $f(t)$	象函数 $F(s)$	原函数 $f(t)$	象函数 $F(s)$
$A\delta(t)$	A	$\dfrac{1}{2}t^2$	$\dfrac{1}{s^3}$	$\cos(\omega t)$	$\dfrac{s}{s^2+\omega^2}$
$A\varepsilon(t)$	$\dfrac{A}{s}$	$\dfrac{1}{n!}t^n$	$\dfrac{1}{s^{n+1}}$	$\sin(\omega t+\varphi)$	$\dfrac{s\sin\varphi+\omega\cos\varphi}{s^2+\omega^2}$
$Ae^{-\alpha t}$	$\dfrac{A}{s+\alpha}$	$te^{-\alpha t}$	$\dfrac{1}{(s+\alpha)^2}$	$\cos(\omega t+\varphi)$	$\dfrac{s\cos\varphi-\omega\sin\varphi}{s^2+\omega^2}$
$1-e^{-\alpha t}$	$\dfrac{\alpha}{s(s+\alpha)}$	$\dfrac{1}{n!}t^n e^{-\alpha t}$	$\dfrac{1}{(s+\alpha)^{n+1}}$	$e^{-\alpha t}\sin(\omega t)$	$\dfrac{\omega}{(s+\alpha)^2+\omega^2}$
t	$\dfrac{1}{s^2}$	$\sin(\omega t)$	$\dfrac{\omega}{s^2+\omega^2}$	$e^{-\alpha t}\cos(\omega t)$	$\dfrac{s+\alpha}{(s+\alpha)^2+\omega^2}$

▶ 三、复频域电路定律及其模型

1. 无源元件

(1) 电阻(R)。

①元件模型(见图):

②元件运算模型(见图):

③元件参数值, 单位名称/符号:

运算阻抗 $Z(s)=R$, 欧[姆]/Ω; 运算导纳 $Y(s)=G$, 西[门子]/S。

④元件上 $U(s)\sim I(s)$ 运算伏安关系(式中±或∓符号由 $U(s)$、$I(s)$ 的参考方向确定):

$$U(s)=\pm RI(s) \text{ 或 } I(s)=\pm GU(s)$$

(2) 电感(L)。

①元件模型(见图):

②元件运算模型(见图):

附加电源的方向由电感电流 i 的方向决定。

③元件参数值, 单位名称/符号:

运算阻抗 $Z(s) = sL$, 欧[姆]/Ω; 运算导纳 $Y(s) = \dfrac{1}{sL}$, 西[门子]/S。

附加电压源 $Li(0_-)$, 伏[特]/V; 附加电流源 $\dfrac{i(0_-)}{s}$, 安[培]/A。

④元件上 $U(s) \sim I(s)$ 运算伏安关系(式中±或∓符号由 $U(s)$、$I(s)$ 的参考方向确定):

$$U(s) = \pm sLI(s) \mp Li(0_-) \text{ 或 } I(s) = \pm \dfrac{1}{sL}U(s) + \dfrac{i(0_-)}{s}$$

(3) 电容(C)。

①元件模型(见图):

②元件运算模型(见图):

附加电源的方向由电容电压 u 方向决定。

③元件参数值, 单位名称/符号:

运算阻抗 $Z(s) = \dfrac{1}{sC}$, 欧[姆]/Ω; 运算导纳 $Y(s) = sC$, 西[门子]/S。

附加电压源 $\dfrac{u(0_-)}{s}$, 伏[特]/V; 附加电流源 $Cu(0_-)$, 安[培]/A。

④元件上 $U(s) \sim I(s)$ 运算伏安关系(式中±或∓符号由 $U(s)$、$I(s)$ 的参考方向确定):

$$U(s) = \pm \dfrac{1}{sC}I(s) + \dfrac{u(0_-)}{s} \text{ 或 } I(s) = \pm sCU(s) \mp Cu(0_-)$$

当电感电流 $i(0_-) = 0$ 和电容电压 $u(0_-) = 0$ 时, 运算模型无附加电源, 则电阻、电感、电容上的 $U(s) \sim I(s)$ 关系均为

$$U(s) = \pm Z(s)I(s) \text{ 或 } I(s) = \pm Y(s)U(s)$$

2. 有源元件

(1) 电压源(u_S)。

①元件模型(见图):

②元件运算模型(见图):

③元件参数值, 单位名称/符号:

电压象函数 $U_s(s)$, 伏[特]/V。

④元件上 $U(s) \sim I(s)$ 运算伏安关系(式中±或∓符号由 $U(s)$、$I(s)$ 的参考方向确定):

$$U(s) = \pm U_s(s)$$

(2) 电流源(i_s)。

①元件模型(见图):

②元件运算模型(见图):

③元件参数值, 单位名称/符号:

电流象函数 $I_s(s)$, 安[培]/A。

④元件上 $U(s) \sim I(s)$ 运算伏安关系(式中±或∓符号由 $U(s)$、$I(s)$ 的参考方向确定):

$$I(s) = \pm I_s(s)$$

(3) 受控源(非独立源)——以电压控制电压源(VCVS)为例。

①元件模型(见图):

②元件运算模型(见图):

③元件参数值, 单位名称/符号:

电压象函数 $\mu U_1(s)$, 伏[特]/V。

④元件上 $U(s) \sim I(s)$ 运算伏安关系(式中±或∓符号由 $U(s)$、$I(s)$ 的参考方向确定):

$$U(s) = \pm \mu U_1(s)$$

3. 耦合电感和变压器

(1) 互感耦合。

①元件模型(见图):

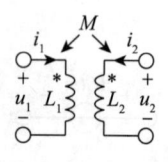

②元件运算模型(见图):

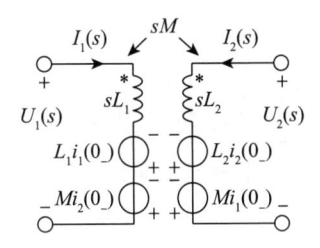

③元件参数值,单位名称/符号:

自感运算阻抗值 $Z_L(s) = sL$,欧[姆]/Ω;

互感运算阻抗值 $Z_M(s) = sM$,欧[姆]/Ω;

附加电压源值 $L_1i_1(0_-)/L_2i_2(0_-)/Mi_1(0_-)/Mi_2(0_-)$,伏[特]/V。

④元件上 $U(s) \sim I(s)$ 运算伏安关系:

$$U_1(s) = sL_1I_1(s) - L_1i_1(0_-) + sMI_2(s) - Mi_2(0_-)$$

$$U_2(s) = sL_2I_2(s) - L_2i_2(0_-) + sMI_1(s) - Mi_1(0_-)$$

(2) 理想变压器。

①元件模型(见图):

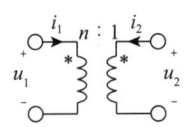

②元件运算模型(见图):

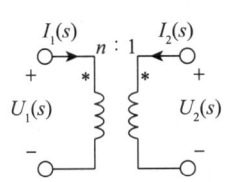

③元件参数值,单位名称/符号:

变比 $n = \dfrac{N_1}{N_2}$,量纲为1。

④元件上 $U(s) \sim I(s)$ 运算伏安关系(式中±符号由 $U(s)$、$I(s)$ 的参考方向及同名端确定):

$$\frac{U_1(s)}{U_2(s)} = \pm\frac{N_1}{N_2} = \pm n,\ \frac{I_1(s)}{I_2(s)} = \mp\frac{N_2}{N_1} = \mp\frac{1}{n}$$

一次侧和二次侧电压、电流分别为 $U_1(s)$、$I_1(s)$ 和 $U_2(s)$、$I_2(s)$。

4. 复频域电路定律

本质就是作出运算电路,然后直流电路中的一切分析方法都可以继续使用,如KCL、KVL、回路电流法、节点电压法、等效变换、电路定理等。

(1) KCL、KVL。

$$\left.\begin{array}{l}\sum i=0 \to \sum I(s)=0 \\ \sum u=0 \to \sum U(s)=0 \\ \quad 元件 \to 运算阻抗、运算导纳\end{array}\right\}运算形式KCL、KVL\left.\right\}运算形式电路模型$$

基尔霍夫定律的运算形式：

对任一节点： $\sum i(t)=0 \to \sum I(s)=0$

对任一回路： $\sum u(t)=0 \to \sum U(s)=0$

(2) 回路电流法。

电路变量：回路电流的象函数 $I_1(s)$。

电路方程的一般形式：

$$Z_{11}(s)I_{11}(s)+Z_{12}(s)I_{12}(s)+\cdots+Z_{1l}(s)I_{1l}(s)=U_{S11}(s)$$

$$Z_{21}(s)I_{11}(s)+Z_{22}(s)I_{12}(s)+\cdots+Z_{2l}(s)I_{1l}(s)=U_{S22}(s)$$

$$Z_{31}(s)I_{11}(s)+Z_{32}(s)I_{12}(s)+\cdots+Z_{3l}(s)I_{1l}(s)=U_{S33}(s)$$

$$\cdots\cdots$$

$$Z_{l1}(s)I_{11}(s)+Z_{l2}(s)I_{12}(s)+\cdots+Z_{ll}(s)I_{1l}(s)=U_{Sll}(s)$$

式中 $Z_{kk}(s)$——运算自阻抗，总为正（第 k 个回路的阻抗之和）；

$Z_{jk}(s)(j \neq k)$——运算互阻抗，有正负（第 j 个与第 k 个回路的公共支路阻抗之和）。当 $I_{1k}(s)$ 与 $I_{1j}(s)$ 流过互阻抗时同向，互阻抗为正，反之为负；

$U_{Skk}(s)$——$U_{Skk}(s)=\sum U_{Sk}(s)+\sum Z_k(s)I_{Sk}(s)$，第 k 个回路上的所有电压源的代数和，当电压源 $U_{Skk}(s)$ 方向与回路电流方向一致时，$U_{Skk}(s)$ 项前取"−"号，反之取"+"号。

(3) 节点电压法。

电路变量：节点电压的象函数 $U_n(s)$。

电路方程的一般形式：

$$Y_{11}(s)U_{n1}(s)+Y_{12}(s)U_{n2}(s)+Y_{13}(s)U_{n3}(s)+\cdots+Y_{1(n-1)}(s)U_{n(n-1)}(s)=I_{S11}(s)$$

$$Y_{21}(s)U_{n1}(s)+Y_{22}(s)U_{n2}(s)+Y_{23}(s)U_{n3}(s)+\cdots+Y_{2(n-1)}(s)U_{n(n-1)}(s)=I_{S22}(s)$$

$$Y_{31}(s)U_{n1}(s)+Y_{32}(s)U_{n2}(s)+Y_{33}(s)U_{n3}(s)+\cdots+Y_{3(n-1)}(s)U_{n(n-1)}(s)=I_{S33}(s)$$

$$\cdots\cdots$$

$$Y_{(n-1)1}(s)U_{n1}(s)+Y_{(n-1)2}(s)U_{n2}(s)+\cdots+Y_{(n-1)(n-1)}(s)U_{n(n-1)}(s)=I_{S(n-1)(n-1)}(s)$$

式中 $Y_{kk}(s)$——运算自导纳，总为正（第 k 个节点上所有支路的运算导纳之和）；

$Y_{jk}(s)(j \neq k)$——运算互导纳，总为负（第 j 个节点与第 k 个节点的公共支路的运算导纳之和）；

$I_{Skk}(s)$——$\sum I_{Sk}(s) + \sum Y_k(s)U_{Sk}(s)$，第 k 个节点上的所有电流源的代数和，当电流源 $I_{Skk}(s)$ 方向指向 k 节点时，$I_{Skk}(s)$ 项前取"＋"号，反之取"－"号。

> **水木珞研总结**
> 将电路变成复频域电路后，直流电路的一切方法都可以使用。但是，要注意合适方法的选取，不能增加计算量。

▶ 四、复频域方法分析电路

拉氏变换法分析电路的思路如下。

$$
\begin{array}{ccc}
u(t) & \longrightarrow & i(t) \\
\text{正变换}\downarrow & \text{运算电路}\uparrow & \text{反变换} \\
U(s) & \longrightarrow & I(s)
\end{array}
$$

1. 一般步骤

(1) 由换路前电路计算 $u_C(0_-)$ 与 $i_L(0_-)$；

(2) 画运算电路图（**难点**）；

(3) 应用电路分析方法求响应的象函数（**重点**）；

(4) 反变换求时域表达式。

2. 注意点

(1) 复频域方法是万能方法，但是需要一定的计算技巧，从而降低计算量；

(2) 一般二阶或者更高阶电路，以及求冲激函数、阶跃函数的电路适合用动态电路复频域分析法。

▶ 五、网络函数

1. 网络函数的定义与分类

(1) 定义。

电路在单一的电源激励下，其零状态响应 $r(t)$ 的象函数 $R(s)$ 与激励 $e(t)$ 的象函数 $E(s)$ 的比定义为该电路的网络函数 $H(s)$，即

$$H(s) \stackrel{\text{def}}{=\!=} \frac{R(s)}{E(s)}$$

式中　$R(s)$ 可以是电路中任意两点之间的电压或任意支路的电流，$E(s)$ 可以是独立的电流源或电压源。

(2) 网络函数的类型。

网络函数可以是驱动点阻抗(导纳)、转移阻抗(导纳)、电压转移函数或电流转移函数。

网络函数的六种表示形式如表所示。

网络函数在不同域的表示形式	驱动点(网络)函数		转移(网络)函数			
	驱动点阻抗函数	驱动点导纳函数	转移阻抗函数	转移导纳函数	电压转移函数	电流转移函数
网络函数在 s 域的表示形式 $H(s)=\dfrac{R(s)}{E(s)}$	$\dfrac{U_k(s)}{I_{Sk}(s)}$	$\dfrac{I_k(s)}{U_{Sk}(s)}$	$\dfrac{U_j(s)}{I_{Sk}(s)}$	$\dfrac{I_j(s)}{U_{Sk}(s)}$	$\dfrac{U_j(s)}{U_{Sk}(s)}$	$\dfrac{I_j(s)}{I_{Sk}(s)}$
网络函数在 ω 域的表示形式 $H(\mathrm{j}\omega)=\dfrac{\dot{R}(\mathrm{j}\omega)}{\dot{E}(\mathrm{j}\omega)}$	$\dfrac{\dot{U}_k}{\dot{I}_{Sk}}$	$\dfrac{\dot{I}_k}{\dot{U}_{Sk}}$	$\dfrac{\dot{U}_j}{\dot{I}_{Sk}}$	$\dfrac{\dot{I}_j}{\dot{U}_{Sk}}$	$\dfrac{\dot{U}_j}{\dot{U}_{Sk}}$	$\dfrac{\dot{I}_j}{\dot{I}_{Sk}}$

(3) 网络函数的原函数 $h(t)$。

① $R(s) = H(s)E(s)$，若 $E(s) = 1$，则 $R(s) = H(s)$，此时网络函数就是该响应的象函数;

② 当 $e(t) = \delta(t)$ 为单位冲激信号，$E(s) = \mathcal{L}[e(t)] = 1$ 时，电路的单位冲激响应为 $r(t) = \mathcal{L}^{-1}[R(s)] = \mathcal{L}^{-1}[H(s)] = h(t)$，所以网络函数的原函数 $h(t)$ 是电路的单位冲激响应，由此任意激励的零状态响应关系如下：

时域　　$e(t) = \delta(t) \longrightarrow r(t) = h(t)$

频域　　$E(s) = 1 \longrightarrow R(s) = H(s)$

2. 网络函数的零点和极点

(1) 零点与极点的定义。

网络函数是 s 的实系数有理函数，其分子和分母都是 s 的多项式，故其一般形式可写为

$$H(s) = \frac{N(s)}{D(s)} = \frac{b_m s^m + b_{m-1}s^{m-1} + b_{m-2}s^{m-2} + \cdots + b_0}{a_n s^n + a_{n-1}s^{n-1} + a_{n-2}s^{n-2} + \cdots + a_0}$$

$$= H_0 \frac{(s-z_1)(s-z_2)\cdots(s-z_i)\cdots(s-z_m)}{(s-p_1)(s-p_2)\cdots(s-p_j)\cdots(s-p_n)} = H_0 \frac{\prod_{i=1}^{m}(s-z_i)}{\prod_{j=1}^{n}(s-p_j)}$$

式中　H_0 为一常数，$z_i(i=1,2,\cdots,m)$ 是 $N(s)=0$ 的根，$p_j(j=1,2,\cdots,n)$ 是 $D(s)=0$ 的根。

当 $s = z_i(i=1,2,\cdots,m)$ 时，$N(s) = 0$，$H(s) = 0$，故称 $z_i(i=1,2,\cdots,m)$ 为网络函数的零点。

当 $s = p_j(j=1,2,\cdots,n)$ 时，$D(s) = 0$，$H(s) \to \infty$，故称 $p_j(j=1,2,\cdots,n)$ 为网络函数的极点。

(2) 网络函数的零、极点图。

网络函数 $H(s)$ 的零点和极点既可能是实数，也可能是复数。如果以复数的实部 σ 为横轴，虚部 $j\omega$ 为纵轴，就能得到一个复频率平面，简称为复平面或 s 平面。在复平面上，$H(s)$ 的零点用 "○" 表示，极点用 "×" 表示，即可绘制出网络函数的零、极点图，如图所示。

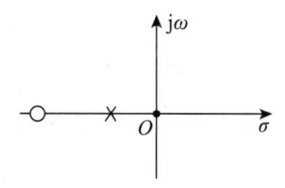

巩固提高

题 1 如图所示电路中，$t = 0$ 时，闭合开关 S，试用运算法求 $u_{C1}(t)$、$u_{C2}(t)$。

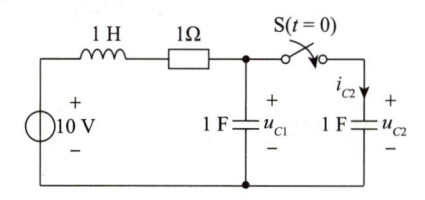

题 2 电路如图所示，已知 $u_{S1}(t) = 2\varepsilon(t)$ V，$u_{S2}(t) = \delta(t)$ V，试用运算法求 $u_1(t)$、$u_2(t)$。

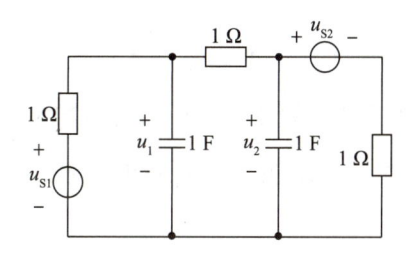

题 3 如图所示，电路在换路前已处于稳态，$t=0$ 时开关闭合，用复频域分析法求开关闭合后的电压 $u_0(t)$。

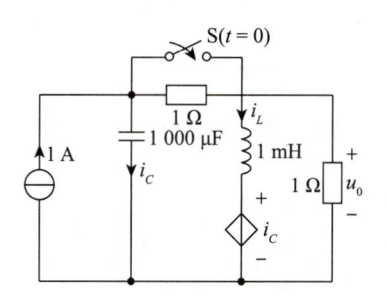

题 4 如图所示电路原处于稳态，$t=0$ 时开关接通，试求 $u_o(t)$，$t>0$。

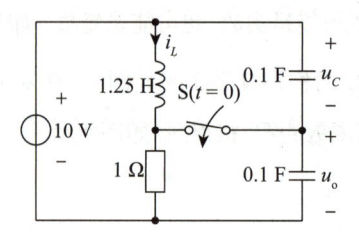

题 5 电路如图所示，开关在 $t=0$ 时刻打开，求 $t \geq 0$ 时开关两侧的电压 $u_k(t)$。

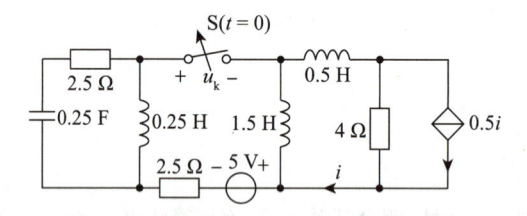

题 6 电路如图所示，开关 S 闭合前电路处于稳态，开关 S 在 $t=0$ 时闭合，用拉氏变换求开关闭合后的 $u(t)$。

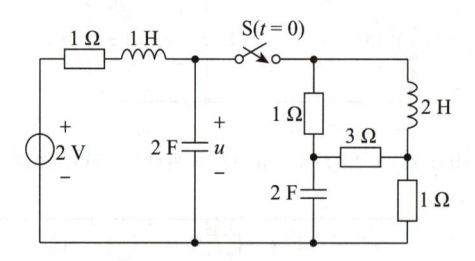

题 7 在如图所示的电路中，已知电源电压 $u_S(t)=20\cos(2t)$ V，$R_1=2\,\Omega$，$R_2=10\,\Omega$，$C=0.1$ F，$L=5$ H。开关断开前电路已达稳态，$t=0$ 时开关断开，试用复频域分析法求 $t \geq 0$ 时的电流 $i_L(t)$ 与电压 $u_C(t)$。

题 8 电路如图所示，在开关 S 动作之前已达稳态，$t=0$ 时开关 S 断开，试求 $t \geq 0$ 时的电流 $i_1(t)$ 和开关两端的电压 $u_k(t)$。

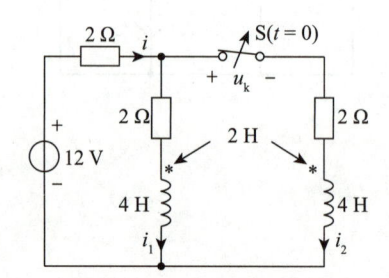

第13讲　动态电路复频域分析

题9　如图所示电路中，已知 $R_1 = R_2 = 20\,\Omega$，$R_3 = R_4 = 5\,\Omega$，$L_1 = L_2 = 0.48\,\text{H}$，$M = 0.2\,\text{H}$，$U_S = 24\,\text{V}$，$I_S = 1\,\text{A}$，开关 S 打开已久。求开关 S 闭合之后电流源两端的过渡电压 $u(t)$。

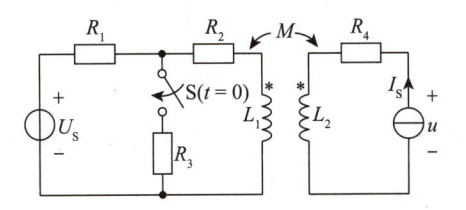

题10　求如图所示电路的网络函数 $H(s) = \dfrac{U_o(s)}{U_i(s)}$，并画出零、极点分布图。

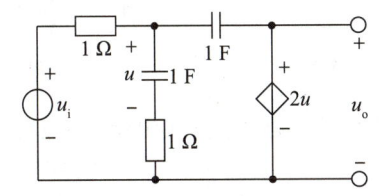

题11　电路如图所示。

(1) 求网络函数 $H(s) = \dfrac{I_L(s)}{I_S(s)}$；

(2) 若 $i_S(t) = [4\varepsilon(t) + 2\delta(t)]\,\text{A}$，求零状态响应 $i_L(t)$。

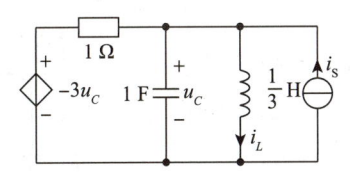

题12　电路如图所示，求：

(1) 网络的传递函数 $H(s) = \dfrac{U_2(s)}{U_S(s)}$；

(2) 当 $u_S(t) = \mathrm{e}^{-t}\varepsilon(t)\,\text{V}$ 时的零状态响应 $u_2(t)$。

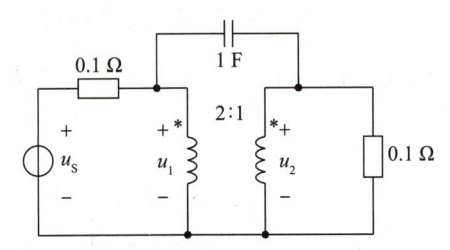

题13　如图所示，N 为线性无源非时变零状态电路，已知当 $i_S(t) = \mathrm{e}^{-t}\varepsilon(t)\,\text{A}$ 时的零状态响应为 $u(t) = \mathrm{e}^{-2t}\varepsilon(t)\,\text{V}$，且 $u_C(0_-) = 1\,\text{V}$ 时的零输入响应为 $u(t) = 3\mathrm{e}^{-2t}\varepsilon(t)\,\text{V}$，试求：$u_C(0_-) = 3\,\text{V}$ 和 $i_S(t) = \varepsilon(t)\,\text{A}$ 作用下的全响应 $u(t)$。

155

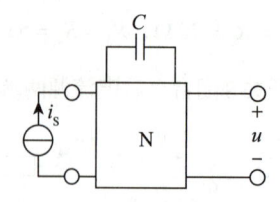

题14 求图(a)所示电路的零状态响应 $u_C(t)$，其中电源 $u_S(t)$ 的波形如图(b)所示。

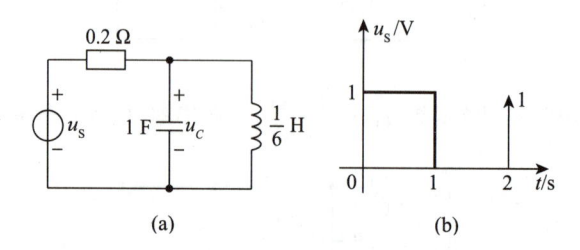

题15 【综合提高】如图(a)所示电路中，已知电阻 $R_1 = 2\,\Omega$，$R_2 = 4\,\Omega$，网络的两个固有频率 $p_1 = -2$，$p_2 = -3$。试求：

(1) 电路中电感 L 和电容 C 的值；

(2) 转移函数 $H(s) = \dfrac{U_o(s)}{U_S(s)}$；

(3) 当 $u_S(t)$ 的波形如图(b)所示时，电路的零状态响应 $u_o(t)$。

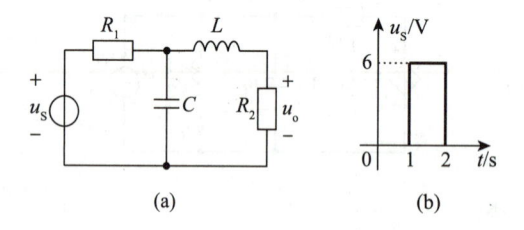

题16 【综合提高】已知电路如图(a)所示，N_R 为线性不变电阻网络，$L = 1\,\text{H}$。现已知当 $u_S(t) = 4\varepsilon(t)\,\text{V}$ 时，其零状态响应 $i(t) = 2(1+e^{-2t})\varepsilon(t)\,\text{A}$。

(1) 将激励源换成 $u_S(t) = 2e^{-2t}\varepsilon(t)\,\text{V}$ 时，求电路的零状态响应 $i(t)$；

(2) 将电感 L 换成 $C = 1\,\text{F}$ 的电容器，如图(b)所示，同时将电源 $u_S(t)$ 换成图(c)中波形的电压，求图(b)中的零状态响应 $i(t)$。

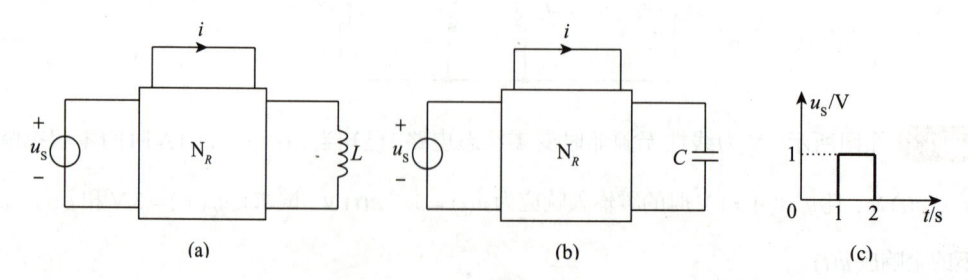

题17【综合提高】如图所示的电路已达到稳态。在 $t=0$ 时，将开关 K 打开，求 $t \geq 0$ 时的响应 $i_{L1}(t)$。

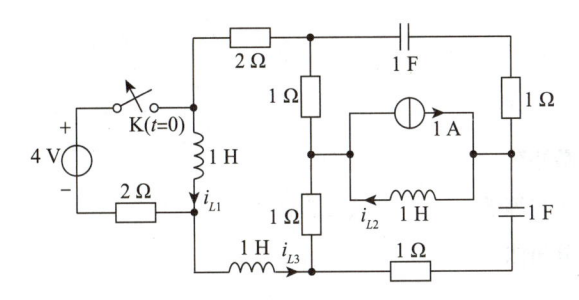

题18【综合提高】如图所示电路中，当 $R=2\,\Omega$，$C=0.5\,\text{F}$，$u_S(t)=\text{e}^{-3t}\varepsilon(t)\,\text{V}$ 时，零状态响应 $u(t)=(-0.1\text{e}^{-0.5t}+0.6\text{e}^{-3t})\varepsilon(t)\,\text{V}$。现将 R 换成 $1\,\Omega$ 电阻，将 C 换成 $0.5\,\text{H}$ 电感，$u_S(t)=\text{e}^{-3t}\varepsilon(t)\,\text{V}$ 换成 $u_S(t)=2\delta(t)\,\text{V}$，求零状态响应 $u(t)$。

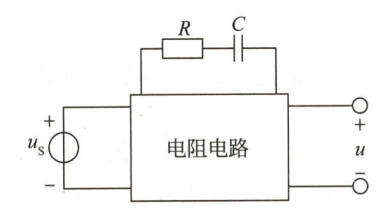

题19【综合提高】如图所示电路，P 为线性无源零状态网络，已知当 $u_1(t)=\varepsilon(t)\,\text{V}$ 时，$u_2(t)$ 的稳态电压为零；当 $u_1(t)=\delta(t)\,\text{V}$ 时，零状态响应 $u_2(t)=(A_1\text{e}^{-4.5t}+A_2\text{e}^{-8t})\varepsilon(t)\,\text{V}$ 且 $u_2(0_+)=0.9\,\text{V}$。

(1) 求转移函数 $H(s)=\dfrac{U_2(s)}{U_1(s)}$；

(2) 若 $u_1(t)=10\sin(6t+30°)\,\text{V}$，求 $u_2(t)$ 的稳态电压。

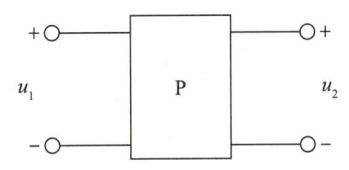

第14讲 二端口参数电路

命题基本点

一、二端口网络的参数矩阵 【☆☆】

二、二端口网络的连接与等效 【☆☆☆☆】

三、综合应用与端口分析法 【☆☆☆☆】

基本考点总结

一、二端口网络的参数矩阵

1. 二端口的参数方程定义

以正弦稳态电路为例,讨论二端口的参数。二端口参数电路图如图所示。

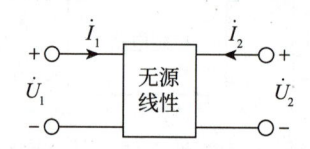

(1) 开路阻抗参数(Z参数)。

①参数方程的一般形式:

$$\begin{cases} \dot{U}_1 = Z_{11}\dot{I}_1 + Z_{12}\dot{I}_2 \\ \dot{U}_2 = Z_{21}\dot{I}_1 + Z_{22}\dot{I}_2 \end{cases}$$

②方程矩阵:

$$\begin{bmatrix} \dot{U}_1 \\ \dot{U}_2 \end{bmatrix} = \mathbf{Z} \begin{bmatrix} \dot{I}_1 \\ \dot{I}_2 \end{bmatrix}$$

③参数矩阵:

$$\mathbf{Z} = \begin{bmatrix} Z_{11} & Z_{12} \\ Z_{21} & Z_{22} \end{bmatrix}$$

④参数求解:

$$Z_{11} = \left.\frac{\dot{U}_1}{\dot{I}_1}\right|_{\dot{I}_2=0}, \quad Z_{21} = \left.\frac{\dot{U}_2}{\dot{I}_1}\right|_{\dot{I}_2=0}, \quad Z_{12} = \left.\frac{\dot{U}_1}{\dot{I}_2}\right|_{\dot{I}_1=0}, \quad Z_{22} = \left.\frac{\dot{U}_2}{\dot{I}_2}\right|_{\dot{I}_1=0}$$

⑤互易网络条件:

$$Z_{21} = Z_{12}$$

⑥电气对称网络条件:
$$Z_{12} = Z_{21}, \quad Z_{11} = Z_{22}$$

(2) 短路导纳参数(Y参数)。

①参数方程的一般形式:
$$\begin{cases} \dot{I}_1 = Y_{11}\dot{U}_1 + Y_{12}\dot{U}_2 \\ \dot{I}_2 = Y_{21}\dot{U}_1 + Y_{22}\dot{U}_2 \end{cases}$$

②方程矩阵:
$$\begin{bmatrix} \dot{I}_1 \\ \dot{I}_2 \end{bmatrix} = \boldsymbol{Y} \begin{bmatrix} \dot{U}_1 \\ \dot{U}_2 \end{bmatrix}$$

③参数矩阵:
$$\boldsymbol{Y} = \begin{bmatrix} Y_{11} & Y_{12} \\ Y_{21} & Y_{22} \end{bmatrix}$$

④参数求解:
$$Y_{11} = \left.\frac{\dot{I}_1}{\dot{U}_1}\right|_{\dot{U}_2=0}, \quad Y_{21} = \left.\frac{\dot{I}_2}{\dot{U}_1}\right|_{\dot{U}_2=0}, \quad Y_{12} = \left.\frac{\dot{I}_1}{\dot{U}_2}\right|_{\dot{U}_1=0}, \quad Y_{22} = \left.\frac{\dot{I}_2}{\dot{U}_2}\right|_{\dot{U}_1=0}$$

⑤互易网络条件:
$$Y_{21} = Y_{12}$$

⑥电气对称网络条件:
$$Y_{12} = Y_{21}, \quad Y_{11} = Y_{22}$$

(3) 传输参数(T参数或A参数)。

①参数方程的一般形式:
$$\begin{cases} \dot{U}_1 = A\dot{U}_2 - B\dot{I}_2 \\ \dot{I}_1 = C\dot{U}_2 - D\dot{I}_2 \end{cases}$$

②方程矩阵:
$$\begin{bmatrix} \dot{U}_1 \\ \dot{I}_1 \end{bmatrix} = \boldsymbol{T} \begin{bmatrix} \dot{U}_2 \\ -\dot{I}_2 \end{bmatrix}$$

③参数矩阵:
$$\boldsymbol{T} = \begin{bmatrix} A & B \\ C & D \end{bmatrix}$$

④参数求解:
$$A = \left.\frac{\dot{U}_1}{\dot{U}_2}\right|_{-\dot{I}_2=0}, \quad B = \left.\frac{\dot{U}_1}{-\dot{I}_2}\right|_{\dot{U}_2=0}, \quad C = \left.\frac{\dot{I}_1}{\dot{U}_2}\right|_{-\dot{I}_2=0}, \quad D = \left.\frac{\dot{I}_1}{-\dot{I}_2}\right|_{\dot{U}_2=0}$$

⑤互易网络条件：

$$AD - BC = 1$$

⑥电气对称网络条件：

$$AD - BC = 1, \quad A = D$$

(4)混合参数(H参数)。

①参数方程的一般形式：

$$\begin{cases} \dot{U}_1 = H_{11}\dot{I}_1 + H_{12}\dot{U}_2 \\ \dot{I}_2 = H_{21}\dot{I}_1 + H_{22}\dot{U}_2 \end{cases}$$

②方程矩阵：

$$\begin{bmatrix} \dot{U}_1 \\ \dot{I}_2 \end{bmatrix} = \boldsymbol{H} \begin{bmatrix} \dot{I}_1 \\ \dot{U}_2 \end{bmatrix}$$

③参数矩阵：

$$\boldsymbol{H} = \begin{bmatrix} H_{11} & H_{12} \\ H_{21} & H_{22} \end{bmatrix}$$

④参数求解：

$$H_{11} = \left.\frac{\dot{U}_1}{\dot{I}_1}\right|_{\dot{U}_2=0}, \quad H_{21} = \left.\frac{\dot{I}_2}{\dot{I}_1}\right|_{\dot{U}_2=0}, \quad H_{12} = \left.\frac{\dot{U}_1}{\dot{U}_2}\right|_{\dot{I}_1=0}, \quad H_{22} = \left.\frac{\dot{I}_2}{\dot{U}_2}\right|_{\dot{I}_1=0}$$

⑤互易网络条件：

$$H_{21} = -H_{12}$$

⑥电气对称网络条件：

$$H_{21} = -H_{12}, \quad H_{11}H_{22} - H_{21}H_{12} = 1$$

2. 二端口参数的求解

(1)定义法。

利用四种参数方程的定义求解，先作出等效电路，再求解相应参数。

(2)方程法。

端口参数用定义法进行求解时需要求解四次电路才可以，毫无疑问大大增加了计算量。因此，实际电路求解中，一般可以用列方程法求解，先列出电路所需要满足的方程，然后将方程化简成所需要求解的二端口参数形式，最后对比一下即可。

举例： 求如图所示二端口网络的Y参数。

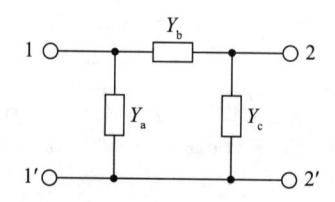

方法一：定义法。

令 $\dot{U}_2 = 0$，作出等效电路，如图(a)所示。

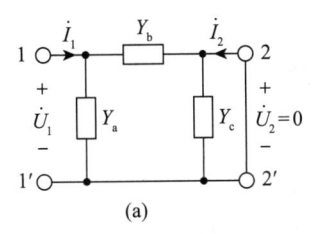

对图(a)以定义法求解

$$Y_{11} = \frac{\dot{I}_1}{\dot{U}_1}\bigg|_{\dot{U}_2=0} = Y_a + Y_b, \quad Y_{21} = \frac{\dot{I}_2}{\dot{U}_1}\bigg|_{\dot{U}_2=0} = -Y_b$$

令 $\dot{U}_1 = 0$，作出等效电路，如图(b)所示。

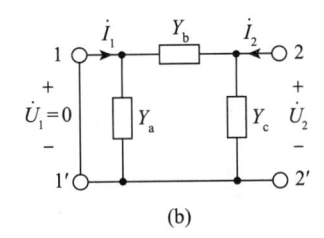

对图(b)以定义法求解

$$Y_{12} = \frac{\dot{I}_1}{\dot{U}_2}\bigg|_{\dot{U}_1=0} = -Y_b, \quad Y_{22} = \frac{\dot{I}_2}{\dot{U}_2}\bigg|_{\dot{U}_1=0} = Y_b + Y_c$$

则 Y 参数矩阵为

$$\mathbf{Y} = \begin{bmatrix} Y_a + Y_b & -Y_b \\ -Y_b & Y_b + Y_c \end{bmatrix}$$

方法二：方程法。

标出电量，如图(c)所示。

对节点列 KCL 方程可得

$$\begin{cases} \dot{I}_1 = I_{11} + I = Y_a \dot{U}_1 + Y_b(\dot{U}_1 - \dot{U}_2) \\ \dot{I}_2 = -I + I_{22} = Y_c \dot{U}_2 + Y_b(\dot{U}_2 - \dot{U}_1) \end{cases}$$

化简成标准形式

$$\begin{cases} \dot{I}_1 = (Y_a + Y_b)\dot{U}_1 - Y_b \dot{U}_2 \\ \dot{I}_2 = -Y_b \dot{U}_1 + (Y_b + Y_c)\dot{U}_2 \end{cases}$$

则 Y 参数矩阵为

$$Y = \begin{bmatrix} Y_a + Y_b & -Y_b \\ -Y_b & Y_b + Y_c \end{bmatrix}$$

▶ 二、二端口网络的连接与等效

1. 二端口网络的连接

(1) 二端口级联。

①两个二端口 P_1、P_2 连接的电路模型如图(a)所示。

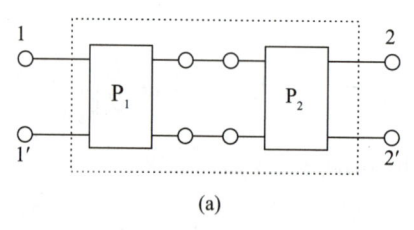

(a)

②等效复合二端口 P 如图(b)所示。

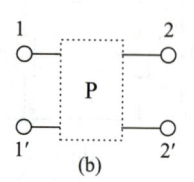

(b)

③二端口 P_1、P_2 及等效复合二端口 P 的参数矩阵（T 参数矩阵）。

二端口 P_1：

$$T' = \begin{bmatrix} A' & B' \\ C' & D' \end{bmatrix}$$

二端口 P_2：

$$T'' = \begin{bmatrix} A'' & B'' \\ C'' & D'' \end{bmatrix}$$

复合二端口 P：

$$T = \begin{bmatrix} A & B \\ C & D \end{bmatrix}$$

④等效复合二端口 P 的参数矩阵计算：$T = T'T''$。若 n 个二端口级联，则有 $T = T'T''T''' \cdots T^{(n)}$。

(2) 二端口串—串联（串联）。

①两个二端口 P_1、P_2 连接的电路模型如图(a)所示。

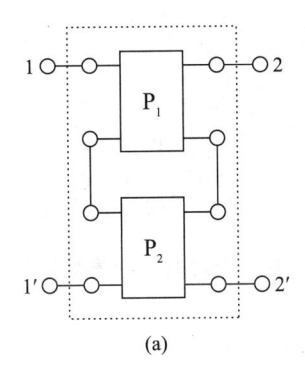

(a)

②等效复合二端口 P 如图(b)所示。

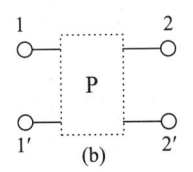

(b)

③二端口 P_1、P_2 及等效复合二端口 P 的参数矩阵(Z 参数矩阵)。

二端口 P_1：

$$\boldsymbol{Z}' = \begin{bmatrix} Z'_{11} & Z'_{12} \\ Z'_{21} & Z'_{22} \end{bmatrix}$$

二端口 P_2：

$$\boldsymbol{Z}'' = \begin{bmatrix} Z''_{11} & Z''_{12} \\ Z''_{21} & Z''_{22} \end{bmatrix}$$

复合二端口 P：

$$\boldsymbol{Z} = \begin{bmatrix} Z_{11} & Z_{12} \\ Z_{21} & Z_{22} \end{bmatrix}$$

④等效复合二端口 P 的参数矩阵计算：$\boldsymbol{Z} = \boldsymbol{Z}' + \boldsymbol{Z}''$。若 n 个二端口串联，则有 $\boldsymbol{Z} = \boldsymbol{Z}' + \boldsymbol{Z}'' + \boldsymbol{Z}''' + \cdots + \boldsymbol{Z}^{(n)}$。

(3)二端口并—并联(并联)。

①两个二端口 P_1、P_2 连接的电路模型如图(a)所示。

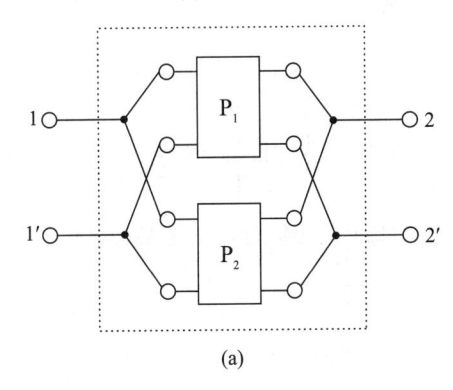

(a)

②等效复合二端口 P 如图(b)所示。

③二端口 P_1、P_2 及等效复合二端口 P 的参数矩阵(Y 参数矩阵)。

二端口 P_1：

$$Y' = \begin{bmatrix} Y'_{11} & Y'_{12} \\ Y'_{21} & Y'_{22} \end{bmatrix}$$

二端口 P_2：

$$Y'' = \begin{bmatrix} Y''_{11} & Y''_{12} \\ Y''_{21} & Y''_{22} \end{bmatrix}$$

复合二端口 P：

$$Y = \begin{bmatrix} Y_{11} & Y_{12} \\ Y_{21} & Y_{22} \end{bmatrix}$$

④等效复合二端口 P 的参数矩阵计算：$Y = Y' + Y''$。若 n 个二端口并联，则有 $Y = Y' + Y'' + Y''' + \cdots + Y^{(n)}$。

(4) 二端口串—并联(考查较少)。

①两个二端口 P_1、P_2 连接的电路模型如图(a)所示。

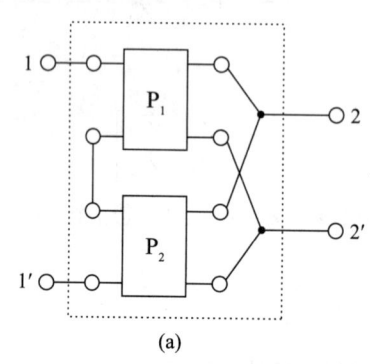

②等效复合二端口 P 如图(b)所示。

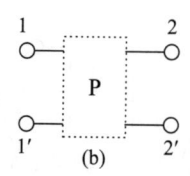

③二端口 P_1、P_2 及等效复合二端口 P 的参数矩阵(H 参数矩阵)。

二端口 P_1：

$$\boldsymbol{H}' = \begin{bmatrix} H'_{11} & H'_{12} \\ H'_{21} & H'_{22} \end{bmatrix}$$

二端口 P_2：

$$\boldsymbol{H}'' = \begin{bmatrix} H''_{11} & H''_{12} \\ H''_{21} & H''_{22} \end{bmatrix}$$

复合二端口 P：

$$\boldsymbol{H} = \begin{bmatrix} H_{11} & H_{12} \\ H_{21} & H_{22} \end{bmatrix}$$

④等效复合二端口 P 的参数矩阵计算：$\boldsymbol{H} = \boldsymbol{H}' + \boldsymbol{H}''$。若 n 个二端口串一并联，则有 $\boldsymbol{H} = \boldsymbol{H}' + \boldsymbol{H}'' + \boldsymbol{H}''' + \cdots + \boldsymbol{H}^{(n)}$。

2. 二端口网络的等效

(1) Z 参数表示的等效电路[见图(a)]。

$$\begin{cases} \dot{U}_1 = Z_{11}\dot{I}_1 + Z_{12}\dot{I}_2 \\ \dot{U}_2 = Z_{21}\dot{I}_1 + Z_{22}\dot{I}_2 \end{cases}$$

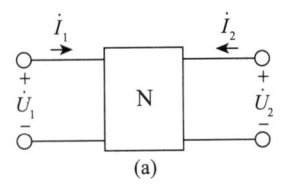

①直接由参数方程得到等效电路——受控源等效[见图(b)]。

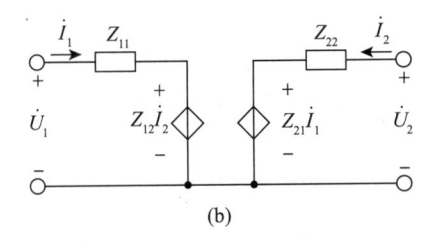

②采用等效变换的方法——T 形等效。

$$\begin{cases} \dot{U}_1 = Z_{11}\dot{I}_1 + Z_{12}\dot{I}_2 = (Z_{11} - Z_{12})\dot{I}_1 + Z_{12}(\dot{I}_1 + \dot{I}_2) \\ \dot{U}_2 = Z_{21}\dot{I}_1 + Z_{22}\dot{I}_2 = Z_{12}(\dot{I}_1 + \dot{I}_2) + (Z_{22} - Z_{12})\dot{I}_2 + (Z_{21} - Z_{12})\dot{I}_1 \end{cases}$$

作出等效电路，如图(c)所示。

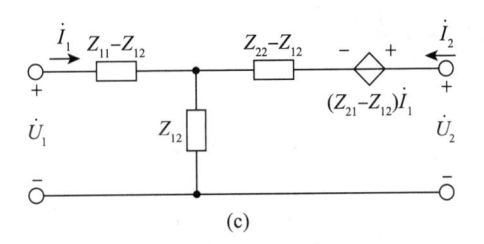

一般的T形等效电路：

a.无受控源[见图(d)]。

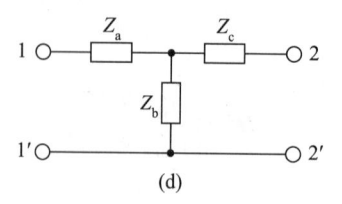

(d)

因 $Z_{21} = Z_{12}$（无受控源），则 $Z_a = Z_{11} - Z_{12}$，$Z_b = Z_{12}$，$Z_c = Z_{22} - Z_{12}$。

b.含受控源[见图(e)和图(f)]。

等效一：$Z_a = Z_{11} - Z_{12}$，$Z_b = Z_{12}$，$Z_c = Z_{22} - Z_{12}$，$r_m = Z_{21} - Z_{12}$。

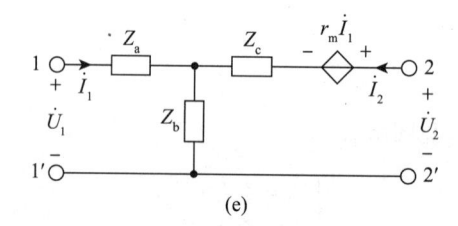

(e)

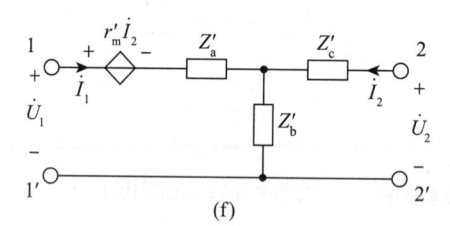

等效二：$Z'_a = Z_{11} - Z_{21}$，$Z'_b = Z_{21}$，$Z'_c = Z_{22} - Z_{21}$，$r'_m = Z_{12} - Z_{21}$。

(f)

(2) Y 参数表示的等效电路。

$$\begin{cases} \dot{I}_1 = Y_{11}\dot{U}_1 + Y_{12}\dot{U}_2 \\ \dot{I}_2 = Y_{21}\dot{U}_1 + Y_{22}\dot{U}_2 \end{cases}$$

①直接由参数方程得到等效电路——受控源等效[见图(a)]。

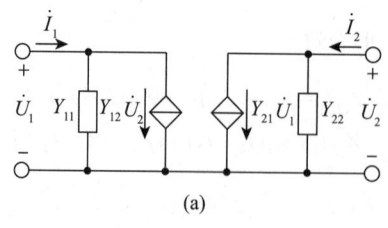

(a)

②采用等效变换的方法——π形等效。

a.无受控源[见图(b)]。

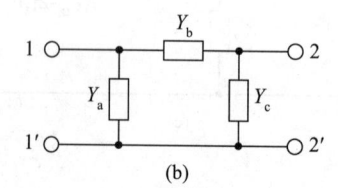

(b)

因 $Y_{21} = Y_{12}$(无受控源)，则 $Y_a = Y_{11} + Y_{12}$，$Y_b = -Y_{12}$，$Y_c = Y_{22} + Y_{12}$。

b.含受控源[见图(c)和图(d)]。

等效一：$Y_a = Y_{11} + Y_{12}$，$Y_b = -Y_{12}$，$Y_c = Y_{22} + Y_{12}$，$g_m = Y_{21} - Y_{12}$。

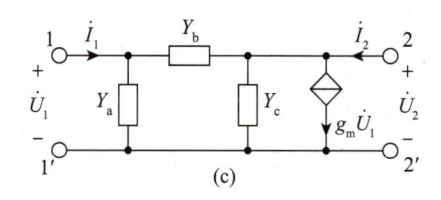

等效二：$Y_a' = Y_{11} + Y_{21}$，$Y_b' = -Y_{21}$，$Y_c' = Y_{22} + Y_{21}$，$g_m' = Y_{12} - Y_{21}$。

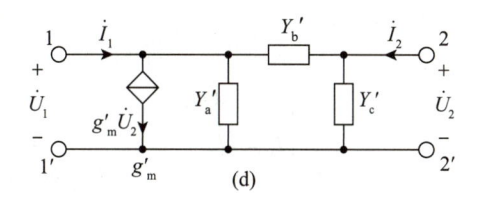

▶ 三、综合应用与端口分析法

1.回转器

(1)定义。

将一个端口的电流(电压)"回转"成为另一个端口电压(电流)的双口网络，如图所示。

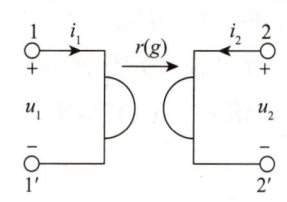

参数方程：

$$\begin{bmatrix} u_1 \\ u_2 \end{bmatrix} = \begin{bmatrix} 0 & -r \\ r & 0 \end{bmatrix}\begin{bmatrix} i_1 \\ i_2 \end{bmatrix} \text{ 或 } \begin{bmatrix} i_1 \\ i_2 \end{bmatrix} = \begin{bmatrix} 0 & g \\ -g & 0 \end{bmatrix}\begin{bmatrix} u_1 \\ u_2 \end{bmatrix}, r = \frac{1}{g}$$

图中 $r(g)$ 称为回转器的回转电阻(导)，简称回转常数。另外，电路符号中 $r(g)$ 下面的箭头表示回转方向，若改变此方向，参数矩阵将改变正负号。

(2)回转器的回转特性。

电压电流相互回转的性质，使电容、电感元件能够相互回转，如图所示。

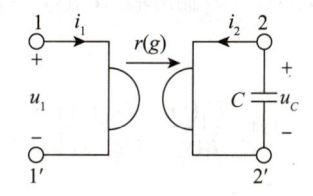

$$u_1 = -ri_2 = -r\left(-C\frac{du_2}{dt}\right) = rC\frac{d}{dt}(ri_1) = r^2C\frac{di_1}{dt} = L\frac{di_1}{dt}$$

2. 负阻抗变换器

(1) 元件模型 [见图(a)和图(b)]。

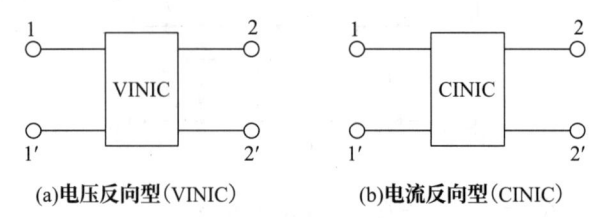

(a) 电压反向型(VINIC) (b) 电流反向型(CINIC)

(2) 参数方程。

电压反向型(VINIC)：

$$\begin{cases} \dot{U}_1 = -k\dot{U}_2 \\ \dot{I}_1 = -\dot{I}_2 \end{cases}$$

电流反向型(CINIC)：

$$\begin{cases} \dot{U}_1 = \dot{U}_2 \\ \dot{I}_1 = k\dot{I}_2 \end{cases}$$

3. 二端口网络的分析方法

二端口网络常常工作在输入端口接信号源、输出端口接负载的情况下，称为有载二端口网络，如图所示。分析含二端口网络(或有载二端口网络)电路时，可采用参数方程与端接支路方程联立求解的方法，也可用等效电路，后者更为直接。二端口的一般形式如图所示(给出 s 域，直流电路、复频域可依次类比)。给出二端口网络的输入阻抗、输出阻抗、电压传输比和电流传输比，这里设二端口传输参数矩阵为 $T = \begin{bmatrix} A & B \\ C & D \end{bmatrix}$。

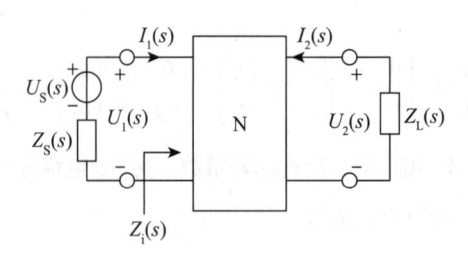

列 T 参数方程 $\begin{cases} U_1(s) = AU_2(s) - BI_2(s) \\ I_1(s) = CU_2(s) - DI_2(s) \end{cases}$ 与 $\begin{cases} \text{输入端口}\, U_1(s) = U_S(s) - Z_S(s)I_1(s) \\ \text{输出端口}\, U_2(s) = -Z_L(s)I_2(s) \end{cases}$ 联立。

(1) 输入阻抗。

$$Z_i(s) = \frac{U_1(s)}{I_1(s)} = \frac{AZ_L(s) + B}{CZ_L(s) + D}$$

(2) 转移函数。

电压传输比定义为 $A_U(s) = \dfrac{U_2(s)}{U_1(s)}$。

当二端口网络的输出端口接导纳 $Y_L(s)$ 时，结合二端口网络的 Y 参数方程，可得电压传输比

$$A_U(s) = \dfrac{U_2(s)}{U_1(s)} = -\dfrac{Y_{21}(s)}{Y_{22}(s) + Y_L(s)}$$

电流传输比定义为 $A_I(s) = \dfrac{-I_2(s)}{I_1(s)}$。

当二端口网络的输出端口接负载 $Z_L(s)$ 时，结合二端口网络的 Z 参数方程，可以得出

$$A_I(s) = \dfrac{-I_2(s)}{I_1(s)} = \dfrac{Z_{21}(s)}{Z_{22}(s) + Z_L(s)}$$

(3) 戴维南参数。

输出端口的戴维南等效电路如图所示。

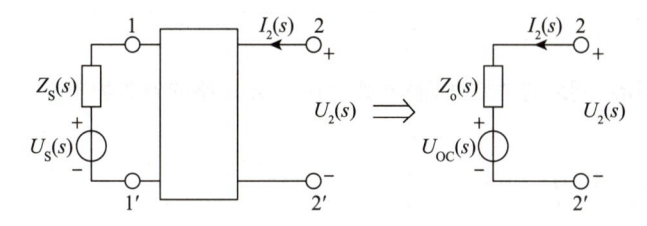

输出端开路电压

$$U_{OC}(s) = \dfrac{U_S(s)}{A + CZ_S(s)}$$

输出阻抗是输入端口电源置零后，输出端口的等效阻抗

$$Z_o(s) = \dfrac{U_2(s)}{I_2(s)}\bigg|_{U_S(s)=0} = \dfrac{DZ_S(s) + B}{CZ_S(s) + A}$$

巩固提高

题1 求如图所示二端口网络的 Z 参数矩阵和 Y 参数矩阵。

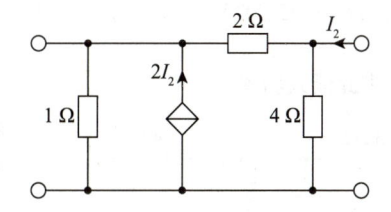

题2 求如图所示二端口网络的 Z 参数矩阵。

169

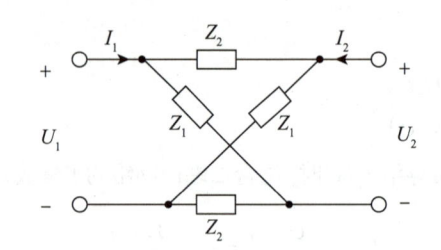

题3 在如图所示电路中,已知二端口 P 的 T 参数矩阵为 $\begin{bmatrix} 3 & \dfrac{1}{2} \\ 1 & 1 \end{bmatrix}$,试求 P_1 的 T 参数矩阵,并画出其等效电路、标出参数。

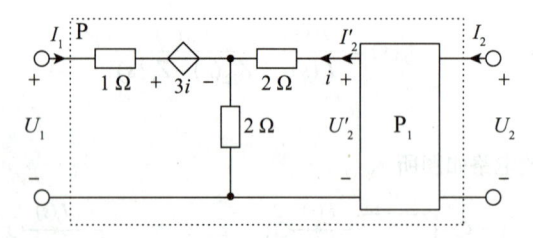

题4 求如图(a)所示网络的 T 参数矩阵和如图(b)所示网络的 H 参数矩阵。

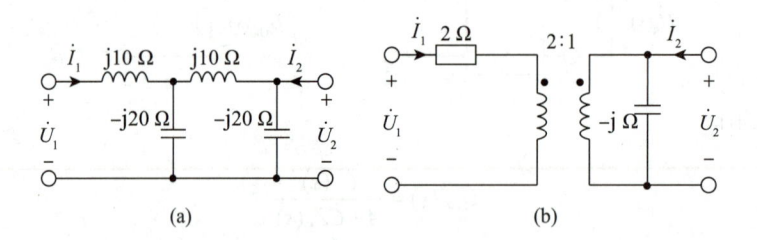

题5 设电源频率为 ω,求如图所示二端口网络相量形式的 Z 参数矩阵。

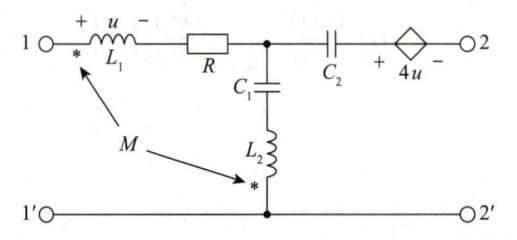

题6 在如图所示电路中,已知 $\dot{U}_S = 72\angle 0°$ V,二端口网络 N 的阻抗参数矩阵 $\mathbf{Z} = \begin{bmatrix} 10 & j6 \\ j6 & 4 \end{bmatrix}$,问 Z_L 为何值时获得的有功功率最大,并求此最大功率。

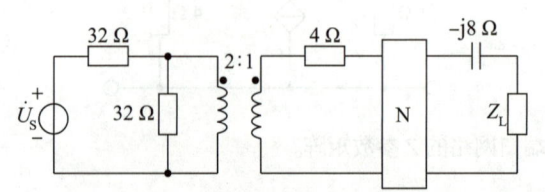

题7 电路如图所示，已知二端口 N_1 的 Y 参数矩阵为 $Y_1 = \begin{bmatrix} 2 & 0 \\ 0 & 10 \end{bmatrix}$，求电路的 $\dfrac{U_o}{U_S}$。

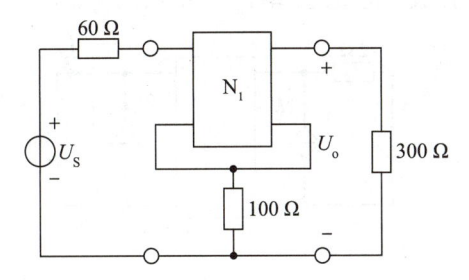

题8 电路如图所示，试求 Y 参数矩阵和 Z 参数矩阵。

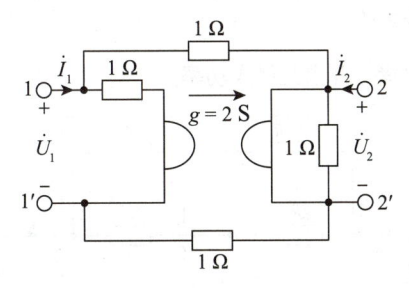

题9 如图所示，已知网络 N 的参数矩阵 $Z = \begin{bmatrix} 50 & 30 \\ 30 & 40 \end{bmatrix}$，问阻抗 Z_L 为何值时可以获得最大功率，并求出此时的最大功率。

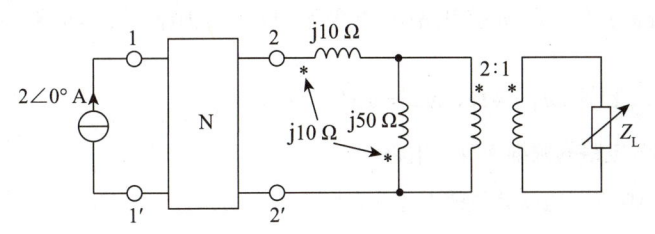

题10 如图(a)所示，N_R 为线性电阻无源二端口网络，其传输方程为 $\begin{cases} U_1 = 2U_2 - 30I_2 \\ I_1 = 0.1U_2 - 2I_2 \end{cases}$，$R$ 并联在输出端时电路如图(b)所示，输入电阻等于该电阻并联在输入端时的输入电阻的6倍，求该电阻值。

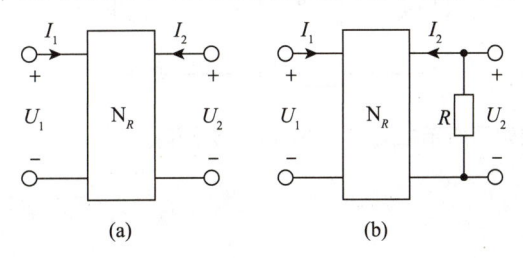

题11 在如图所示电路中，已知双口网络 N_1 的 T 参数矩阵为 $T = \begin{bmatrix} 4 & 2 \\ 3 & 1 \end{bmatrix}$。

(1) 试求虚线框内双口网络 N_2 的 T 参数矩阵和 Z 参数矩阵；

(2) 问负载电阻 R_L 为何值时，其获得最大功率 P_{max}，并求出 P_{max}。

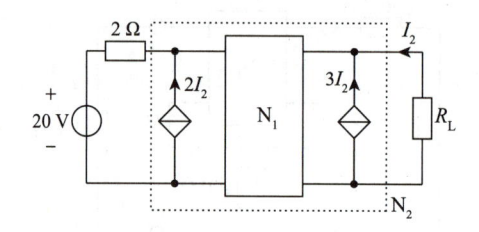

题12【综合提高】电路如图所示，已知 $R=1\ \Omega$。

(1) 求图中虚线框内的 Z 参数矩阵；

(2) 问 R_L 为何值时获得最大功率，并求此最大功率。

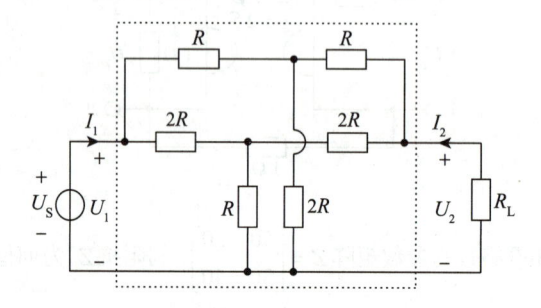

题13【综合提高】在如图所示电路中，P 为无源双口电阻网络，其开路参数矩阵 $\mathbf{Z}=\begin{bmatrix}4&2\\2&4\end{bmatrix}$，$u_S(t)=10\sqrt{2}\sin(\omega t)$ V，已知 $\omega L_1=4\ \Omega$，$\omega L_2=\omega M=2\ \Omega$。

(1) 求 AB 左侧部分电路的戴维南等效电路。

(2) Z 为多少时，AB 支路电流有效值 I 达到最大值？

(3) Z 为多少时，AB 支路电压有效值 U_{AB} 达到最大值？

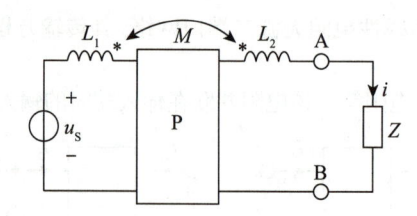

题14【综合提高】求如图所示二端口网络的 T 参数矩阵。

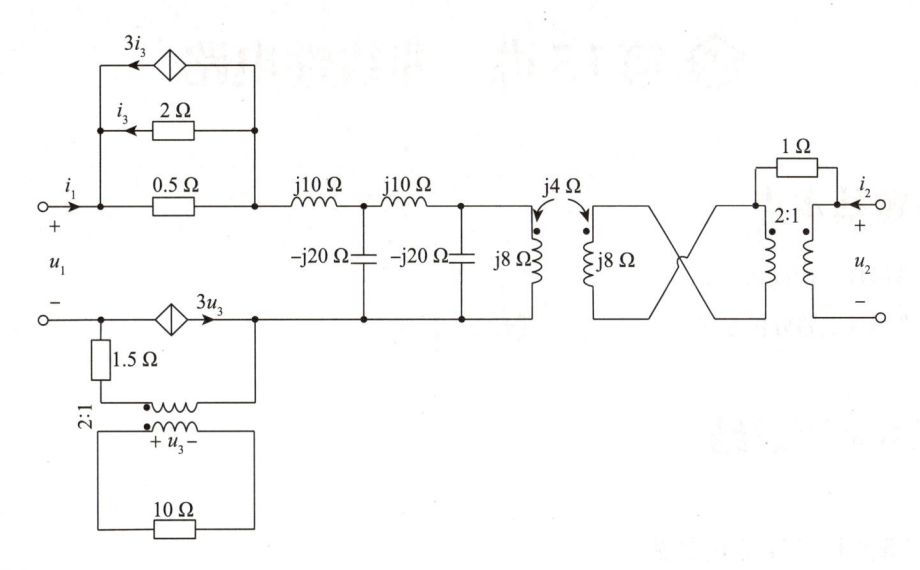

题15 【综合提高】电路如图(a)所示，N 为线性无源电阻二端口电路，已知图(a)输入电阻 $R_i = 10 - \dfrac{100}{R_L + 12}$，$R_L$ 为任意电阻值。

(1) 求二端口 N 的传输参数(T 参数矩阵);

(2) 现将二端口网络改成如图(b)所示电路，电阻 R_L 可变，试问电阻 R_L 等于何值时可吸收最大功率，并求此最大功率。

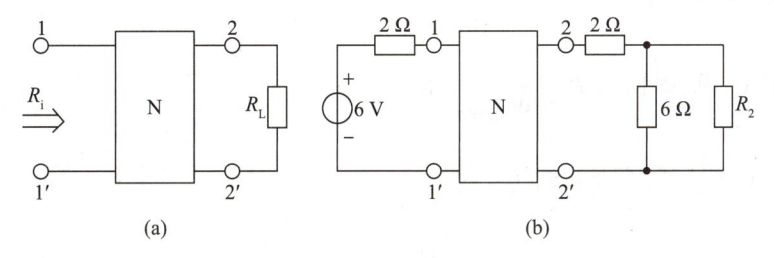

题16 【综合提高】如图所示双口网络 N 的传输参数 $T = \begin{bmatrix} 2.5 & 55 \\ 0.05 & 1.5 \end{bmatrix}$，输入端接电源，内阻 $R = 10\,\Omega$，$u_S(t) = [10 + 100\sqrt{2}\sin(\omega t) + 10\sqrt{2}\sin(3\omega t)]\,\text{V}$；输出端接负载，$\omega L_1 = 0.75\,\Omega$，$\omega L_2 = 6\,\Omega$，$\dfrac{1}{\omega C} = 6\,\Omega$，试求电流 $i(t)$。

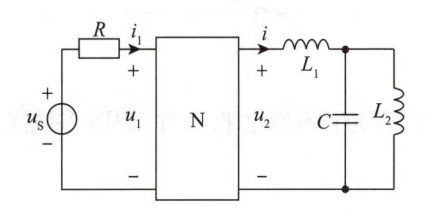

第15讲 非线性电路

命题基本点

一、非线性元件及其定义　　【☆☆】
二、非线性电路分析方法　　【☆☆☆】

基本考点总结

一、非线性元件及其定义

1. 非线性电阻(R)

(1)元件模型(见图)。

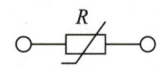

(2)元件参数。

①静态电阻 R，欧[姆]/Ω，$R = \dfrac{u}{i}\bigg|_{\text{工作点}P}$；

②动态电阻 R_d，欧[姆]/Ω，$R_d = \dfrac{\mathrm{d}u}{\mathrm{d}i}\bigg|_{\text{工作点}P}$；

③静态电导 $G = \dfrac{1}{R}$，西[门子]/S，$G = \dfrac{i}{u}\bigg|_{\text{工作点}P}$；

④动态电导 $G_d = \dfrac{1}{R_d}$，西[门子]/S，$G_d = \dfrac{\mathrm{d}i}{\mathrm{d}u}\bigg|_{\text{工作点}P}$；

⑤在某一工作状态下(工作点P)的非线性电阻特性曲线，如图所示；

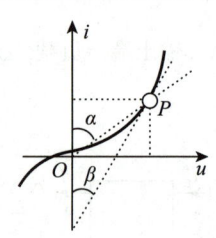

⑥非线性电阻元件的伏安特性不遵循欧姆定律，元件无固定参数值。

(3)非线性电阻元件类型。

①电流控制型(见图)。

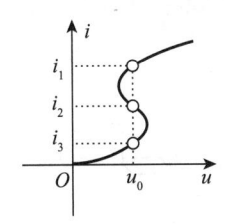

端电压是电流的单值函数，函数关系为 $u=f(i)$，某些充气二极管具有此特性。

②电压控制型（见图）。

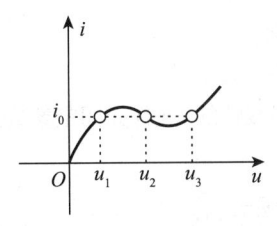

电流是端电压的单值函数，函数关系为 $i=g(u)$，隧道二极管具有此特性。

③单调型（见图）。

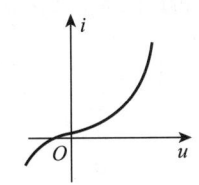

伏安曲线既是电流控制又是电压控制的。函数关系为 $u=f(i)$ 或 $i=g(u)$，PN结二极管具有此特性。

2. 非线性电感（L）

(1) 元件模型（见图）。

(2) 元件参数。

①静态电感 L，亨[利]/H，$L=\dfrac{\psi}{i}\bigg|_{\text{工作点}P}$；

②动态电感 L_d，亨[利]/H，$L_d=\dfrac{\mathrm{d}\psi}{\mathrm{d}i}\bigg|_{\text{工作点}P}$；

③非线性电感元件的韦安特性不是线性的，元件无固定参数值。

(3) 非线性电感元件类型。

①磁通链是电流的单值函数，函数关系为 $\psi=f(i)$；

②电流是磁通链的单值函数，函数关系为 $i=h(\psi)$；

③韦安曲线既是电流控制又是磁通链控制的，函数关系为 $\psi=f(i)$ 或 $i=h(\psi)$。

3. 非线性电容(C)

(1) 元件模型(见图)。

(2) 元件参数。

① 静态电容 C，法[拉]/F，$C = \dfrac{q}{u}\Big|_{\text{工作点}P}$；

② 动态电容 C_d，法[拉]/F，$C_d = \dfrac{\mathrm{d}q}{\mathrm{d}u}\Big|_{\text{工作点}P}$；

③ 非线性电容元件的库伏特性不是线性的，元件无固定参数值。

(3) 非线性电感元件类型。

① 电荷是端电压的单值函数，函数关系为 $q = f(u)$；

② 端电压是电荷的单值函数，函数关系为 $u = h(q)$；

③ 库伏曲线既是电压控制又是电荷控制的，函数关系为 $q = f(u)$ 或 $u = h(q)$。

4. 理想二极管(D)(非线性电阻)

(1) 元件模型(见图)。

(2) 元件特性。

当加正向电压 u 到两端时，二极管完全导通，相当于短路；当加反向电压 u 到两端时，二极管不导通，电流为零，相当于开路。其伏安特性曲线如图所示。

▶ 二、非线性电路分析方法

1. 图解法：适用于一个非线性元件

一个有源线性二端网络两端接一非线性电阻组成的电路如图(a)所示，这样的电路可用"曲线相交法"[见图(b)]来求出电路中的电流 i 和电压 u。

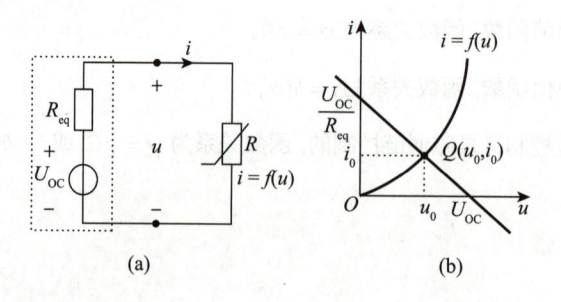

2. 解析法

电路如图所示，R 是压控的非线性电阻，有 $i = f(u)$，$1-1'$ 左端的方程为 $u = U_0 - R_0 i$，联立两个方程求解关于 u 的高次代数方程。

同理，若 R 是流控型非线性电阻，则有

$$\begin{cases} i = (U_0 - u) / R_0 \\ u = f(i) \end{cases}$$

联立求解关于 i 的高次代数方程。

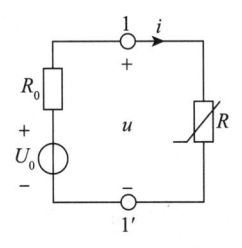

3. 分段线性化方法

定义：分段线性化方法(又称折线法)是研究非线性电路的一种有效方法，其特点在于把非线性电路的求解过程分成几个线性区段，在每个区段都可用线性电路的计算方法进行分析。

应用分段线性化方法时，非线性电阻的伏安特性的线性化常引用理想二极管模型的伏安特性曲线。

图(a)所示为理想二极管伏安特性曲线，图(b)所示为 PN 结二极管伏安特性曲线。

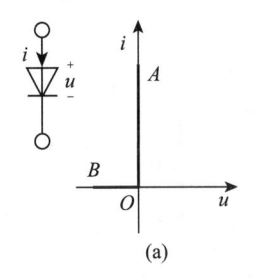

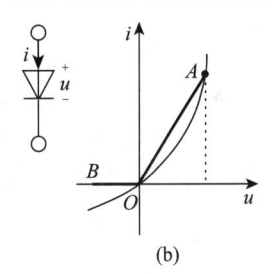

对于图(a)，当 $u > 0$ 时，理想化为短路；当 $u < 0$ 时，理想化为开路。

对于图(b)，当 $u > 0$ 时，相当于一个线性电阻；当 $u < 0$ 时，理想化为开路。

4. 小信号分析法

小信号分析法是工程中分析非线性电路的一个重要方法，尤其电子学中有关放大器的分析和设计，更是以小信号分析法为基础。

下面以一个典型的电路为例来说明小信号分析法的原理。

小信号分析法原理图如图所示。

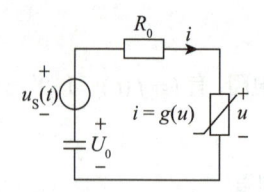

图中电路由直流电压 U_0（偏置电压）、时变电压源 $u_S(t)$（信号电压）、线性电阻 R_0 和压控的非线性电阻组成，且任何时刻都有 $U_0 \gg |u_S(t)|$。

小信号电路计算是把非线性元件线性化等效为一个动态电阻，计算电路在小信号激励下的响应。动态小信号分析过程包括：

① 直流激励时的静态工作点计算；

② 动态电阻计算，建立小信号等效电路；

③ 计算小信号激励下的响应。

根据泰勒展开式，将静态工作点与小信号响应相加，得到非线性电路的近似解答。

注：小信号分析法是本章最重要的知识点。

巩固提高

题1 如图所示，电路中非线性电阻 R 的伏安特性为 $U = I^2 - 5I - 3(I > 0)$，求非线性电阻吸收的功率。

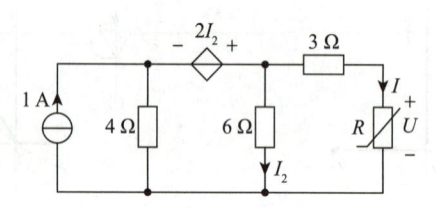

题2 如图(a)所示，电路中 $i_S = 6\text{ A}$，$R_1 = 3\text{ Ω}$，$R_2 = 2\text{ Ω}$，$R_3 = 1\text{ Ω}$，非线性电阻的伏安特性曲线如图(b)所示。试求电压 u_1 和电流 i_1。

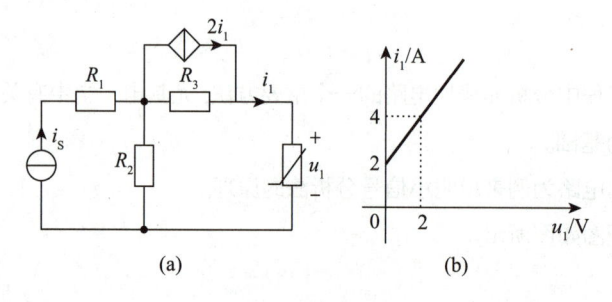

题3 如图(a)所示电路中，非线性电阻的伏安特性如图(b)所示，试求其电流 I 和电压 U。

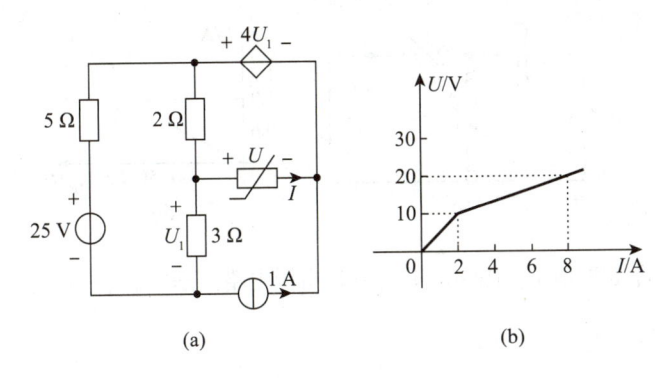

（图(a)）　　（图(b)）

题4 如图所示，电路中 D 为理想二极管，求电流 I。

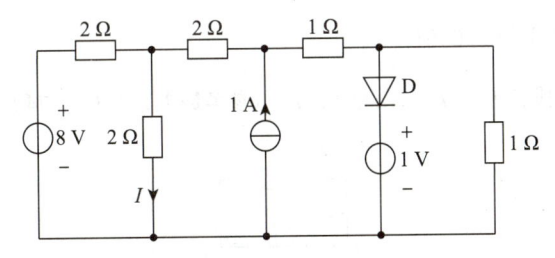

题5 电路如图所示，已知非线性电阻的伏安特性为

$$u = \begin{cases} 3i^2, & i \geq 0 \\ -3i^2, & i < 0 \end{cases}$$

$R_0 = 6\,\Omega$，$L = 16\,\mathrm{mH}$，$u_S(t) = 9 + \sqrt{2} \times 10^{-3} \cos(1\,000t)$ V，求电流 $i(t)$。

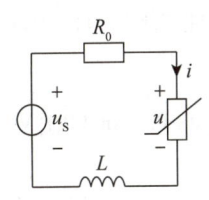

题6 如图所示的电路中，已知 $R_4 = 6\,\Omega$，$R_5 = 3\,\Omega$，$I_{S4} = 2$ A，$U_{S5} = 57$ V，$\alpha = 3$，$L = 0.1\,\mathrm{mH}$，$i_S(t) = 2\sin(10^4 t + 30°)$ mA。非线性电容的库伏特性为 $q = 13.5u^{1/3} \times 10^{-4}$（其中 q 的单位为 C），试求：

(1) 端钮 a、b 右侧电路的戴维南等效电路；

(2) 非线性电容上的电压及其电流(用小信号分析法计算)。

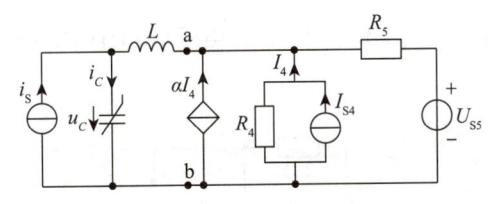

题7 如图(a)所示电路中，非线性电感的韦安特性 $\psi = 0.1\sqrt[3]{i_L}$，非线性电阻伏安特性如图(b)所示，

$U = 50$ V，$u_S(t) = \sqrt{2} \times 10^{-3} \sin(1\,000t)$ V，$C = \dfrac{1}{3} \times 250\,\mu\mathrm{F}$，求 $u_C(t)$ 和 $i_L(t)$。

(a)   (b)

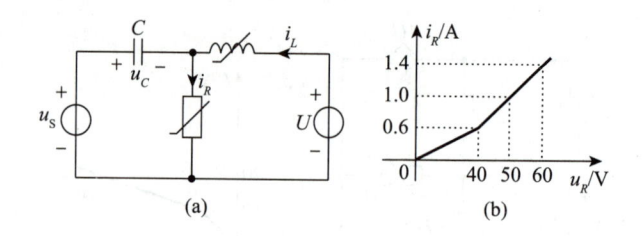

题8【综合提高】如图所示，电路中 N_S 为线性有源电路，已知当 $R_1 = 3\,\Omega$ 时，$I_1 = 1\,\text{A}$，$I_2 = -3\,\text{A}$；当 $R_1 = 9\,\Omega$ 时，$I_1 = 0.5\,\text{A}$，$I_2 = -7.5\,\text{A}$。

(1) 当 R_1 为何值时它能获得最大功率，并计算此最大功率；

(2) 如果电流 $I_2 = 0$，求此时 R_1 的值；

(3) 如果 R_1 为非线性电阻，$U_1 = I_1^2$，求此时的 I_1。（参考数据：$\sqrt{33} \approx 5.74$）

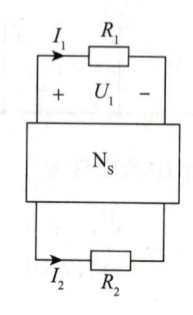

题9【综合提高】电路如图所示，线性二端口 N 的传输参数矩阵为 $T = \begin{bmatrix} 2 & 5 \\ 1 & 1 \end{bmatrix}$，非线性电阻的伏安特性为 $u = \begin{cases} 2i, & i \leq 1 \\ 3i - 1, & i > 1 \end{cases}$，电压源 $u_S(t) = [10 + 0.2\sin(100t)]\,\text{V}$，试用小信号分析法求流经电阻 R 的 $i(t)$。

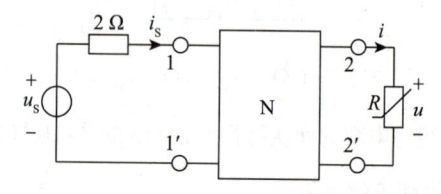

题10【综合提高】如图所示非线性动态电路中，非线性电阻电压、电流关系为 $u_1 = i_1^2 - 4i_1$（单位：V、A；$i_1 > 0$），非线性电容 $q = 10^{-3} u_C^2$（单位：C、V），电压源 $u_S(t) = [15 + \varepsilon(t)]\,\text{V}$。用小信号分析法求响应 $u_C(t)$。

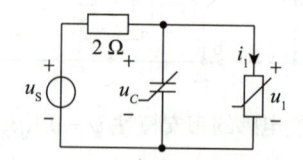

题 11【综合提高】如图(a)所示电路中,已知 $C = 200\,\mu\text{F}$,$R = 200\,\Omega$,非线性电阻的特性曲线如图(b)所示,当 $t<0$ 时,电路处于直流稳态,求 $t=0$ 时开关突然接通时的电压 $u_C(t)$。

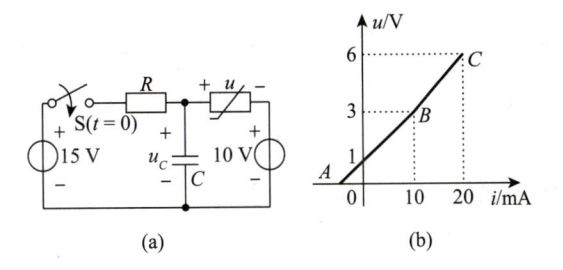

题 12【综合提高】如图所示电路中,$U_{S1} = 10\,\text{V}$,$U_{S2} = 8.64\,\text{V}$,$u_{C1}(0_-) = 0$,$u_{C2}(0_-) = 6.32\,\text{V}$,$D_1$、$D_2$ 为理想二极管,当 $t=0$ 时开关 S 合上。试求响应 $u_{C1}(t)$ 和 $u_{C2}(t)$。(参考数据:$e^{-1} \approx 0.3679$,$e^{-2} \approx 0.1353$,$e^{-3} \approx 0.0498$)

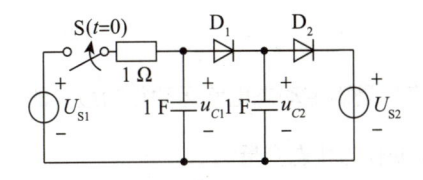

第16讲 状态方程

命题基本点

一、状态方程的建立　　【☆☆】

二、状态方程与输出方程求解　　【☆☆☆】

基本考点总结

▶ 一、状态方程的建立

1. 状态变量

(1) 定义。描述状态的变量。

(2) 选择。动态电路的状态变量是确定动态电路运动行为最少的一组变量，记作：$x_1, x_2, \cdots, x_n$。动态电路中，一般选择 u_C、i_L 或者 q、ψ 作为状态变量。

2. 状态方程与输出方程

(1) 状态方程。

$$\dot{x} = Ax + Bv$$

$\dot{x}$ 为状态向量的一阶导数，x 为状态向量，v 为输入向量，A 为系数矩阵，B 为控制矩阵。

(2) 输出方程。

$$y = Cx + Dv$$

y 为输出向量，x 为状态向量，v 为输入向量，C 和 D 为系数矩阵，仅与电路的具体结构和元件值有关。

3. 常态树网络

常态树包含所有电容支路，而不含任何电感支路，选择电容电压和电感电流作为状态变量。

状态方程的分析：

$$\frac{\mathrm{d}u_C}{\mathrm{d}t} \to C\frac{\mathrm{d}u_C}{\mathrm{d}t} = i_C \to 建立包含电容支路的KCL方程$$

$$\frac{\mathrm{d}i_L}{\mathrm{d}t} \to L\frac{\mathrm{d}i_L}{\mathrm{d}t} = u_L \to 建立包含电感支路的KVL方程$$

每个广义节点尽量只包含一个电容支路，每个回路尽量只包含一个电感支路。

> **水木珞研总结**
>
> 非常态树网络属于病态网络，一般可以利用KCL方程和KVL方程消去多余状态变量，具体见习题。

4.病态树网络

一般动态元件个数大于独立状态变量个数。

(1) 电容病态网络——电容电压不独立。

① 仅由电容元件构成的回路(全电容电路)。

全电容电路中一个电容电压不独立,如图所示。

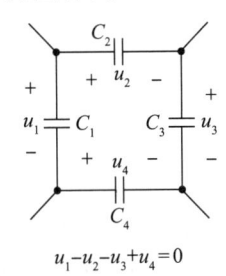

$$u_1-u_2-u_3+u_4=0$$

② 仅由电压源与电容构成的回路(见图)。

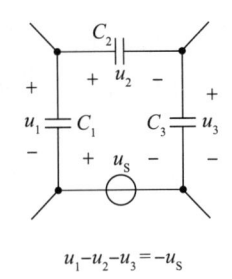

$$u_1-u_2-u_3=-u_S$$

(2) 电感病态网络——电感电流不独立。

① 仅由电感元件构成的割集(全电感割集)。

全电感割集中一个电感电流不独立,如图所示。

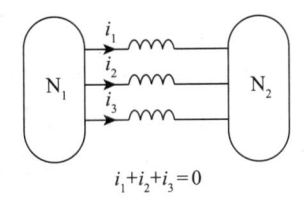

$$i_1+i_2+i_3=0$$

② 仅由电流源和电感元件构成的割集(见图)。

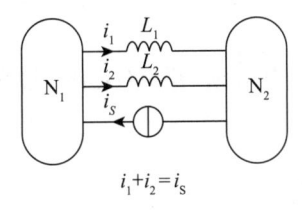

$$i_1+i_2=i_S$$

5.状态方程的列写

(1) 叠加法。

① 将电源、电容、电感均抽到网络外。

② 电容用电压源替代,电感用电流源替代(见图)。

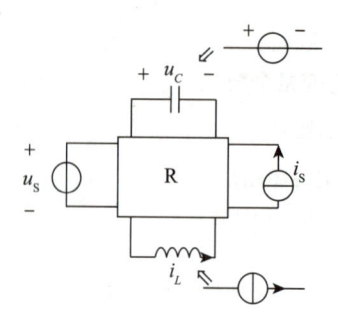

③用叠加定理求 i_C、u_L。

在 u_S、i_S、u_C、i_L 共同作用下的 i_C、u_L 为

$$\begin{cases} i_C = a_{11}u_C + a_{12}i_L + b_{11}u_S + b_{12}i_S \\ u_L = a_{21}u_C + a_{22}i_L + b_{21}u_S + b_{22}i_S \end{cases}$$

$$\begin{bmatrix} i_C \\ u_L \end{bmatrix} = \begin{bmatrix} C\dfrac{du_C}{dt} \\ L\dfrac{di_L}{dt} \end{bmatrix} = \begin{bmatrix} a_{11} & a_{12} \\ a_{21} & a_{22} \end{bmatrix} \begin{bmatrix} u_C \\ i_L \end{bmatrix} + \begin{bmatrix} b_{11} & b_{12} \\ b_{21} & b_{22} \end{bmatrix} \begin{bmatrix} u_S \\ i_S \end{bmatrix}$$

(2) 直观法及拓扑法。

①适用对象：常态网络。

②状态变量的数目=动态元件的数目。

③具体步骤：

a. 选定常态树；

b. 列写每个电容树支所对应基本割集（单树支割集）的KCL方程，以及每个电感连支所对应基本回路（单连支回路）的KVL方程；

c. 消除上述方程中的非状态变量（必要时），并整理成标准形式的状态方程。通常可利用网络其他基本割集方程或基本回路方程来消除非状态变量。对于常态网络，还可采用替代方法消除非状态变量，即将网络中树支上的电容替代为电压源，连支上的电感替代为电流源，网络成为电阻性网络，通过适当的网络分析法即可求得非状态变量的表达式。

> **水木珞研总结**
>
> 列写状态方程本质上是将电容电流、电感电压用电容电压、电感电流和电源函数表示。

▶ 二、状态方程与输出方程求解

状态方程一般适合求解二阶以上的动态电路，由于三阶矩阵计算量较大，因此，状态方程的求解在考试中很少涉及，但是作为动态电路的第三种解法是有必要掌握的。

1. 状态方程的求解

线性时不变的状态方程矩阵形式为

第 16 讲 状态方程

$$\dot{x} = Ax + Bf$$

取拉普拉斯变换，可以得到：

$$sX(s) - x(0_-) = AX(s) + BF(s)$$

整理后可以得到：

$$(sE - A)X(s) = x(0_-) + BF(s)$$

因此可以得到状态方程的 s 域解为

$$X(s) = (sE - A)^{-1}[x(0_-) + BF(s)]$$

对公式进行拉氏反变换即可得到时域求解表达式。

2. 输出方程的求解

(1) 直接代入求解输出方程：输出方程是关于状态变量和激励函数的代数方程，求出状态变量的时域解之后，可以直接代入求解。

(2) 利用拉氏变换求解输出方程：先求输出方程矩阵，然后参照状态方程的求解解出输出方程。

巩固提高

题1 如图所示电路中，若以 u_C、i_L 为状态变量，试求其状态方程的标准形式。

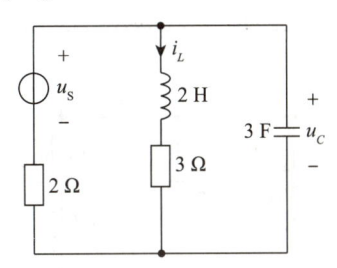

题2 电路如图所示，试写出电路的状态方程。

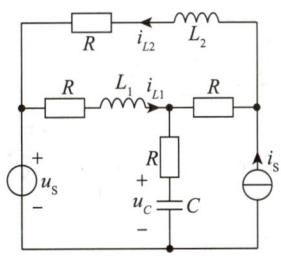

题3 在如图所示的电路中，$u_{CS} = \mu u_2$，列出状态方程的标准形式。

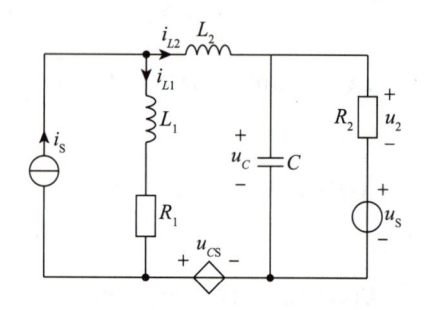

题4 列出如图所示电路中的状态方程，并写成矩阵方程的形式。图中各元件参数为 $R = 1\,\Omega$，$C = 1\,\text{F}$，其中 u_1 为输入电压。

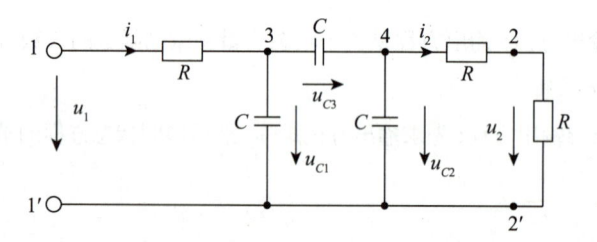

题5 在如图所示的电路中，已知 $R_1 = R_4 = R_5 = 1\,\Omega$，$L_1 = L_2 = 1\,\text{H}$，$C = 1\,\text{F}$，列出状态方程的标准形式。

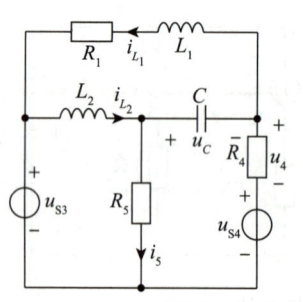

题6 列写如图所示电路中的状态方程。

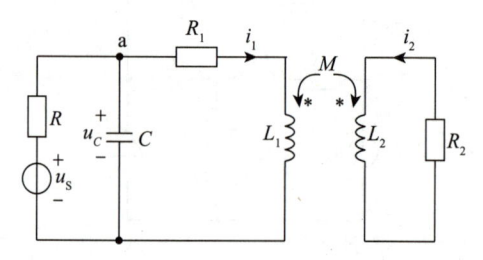

题7 电路如图所示，列出标准形式的状态方程和以 u、i_{R_1} 为输出量的输出方程。

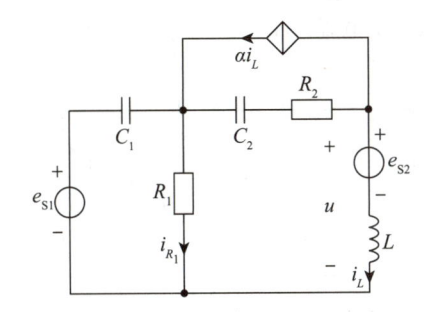

题8 电路如图所示，开关 S 打开前电路已达稳态，在 $t=0$ 时开关 S 打开。

(1) 列出电路的状态方程；

(2) 求电感电流 $i_L(t)$ 和电容电压 $u_C(t)$ 的响应。

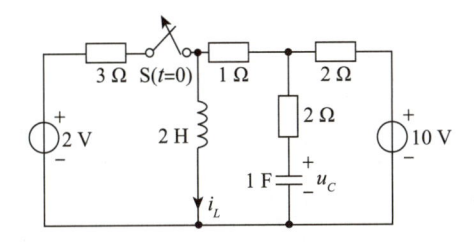

题9 【综合提高】列写出如图所示电路中的状态方程。

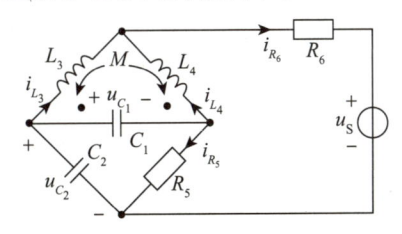

题10 【综合提高】在如图所示的电路中，已知 $C=1\,\text{F}$，$M=4\,\text{H}$，$L_1=4\,\text{H}$，$L_2=4.25\,\text{H}$，回答下列三个问题。

(1) 以 i_1、i_2、u 为状态变量，列写状态方程，并整理成如下形式。

$$\begin{bmatrix} \dfrac{\mathrm{d}i_1}{\mathrm{d}t} \\ \dfrac{\mathrm{d}i_2}{\mathrm{d}t} \\ \dfrac{\mathrm{d}u}{\mathrm{d}t} \end{bmatrix} = \begin{bmatrix} * & * & * \\ * & * & * \\ * & * & * \end{bmatrix} \begin{bmatrix} i_1 \\ i_2 \\ u \end{bmatrix} + \begin{bmatrix} * \\ * \\ * \end{bmatrix} u_S$$

(2) 这是几阶电路?

(3) 已知 $u_S(t) = \sqrt{2}\sin(t)\varepsilon(t)$ V，求电流 $i_1(t)$。

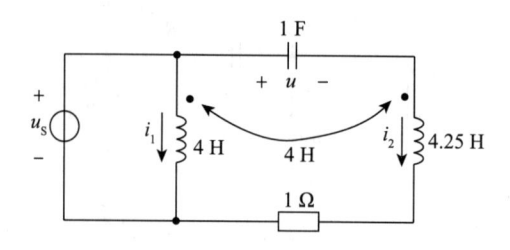

第17讲 图论基础及电路方程矩阵形式

命题基本点

一、图论基本概念　　　　　　【☆】
二、描述电路拓扑的基本矩阵　　【☆☆】
三、基尔霍夫定律的矩阵表示　　【☆☆】
四、基本矩阵之间的相互关系　　【☆☆】
五、电路方程的矩阵形式　　　　【☆☆☆】

基本考点总结

一、图论基本概念

(1) 图 G：图是节点和支路的一个集合，每条支路的两端都连到相应的节点上，用 G 表示。

(2) 电路的"图"（无向图）：由支路和节点组成，每条支路代表一个电路元件或几个不同元件的特定组合 [见图(a)]。

(3) 孤立节点：没有支路连接的节点。

(4) 有向图：对电路的图的每一条支路指定一个方向为该支路电流的参考方向（电压一般取同向），称有向图 [见图(b)]。

(5) 路径：从图 G 的某一点出发，沿着一些支路连续移动，从而到达另一指定节点，这样的一系列支路构成了图 G 的一条路径。

(6) 连通图、非连通图：图 G 的任意两点间至少存在一条路径，则此图 G 称为连通图，否则称为非连通图。

(7) 子图、连通子图：若图 G_1 的每个节点与支路也是图 G 的节点和支路，则称图 G_1 为图 G 的一个子图；若图 G、图 G_1 又都是连通的，则图 G_1 为图 G 的一个连通子图。

(8) 树 T：树是连通图 G 的一个连通子图，包含 G 的全部节点，但不包含回路，用 T 表示 [G 有许多不同的树，图(c)中实线为树]。

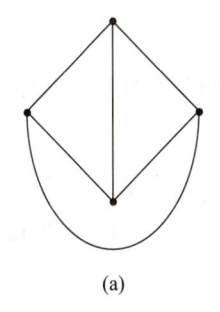

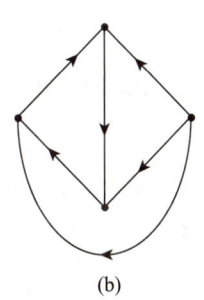

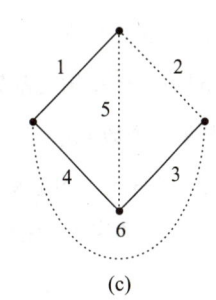

(a)　　　　　　(b)　　　　　　(c)

189

(9) 树支和连支：对一连通图 G，当确定了它的树 T 后，凡是既属于 G 又属于这个树的支路均称为图 G 的树支，而不属于这个树 T 的支路称为图 G 的连支[图(c)中实线为树支，虚线为连支]。

(10) 树支数和连支数：设连通图 G 的节点数为 n，支路数为 b，则图 G 的树支数为 $n-1$ 个，连支数为 $b-(n-1)$ 个[图(c)中树支数为 $n-1=3$，连支数为 $l=b-n+1=3$]。

(11) 闭合路径：一条路径的起点和终点重合。

(12) 回路：当一条路径从起点回到原出发点所经过的节点都是不同的，则此闭合路径就构成了图的一个回路(一个连通图有很多回路)。

(13) 单连支回路(基本回路)：由于连通图的一个树不包含回路，而所有节点全部被树支连接，对任意一个树，每加一个连支便形成了一个只包含该连支的回路，构成此回路的其他支路均为树支，此回路称为单连支回路或基本回路[如图(c)中树支1、3、4与连支2构成基本回路]。

(14) 单连支回路组(基本回路组)：由某树 T 的全部单连支回路构成的回路组称为单连支回路组或基本回路组。显然这组回路是独立的，独立回路的个数 $l=$ 连支数 $=b-(n-1)$ [图(c)中的三个单连支回路构成基本回路组，如图(d)所示]。

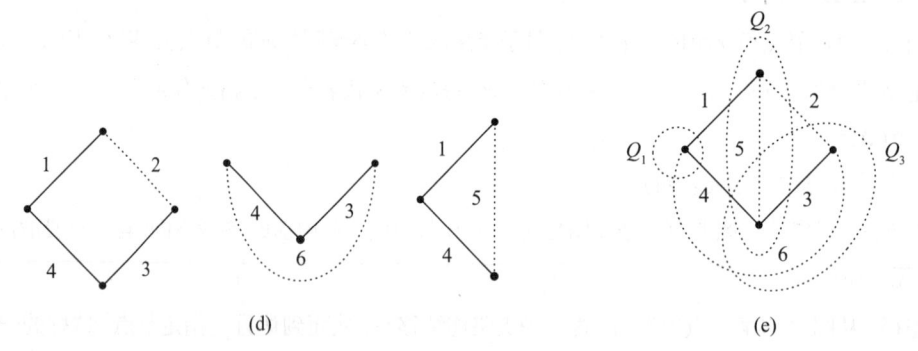

(15) 平面图：若能使图 G 中的各支路(除节点外)不交叉地画在平面上，则该图 G 称为平面图。平面图的全部内网孔为一组独立回路，且数目为该图的独立回路数。

(16) 割集(Q)：连通图 G 的一个割集是 G 的一个支路集合，用 Q 表示，把这些支路都移去，将使 G 分离为两个部分，但如少移去一条支路，则图 G 仍是连通的。任何连支的集合不构成割集，每一个割集中应至少含有一个树支[G 有许多不同的割集，如图(e)中的 Q_1、Q_2、Q_3]。

(17) 单树支割集(基本割集)：由树的一个树支与一些连支所构成的割集，称为单树支割集或基本割集[如图(e)中的单树支割集 Q_3]。

(18) 单树支割集组(基本割集组)：对于一个具有 n 个节点、b 条支路的连通图，其树支数为 $n-1$，因此每一个树可构成 $n-1$ 个单树支割集，称此割集组为单树支割集组或基本割集组。单树支割集组为独立割集组，基本割集的个数=树支数= $n-1$。

(19) 复合支路：没有统一的定义，一般规定复合支路最多可以包含一个独立电压源、一个独立电流源、一个无源元件(单一的电阻、电感或电容)、一个受控源及可以缺少某些元件，其连接方式如图(f)和图(g)所示。

(f)　　　　　　　　　　　　(g)

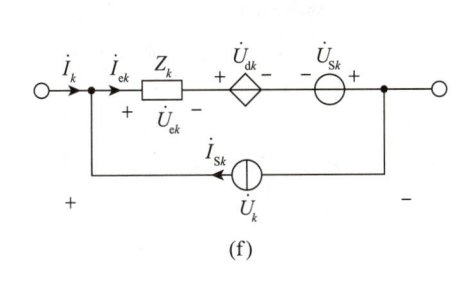

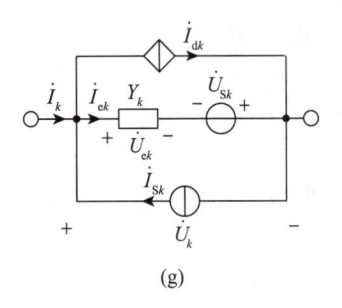

▶ 二、描述电路拓扑的基本矩阵

1. 关联矩阵(A_a)、降阶关联矩阵(A)

描述节点与支路关系的矩阵,称为关联矩阵,用 A_a 表示,其阶数为 $n \times b$。将描述独立节点与支路关系的矩阵,即 A_a 中的任一行划去(该节点可当作参考节点)得到的矩阵,则称为降阶关联矩阵(仍简称为关联矩阵),用 A 表示,阶数为 $(n-1) \times b$。

设一有向图 G,对节点与支路分别加以编号,则该有向图的关联矩阵 A_a(或 A)的行对应节点,列对应支路,其任一元素 a_{jk} 定义如下。

$a_{jk} = \pm 1$,表示支路 k 与节点 j 关联,其支路 k 的方向背离节点 j 时取"+"号,指向节点 j 时取"-"号;$a_{jk} = 0$,表示支路 k 与节点 j 无关联。

举例:

$$A_a = \begin{matrix} j \end{matrix} \begin{bmatrix} & 1 & \cdots & k & \cdots & b & \leftarrow \text{支路} \\ 1 & & & \vdots & & \\ \vdots & & & \vdots & & \\ & \cdots & \cdots & a_{jk} & & \\ \vdots & & & & & \\ n & & & & & \end{bmatrix}$$

$$A = \begin{matrix} j \end{matrix} \begin{bmatrix} & 1 & \cdots & k & \cdots & b & \leftarrow \text{支路} \\ 1 & & & \vdots & & \\ \vdots & & & \vdots & & \\ & \cdots & \cdots & a_{jk} & & \\ \vdots & & & & & \\ n-1 & & & & & \end{bmatrix}$$

2. 回路矩阵(B)、基本回路矩阵(B_f)

描述独立回路与支路关系的矩阵,称为回路矩阵,用 B 表示。描述基本回路(单连支回路)与支路关系的矩阵,称为基本回路矩阵,用 B_f 表示,其阶数为 $l \times b$,独立回路数 $l = b - (n-1)$。

设一有向图 G,对独立回路与支路分别加以编号,并标出回路的绕行方向,则该有向图的回路矩阵 B(或 B_f)的行对应独立回路、列对应支路,其任一元素 b_{jk} 定义如下。

$b_{jk} = \pm 1$,表示支路 k 与回路 j 关联,其支路 k 的方向与回路 j 的绕行方向一致时取"+"号,相反时取"-"号;$b_{jk} = 0$,表示支路 k 与回路 j 无关联。

举例： 独立回路　　　　　　　　　　　　　基本回路

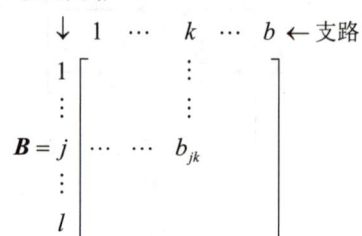

$$\boldsymbol{B} = \begin{matrix} & \downarrow 1 \cdots k \cdots b \leftarrow 支路 \\ \begin{matrix}1\\ \vdots \\ j \\ \vdots \\ l\end{matrix} & \begin{bmatrix} & & \vdots & & \\ & & \vdots & & \\ \cdots & \cdots & b_{jk} & & \\ & & & & \end{bmatrix} \end{matrix} \qquad \boldsymbol{B}_\text{f} = \begin{matrix} & \downarrow 1 \cdots k \cdots b \leftarrow 支路 \\ \begin{matrix}1\\ \vdots \\ j \\ \vdots \\ l\end{matrix} & \begin{bmatrix} & & \vdots & & \\ & & \vdots & & \\ \cdots & \cdots & b_{jk} & & \\ & & & & \end{bmatrix} \end{matrix}$$

3. 割集矩阵($\boldsymbol{Q}$)、基本割集矩阵($\boldsymbol{Q}_\text{f}$)

描述独立割集与支路关系的矩阵，称为割集矩阵，用 $\boldsymbol{Q}$ 表示。描述基本割集(单树支割集)与支路关系的矩阵，称为基本割集矩阵，用 $\boldsymbol{Q}_\text{f}$ 表示，其阶数为 $(n-1) \times b$。

设一有向图 G，对独立割集与支路分别加以编号，并标出割集的参考方向，则该有向图的割集矩阵 $\boldsymbol{Q}$（或 $\boldsymbol{Q}_\text{f}$）的行对应独立割集、列对应支路，其任一元素 q_{jk} 定义如下。

$q_{jk} = \pm 1$，表示支路 k 与割集 j 关联，其支路 k 的方向与割集 j 的方向一致时取"+"号，相反时取"-"号；$q_{jk} = 0$，表示支路 k 与割集 j 无关联。

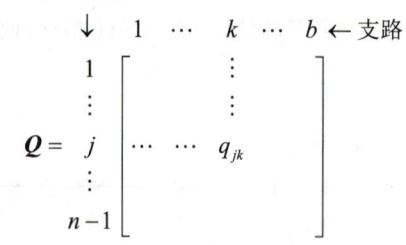

举例： 独立割集　　　　　　　　　　　　　基本割集

$$\boldsymbol{Q} = \begin{matrix} & \downarrow 1 \cdots k \cdots b \leftarrow 支路 \\ \begin{matrix}1\\ \vdots \\ j \\ \vdots \\ n-1\end{matrix} & \begin{bmatrix} & & \vdots & & \\ & & \vdots & & \\ \cdots & \cdots & q_{jk} & & \\ & & & & \end{bmatrix} \end{matrix} \qquad \boldsymbol{Q}_\text{f} = \begin{matrix} & \downarrow 1 \cdots k \cdots b \leftarrow 支路 \\ \begin{matrix}1\\ \vdots \\ j \\ \vdots \\ n-1\end{matrix} & \begin{bmatrix} & & \vdots & & \\ & & \vdots & & \\ \cdots & \cdots & q_{jk} & & \\ & & & & \end{bmatrix} \end{matrix}$$

▶ 三、基尔霍夫定律的矩阵表示

1. 用关联矩阵 $\boldsymbol{A}$ 表示方程

(1) KCL。

时域方程：$\boldsymbol{A}\boldsymbol{i} = \boldsymbol{0}$；相量方程：$\boldsymbol{A}\dot{\boldsymbol{I}} = \boldsymbol{0}$。

(2) KVL。

时域方程：$\boldsymbol{u} = \boldsymbol{A}^\text{T}\boldsymbol{u}_\text{n}$；相量方程：$\dot{\boldsymbol{U}} = \boldsymbol{A}^\text{T}\dot{\boldsymbol{U}}_\text{n}$。

(3) 支路方程。

复合支路的方程：$\dot{\boldsymbol{U}} = \boldsymbol{Z}(\dot{\boldsymbol{I}} + \dot{\boldsymbol{I}}_\text{S}) - \dot{\boldsymbol{U}}_\text{S}$ 或 $\dot{\boldsymbol{I}} = \boldsymbol{Y}(\dot{\boldsymbol{U}} + \dot{\boldsymbol{U}}_\text{S}) - \dot{\boldsymbol{I}}_\text{S}$。

2. 用回路矩阵 B(或 B_f)表示方程

(1)KCL。

时域方程：$i = B^T i_1$(或$i = B_f^T i_1$)；相量方程：$\dot{I} = B^T \dot{I}_1$(或$\dot{I} = B_f^T \dot{I}_1$)。

(2)KVL。

时域方程：$Bu = 0$(或$B_f u = 0$)；相量方程：$B\dot{U} = 0$(或$B_f \dot{U} = 0$)。

(3)支路方程。

复合支路的方程：$\dot{U} = Z(\dot{I} + \dot{I}_S) - \dot{U}_S$ 或 $\dot{I} = Y(\dot{U} + \dot{U}_S) - \dot{I}_S$。

3. 用割集矩阵 Q(或 Q_f)表示方程

(1)KCL。

时域方程：$Qi = 0$(或$Q_f i = 0$)；相量方程：$Q\dot{I} = 0$(或$Q_f \dot{I} = 0$)。

(2)KVL。

时域方程：$u = Q^T u_t$(或$u = Q_f^T u_t$)；相量方程：$\dot{U} = Q^T \dot{U}_t$(或$\dot{U} = Q_f^T \dot{U}_t$)。

(3)支路方程。

复合支路的方程：$\dot{U} = Z(\dot{I} + \dot{I}_S) - \dot{U}_S$ 或 $\dot{I} = Y(\dot{U} + \dot{U}_S) - \dot{I}_S$。

▶ 四、基本矩阵之间的相互关系

1. A 矩阵、B_f 矩阵、Q_f 矩阵之间的关系

对于同一个连通图 G，在统一的支路排列顺序下写出的矩阵 A、B 和 Q，有 $AB^T = 0$ 或 $BA^T = 0$，$QB^T = 0$ 或 $BQ^T = 0$。

若选择该连通图 G 的一个树 T，找出 b 条复合支路(包括 $n-1$ 个树支支路和 $b-n+1$ 个连支支路)，n 个节点，l 个基本回路组(单连支回路组)，$n-1$ 个基本割集组(单树支割集组)，标出支路参考方向，即把连通图化为有向图 G，设有向图 G 的参考节点为 0。

对支路、独立节点、回路、割集分别加以编号，指明回路绕行方向和割集方向，具体操作如下。

(1) 先树支、后连支。

若支路按先树支、后连支的顺序排列编号，基本回路的绕行方向与组成该回路的单连支方向一致，基本割集的方向与组成该割集的单树支方向一致，则写出 A、B_f、Q_f 矩阵，使得

$$\begin{cases} A = [A_t \vdots A_l] \\ B_f = [B_t \vdots 1_l] \Rightarrow B_t^T = -A_t^{-1} A_l, \ Q_l = -B_t^T = A_t^{-1} A_l \\ Q_f = [1_t \vdots Q_l] \end{cases}$$

(2) 先连支、后树支。

若支路按先连支、后树支的顺序排列编号，基本回路编号及绕行方向与组成该回路的单连支编号

相同、方向一致，基本割集编号及方向与组成该割集的单树支编号相同、方向一致，则写出 $\boldsymbol{A}$、$\boldsymbol{B}_\mathrm{f}$、$\boldsymbol{Q}_\mathrm{f}$ 矩阵，使得

$$\begin{cases} \boldsymbol{A} = [\boldsymbol{A}_\mathrm{l} \vdots \boldsymbol{A}_\mathrm{t}] \\ \boldsymbol{B}_\mathrm{f} = [\boldsymbol{1}_\mathrm{l} \vdots \boldsymbol{B}_\mathrm{t}] \Rightarrow \boldsymbol{B}_\mathrm{t}^\mathrm{T} = -\boldsymbol{A}_\mathrm{t}^{-1}\boldsymbol{A}_\mathrm{l}, \quad \boldsymbol{Q}_\mathrm{l} = -\boldsymbol{B}_\mathrm{t}^\mathrm{T} = \boldsymbol{A}_\mathrm{t}^{-1}\boldsymbol{A}_\mathrm{l} \\ \boldsymbol{Q}_\mathrm{f} = [\boldsymbol{Q}_\mathrm{l} \vdots \boldsymbol{1}_\mathrm{t}] \end{cases}$$

2. 方法演示

设有向图 G 的支路数 $b=9$、节点数 $n=6$，则基本回路数 $l=b-n+1=4$，基本割集数 $n-1=5$。填写矩阵 $\boldsymbol{A}$、$\boldsymbol{B}_\mathrm{f}$、$\boldsymbol{Q}_\mathrm{f}$，其中元素 a_{jk}、b_{jk}、q_{jk} 均仅有三种取值 +1、-1 和 0。

（1）先树支、后连支。

关联矩阵 $\boldsymbol{A} = [\boldsymbol{A}_\mathrm{t} \vdots \boldsymbol{A}_\mathrm{l}]$。

$$\boldsymbol{A} = \begin{matrix} & \overset{\text{独立节点号}}{\downarrow} \quad 1 \quad 2 \quad 3 \quad 4 \quad 5 \quad 6 \quad 7 \quad 8 \quad 9 \leftarrow \text{支路号} \\ \begin{matrix}1\\2\\3\\4\\5\end{matrix} & \begin{bmatrix} a_{11} & a_{12} & a_{13} & a_{14} & a_{15} & a_{16} & a_{17} & a_{18} & a_{19} \\ a_{21} & a_{22} & a_{23} & a_{24} & a_{25} & a_{26} & a_{27} & a_{28} & a_{29} \\ a_{31} & a_{32} & a_{33} & a_{34} & a_{35} & a_{36} & a_{37} & a_{38} & a_{39} \\ a_{41} & a_{42} & a_{43} & a_{44} & a_{45} & a_{46} & a_{47} & a_{48} & a_{49} \\ a_{51} & a_{52} & a_{53} & a_{54} & a_{55} & a_{56} & a_{57} & a_{58} & a_{59} \end{bmatrix} \\ & \underbrace{1 \quad 2 \quad 3 \quad 4 \quad 5}_{\text{树支号}} \quad \underbrace{6 \quad 7 \quad 8 \quad 9}_{\text{连支号}} \end{matrix}$$

基本回路矩阵 $\boldsymbol{B}_\mathrm{f} = [\boldsymbol{B}_\mathrm{t} \vdots \boldsymbol{1}_\mathrm{l}]$。

$$\boldsymbol{B}_\mathrm{f} = \begin{matrix} & \overset{\text{基本回路号}}{\downarrow} \quad 1 \quad 2 \quad 3 \quad 4 \quad 5 \quad 6 \quad 7 \quad 8 \quad 9 \leftarrow \text{支路号} \\ \begin{matrix}6\\7\\8\\9\end{matrix} & \begin{bmatrix} b_{11} & b_{12} & b_{13} & b_{14} & b_{15} & 1 & 0 & 0 & 0 \\ b_{21} & b_{22} & b_{23} & b_{24} & b_{25} & 0 & 1 & 0 & 0 \\ b_{31} & b_{32} & b_{33} & b_{34} & b_{35} & 0 & 0 & 1 & 0 \\ b_{41} & b_{42} & b_{43} & b_{44} & b_{45} & 0 & 0 & 0 & 1 \end{bmatrix} \\ & \underbrace{1 \quad 2 \quad 3 \quad 4 \quad 5}_{\text{树支号}} \quad \underbrace{6 \quad 7 \quad 8 \quad 9}_{\text{连支号}} \end{matrix}$$

基本割集矩阵 $\boldsymbol{Q}_\mathrm{f} = [\boldsymbol{1}_\mathrm{t} \vdots \boldsymbol{Q}_\mathrm{l}]$。

$$\boldsymbol{Q}_\mathrm{f} = \begin{matrix} & \overset{\text{基本割集号}}{\downarrow} \quad 1 \quad 2 \quad 3 \quad 4 \quad 5 \quad 6 \quad 7 \quad 8 \quad 9 \leftarrow \text{支路号} \\ \begin{matrix}1\\2\\3\\4\\5\end{matrix} & \begin{bmatrix} 1 & 0 & 0 & 0 & 0 & q_{16} & q_{17} & q_{18} & q_{19} \\ 0 & 1 & 0 & 0 & 0 & q_{26} & q_{27} & q_{28} & q_{29} \\ 0 & 0 & 1 & 0 & 0 & q_{36} & q_{37} & q_{38} & q_{39} \\ 0 & 0 & 0 & 1 & 0 & q_{46} & q_{47} & q_{48} & q_{49} \\ 0 & 0 & 0 & 0 & 1 & q_{56} & q_{57} & q_{58} & q_{59} \end{bmatrix} \\ & \underbrace{1\ 2\ 3\ 4\ 5}_{\text{树支号}} \quad \underbrace{6 \quad 7 \quad 8 \quad 9}_{\text{连支号}} \end{matrix}$$

(2)先连支、后树支。

关联矩阵 $A = [A_l \vdots A_t]$。

$$A = \begin{array}{c} \text{独立节点号} \\ \downarrow \\ 1 \\ 2 \\ 3 \\ 4 \\ 5 \end{array} \begin{bmatrix} a_{11} & a_{12} & a_{13} & a_{14} & a_{15} & a_{16} & a_{17} & a_{18} & a_{19} \\ a_{21} & a_{22} & a_{23} & a_{24} & a_{25} & a_{26} & a_{27} & a_{28} & a_{29} \\ a_{31} & a_{32} & a_{33} & a_{34} & a_{35} & a_{36} & a_{37} & a_{38} & a_{39} \\ a_{41} & a_{42} & a_{43} & a_{44} & a_{45} & a_{46} & a_{47} & a_{48} & a_{49} \\ a_{51} & a_{52} & a_{53} & a_{54} & a_{55} & a_{56} & a_{57} & a_{58} & a_{59} \end{bmatrix}$$

支路号在上方 1 2 3 4 5 6 7 8 9；下方 1 2 3 4 为连支号，5 6 7 8 9 为树支号。

基本回路矩阵 $B_f = [\mathbf{1}_l \vdots B_t]$。

$$B_f = \begin{array}{c} \text{基本回路号} \\ \downarrow \\ 1 \\ 2 \\ 3 \\ 4 \end{array} \begin{bmatrix} 1 & 0 & 0 & 0 & b_{15} & b_{16} & b_{17} & b_{18} & b_{19} \\ 0 & 1 & 0 & 0 & b_{25} & b_{26} & b_{27} & b_{28} & b_{29} \\ 0 & 0 & 1 & 0 & b_{35} & b_{36} & b_{37} & b_{38} & b_{39} \\ 0 & 0 & 0 & 1 & b_{45} & b_{46} & b_{47} & b_{48} & b_{49} \end{bmatrix}$$

支路号：1 2 3 4（连支号）5 6 7 8 9（树支号）

基本割集矩阵 $Q_f = [Q_l \vdots \mathbf{1}_t]$。

$$Q_f = \begin{array}{c} \text{基本割集号} \\ \downarrow \\ 5 \\ 6 \\ 7 \\ 8 \\ 9 \end{array} \begin{bmatrix} q_{11} & q_{12} & q_{13} & q_{14} & 1 & 0 & 0 & 0 & 0 \\ q_{21} & q_{22} & q_{23} & q_{24} & 0 & 1 & 0 & 0 & 0 \\ q_{31} & q_{32} & q_{33} & q_{34} & 0 & 0 & 1 & 0 & 0 \\ q_{41} & q_{42} & q_{43} & q_{44} & 0 & 0 & 0 & 1 & 0 \\ q_{51} & q_{52} & q_{53} & q_{54} & 0 & 0 & 0 & 0 & 1 \end{bmatrix}$$

支路号：1 2 3 4（连支号）5 6 7 8 9（树支号）

▶ 五、电路方程的矩阵形式

(1)回路电流法列方程的矩阵形式。

$$BZB^T \dot{I}_l = B\dot{U}_S - BZ\dot{I}_S$$

$Z_l \dot{I}_l = \dot{E}_l$——回路电流方程的矩阵形式(缩写)；

$Z_l = BZB^T$——回路阻抗矩阵(l 阶方阵)；

Z——支路阻抗矩阵(b 阶方阵)；

$\dot{E}_l = B\dot{U}_S - BZ\dot{I}_S$ ——独立电压源引起的回路电压升列向量。

以上方程采用如图(a)和图(b)所示的复合支路定义 b 条支路。

第 k 条复合支路的定义：只可能含有一个独立电压源 $\dot{U}_{Sk}$、一个独立电流源 $\dot{I}_{Sk}$、一个无源元件阻抗 Z_k（单一的电阻 R_k、电感 $\mathrm{j}\omega L_k$ 或电容 $\dfrac{1}{\mathrm{j}\omega C_k}$）、一个受控电压源 $\dot{U}_{dk}$（复合支路中无受控电流源，也不允许存在无伴电流源支路）。

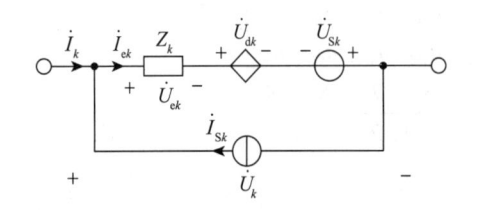

(a) 第 k 条复合支路 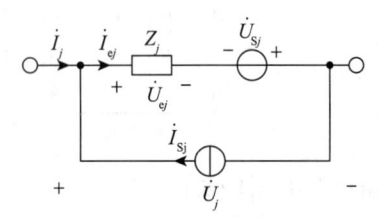　　(b) 第 j 条复合支路（控制量所在支路）

支路方程矩阵形式为 $\dot{U} = Z(\dot{I} + \dot{I}_S) - \dot{U}_S$。

(2) 节点电压法列方程的矩阵形式。

$$AYA^T\dot{U}_n = A\dot{I}_S - AY\dot{U}_S$$

$Y_n\dot{U}_n = \dot{J}_n$ ——节点电压方程的矩阵形式（缩写）；

$Y_n = AYA^T$ ——节点导纳矩阵（$n-1$ 阶方阵）；

Y ——支路导纳矩阵（b 阶方阵）；

$\dot{J}_n = A\dot{I}_S - AY\dot{U}_S$ ——独立电流源流入节点的电流列向量。

以上方程采用如图(a)和图(b)所示的复合支路定义 b 条支路。

第 k 条复合支路的定义：只可能含有一个独立电压源 $\dot{U}_{Sk}$、一个独立电流源 $\dot{I}_{Sk}$、一个无源元件导纳 Y_k（单一的电导 G_k、电感 $\dfrac{1}{\mathrm{j}\omega L_k}$ 或电容 $\mathrm{j}\omega C_k$）、一个受控电流源 $\dot{I}_{dk}$（复合支路中无受控电压源，也不允许存在无伴电压源支路）。

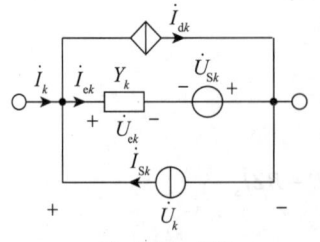

(a) 第 k 条复合支路 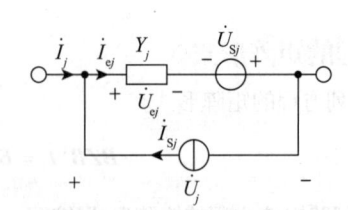　　(b) 第 j 条复合支路（控制量所在支路）

支路方程矩阵形式为 $\dot{I} = Y(\dot{U} + \dot{U}_S) - \dot{I}_S$。

(3) 割集电压法列方程的矩阵形式。

$$QYQ^T\dot{U}_t = Q\dot{I}_S - QY\dot{U}_S$$

$Y_t\dot{U}_t = \dot{J}_t$ ——割集电压方程的矩阵形式(缩写);

$Y_t = QYQ^T$ ——割集导纳矩阵($n-1$ 阶方阵);

Y ——支路导纳矩阵(b 阶方阵);

$\dot{J}_t = Q\dot{I}_S - QY\dot{U}_S$ ——独立电流源流入割集的电流列向量。

以上方程采用如图(a)和图(b)所示的复合支路定义 b 条支路。

第 k 条复合支路的定义:只可能含有一个独立电压源 $\dot{U}_{Sk}$、一个独立电流源 $\dot{I}_{Sk}$、一个无源元件导纳 Y_k(单一的电导 G_k、电感 $\dfrac{1}{j\omega L_k}$ 或电容 $j\omega C_k$)、一个受控电流源 $\dot{I}_{dk}$(复合支路中无受控电压源,也不允许存在无伴电压源支路)。

支路方程矩阵形式为 $\dot{I} = Y(\dot{U} + \dot{U}_S) - \dot{I}_S$。

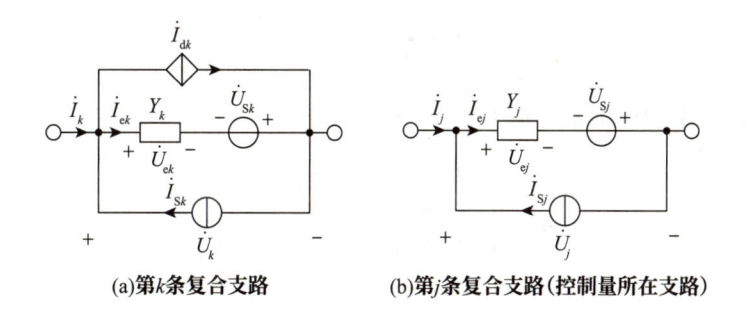

(a)第 k 条复合支路　　(b)第 j 条复合支路(控制量所在支路)

(4) 说明。

以上方程中填写的相关矩阵对应一个具有 n 个节点、b 条复合支路的有向图,并假设其支路电流 $\dot{I}_k$、支路电压 $\dot{U}_k$ 取关联参考方向;其支路上的独立源与支路参考方向相反,受控源与支路参考方向一致。在第 $1\sim b$ 条复合支路中,各电流、电压的列向量如表所示。

向量名称	矩阵形式
支路电流列向量 $\dot{I}$	$\dot{I} = \begin{bmatrix} \dot{I}_1 & \dot{I}_2 & \dot{I}_3 \cdots \dot{I}_k \cdots \dot{I}_b \end{bmatrix}^T$
支路电压列向量 $\dot{U}$	$\dot{U} = \begin{bmatrix} \dot{U}_1 & \dot{U}_2 & \dot{U}_3 \cdots \dot{U}_k \cdots \dot{U}_b \end{bmatrix}^T$
支路电流源列向量 $\dot{I}_S$	$\dot{I}_S = \begin{bmatrix} \dot{I}_{S1} & \dot{I}_{S2} & \dot{I}_{S3} \cdots \dot{I}_{Sk} \cdots \dot{I}_{Sb} \end{bmatrix}^T$
支路电压源列向量 $\dot{U}_S$	$\dot{U}_S = \begin{bmatrix} \dot{U}_{S1} & \dot{U}_{S2} & \dot{U}_{S3} \cdots \dot{U}_{Sk} \cdots \dot{U}_{Sb} \end{bmatrix}^T$
回路电流列向量 $\dot{I}_l$	$\dot{I}_l = \begin{bmatrix} \dot{I}_{l1} & \dot{I}_{l2} & \dot{I}_{l3} \cdots \dot{I}_{lk} \cdots \dot{I}_{ll} \end{bmatrix}^T$

续表

向量名称	矩阵形式
节点电压列向量 $\dot{U}_n$	$\dot{U}_n = \begin{bmatrix} \dot{U}_{n1} & \dot{U}_{n2} & \dot{U}_{n3} \cdots \dot{U}_{nk} \cdots \dot{U}_{n(n-1)} \end{bmatrix}^T$
树支(割集)电压列向量 $\dot{U}_t$	$\dot{U}_t = \begin{bmatrix} \dot{U}_{t1} & \dot{U}_{t2} & \dot{U}_{t3} \cdots \dot{U}_{tk} \cdots \dot{U}_{t(n-1)} \end{bmatrix}^T$

巩固提高

题1 如图所示的有向图中，实线为树支，虚线为连支。

(1) 按先连支、后树支编号，写出单连支回路矩阵 B；

(2) 按先树支、后连支编号，写出单树支割集矩阵 Q。

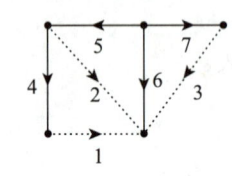

题2 已知某网络的基本回路矩阵为

$$B = \begin{bmatrix} 1 & 0 & 0 & 0 & 0 & -1 & -1 & 0 \\ 0 & 1 & 0 & 0 & 0 & 0 & 1 & 1 \\ 0 & 0 & 1 & 0 & 1 & 1 & 1 & 0 \\ 0 & 0 & 0 & 1 & -1 & -1 & 0 & 1 \end{bmatrix}$$

试写出此网络的基本割集矩阵。

题3 某电路有向图的基本割集矩阵为

$$Q_f = [E \vdots 1] = \begin{matrix} & 2 & 5 & 7 & 8 & 1 & 3 & 4 & 6 \\ & \begin{bmatrix} -1 & 0 & 0 & -1 & 1 & 0 & 0 & 0 \\ -1 & 0 & 1 & -1 & 0 & 1 & 0 & 0 \\ 0 & 1 & -1 & 1 & 0 & 0 & 1 & 0 \\ 0 & 1 & -1 & 0 & 0 & 0 & 0 & 1 \end{bmatrix} \end{matrix}$$

(1) 写出该有向图的关联矩阵 A（支路排列顺序与 Q_f 相同）；

(2) 写出将连支电压用树支电压表示的该电路的矩阵公式。

题4 一连通图的基本回路矩阵为

$$B_f = \begin{matrix} & a & b & c & d & e & f & g \\ L_1 \\ L_2 \\ L_3 \end{matrix} \begin{bmatrix} 1 & 0 & 0 & 1 & 1 & 0 & 0 \\ 0 & 1 & 0 & 0 & 1 & 1 & 0 \\ 0 & 0 & 1 & 0 & 0 & 1 & 1 \end{bmatrix}$$

判断以下结论是否正确。

(1) 支路 *acef* 构成树；

(2) 支路 *abcdg* 构成回路；

(3) 支路 *abeg* 构成割集。

题5 如图所示非平面图，选定 5、6、7、8、9 号支路为树，试写出与所选树对应的各基本回路及各基本割集所含支路。

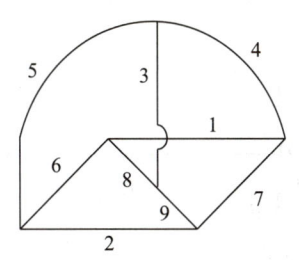

题6 已知电路中 $R_1 = 1\,\Omega$，$R_2 = 2\,\Omega$，$R_3 = 3\,\Omega$，$R_4 = 4\,\Omega$，$R_5 = 5\,\Omega$，$R_6 = 6\,\Omega$，$E_1 = 2\,\text{V}$，$J_4 = 4\,\text{A}$，各支路电流的参考方向如图所示。

(1) 作出有向图；

(2) 写出节点与支路的关联矩阵 A 和支路电导矩阵 G_b；

(3) 写出矩阵形式的节点电压分析方程（以节点④为参考节点，不用算出具体结果）。

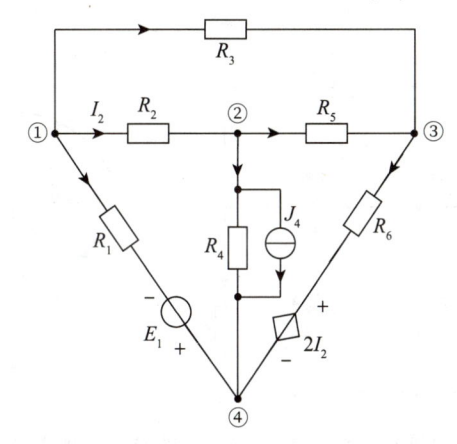

题7 设某拓扑图对应某树的基本回路矩阵为 $B_f = \begin{matrix} & 1 & 2 & 3 & 4 & 5 & 6 \\ & \begin{bmatrix} 1 & 1 & 0 & 1 & 0 & 0 \\ 0 & 0 & 1 & -1 & 0 & 1 \\ 0 & 1 & 0 & 1 & 1 & -1 \end{bmatrix} \end{matrix}$。

(1) 求 B_f 对应的全部基本回路和全部基本割集；

(2) 若对应的支路阻抗矩阵为 $\text{diag}\left[R_1, R_2, j\omega L_3, R_4, \dfrac{1}{j\omega C_5}, j\omega L_6\right]$，写出回路阻抗矩阵 Z_l；

(3) 若连支电流列向量 $\boldsymbol{I}_1 = \begin{bmatrix} 3 & 1 & 1 \end{bmatrix}^T$，写出支路电流列向量 $\boldsymbol{I}$。

题8 如图所示电路及其拓扑图，以节点⑤为参考节点，求

(1) 关联矩阵 $\boldsymbol{A}$；

(2) 支路导纳矩阵 $\boldsymbol{Y}$；

(3) 支路电压源列向量 $\dot{\boldsymbol{U}}_S$ 和支路电流源列向量 $\dot{\boldsymbol{I}}_S$；

(4) 节点电压方程的矩阵形式。

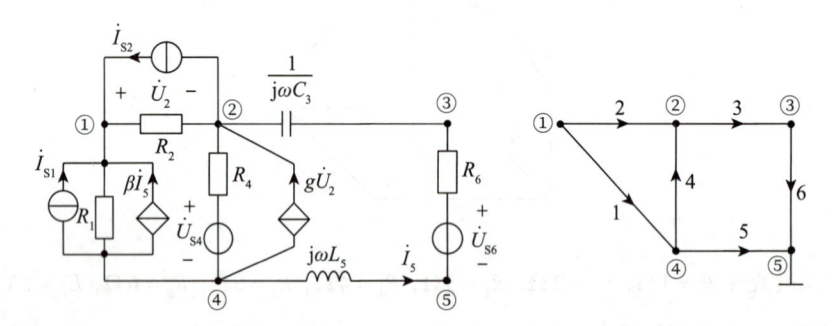

题9 正弦稳态电路及其有向拓扑图如图所示，已知正弦电源角频率为 ω。

(1) 以 (1, 3, 6) 为树，写出基本回路矩阵 $\boldsymbol{B}_f$ 和基本割集矩阵 $\boldsymbol{Q}_f$；

(2) 写出支路阻抗矩阵 $\boldsymbol{Z}$ 和回路阻抗矩阵 $\boldsymbol{Z}_l$。

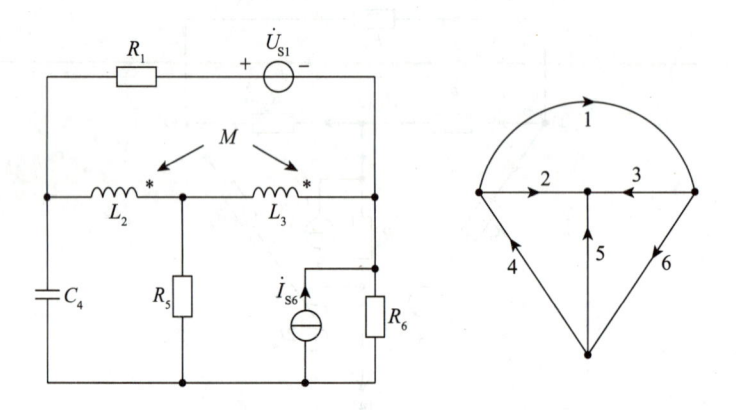

题10 【综合提高】如图(a)所示正弦稳态电路对应的有向图如图(b)所示，其实线为树支，电源参数为

$$u_{S1}(t) = 50\sqrt{2}\cos(2t+30°) \text{ V}, \quad i_{S2}(t) = 3\sqrt{2}\cos(2t+60°) \text{ A}$$

$$u_{S6}(t) = 80\sqrt{2}\cos(2t+45°) \text{ V}, \quad i_{S6}(t) = 5\sqrt{2}\cos(2t+75°) \text{ A}$$

(1) 在图(c)中补充填写基本割集矩阵 $\boldsymbol{Q}_f$；

(2) 取节点⑤为参考节点，写出节点电压矩阵方程(按支路及节点编号顺序)、相关的所有矩阵和节点电压方程表达式。(不需要做矩阵运算)

第 17 讲 图论基础及电路方程矩阵形式

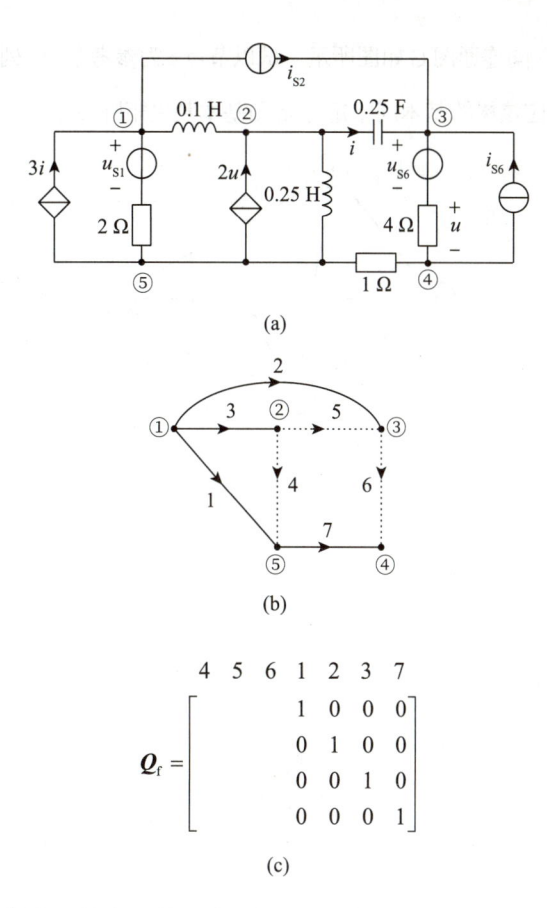

(a)

(b)

$$Q_f = \begin{bmatrix} & 4 & 5 & 6 & 1 & 2 & 3 & 7 \\ & 1 & 0 & 0 & 0 & & & \\ & 0 & 1 & 0 & 0 & & & \\ & 0 & 0 & 1 & 0 & & & \\ & 0 & 0 & 0 & 1 & & & \end{bmatrix}$$

(c)

题 11【综合提高】某电阻性电路的有向图如图所示,已知该图的基本割集矩阵 Q 和割集导纳矩阵 Y_t 分别为 $Q = \begin{matrix} Q_1 \\ Q_2 \\ Q_3 \end{matrix} \begin{bmatrix} 1 & 2 & 3 & 4 & 5 & 6 \\ 0 & 1 & 1 & 1 & 0 & 0 \\ -1 & 1 & 1 & 0 & 1 & 0 \\ 1 & -1 & 0 & 0 & 0 & 1 \end{bmatrix}$, $Y_t = \begin{bmatrix} 1.25 & 1 & -0.5 \\ 1 & 3 & -1.5 \\ -0.5 & -1.5 & 1.75 \end{bmatrix}$。

(1) 指出基本割集矩阵 Q 对应的树支;

(2) 试确定该网络各支路的电阻参数;

(3) 写出对应该树支的基本回路阻抗矩阵 Z。

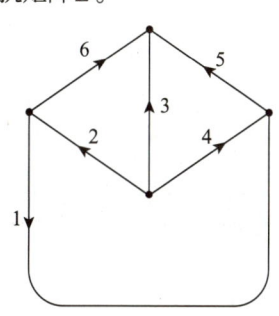

题12 【综合提高】有向连通图 G 如图所示。试以节点 e 为参考节点，列出其关联矩阵 A；若选一树 T=(3, 5, 6, 8)，试列写对应该树的基本回路矩阵 B_f 和基本割集矩阵 Q_f。

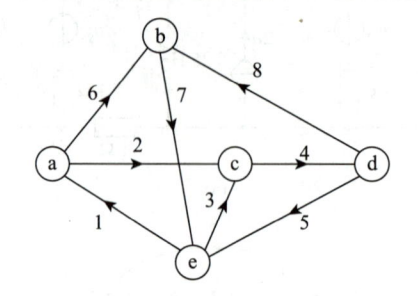

第18讲 均匀传输线

命题基本点

　　一、均匀传输线的基本概念　　【☆】
　　二、均匀传输线的正弦稳态解　　【☆☆】
　　三、均匀无损线的暂态过程　　【☆☆】

基本考点总结

一、均匀传输线的基本概念

在分布参数电路中，由于考虑了电路参数的分布性，此时电路的基本变量 u、i 不仅是时间 t 的函数，而且还与距离 x 有关。均匀传输线的基本方程为

$$\begin{cases} -\dfrac{\partial u}{\partial x} = R_0 i + L_0 \dfrac{\partial i}{\partial t} \\ -\dfrac{\partial i}{\partial x} = G_0 u + C_0 \dfrac{\partial u}{\partial t} \end{cases}$$

式中 R_0、L_0、C_0 和 G_0 为均匀传输线的单位长度的电阻、电感、电容和电导，称为均匀传输线的原始参数。

二、均匀传输线的正弦稳态解

1. 行波

如果传输线在正弦交流激励作用下，u、i 分别用相量 $\dot{U}$、$\dot{I}$ 来描述，则上述偏微分方程的通解为

$$\begin{cases} \dot{U}(x) = A_1 e^{-\gamma x} + A_2 e^{\gamma x} = \dot{U}^+(x) + \dot{U}^-(x) \\ \dot{I}(x) = \dfrac{A_1}{Z_c} e^{-\gamma x} - \dfrac{A_2}{Z_c} e^{\gamma x} = \dot{I}^+(x) - \dot{I}^-(x) \end{cases}$$

式中 $\gamma = \sqrt{(R_0 + j\omega L_0)(G_0 + j\omega C_0)} = \alpha + j\beta$ 称为传播常数，α 为传输线的衰减系数，β 为相位系数；$Z_c = \sqrt{\dfrac{R_0 + j\omega L_0}{G_0 + j\omega C_0}}$ 为均匀传输线的特性阻抗或波阻抗；$\dot{U}^+(x)$、$\dot{I}^+(x)$ 分别表示电压、电流的正向行波；$\dot{U}^-(x)$、$\dot{I}^-(x)$ 分别表示电压、电流的反向行波。

传输线上各处电压或电流都可以看成是由两个向相反方向前进的行波(正向行波和反向行波)叠加而成的。

行波的波长

$$\lambda = \frac{2\pi}{\beta}$$

行波的波速

$$v = \frac{\omega}{\beta} = \frac{\lambda}{T} = \lambda f$$

反向电压行波与正向电压行波相量之比或反向电流行波与正向电流行波相量之比称为反射系数，且反射系数为

$$N = \frac{\dot{U}^-(x)}{\dot{U}^+(x)} = \frac{\dot{I}^-(x)}{\dot{I}^+(x)}$$

若终端接负载 Z_L，则终端反射系数 N_2 为

$$N_2 = \frac{Z_L - Z_c}{Z_L + Z_c}$$

2. 均匀传输线的正弦稳态方程

在正弦稳态情况下，若已知始端电压相量 $\dot{U}_1$、电流相量 $\dot{I}_1$，则距始端 x 处的电压相量 $\dot{U}$ 和电流相量 $\dot{I}$ 为

$$\begin{cases} \dot{U} = \dot{U}_1 \cosh(\gamma x) - \dot{I}_1 Z_c \sinh(\gamma x) \\ \dot{I} = -\dfrac{\dot{U}_1}{Z_c} \sinh(\gamma x) + \dot{I}_1 \cosh(\gamma x) \end{cases}$$

若已知终端电压相量 $\dot{U}_2$、电流相量 $\dot{I}_2$，则距终端 x' 处的电压相量 $\dot{U}$ 和电流相量 $\dot{I}$ 为

$$\begin{cases} \dot{U} = \dot{U}_2 \cosh(\gamma x') + \dot{I}_2 Z_c \sinh(\gamma x') \\ \dot{I} = \dfrac{\dot{U}_2}{Z_c} \sinh(\gamma x') + \dot{I}_2 \cosh(\gamma x') \end{cases}$$

匹配线。当终端负载阻抗 Z_L 等于特性阻抗 Z_c 时，传输线处于匹配工作状态，此时传输线上任意一点的输入阻抗都等于特性阻抗。在传输线上无反向行波，只有正向行波。在匹配状态下，传输线上传输的功率称为自然功率，传输线方程简化为

$$\begin{cases} \dot{U}(x) = \dot{U}_1 e^{-\gamma x} \\ \dot{I}(x) = \dot{I}_1 e^{-\gamma x} \end{cases}$$

3. 无损耗传输线

如果传输线的单位长度电阻 R_0 和单位长度电导 G_0 等于零，则称为无损耗传输线，简称无损线。

传播系数

$$\gamma = j\omega\sqrt{L_0 C_0} = j\beta$$

特性阻抗
$$Z_c = \sqrt{\frac{L_0}{C_0}}$$

波速
$$v = \frac{\omega}{\beta} = \frac{1}{\sqrt{L_0 C_0}}$$

若已知始端电压相量 $\dot{U}_1$、电流相量 $\dot{I}_1$，则距始端 x 处的电压相量 $\dot{U}$ 和电流相量 $\dot{I}$ 为

$$\begin{cases} \dot{U} = \dot{U}_1 \cos(\beta x) - j\dot{I}_1 Z_c \sin(\beta x) \\ \dot{I} = -j\dfrac{\dot{U}_1}{Z_c} \sin(\beta x) + \dot{I}_1 \cos(\beta x) \end{cases}$$

若已知终端电压相量 $\dot{U}_2$、电流相量 $\dot{I}_2$，则距终端 x' 处的电压相量 $\dot{U}$ 和电流相量 $\dot{I}$ 为

$$\begin{cases} \dot{U} = \dot{U}_2 \cos(\beta x') + j\dot{I}_2 Z_c \sin(\beta x') \\ \dot{I} = j\dfrac{\dot{U}_2}{Z_c} \sin(\beta x') + \dot{I}_2 \cos(\beta x') \end{cases}$$

始端输入阻抗为

$$Z_i = \frac{\dot{U}(l)}{\dot{I}(l)} = Z_c \frac{Z_L \cos(\beta l) + jZ_c \sin(\beta l)}{jZ_L \sin(\beta l) + Z_c \cos(\beta l)}$$

当终端负载阻抗 Z_L 等于特性阻抗 Z_c 时，始端输入阻抗为 $Z_i = Z_c$。

当线路长度 $l = \dfrac{\lambda}{4}$ 时

$$\beta l = \frac{\pi}{2}$$

始端输入阻抗为

$$Z_i = \frac{Z_c^2}{Z_L}$$

当终端开路时

$$Z_L \to \infty, \quad \dot{I}_2 = 0, \quad \dot{U}_1 = \dot{U}_2 \cos(\beta l), \quad \dot{I} = j\frac{\dot{U}_2}{Z_c} \sin(\beta l)$$

始端输入阻抗为

$$Z_i = -jZ_c \cot(\beta l) = -jX$$

当终端开路时，电压和电流也形成驻波。在距终端 $x' = \dfrac{2k+1}{4}\lambda$ 处，电压的幅值恒为零，为驻波的波节；电流的幅值最大，为驻波的波腹；在 $x' = \dfrac{k\lambda}{2}$ 处，电压的幅值最大，为波腹；电流的幅值恒为零，为波

节。长度满足 $l < \dfrac{\lambda}{4}$ 的终端开路线可以等效为电容。

当终端短路时

$$Z_L = 0, \dot{U}_2 = 0, \dot{U}_1 = \mathrm{j}\dot{I}_2 Z_c \sin(\beta l), \dot{I}_1 = \dot{I}_2 \cos(\beta l)$$

始端输入阻抗为

$$Z_i = \mathrm{j}Z_c \tan(\beta l) = \mathrm{j}X$$

当终端短路时，电压和电流也形成驻波。在距终端 $x' = \dfrac{2k+1}{4}\lambda$ 处，电压的幅值最大，电流的幅值恒为零；在 $x' = \dfrac{k\lambda}{2}$ 处，电流的幅值最大，电压的幅值恒为零。长度满足 $l < \dfrac{\lambda}{4}$ 的终端短路线可以等效为电感。

▶ 三、均匀无损线的暂态过程

1. 无损线上波的多次反射

当无损线始端和终端接电阻性负载且不匹配时，电压和电流行波在传输线上进行无数次反射。在终端(始端)的电压(电流)反射波等于入射电压(电流)乘以终端(始端)反射系数。在某一时刻传输线上的电压(电流)等于在此时刻存在的所有入射和反射电压(电流)的叠加。电压叠加为正向电压行波和反向电压行波相加，而电流叠加为正向电流行波减反向电流行波。

2. 求反射波的一般方法——柏德生法则

当无损耗线终端接有一般性负载(R、L、C 及其组合)，正向行波电压 u^+ 到达终端时，既有反射产生，又有透射产生。从终端向始端看，相当于接通一个源电压为 $2u^+$、内阻为 Z_c 的电压源，柏德生法则等效电路如图所示。可依据集中参数的求解方法求出终端处的电压 u_2 和电流 i_2，再由终端处电压、电流的关系 $u_2 = u^+ + u^-$，$i_2 = i^+ - i^-$ 求出反射电压 u^- 和电流 i^-。

巩固提高

题 1 如图所示电路为无损均匀传输线，特性阻抗 $Z_c = 600\,\Omega$，线长 $l = \dfrac{\lambda}{3}$（λ 为信号源的波长），$u_S(t) = 24\sqrt{2}\cos(\omega t - 30°)\,\mathrm{V}$，$R_S = 300\,\Omega$，$Z_2 = 600\,\Omega$。试求终端负载 Z_2 上的 $u_2(t)$ 和 $i_2(t)$。

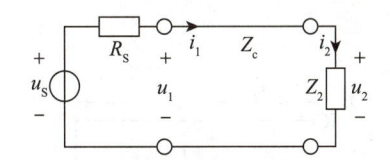

题2 如图所示，无损线的波阻抗为 $Z_c = 300\,\Omega$，线长 l 为 $\dfrac{1}{4}$ 波长。求由传输线和理想变压器级联构成的二端口网络的传输参数矩阵。

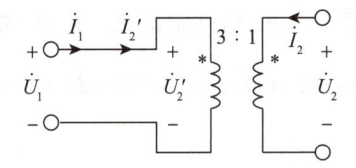

题3 如图所示，两端均为无损线，其波阻抗 Z_{c1}、Z_{c2} 及长度 l_1、l_2 如图所示，两线连接处接有集中参数电阻和电感，终端 3–3′ 开路。已知从 1–1′ 端看进去的入端阻抗 $Z_{in} = 450\,\Omega$。

(1) 此时 2–2′ 端相当于接有多大的负载 Z_L？

(2) 求第二段无损线的 Z_{c2} 的值。

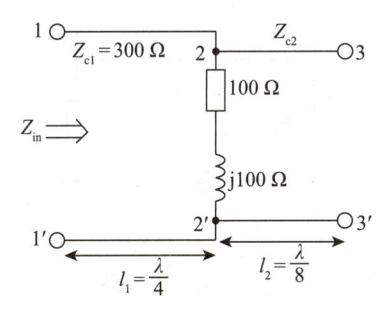

题4 如图所示，无损线长为 18 m，波阻抗 $Z_c = 100\,\Omega$，u_S 为正弦电压源。传输线上的行波波长 $\lambda = 8$ m，终端接集中参数电感，电感的感抗 $X_L = 100\sqrt{3}\,\Omega$。试求传输线上电压始终为零的点距终端的距离。

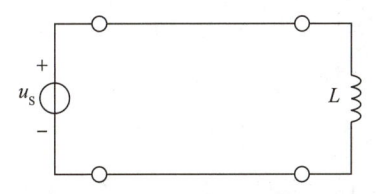

题5 如图所示，无损均匀传输线，特性阻抗 $Z_c = 300\,\Omega$，1–1′ 端开路，2–2′ 端接电感，其感抗 $X_L = 100\sqrt{3}\,\Omega$，现在距 2–2′ 端 $l_2 = 0.5$ m 的 a–a' 处接电压源 $u_S(t) = 2\sqrt{2}\cos(\omega t + 45°)$ V，工作波长 $\lambda = 2$ m。试求：

(1) 使流经电压源 $u_S(t)$ 的电流 $i(t)$ 恒等于零的 l_1 的值；

207

(2) 电感 X_L 上的电压 $u_2(t)$。

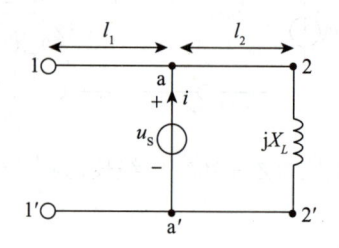

题6 某一均匀无损线,长度 $l = 9$ m,特性阻抗 $Z_c = 50\ \Omega$,相速 $v = 3 \times 10^8$ m/s,始端接有内阻 $R_S = 10\ \Omega$ 的电压源,其电压 $u_S(t) = 6\sqrt{2}\cos(10^8 \pi t)$ V,终端负载与传输线匹配,电路已建立稳态。

(1) 计算波长 λ;

(2) 计算传输线始端电压 $u_1(t)$ 及终端电压 $u_2(t)$。

题7 如图所示电路中均匀无损传输线 l_1、l_2、l_3 的长度均为 0.75 m,特性阻抗 $Z_c = 100\ \Omega$,$u_S(t) = 10\cos(2\pi \times 10^8 t)$ V,相位速度 $v = 3 \times 10^8$ m/s,终端 3–3′ 接负载 $Z_2 = 10\ \Omega$,终端 4–4′ 短路,求电源端的电流 $i_1(t)$。

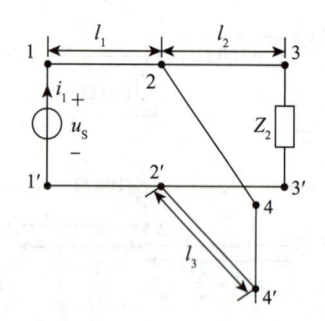

题8 如图所示的两条架空均匀无损线的波阻抗 $Z_{c1} = 300\ \Omega$,$Z_{c2} = 200\ \Omega$,长度 $l_1 = \dfrac{\lambda}{4}$,$l_2 = \dfrac{\lambda}{8}$。1–1′ 端接电压源 $\dot{U}_S = 600\angle 0°$ V,2–2′ 端接有集中参数 $R = 300\ \Omega$,$X_C = 200\ \Omega$,终端 3–3′ 短路。求:

(1) 从 1–1′ 端看入的入端阻抗 Z_{in};

(2) 始端电流 I_1;

(3) 2–2′ 端电压 U_2。

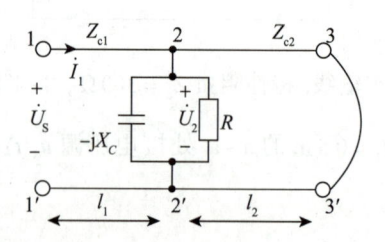

题9 如图所示电路为无损均匀传输线，三条线段 AB、BC 和 BD 在 B、B′ 处分叉，A、A′ 端接信号源，线上工作波长 $\lambda = 60$ m，$u_S(t) = 0.6\cos(\omega t)$ V，$R_S = 150\sqrt{3}\,\Omega$，C、C′ 端间开路，D、D′ 端间短路。已知 $l_1 = 7.5$ m，$l_2 = 5$ m，$l_3 = 10$ m。线段 AB 的特性阻抗 $Z_{c1} = 150\,\Omega$，而 BC 和 BD 段的特性阻抗均为 $Z_c = 300\,\Omega$。试求 A – A′ 端电流 $i_A(t)$；BD 段终点电流 $i_{DD'}(t)$。

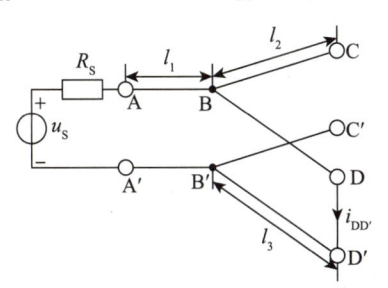

题10 如图所示的均匀无损传输线长 $l = 300$ m，波阻抗 $Z_c = 200\,\Omega$，$R_S = 50\,\Omega$，波速 $v = 3 \times 10^8$ m/s。又已知 $R = 300\,\Omega$，$C = 0.1$ F，$u_S(t) = 10\varepsilon(t)$ V。求 $0 < t < 3\,\mu s$ 时的终端电压 $u(t)$。

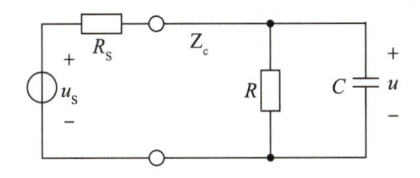

电路考研 18 讲

无计算器版

【解析册】

水木珞研教育 —— 主编

书课包

北京理工大学出版社
BEIJING INSTITUTE OF TECHNOLOGY PRESS

版权专有　侵权必究

图书在版编目（CIP）数据

电路考研18讲：无计算器版：函套2册 / 水木珞研
教育主编. -- 北京：北京理工大学出版社, 2025. 5.
ISBN 978-7-5763-5352-5

Ⅰ．TM13

中国国家版本馆CIP数据核字第2025VK4549号

责任编辑：多海鹏	**文案编辑**：多海鹏
责任校对：周瑞红	**责任印制**：李志强

出版发行 ／ 北京理工大学出版社有限责任公司
社　　址 ／ 北京市丰台区四合庄路 6 号
邮　　编 ／ 100070
电　　话 ／（010）68944451（大众售后服务热线）
　　　　　　（010）68912824（大众售后服务热线）
网　　址 ／ http：//www.bitpress.com.cn

版 印 次 ／ 2025 年 5 月第 1 版第 1 次印刷
印　　刷 ／ 三河市良远印务有限公司
开　　本 ／ 787 mm × 1092 mm　1/16
印　　张 ／ 31
字　　数 ／ 774 千字
定　　价 ／ 89.80 元（共 2 册）

图书出现印装质量问题，请拨打售后服务热线，负责调换

目 录

第1讲　电路模型及电路定律 · 1
第2讲　电阻电路的等效变换 · 10
第3讲　电路方程 · 22
第4讲　电路定理 · 34
第5讲　理想运算放大器 · 59
第6讲　动态电路之基本元件 · 73
第7讲　动态电路之时域分析 · 78
第8讲　正弦稳态电路 · 117
第9讲　耦合电感电路 · 145
第10讲　谐振电路 · 160
第11讲　三相电路 · 174
第12讲　非正弦周期电路 · 188
第13讲　动态电路复频域分析 · 203
第14讲　二端口参数电路 · 220
第15讲　非线性电路 · 237
第16讲　状态方程 · 247
第17讲　图论基础及电路方程矩阵形式 · 255
第18讲　均匀传输线 · 263

第1讲　电路模型及电路定律

题1 水木珞研解析

元件A上，u、i为非关联参考方向；元件B、C、D与E上，u、i为关联参考方向。因而有

元件A发出功率为

$$P_{A发} = 60 \times 5 = 300\,(\text{W})$$

元件B吸收功率为

$$P_{B吸} = 60 \times 1 = 60\,(\text{W})$$

元件C吸收功率为

$$P_{C吸} = 60 \times 2 = 120\,(\text{W})$$

元件D吸收功率为

$$P_{D吸} = 40 \times 2 = 80\,(\text{W})$$

元件E吸收功率为

$$P_{E吸} = 20 \times 2 = 40\,(\text{W})$$

验证：$P_{A发} = P_{B吸} + P_{C吸} + P_{D吸} + P_{E吸}$。因此，整个电路是功率平衡的。

题2 水木珞研解析

标出电路中的电量，如图所示。

由KVL可得

$$8 + 3I + 2I + 12 = 0$$

解得

$$I = -4\,\text{A}$$

由KVL可得

$$U = -6 + 8 + 3I = -10\,(\text{V})$$

题3 水木珞研解析

对电路进行等效,将接地端连在一起,作出如图所示等效电路。

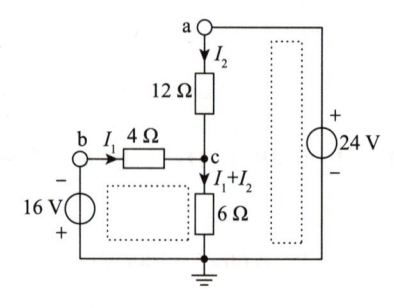

根据虚线框列KVL方程

$$\begin{cases} 4I_1 + 6\times(I_1 + I_2) = -16 \\ 12I_2 + 6\times(I_1 + I_2) = 24 \end{cases}$$

解得

$$I_1 = -3 \text{ A}, \quad I_2 = \frac{7}{3} \text{ A}$$

则c点电位为

$$\varphi_c = 6\times(I_1 + I_2) = -4 \text{ (V)}$$

题4 水木珞研解析

(1) 开关断开时,作出等效电路,如图(a)所示。

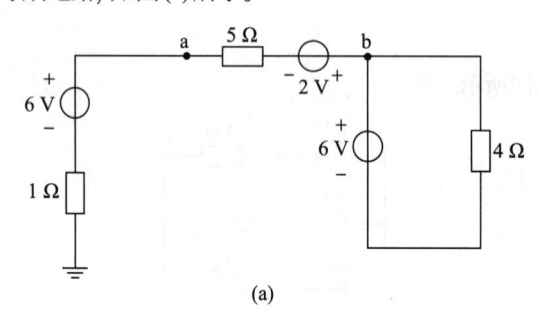

(a)

b点电位为

$$\varphi_b = 6 + 2 = 8 \text{(V)}$$

(2) 开关闭合时,作出等效电路,如图(b)所示。

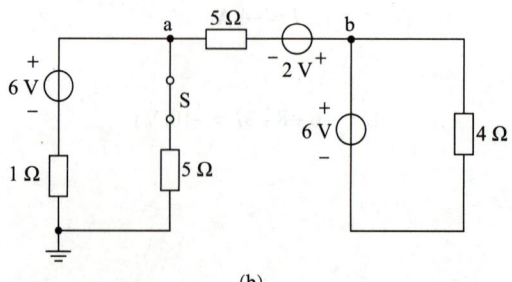

(b)

a 点电位为

$$\varphi_a = \frac{5}{1+5} \times 6 = 5(V)$$

b 点电位为

$$\varphi_b = \varphi_a + 2 = 7(V)$$

题5 水木珞研解析

标出电路中的电量,如图所示。

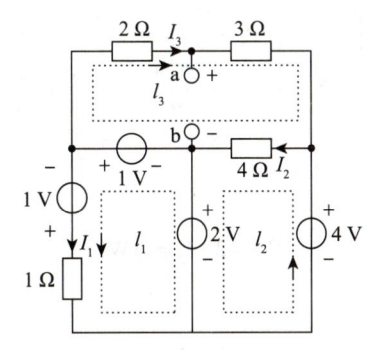

根据虚线框列 KVL 方程(注意:这里不是回路方程)

$$\begin{cases} 1 \times I_1 - 2 - 1 - 1 = 0 \\ 4I_2 + 2 - 4 = 0 \\ (2+3)I_3 + 4I_2 - 1 = 0 \end{cases}$$

解得

$$I_1 = 4\text{ A},\ I_2 = 0.5\text{ A},\ I_3 = -0.2\text{ A}$$

由 KVL 可得

$$U_{ab} = 1 - 2I_3 = 1.4(V)$$

题6 水木珞研解析

标出电路中的电量,如图所示。

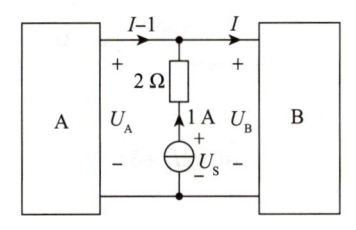

电流源发出功率

$$P = 12 \times 1 = 12(W)$$

网络A发出功率
$$P_A = 10 \times 1 = 10(W)$$
网络B发出功率
$$P_B = -10 \times 2 = -20(W)$$

题7 水木珞研解析

标出电路中的电量，如图所示。

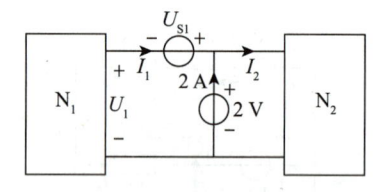

由题意可得
$$P_{N_2} = 2 \times I_2 = 2(W)$$

解得
$$I_2 = 1\,A$$

由题意可得
$$P_{N_1} = U_1 I_1 = 1\,W$$

而 $U_1 = 2 - U_{S1}, I_1 = I_2 - 2\,A = -1\,A$，代入解得
$$U_{S1} = 3\,V$$

题8 水木珞研解析

标出电路中的电量，如图所示。

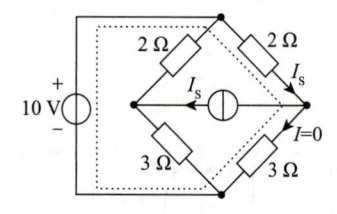

对虚线框列KVL方程
$$10 = 2I_S + 3I$$

解得
$$I_S = 5\,A$$

题9 水木珞研解析

改画电路，并将支路电流标出，如图所示。

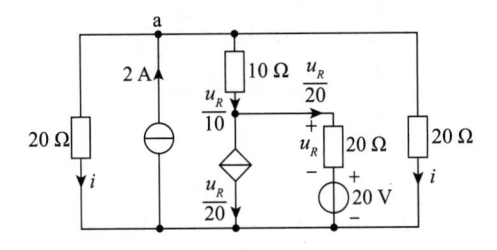

在a点列KCL方程

$$2 = 2i + \frac{u_R}{10}$$

再由KVL可得

$$20i = u_R + u_R + 20$$

联立，解得

$$u_R = 0, \quad i = 1\,\text{A}$$

题10 水木珞研解析

作出等效电路，如图所示。

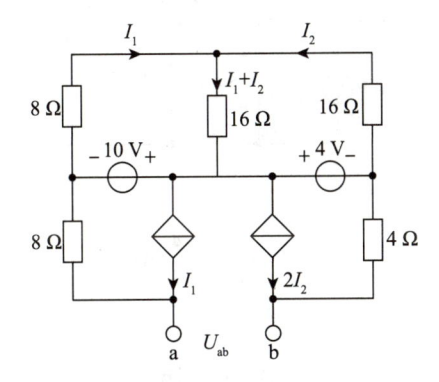

由KVL可得

$$\begin{cases} 8I_1 + 16\times(I_1+I_2) + 10 = 0 \\ 16I_2 + 16\times(I_1+I_2) + 4 = 0 \end{cases} \Rightarrow \begin{cases} I_1 = -0.5\,\text{A} \\ I_2 = 0.125\,\text{A} \end{cases}$$

进而再由KVL可得

$$U_{ab} = 8I_1 - 10 + 4 - 8I_2 = -11(\text{V})$$

题11 水木珞研解析

标出电路中的电量，如图所示。

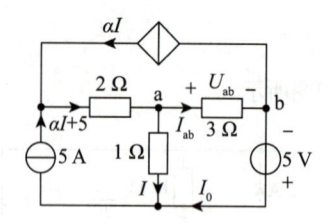

列写KCL方程

$$\begin{cases} I_0 + I = 5 \\ I_{ab} = (\alpha-1)I + 5 \end{cases} \Rightarrow \begin{cases} I = -5\,\text{A} \\ I_{ab} = 10 - 5\alpha \end{cases}$$

因此根据KVL可得

$$U_{ab} = 1 \times I + 5 = 3 \times (10 - 5\alpha) = 0 \Rightarrow \alpha = 2$$

题12 水木珞研解析

因为 $I = 0$，$2I$ 受控源为0，则由KVL可知

$$u_2 = 30 \times 3u_2 = 90u_2 \Rightarrow u_2 = 0$$

则右侧并联部分等效为电压源，作出等效电路，如图所示。

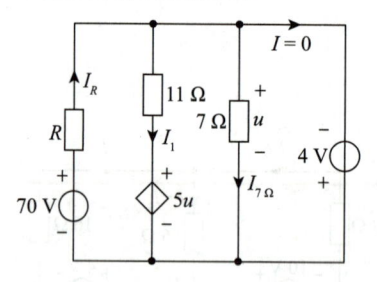

电压 $u = -4\,\text{V}$，则电阻电流为

$$I_{7\Omega} = \frac{-4}{7} = -\frac{4}{7}\,(\text{A})$$

可得电流为

$$I_1 = \frac{-4 - 5u}{11} = \frac{16}{11}\,(\text{A})$$

R 上电流为

$$I_R = \frac{70 - (-4)}{R} = I_1 + I_{7\Omega}$$

解得

$$R = \frac{2\,849}{34} \approx 83.79\,(\Omega)$$

题13 水木珞研解析

标出电路中的电量,如图所示。

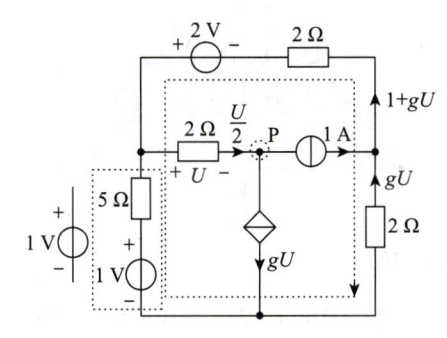

1 V 电压源的电流为 0,则 1 V 电压源和 5 Ω 电阻支路可以等效为 1 V 电压源。

根据虚线回路列 KVL 方程

$$1 = 2 - 2\times(1+gU) - 2gU$$

对 P 点列 KCL 方程

$$1 + gU = \frac{U}{2}$$

解得

$$g = -\frac{1}{6}, \quad U = 1.5 \text{ V}$$

题14 水木珞研解析

标出各个支路的电压和电流,如图(a)所示。

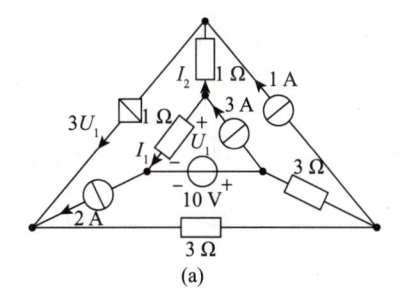

由 KCL 可知

$$I_1 = \frac{U_1}{1}, \quad I_1 + I_2 = 3 \text{ A}, \quad 1 + I_2 = 3U_1$$

联立以上各式得

$$4 - U_1 = 3U_1$$

故

$$U_1 = 1 \text{ V}$$

代入上面的数据, 标出各个电源的电压和电流, 如图(b)所示。

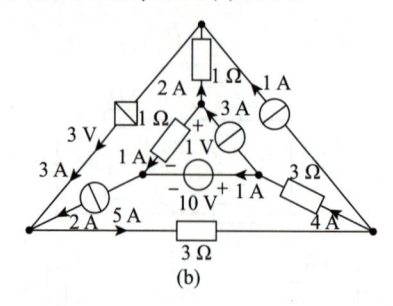

(b)

综上, 依次得出各个电源的功率如下

$$P_{3A} = (10-1) \times 3 = 27(W)(吸收 27\ W)$$

$$P_{10V} = 10 \times 1 = 10(W)(吸收 10\ W)$$

$$P_{1A} = (4 \times 3 + 9 + 2) \times 1 = 23(W)(吸收 23\ W)$$

$$P_{2A} = (-10 - 12 - 15) \times 2 = -74(W)(发出 74\ W)$$

$$P_{控} = (-2 - 9 - 12 - 15) \times 3 = -114(W)(发出 114\ W)$$

题15 水木珞研解析

与理想电流源串联部分去掉, 同时化简电路并标注电量, 如图所示。

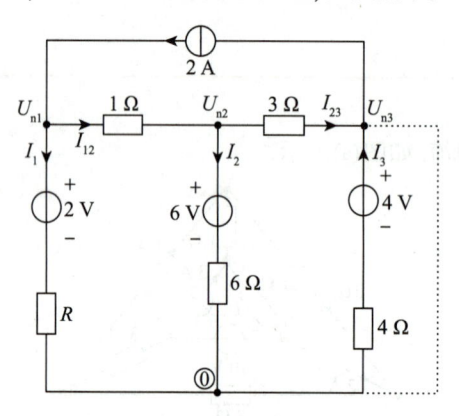

由图可知, S闭合时, 有

$$U_{n3} = 0,\ I_3 = \frac{4}{4} = 1(A)$$

已知无论开关S闭合还是断开, 电路状态都不变, 因此在S断开时, $I_3 = 1\ A$ 保持不变。
由KCL, 可得

$$I_{23} = 2 - I_3 = 1(A)$$

所以

$$U_{n2} = U_{n3} + 3 \times I_{23} = 3(V),\ I_2 = \frac{U_{n2} - 6}{6} = -0.5(A)$$

8

$I_{12} = I_{23} + I_2 = 0.5 \text{ A}$,$U_{n1} = U_{n2} + 1 \times I_{12} = 3.5 \text{(V)}$,$I_1 = 2 - I_{12} = 1.5 \text{(A)}$

最终可得

$$R = \frac{U_{n1} - 2}{I_1} = 1(\Omega)$$

第2讲　电阻电路的等效变换

题1 水木珞研解析

作电源的等效变换，得如图所示的等效电路。

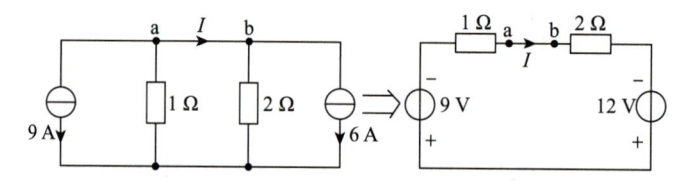

故

$$I = \frac{12-9}{1+2} = 1(\text{A})$$

题2 水木珞研解析

根据理想电压源特性，与120 V电压源并联的电流源对外电路无影响，可去除，为便于分析电路，将电路改画，如图所示。

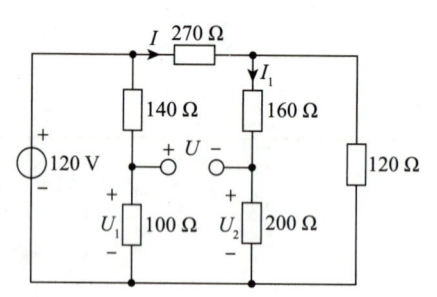

先求电流I，可得

$$I = \frac{120}{270 + (160+200)//120} = \frac{1}{3}(\text{A})$$

其中

$$U_1 = 120 \times \frac{100}{140+100} = 50(\text{V}), \quad U_2 = 200I_1 = 200 \times \frac{120}{(160+200)+120}I = \frac{50}{3}(\text{V})$$

再求电压U，有

$$U = U_1 - U_2 = \frac{100}{3}(\text{V})$$

题3 水木珞研解析

变换电路如图所示。

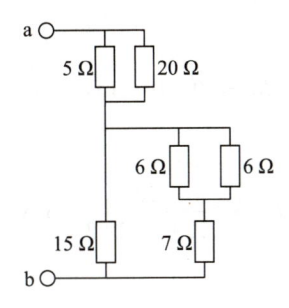

第 2 讲　电阻电路的等效变换

等效电阻

$$R_{ab} = 5 // 20 + 15 // (6 // 6 + 7) = 4 + 15 // 10 = 10(\Omega)$$

> **水木珞研总结**
> 本题考查等效电路,若使用 Y⇔△ 等效变换或者通过等电位重画电路,则可以轻松解决本题。

题 4　水木珞研解析

化简电路如图所示。

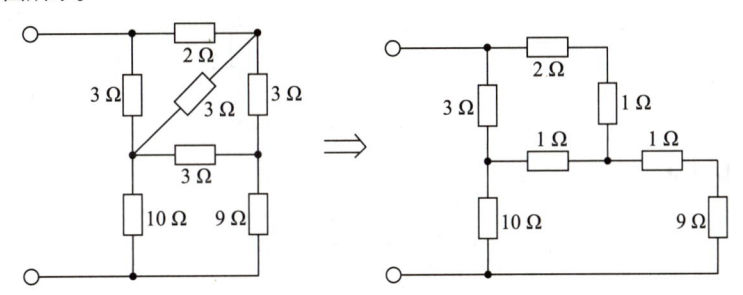

由电桥平衡可得

$$R_{eq} = \frac{3+10}{2} = \frac{13}{2}(\Omega)$$

题 5　水木珞研解析

变换电路如图所示。

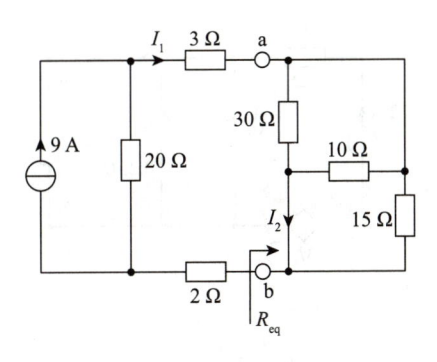

a、b 端口向右看入的有效阻抗为

$$R_{eq} = 30 // 10 // 15 = 5(\Omega)$$

由 KCL 可得

$$I_1 = 9 \times \frac{20}{20+5+2+3} = 6(A)$$

解得

$$I_2 = I_1 \times \frac{15}{15+30//10} = 4(A)$$

题 6 水木珞研解析

将电路右侧等效，如图所示。外加电压源求等效电阻。

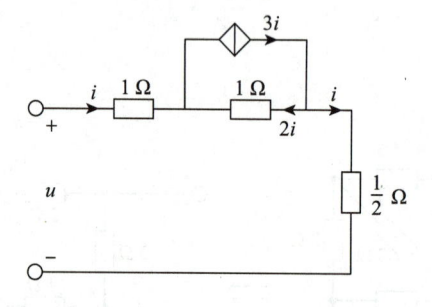

由 KCL、KVL 可得

$$u = i \cdot 1 - 2i \cdot 1 + i \cdot \frac{1}{2} = -\frac{1}{2}i$$

等效电阻为

$$R_{eq} = \frac{u}{i} = -\frac{1}{2}(\Omega)$$

题 7 水木珞研解析

电路右侧为平衡电桥，求出等效电阻为 8 Ω，再将 8 Ω 与 8 Ω 进行并联，化简，如图所示。

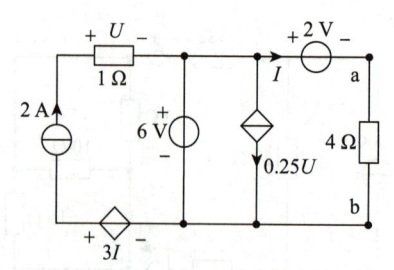

由图可得电流为

$$I = \frac{6-2}{4} = 1(A)$$

电压为
$$U = 2 \times 1 = 2(\text{V})$$

受控电压源电压为
$$3I = 3 \text{ V}$$

功率为
$$P_{3I} = 3 \times 2 = 6 \,(\text{W})\,(非关联,发出)$$
$$P_{0.25U} = 6 \times (-0.5) = -3(\text{W})\,(非关联,吸收)$$

题8 水木珞研解析

(1) 求 I_1 时,1 A 电流源右侧的部分可视为一个整体,得到图(a)所示的等效电路。

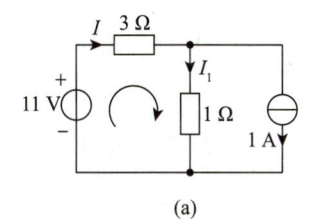

根据 KCL 可得
$$I = 1 + I_1$$

列写图(a)所示回路的 KVL 方程
$$3I + 1 \times I_1 = 11$$

解得
$$I_1 = 2 \text{ A}$$

求 I_2 时,3 V 电压源左侧的部分可视为一个整体,得到图(b)所示的等效电路。

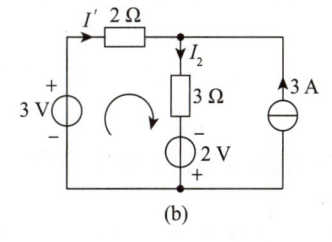

根据 KCL 可得
$$I' = I_2 - 3$$

列写图(b)所示回路的 KVL 方程
$$2I' + 3I_2 = 3 + 2$$

解得
$$I_2 = 2.2 \text{ A}$$

(2) 应注意回到原电路求解电源功率。

设 1 A 电流源两端的电压为 U，3 V 电压源中的电流为 I_3，得到图(c)所示电路。

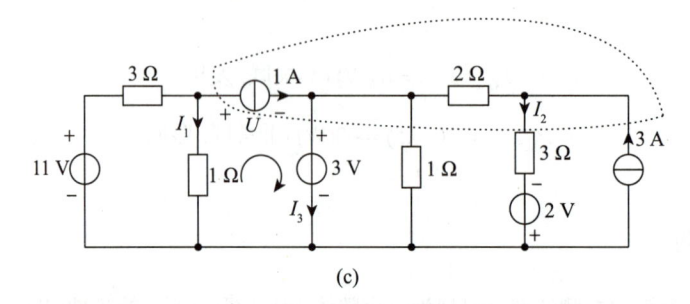

(c)

列写图(c)所示回路的 KVL 方程
$$U + 3 - 1 \times I_1 = 0$$

得
$$U = I_1 - 3 = -1(\text{V})$$

于是求得 1 A 电流源的功率为
$$P_{1A} = 1 \times U = -1(\text{W})(\text{发出})$$

又对虚线所示的封闭面列写 KCL 方程
$$-1 + I_3 + \frac{3}{1} + I_2 - 3 = 0$$

得
$$I_3 = 1 - I_2 = -1.2(\text{A})$$

则 3 V 电压源的功率为
$$P_{3V} = 3I_3 = -3.6(\text{W})(\text{发出})$$

题9 水木珞研解析

将电路化简，10 Ω 电阻是电桥两臂连接电阻，由于电桥平衡，则等效电路如图(a)所示。

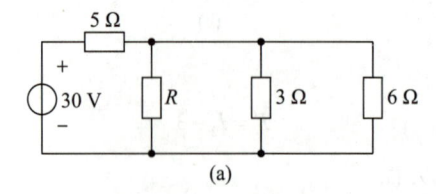

(a)

继续化简，如图(b)所示。

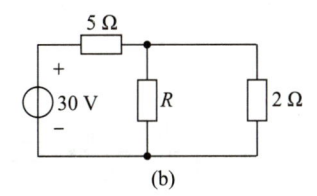

由功率得

$$P = \frac{30^2}{R_{eq}} = 150$$

得等效电阻

$$R_{eq} = 6\,\Omega$$

而从电源角度看等效电阻为

$$R_{eq} = 5 + \frac{R \times 2}{R + 2}$$

则

$$5 + \frac{R \times 2}{R + 2} = 6$$

解得

$$R = 2\,\Omega$$

题10 水木珞研解析

因为 $\dfrac{R_1}{R_2} = \dfrac{R_3}{R_4} = \dfrac{R_5}{R_6}$，所以 A、B、C 三点等电位（双电桥平衡），通过 2 025 Ω 及 2 026 Ω 电阻元件的电流为零，将电路图化简处理，如图所示。

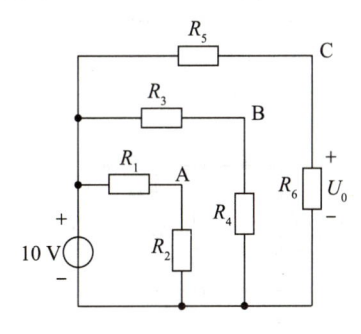

根据分压公式可得电压

$$U_0 = \frac{R_6}{R_5 + R_6} \times 10 = 5\,(\text{V})$$

题11 水木珞研解析

作等效电路，如图所示。

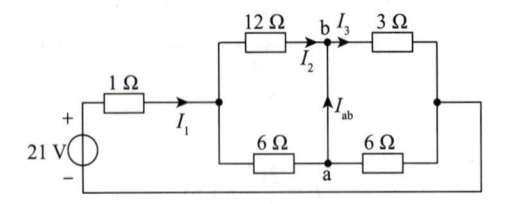

干路电流为

$$I_1 = \frac{21}{1+12//6+3//6} = \frac{21}{1+4+2} = 3(A)$$

根据分流公式可得两个支路电流为

$$I_2 = \frac{6}{12+6} \times 3 = 1(A), \quad I_3 = \frac{6}{6+3} \times 3 = 2(A)$$

则电流 I_{ab} 为

$$I_{ab} = I_3 - I_2 = 1\,A$$

题12 水木珞研解析

对 4Ω 电阻作 $Y \to \triangle$ 变换，如图(a)所示：

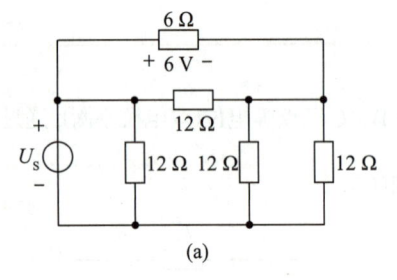

化简后如图(b)所示：

所以

$$I_1 = \frac{6}{4} = 1.5(A), \quad U_S = 1.5 \times (4+6) = 15(V)$$

电压源发出的功率为

$$P_{发} = U_S \times I = 15 \times \left(1.5 + \frac{15}{12}\right) = 41.25(W)$$

题13 水木珞研解析

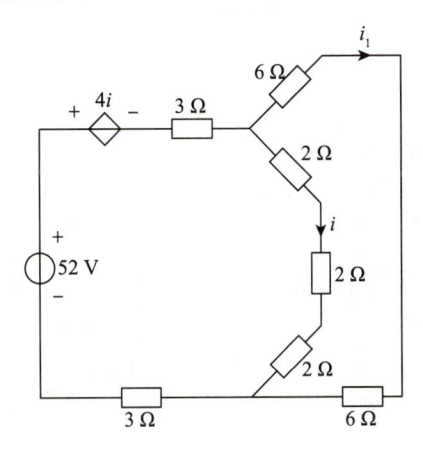

将电路作△ → Y变换，如图所示。

由KVL得

$$\begin{cases} (2+2+2)i = (6+6)i_1 \\ 4i + (3+3) \cdot (i+i_1) + (2+2+2)i = 52 \end{cases}$$

解得

$$i = \frac{52}{19} \text{ A}$$

题14 水木珞研解析

把所有的对地电位点连接在一起，并逐步作电源等效，如图所示。

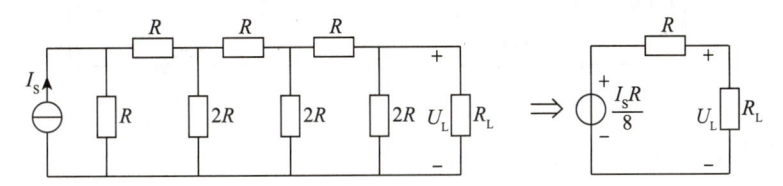

根据分压公式可得电压

$$U_L = \frac{I_S R}{8} \cdot \frac{R_L}{R+R_L} = \frac{I_S R R_L}{8(R+R_L)}$$

题15 水木珞研解析

由对称性，a、b等电位，c、d等电位，将其短接，等效电路如图所示。

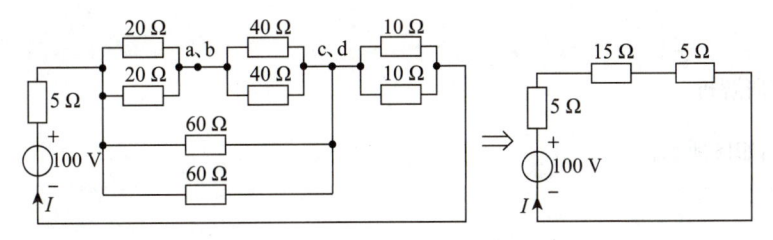

17

根据KVL可得

$$I = \frac{100}{5+15+5} = 4(\text{A})$$

题16 水木珞研解析

原电路中 $I = 0$，化简电路，如图(a)所示。

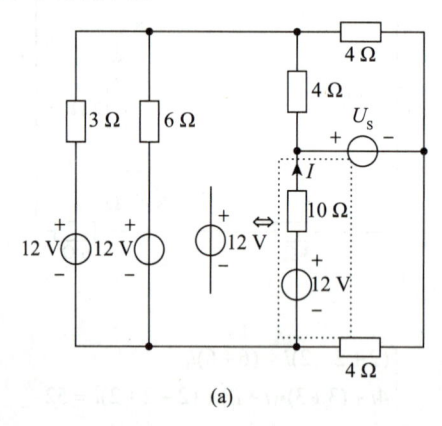

(a)

继续化简得到等效电路，如图(b)和图(c)所示，其中虚线框是进行等效的部分。

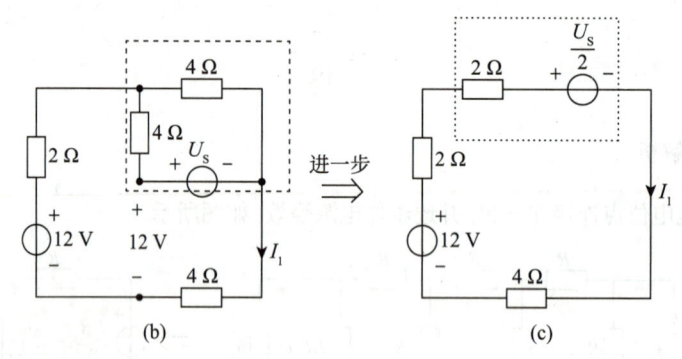

(b)　　(c)

对图(b)列KVL方程可得

$$12 = U_S + 4I_1$$

对图(c)列KVL方程可得

$$12 = (2+2+4)I_1 + \frac{U_S}{2}$$

解得

$$U_S = 8\text{ V}$$

题17 水木珞研解析

简化后电路如图所示。

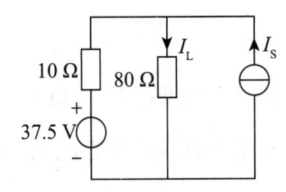

由此得
$$37.5 = 10(I_L - I_S) + 80 I_L$$

其中
$$I_L = 0$$

解得
$$I_S = -3.75 \text{ A}$$

题18 水木珞研解析

(1) 根据极限的思想，n 级网络和 $n-1$ 级网络的等效电阻一样，等效电路变换如图所示。

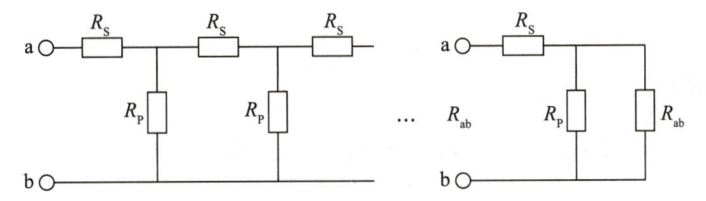

等效电阻为
$$R_{ab} = R_S + R_P // R_{ab} = R_S + \frac{R_P \cdot R_{ab}}{R_P + R_{ab}}$$

解得
$$R_{ab} = \frac{R_S + \sqrt{R_S^2 + 4R_S R_P}}{2} \text{（因为 } R_{ab} > 0 \text{，负值舍去）}$$

(2) 由图可以看出
$$\frac{U_2}{U_1} = \frac{R_{ab} // R_P}{R_{ab} // R_P + R_S} \Rightarrow \frac{\sqrt{R_S^2 + 4R_S R_P} + R_S}{\sqrt{R_S^2 + 4R_S R_P} - R_S} = n$$

化简得
$$1 + \sqrt{1 + 4\frac{R_P}{R_S}} = 2\sqrt{n}\sqrt{\frac{R_P}{R_S}}$$

解得
$$\frac{R_P}{R_S} = \frac{n}{(n-1)^2}$$

题19 水木珞研解析

将电路中的 8Ω 电阻视为两个 16Ω 电阻的并联, 将 12Ω 电阻视为两个 6Ω 电阻的串联, 如图(a)所示, 则可见这一电路为平衡对称电路。于是平分线经过的 c、d、e 三点同为等位点, 可用短路线予以短接, 所得电路如图(b)所示。

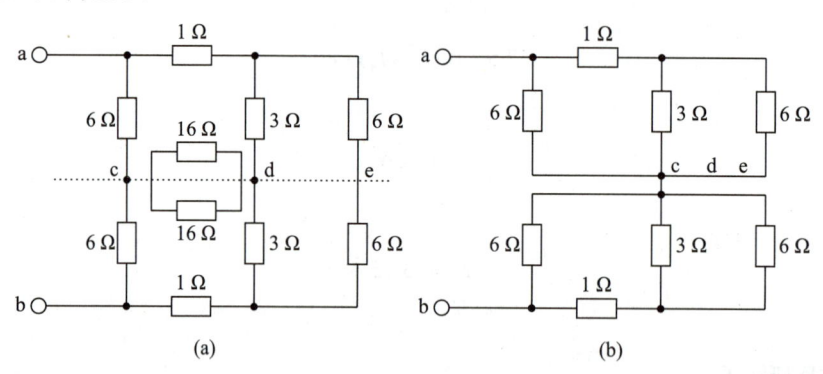

等效电阻为

$$R_{ab} = 2R_{ac} = 4\,\Omega$$

题20 水木珞研解析

标明原电路中等位点, 如图(a)所示(导线连接的两个点为等电位点)。

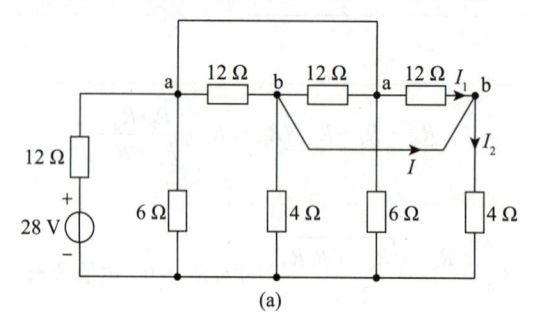

将等电位点连接化简, 如图(b)所示。

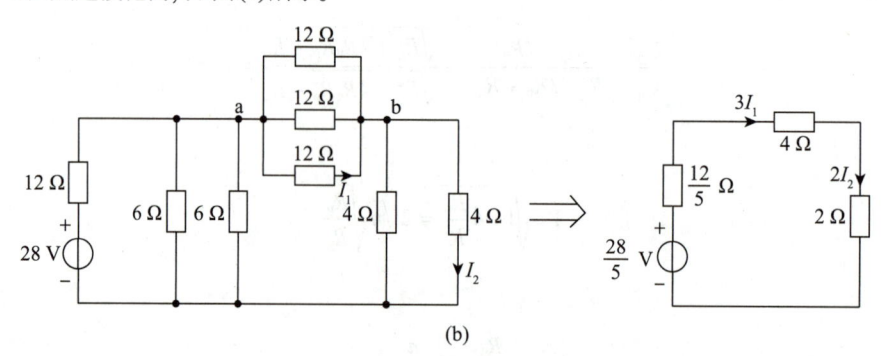

由电路图可以得出

$$3I_1 = 2I_2 = \frac{\frac{28}{5}}{\frac{12}{5}+6} = \frac{2}{3}(A)$$

其中

$$I_1 = \frac{2}{9} \text{ A}, I_2 = \frac{1}{3} \text{ A}$$

代入原图,有

$$I = I_2 - I_1 = \frac{1}{3} - \frac{2}{9} = \frac{1}{9}(A)$$

第3讲 电路方程

题1 水木珞研解析

用回路电流法解题，选取三个独立回路以及回路电流的参考方向，如图所示。

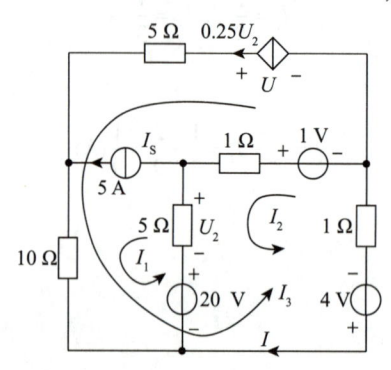

列写回路电流方程有

$$\begin{cases} I_1 = 5 \\ -5I_1 + (1+1+5)I_2 + I_3 = -20 - 4 + 1 \\ I_3 = 0.25U_2 \end{cases}$$

增补方程为

$$U_2 = (I_2 - I_1) \times 5$$

联立上面各式可得

$$I_2 = 1\,\text{A},\ I_3 = -5\,\text{A},\ U_2 = -20\,\text{V}$$

则所求电流

$$I = -(I_2 + I_3) = 4\,\text{A}$$

且

$$U = 5 \times 0.25U_2 + 10(I_1 + I_3) + 4 - 1 \times I = -25(\text{V})$$

故受控源发出的功率为

$$P_{0.25U_2} = U \cdot 0.25U_2 = -25 \times 0.25 \times (-20) = 125(\text{W})$$

即所求电流 $I = 4\,\text{A}$，受控源发出功率为 125 W。

题2 水木珞研解析

列出节点电压方程

$$\begin{cases} \left(\dfrac{1}{R_5}+\dfrac{1}{R_4}+\dfrac{1}{R_1}\right)U_{na} - \dfrac{1}{R_1}U_{nb} = -\dfrac{U_{S1}}{R_1} - \dfrac{U_{S4}}{R_4} \\ -\dfrac{1}{R_1}U_{na} + \left(\dfrac{1}{R_1}+\dfrac{1}{R_2}+\dfrac{1}{R_3}\right)U_{nb} = \dfrac{U_{S1}}{R_1} + \dfrac{U_{S2}}{R_2} - \dfrac{U_{S3}}{R_3} \end{cases}$$

解得节点电压为

$$U_{na} = -15 \text{ V}, \quad U_{nb} = 25 \text{ V}$$

求解各个支路电流

$$I_1 = \dfrac{U_{na} - U_{nb} + U_{S1}}{R_1} = 6 \text{ A}, \quad I_2 = \dfrac{U_{nb} - U_{S2}}{R_2} = 2 \text{ A}, \quad I_3 = \dfrac{U_{nb} + U_{S3}}{R_3} = 4 \text{ A}$$

$$I_4 = -\dfrac{U_{na} + U_{S4}}{R_4} = 1 \text{ A}, \quad I_5 = -\dfrac{U_{na}}{R_5} = 5 \text{ A}$$

题3 水木珞研解析

根据题目选定的网孔电流方向，网孔电流 i_{m3} 和 i_{m4} 就是相应电流源的电流，因此只需对 m_1 和 m_2 网孔建立方程，可得

$$\begin{cases} m_1: (1+2+3+1)i_{m1} - i_{m2} - 3i_{m3} - 2i_{m4} = 0 \\ m_2: -i_{m1} + (1+1+3)i_{m2} - i_{m3} - 3i_{m4} = 0 \end{cases}$$

将 $i_{m3} = 2 \text{ A}$，$i_{m4} = -2I_1$，$I_1 = -i_{m1} + i_{m2}$ 代入上述方程，整理后得到

$$\begin{cases} i_{m1} + i_{m2} = 2 \\ -7i_{m1} + 11i_{m2} = 2 \end{cases}$$

解之，得

$$i_{m1} = \dfrac{10}{9} \text{ A}, \quad i_{m2} = \dfrac{8}{9} \text{ A}$$

由电路可得

$$u_1 = 3(i_{m3} - i_{m1}) + 1 \times (i_{m3} - i_{m2}) + 2 \times 2$$

$$= 3 \times \dfrac{8}{9} + \dfrac{10}{9} + 4 = \dfrac{70}{9} \text{ (V)}$$

$$u_2 = 2(i_{m1} - i_{m4}) + 3(i_{m2} - i_{m4})$$

又有

$$i_{m4} = -2I_1 = -2(i_{m2} - i_{m1}) = -2 \times \left(-\dfrac{2}{9}\right) = \dfrac{4}{9} \text{ (A)}$$

得

$$u_2 = 2(i_{m1} - i_{m4}) + 3(i_{m2} - i_{m4}) = 2 \times \dfrac{6}{9} + 3 \times \dfrac{4}{9} = \dfrac{8}{3} \text{ (V)}$$

则所求为

$$P_{2A} = -2u_1 = -\frac{140}{9}(\text{W}), \quad P_{2I_1} = -2I_1 u_2 = \frac{32}{27}(\text{W})$$

题4 水木珞研解析

标出电路中的节点，如图所示。

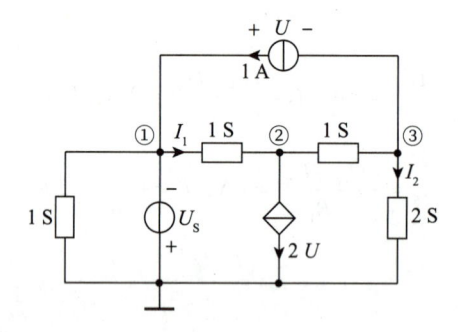

列出节点电压方程

$$\begin{cases} U_{n1} = -U_S \\ -U_{n1} + 2U_{n2} - U_{n3} = -2U \\ -U_{n2} + 3U_{n3} = -1 \\ U = U_{n1} - U_{n3} \end{cases}$$

由题意可得

$$\frac{I_1}{I_2} = \frac{1 \times (U_{n1} - U_{n2})}{2 \times U_{n3}} = 1.5$$

由以上各式解得

$$U_S = 1\,\text{V}$$

题5 水木珞研解析

标出电路中的节点，如图所示。

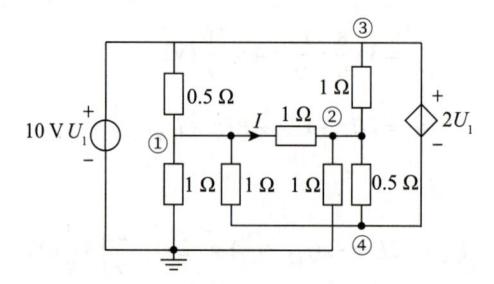

观察到无伴电压源的存在，选择合适的参考节点，列写节点电压方程

$$\begin{cases} \left(\dfrac{1}{1}+\dfrac{1}{1}+\dfrac{1}{1}+\dfrac{1}{0.5}\right)U_{n1}-\dfrac{1}{1}U_{n2}-\dfrac{1}{0.5}U_{n3}-\dfrac{1}{1}U_{n4}=0 \\ -\dfrac{1}{1}U_{n1}+\left(\dfrac{1}{1}+\dfrac{1}{1}+\dfrac{1}{1}+\dfrac{1}{0.5}\right)U_{n2}-\dfrac{1}{1}U_{n3}-\dfrac{1}{0.5}U_{n4}=0 \\ U_{n3}=U_1=10 \\ U_{n3}-U_{n4}=2U_1 \end{cases} \Rightarrow \begin{cases} U_{n1}=\dfrac{5}{3}\text{ V} \\ U_{n2}=-\dfrac{5}{3}\text{ V} \\ U_{n3}=10\text{ V} \\ U_{n4}=-10\text{ V} \end{cases}$$

解得

$$I=\dfrac{U_{n1}-U_{n2}}{1}=\dfrac{\dfrac{5}{3}-\left(-\dfrac{5}{3}\right)}{1}=\dfrac{10}{3}\text{(A)}$$

题6 水木珞研解析

①节点电压法：

标出电路中的节点，如图(a)所示。

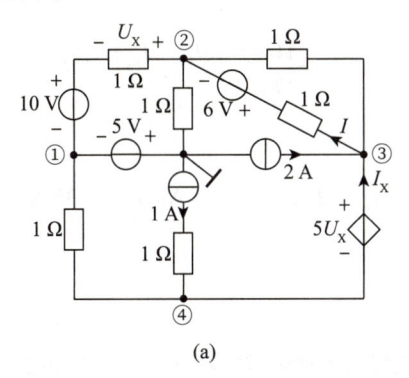

(a)

列出节点电压方程：

$$\begin{cases} U_{n1}=-5 \\ -U_{n1}+(1+1+1+1)U_{n2}-(1+1)U_{n3}=\dfrac{10}{1}-\dfrac{6}{1} \\ -(1+1)U_{n2}+(1+1)U_{n3}=\dfrac{6}{1}+2+I_X \\ -U_{n1}+U_{n4}=1-I_X \end{cases}$$

补充方程

$$\begin{cases} U_{n3}-U_{n4}=5U_X \\ U_X=U_{n2}-U_{n1}-10 \end{cases}$$

解得

$$U_{n1}=-5\text{ V},\ U_{n2}=22.5\text{ V},\ U_{n3}=45.5\text{ V},\ U_{n4}=-42\text{ V},\ U_X=17.5\text{ V}$$

故 $I=\dfrac{U_{n3}-U_{n2}-6}{1}=17\text{(A)}$。

② 回路电流法：

选取五个独立回路以及回路电流的参考方向，如图(b)所示。

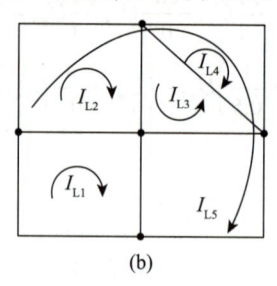

(b)

列出回路电流方程：

$$\begin{cases} I_{L1} = 1 \\ I_{L3} = 2 \\ 2I_{L2} + I_{L5} + I_{L3} = 10 - 5 \\ I_{L3} + 2I_{L4} + I_{L5} = -6 \\ I_{L1} + I_{L2} + I_{L4} + 3I_{L5} = 10 - 5U_X \end{cases}$$

补充方程

$$\begin{cases} U_X = -(I_{L2} + I_{L5}) \\ I = I_{L3} + I_{L4} \end{cases}$$

解得

$$I_{L1} = 1\,\text{A}, \ I_{L2} = 20.5\,\text{A}, \ I_{L3} = 2\,\text{A}, \ I_{L4} = 15\,\text{A}, \ I_{L5} = -38\,\text{A}, \ I = 17\,\text{A}, \ U_X = 17.5\,\text{A}$$

题7 水木珞研解析

并联的支路去掉，同时对电路进行无伴电源的转移，得到等效电路，如图所示。

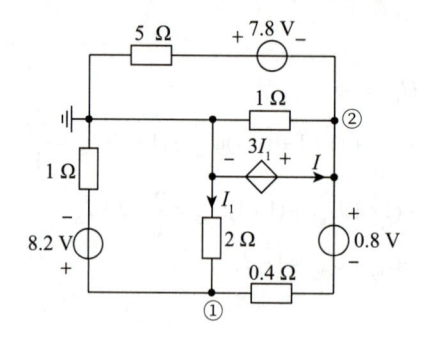

由KCL、KVL易知

$$\begin{cases} U_2 = 3I_1 \\ U_1 = -2I_1 \\ \dfrac{U_1 - 8.2}{1} + \dfrac{U_1 + 0.8 - U_2}{0.4} = I_1 \end{cases} \Rightarrow \begin{cases} I_1 = -0.4\,\text{A} \\ U_2 = -1.2\,\text{V} \end{cases}$$

再对节点②列写KCL方程，解得

$$I = \frac{U_2}{1} + \frac{U_2+7.8}{5} + \frac{U_2-U_1-0.8}{0.4} = -6.88(\text{A})$$

故受控电压源输出功率为

$$P = 3I_1 \times I = 8.256(\text{W})$$

题8 水木珞研解析

已知 $U_S = 20\text{ V}$，由 KVL 可得

$$-3\times 2 + 1\times 1 - 1 + 2R + 4 = 0 \Rightarrow R = 1\,\Omega$$

方法一：当 $U_S = 28\text{ V}$ 时，电路如图(a)所示。

(a)

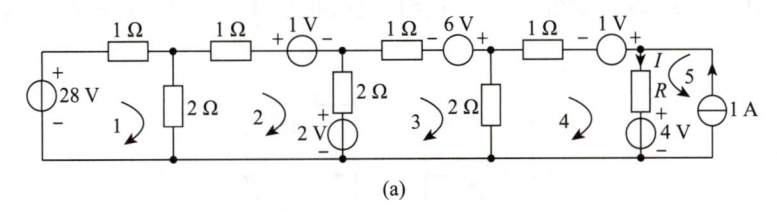

由图有回路电流方程

$$\begin{cases}(1+2)I_1 - 2I_2 = 28 \\ -2I_1 + (2+1+2)I_2 - 2I_3 = -1-2 \\ -2I_2 + (2+1+2)I_3 - 2I_4 = 6+2 \\ -2I_3 + (2+1+1)I_4 + I_5 = 1-4 \\ I_5 = 1\end{cases}$$

解得

$$I_1 = 14\text{ A},\ I_2 = 7\text{ A},\ I_3 = 5\text{ A},\ I_4 = 1.5\text{ A}$$

由 KCL 可得

$$I = I_4 + I_5 = 1.5 + 1 = 2.5(\text{A})$$

方法二：当电压源 U_S 单独作用时，作出等效电路，如图(b)所示。

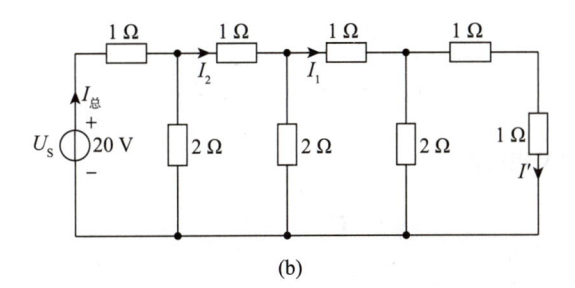

(b)

电流为

$$I_{\text{总}} = \frac{U_S}{1+1} = 10(\text{A}),\ I_2 = \frac{1}{2}I_{\text{总}} = 5(\text{A}),\ I_1 = \frac{1}{2}I_2 = 2.5(\text{A}),\ I' = \frac{1}{2}I_1 = 1.25(\text{A})$$

则电路中固定电源产生的作用为

$$I'' = 2 - I' = 0.75(A)$$

当 $U_S = 28$ V 时，由齐性定理可得

$$I''' = \frac{28}{20} \cdot I' = 1.75(A)$$

由叠加定理得

$$I = I''' + I'' = 2.5 \text{ A}$$

题9 水木珞研解析

电路的工作状态不变，表示如图所示各个节点的电压不变，所以可以将电压源所在支路的等效电阻求出。

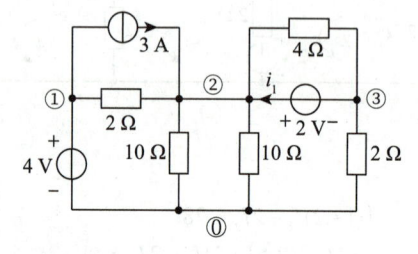

根据图中所标节点列节点电压方程

$$\begin{cases} u_{n1} = 4 \\ -\frac{1}{2}u_{n1} + \left(\frac{1}{10} + \frac{1}{10} + \frac{1}{2} + \frac{1}{4}\right)u_{n2} - \frac{1}{4}u_{n3} = 3 + i_1 \\ -\frac{1}{4}u_{n2} + \left(\frac{1}{2} + \frac{1}{4}\right)u_{n3} = -i_1 \\ u_{n2} - u_{n3} = 2 \end{cases}$$

解得

$$u_{n2} = 5 \text{ V}, u_{n3} = 3 \text{ V}, i_1 = -1 \text{ A}$$

故

$$R_{eq} = \frac{u_{n3} - u_{n2}}{i_1} = \frac{-2}{-1} = 2(\Omega)$$

因此，可用 2 Ω 电阻置换 2 V 电压源。

题10 水木珞研解析

矩阵为非对称矩阵，注意补上受控源。

矩阵方程分解

$$\begin{cases} 1.6u_{n1} - 0.5u_{n2} - u_{n3} = 1 - 1.5u_{n2} \\ -0.5u_{n1} + 1.6u_{n2} - 0.1u_{n3} = 0 \\ -u_{n1} - 0.1u_{n2} + 3.1u_{n3} = -1 \end{cases}$$

作出电路，如图所示。

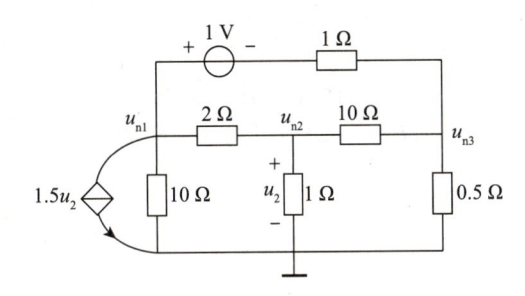

题11 水木珞研解析

由方程可知，节点电压 $u_{n2} = 5\,\text{V}$，这说明节点②与参考点之间接有 $5\,\text{V}$ 的无伴电压源。对方程进行改写，使其节点电导矩阵的第1行和第3行满足题目，即

$$\begin{bmatrix} 2 & -0.5 & -0.5 \\ 0 & 1 & 0 \\ -0.5 & -1 & 3.5 \end{bmatrix} \begin{bmatrix} u_{n1} \\ u_{n2} \\ u_{n3} \end{bmatrix} = \begin{bmatrix} 0 \\ 5 \\ 3u_{n1} \end{bmatrix}$$

由此方程可得如图所示的电路。

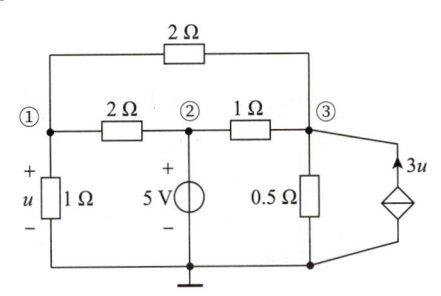

题12 水木珞研解析

(1) 由题可知，题图(b)所对应的回路电流方程为

$$\begin{cases} 5i_{l1} + 4i_{l2} + 2i_{l3} = 15 + 2i_{l3} \\ 4i_{l1} + 8i_{l2} + 3i_{l3} = 15 \\ 2i_{l1} + 3i_{l2} + 4i_{l3} = 0 \end{cases}$$

求解之，可得

$$i_{l1} = 1.4\,\text{A},\ i_{l2} = 2\,\text{A},\ i_{l3} = -2.2\,\text{A}$$

(2) 由(1)易知流出 $15\,\text{V}$ 电压源的电流为

$$i_1 = i_{11} + i_{12} = 3.4 \text{ A}$$

流出 $2i_{13}$ 受控电压源的电流为

$$i_2 = i_{11} = 1.4 \text{ A}$$

则 15 V 电压源和 $2i_{13}$ 吸收的功率为

$$\begin{cases} P_{15\text{V}} = 15 \times (-3.4) = -51(\text{W}) \\ P_{2i_{13}} = -4.4 \times (-1.4) = 6.16(\text{W}) \end{cases}$$

题 13 水木珞研解析

各回路电流如图所示。

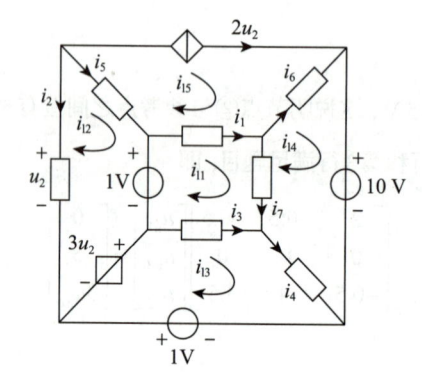

由回路电流法可得

$$\begin{cases} 3i_{11} - i_{13} - i_{14} - i_{15} = 1 \\ 2i_{12} - i_{15} = -1 - 3u_2 \\ -i_{11} + 2i_{13} - i_{14} = 1 + 3u_2 \\ -i_{11} - i_{13} + 3i_{14} - i_{15} = -10 \\ i_{15} = 2u_2 \end{cases}$$

增补方程为

$$u_2 = i_2 = -i_{12}, \quad i_{15} = -2i_{12}$$

解得

$$i_{11} = 0.875 \text{ A}, \quad i_{12} = -1 \text{ A}, \quad i_{13} = 1.5 \text{ A}, \quad i_{14} = -1.875 \text{ A}, \quad i_{15} = 2 \text{ A}$$

综上，

$$i_1 = i_{11} - i_{15} = -1.125 \text{ A}, \quad i_2 = -i_{12} = 1 \text{ A}, \quad i_3 = i_{13} - i_{11} = 0.625 \text{ A}, \quad i_4 = i_{13} - i_{14} = 3.375 \text{ A}$$

$$i_5 = i_{12} - i_{15} = -3 \text{ A}, \quad i_6 = i_{14} - i_{15} = -3.875 \text{ A}, \quad i_7 = i_{11} - i_{14} = 2.75 \text{ A}$$

10 V 电压源发出的功率为

$$P = 10 \times 1.875 = 18.75(\text{W})$$

题14 水木珞研解析

在未接入受控源支路时，原电路的节点电压方程如下。

$$\begin{cases} 4U_{1n} - 2U_{2n} - U_{3n} = -5 \\ -2U_{1n} + 6U_{2n} - 4U_{3n} = 0 \\ -U_{1n} - 2U_{2n} + 5U_{3n} = -1 \end{cases}$$

接入受控源支路后，电路方程可改为

$$\begin{cases} 4U_{1n} - 2U_{2n} - U_{3n} = -5 \\ -2U_{1n} + (6+2)U_{2n} - (4+2)U_{3n} = 2U_{3n} \\ -U_{1n} - (2+2)U_{2n} + (5+2+5)U_{3n} = -1 + 6U_{2n} - 2U_{3n} \end{cases} \Rightarrow \begin{cases} 4U_{1n} - 2U_{2n} - U_{3n} = -5 \\ -2U_{1n} + 8U_{2n} - 8U_{3n} = 0 \\ -U_{1n} - 10U_{2n} + 14U_{3n} = -1 \end{cases}$$

解得

$$U_{1n} = -\frac{46}{7} \text{ V}, \quad U_{2n} = -\frac{107}{14} \text{ V}, \quad U_{3n} = -6 \text{ V}$$

(1) 两受控源各自的消耗功率为

$$P_{2U_{3n}} = (U_{3n} - U_{2n}) \times 2U_{3n} \approx -19.71(\text{W}), \quad P_{1.2U_{2n}} = 1.2U_{2n} \times \frac{U_{3n} - 1.2U_{2n}}{0.2} \approx -145.43(\text{W})$$

(2) 两电阻各自的消耗功率为

$$P_{0.5\Omega} = \frac{(U_{3n} - U_{2n})^2}{0.5} \approx 5.40(\text{W}), \quad P_{0.2\Omega} = \frac{(U_{3n} - 1.2U_{2n})^2}{0.2} \approx 50.29(\text{W})$$

题15 水木珞研解析

(1) 根据题中电路图列出回路电流方程为

$$\begin{cases} (R_1 + R_3)I_1 + R_3I_2 = U_{S1} - kU_1 \\ R_3I_1 + (R_2 + R_3)I_2 = U_{S2} - kU_1 \\ U_1 = -R_1I_1 + U_{S1} \end{cases}$$

整理得

$$\begin{cases} (R_1 - kR_1 + R_3)I_1 + R_3I_2 = (1-k)U_{S1} \\ (R_3 - kR_1)I_1 + (R_2 + R_3)I_2 = U_{S2} - kU_{S1} \end{cases}$$

回路电流方程为

$$\begin{cases} 2I_1 + I_2 = 4 \\ 4I_2 = 8 \end{cases}$$

解得

$$\begin{cases} I_1 = 1 \text{ A} \\ I_2 = 2 \text{ A} \end{cases}$$

对比系数有

$$R_1 - kR_1 + R_3 = 2, \ R_3 = 1, \ (1-k)U_{S1} = 4$$
$$R_3 - kR_1 = 0, \ R_2 + R_3 = 4, \ U_{S2} - kU_{S1} = 8$$

联立解得

$$R_1 = 2\,\Omega, \ R_2 = 3\,\Omega, \ R_3 = 1\,\Omega, \ U_{S1} = 8\,\text{V}, \ U_{S2} = 12\,\text{V}, \ k = 0.5$$

(2) U_{S1}、U_{S2} 电压电流非关联,则

$$P_1 = U_{S1} \cdot I_1 = 8\,\text{W}(发出), \ P_2 = U_{S2} \cdot I_2 = 24\,\text{W}(发出)$$

kU_1 电压电流关联,则

$$P_{0.5U_1} = kU_1 \cdot (I_1 + I_2) = 9\,\text{W}$$

实际发出:$-9\,\text{W}$。

(3) 根据回路电流方程

$$\begin{cases} 3I_1 + I_2 = U_{S1} - 0.5U_1 \\ I_1 + 4I_2 = U_{S2} - 0.5U_1 \\ U_1 = -2I_1 + U_{S1} \end{cases} \Rightarrow \begin{cases} 2I_1 + I_2 = 0.5U_{S1} \\ 4I_2 = U_{S2} - 0.5U_{S1} \end{cases}$$

要使 R_1、R_2、R_3 的功率扩大一倍,则

$$I_1' = \sqrt{2}I_1 = \sqrt{2}(\text{A}), \ I_2' = \sqrt{2}I_2 = 2\sqrt{2}(\text{A})$$

即

$$\begin{cases} 2I_1' + I_2' = 0.5U_{S1}' \\ 4I_2' = U_{S2}' - 0.5U_{S1}' \end{cases}$$

解得

$$U_{S1}' = 8\sqrt{2}\,\text{V}, \ U_{S2}' = 12\sqrt{2}\,\text{V}$$

所以当 U_{S1}、U_{S2} 扩大 $\sqrt{2}$ 倍时,各电阻功率扩大一倍。

题16 水木珞研解析

设节点①、②、③的节点电压分别为 U_1、U_2、U_3,则节点电压方程分别为

$$\begin{cases} (G_1 + G_2)U_1 - G_2U_2 = I_S \\ -G_2U_1 + (G_2 + G_3)U_2 = -(I_a + I_b) \\ (G_5 + G_6)U_3 = I_b - I_c - G_6U_S \end{cases}$$

显然 $U_2 = U_a$,$U_3 = U_c$,$U_2 - U_3 = U_b$。结合三端口网络的参数方程消去以上节点电压方程中的 I_a、I_b、I_c,得

$$\begin{cases} (G_1+G_2)U_1 - G_2U_2 = I_s \\ -G_2U_1 + (G_2+G_3)U_2 - GU_3 = 0 \\ GU_2 + (G_5+G_6)U_3 = -G_6U_s \end{cases}$$

水木珞研总结

本题的关键在于把握节点电压方程的实质是KCL方程,因此,在对节点②和③列写节点电压方程时,应注意它们与无源网络相连支路上的电流应该出现在方程中。

第4讲　电路定理

> **题1** 水木珞研解析

由叠加定理设 $U_2 = kE_1 + b$（b 为 4 A 电流源产生的响应），由题意可知

$$\begin{cases} 6 = b \\ 12 = 32k + b \end{cases} \Rightarrow \begin{cases} k = \dfrac{3}{16} \\ b = 6 \end{cases} \Rightarrow U_2 = \dfrac{3}{16}E_1 + 6$$

则当 $E_1 = 80\text{ V}$ 时，

$$U_2 = 80 \times \frac{3}{16} + 6 = 21(\text{V})$$

则可知 4 A 电流源发出的功率为

$$P = 4 \times 21 = 84(\text{W})$$

> **题2** 水木珞研解析

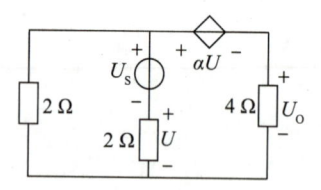

由题意可知，U_S 单独作用时 $U_\text{O} = 0$。U_S 单独作用时，电路如图所示。

由于 $U_\text{O} = 0$，故

$$U = -U_\text{S} \cdot \frac{2}{2+2} = -\frac{1}{2}U_\text{S}$$

由 KVL 可得

$$U_\text{S} + U = \alpha U + U_\text{O}$$

即

$$\alpha = -1$$

> **题3** 水木珞研解析

①利用叠加定理，当所有电流源开路时，等效电路如图(a)所示。

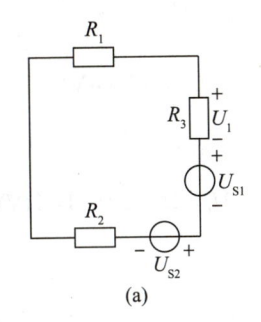

电压为

$$U_1 = -\frac{R_3}{R_1+R_2+R_3}(U_{S1}+U_{S2}) = -\frac{7}{6}\text{V}$$

②当所有电压源短路时,作出等效电路,如图(b)所示。

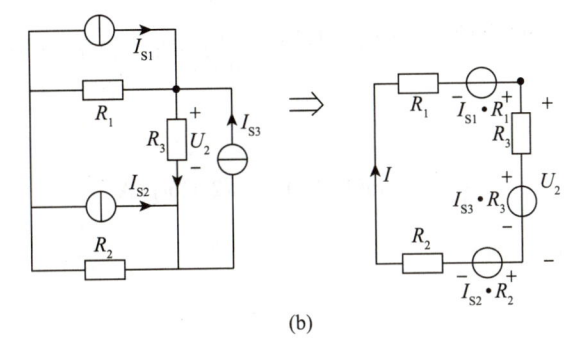

列出 KVL 方程

$$I(R_1+R_2+R_3) - I_{S1}R_1 + I_{S2}R_2 + I_{S3}R_3 = 0$$

解得

$$I = 1\text{A}$$

其中

$$U_2 = I \cdot R_3 + I_{S3} \cdot R_3 = 2\text{V}$$

由叠加定理得

$$U = U_1 + U_2 = \frac{5}{6}\text{V}$$

题4 水木珞研解析

(1) 由题意 $I_0 = 1\text{A}$,标出电路中电量,如图所示。

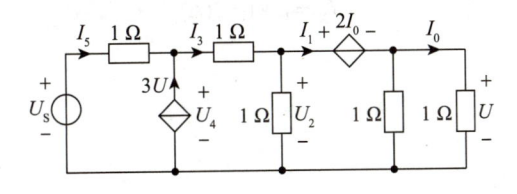

电压为
$$U = 1 \times 1 = 1(\text{V})$$

继续推导可得
$$I_1 = I_0 + \frac{U}{1} = 1+1 = 2(\text{A}), \quad U_2 = 2I_0 + U = 2 \times 1 + 1 = 3(\text{V}), \quad I_3 = I_1 + \frac{U_2}{1} = 2+3 = 5(\text{A})$$

故
$$U_4 = I_3 \times 1 + U_2 = 5+3 = 8(\text{V}), \quad I_5 = -3U + I_3 = -3 \times 1 + 5 = 2(\text{A})$$

则电压源电压为
$$U_S = U_4 + I_5 \times 1 = 8 + 2 \times 1 = 10(\text{V})$$

(2) 由齐性原理得
$$i_0' = \frac{u_S'}{U_S} \cdot I_0 = \frac{e^{-t} \cdot \sin(2\,026t) + \cos(2\,026t)}{10} \cdot 1 = \frac{1}{10}\left[e^{-t} \cdot \sin(2\,026t) + \cos(2\,026t)\right](\text{A})$$

即电流为
$$\frac{1}{10}\left[e^{-t} \cdot \sin(2\,026t) + \cos(2\,026t)\right] \text{A}$$

题5 水木珞研解析

当 $I_S = 0$ 时，仅有两个电压源作用，即
$$I_X'' = 1\,\text{A}$$

仅当 $I_S = 3\,\text{A}$ 电流源作用时，作出等效电路，如图所示。

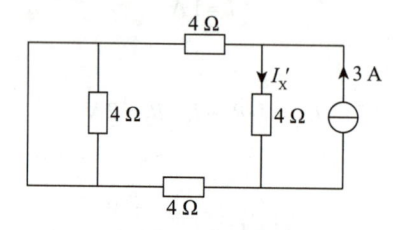

根据电路有
$$I_X' = I_S \times \frac{4+4}{4+4+4} = 2(\text{A})$$

当两个电压源和电流源 $I_S = 3\,\text{A}$ 同时作用时，有
$$I_X = 2 + 1 = 3(\text{A})$$

题6 水木珞研解析

由题意可得，整体等效电阻应该变为原来的 $\dfrac{1}{3}$ 倍。

$21\,\Omega$ 电阻以外等效电阻为

$$R_{eq} = 2//2 + 3//6 = 3(\Omega)$$

整体等效电阻变为 $\dfrac{1}{3}$ 倍，即

$$(3+21)\cdot I = 3I(3+R_X)$$

解得

$$R_X = 5\,\Omega$$

题7 水木珞研解析

"一步法"求解戴维南等效电路，电路如图所示。

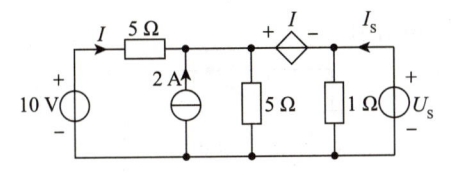

由KVL得

$$U_S = -I - 5I + 10 = 10 - 6I$$

利用广义KCL得

$$I_S = \dfrac{U_S}{1} - \left(I + 2 - \dfrac{10-5I}{5}\right) = 10 - 8I$$

解得

$$U_S = \dfrac{3}{4}I_S + \dfrac{5}{2}$$

则开路电压

$$U_{OC} = \dfrac{5}{2}\,\text{V}$$

等效电阻

$$R_{eq} = \dfrac{3}{4}\,\Omega$$

因此

$$R = R_{eq} = \dfrac{3}{4}\,\Omega$$

其可获得的最大功率为

$$P_{R\max} = \frac{U_{OC}^2}{4R_{eq}} = \frac{\left(\frac{5}{2}\right)^2}{4\times\frac{3}{4}} = \frac{25}{12}(\text{W})$$

题8 水木珞研解析

由替代定理，作出等效电路，如图(a)所示。

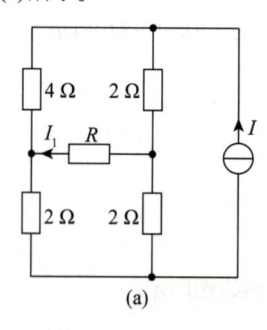

(a)

①求 R 两侧开路电压，如图(b)所示。

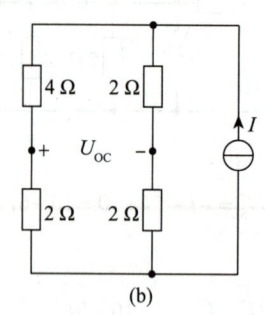

(b)

开路电压为

$$U_{OC} = \frac{4\times 2}{4+6}\times I - \frac{6\times 2}{4+6}\times I = -0.4I$$

②求 R 两侧等效电阻，如图(c)所示。

(c)

等效电阻为

$$R_{eq} = 6 // 4 = 2.4(\Omega)$$

③由戴维南等效电路得

$$I_1 = \frac{I}{10} = \frac{-U_{OC}}{R_{eq} + R}$$

解得

$$R = 1.6\,\Omega$$

> **水木珞研总结**
>
> 本题是中国矿业大学(北京)2025年考研真题，需要先使用替代法再进行求解。

题9 水木珞研解析

电路与 R_1、R_2 无关，忽略 R_1 与 R_2，将 N 向 R_X 等效，如图所示。

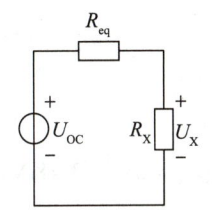

当 $R_X = \infty$ 时，

$$U_X = 36\,\text{V}, \quad U_{OC} = 36\,\text{V}$$

当 $R_X = 0$ 时，

$$I_X = 8\,\text{A}, \quad R_{eq} = \frac{U_{OC}}{I_X} = 4.5\,\Omega$$

当 $R_X = 9\,\Omega$ 时，

$$U_X = \frac{U_{OC}}{R_{eq} + R_X} \cdot R_X = 24\,\text{V}$$

将 U 看作独立源与 U_X 的响应，设 $U = kU_X + b$，则

$$\begin{cases} 12 = 0 \times k + b \\ 6 = 36k + b \end{cases} \Rightarrow \begin{cases} k = -\dfrac{1}{6} \\ b = 12 \end{cases}$$

解得

$$U = -\frac{1}{6}U_X + 12$$

当 $U_X = 24\,\text{V}$ 时，

$$U = 8\,\text{V}$$

题10 水木珞研解析

求 R_L 左侧的戴维南等效电路。

① 开路电压求解电路如图(a)所示。

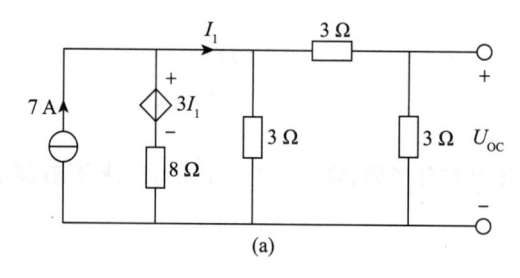

由 KCL 有

$$3I_1 + 8(7 - I_1) = 2I_1$$

可求得

$$I_1 = 8 \text{ A}$$

则

$$U_{OC} = 8 \times \frac{1}{3} \times 3 = 8 \text{(V)}$$

② 等效电阻求解电路如图(b)所示。

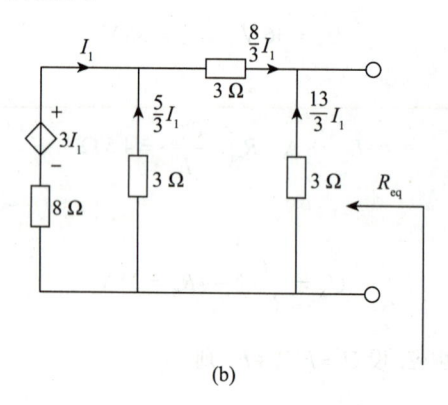

等效电阻为

$$R_{eq} = \frac{13 I_1}{\frac{13}{3}I_1 + \frac{8}{3}I_1} = \frac{13}{7} \Omega$$

故当 $R_L = R_{eq}$ 时，可获得最大功率

$$P_{max} = \frac{8^2}{4 \times \frac{13}{7}} = \frac{112}{13} \text{(W)}$$

题11 水木珞研解析

对 A、B 左侧电路进行处理，如图(a)所示。

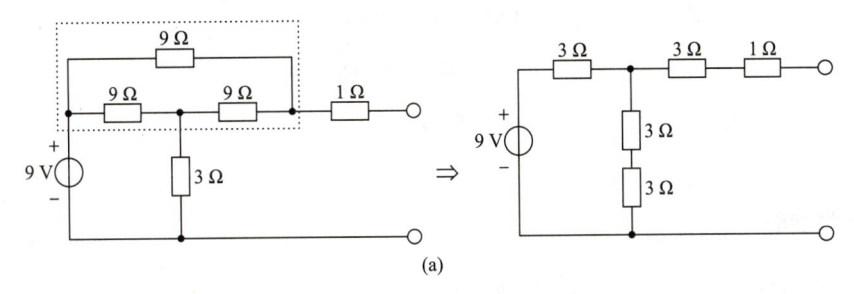

化简后如图(b)所示。

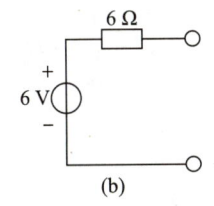

对 A、B 右侧电路先进行电源等效变换，"一步法"求等效电阻，如图(c)所示。

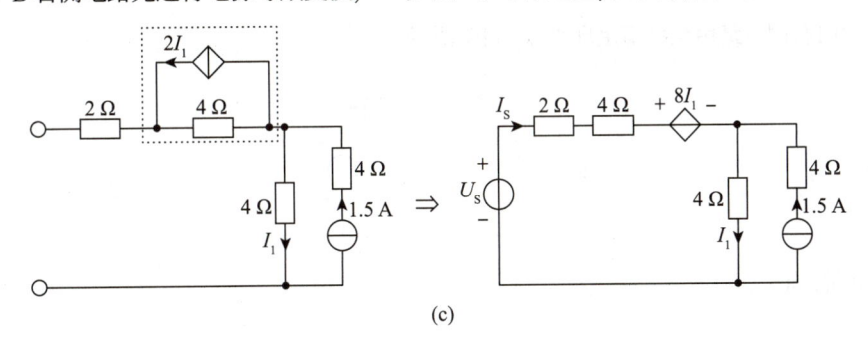

根据 KCL、KVL 可得

$$\begin{cases} I_S + 1.5 = I_1 \\ (2+4)I_S + 8I_1 + 4I_1 = U_S \end{cases}$$

整理可得

$$U_S = 18I_S + 18$$

由此可得 A、B 右侧的戴维南等效电路，如图(d)所示。

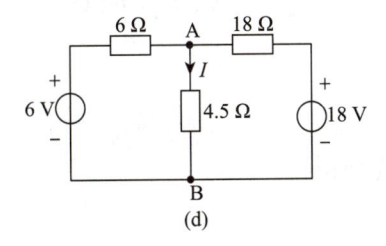

$$U_{OC} = 18\text{ V}, \quad R_{eq} = 18\text{ }\Omega$$

根据单个节点方程可得

$$U_A = 4.5I = \frac{\frac{6}{6} + \frac{18}{18}}{\frac{1}{6} + \frac{1}{4.5} + \frac{1}{18}} = 4.5$$

解得

$$I = 1\,\text{A}$$

题12 水木珞研解析

由叠加定理可得 $U_1 = kI_S + b$，代入题目数据可得

$$\begin{cases} 16 = b \\ 24 = 15k + b \end{cases} \Rightarrow \begin{cases} k = \dfrac{8}{15} \\ b = 16 \end{cases} \Rightarrow U_1 = \frac{8}{15}I_S + 16$$

则当 $I_S = 12\,\text{A}$ 时，可得

$$U_1 = \frac{8}{15}I_S + 16 = 22.4\,(\text{V})$$

将a、b端口右侧电路用戴维南定理等效，如图所示。

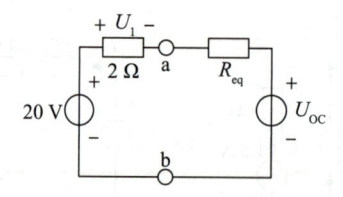

当 $I_S = 0$ 时，有

$$U_1 = \frac{2}{2 + R_{eq}} \times 20 = 16 \Rightarrow R_{eq} = 0.5\,\Omega$$

当 $I_S = 12\,\text{A}$ 时，有

$$U_1 = \frac{20 - U_{OC}}{2 + R_{eq}} \times 2 = 22.4 \Rightarrow U_{OC} = -8\,\text{V}$$

综上，

$$U_{OC} = -8\,\text{V},\ R_{eq} = 0.5\,\Omega$$

题13 水木珞研解析

应用戴维南定理可将电路等效为图(a)。

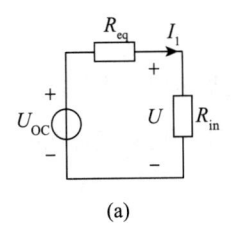

①求 R_{in}。电路如图(b)所示。

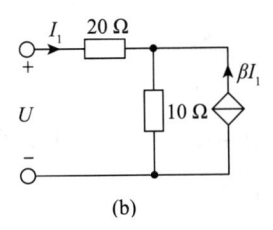

由图(b)得

$$U = 20I_1 + 10(\beta+1)I_1 = 30I_1 + 10\beta I_1 = 10(3+\beta)I_1$$

所以

$$R_{in} = \frac{U}{I_1} = 10(\beta+3)$$

②求图(a)中戴维南等效电路的参数 U_{OC} 和 R_{eq}。在图(a)中，当 $\beta=1$ 时，有

$$R_{in} = 10\times(3+1) = 40(\Omega), U = 20 \text{ V}, I_1 = \frac{U}{R_{in}} = \frac{20}{40} = 0.5(\text{A})$$

当 $\beta=-1$ 时，有

$$R_{in} = 10\times(3-1) = 20(\Omega), U = 12.5 \text{ V}, I_1 = \frac{U}{R_{in}} = \frac{12.5}{20} = \frac{5}{8}(\text{A})$$

将上述条件代入戴维南等效电路方程式 $U = U_{OC} - R_{eq}I_1$，有

$$\begin{cases} U_{OC} - 0.5R_{eq} = 20 \\ U_{OC} - \frac{5}{8}R_{eq} = 12.5 \end{cases}$$

解得

$$U_{OC} = 50 \text{ V}, R_{eq} = 60 \text{ }\Omega$$

故当

$$R_{in} = 10(\beta+3) = 60$$

即 $\beta=3$ 时，网络 A 输出功率最大。该最大功率为

$$P_{max} = \frac{U_{OC}^2}{4R_{eq}} = \frac{50^2}{4\times 60} \approx 10.4(\text{W})$$

题14 水木珞研解析

本题可采用戴维南定理、齐次定理、叠加定理相结合的方法来求解。

将 R_L 抽出，其余部分用戴维南等效电路替代，电路如图所示。

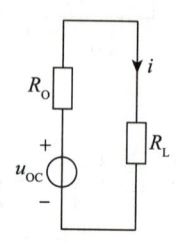

图中开路电压 u_{OC} 看作由两部分独立电源所产生的响应，即独立电流源 i_S 与 N 内所有直流电源所产生的响应。由叠加定理和齐次性定理得

$$u_{OC} = k_1 i_S + k_2$$

由图可得

$$i = \frac{u_{OC}}{R_{eq} + R_L} = \frac{k_1 i_S + k_2}{R_{eq} + R_L} \qquad ①$$

将已知条件(1)代入式①，有

$$4\cos(10t) + 2 = \frac{k_1 \times 2\cos(10t) + k_2}{R_{eq} + 2}$$

比较上式两端得

$$\frac{k_2}{R_{eq} + 2} = 2, \quad \frac{2k_1}{R_{eq} + 2} = 4$$

故得

$$k_1 = k_2 = 2R_{eq} + 4 \qquad ②$$

再将已知条件(2)代入式①，得

$$8 = \frac{4k_1 + k_2}{R_{eq} + 4} \qquad ③$$

将式②代入式③，有

$$8 = \frac{4 \times (2R_{eq} + 4) + 2R_{eq} + 4}{R_{eq} + 4}$$

解得 $R_{eq} = 6\,\Omega$。再将 R_{eq} 代入式②，得

$$k_1 = k_2 = 16$$

将 k_1, k_2 及 $i_S = 5\,\text{A}, R_{eq} = 6\,\Omega, R_L = 10\,\Omega$ 代入式①，得

$$i = \frac{16 \times 5 + 16}{6 + 10} = 6(\text{A})$$

题15 水木珞研解析

将题目已知条件代入电路,如图(a)所示。

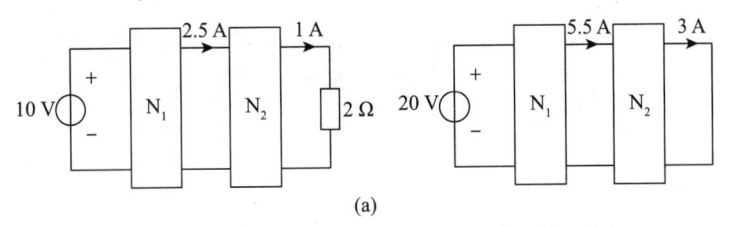

(a)

R 两端戴维南等效电路的开路电压为 U_{OC},等效电阻为 R_{eq},则根据题目条件列出如下方程

$$\begin{cases} \dfrac{U_{OC}}{R_{eq}+2}=1 \\ \dfrac{2U_{OC}}{R_{eq}}=3 \end{cases}$$

解得

$$U_{OC}=6\,\text{V},\ R_{eq}=4\,\Omega$$

当 $U_S=25\,\text{V}$,$R=3.5\,\Omega$ 时,电路如图(b)所示。

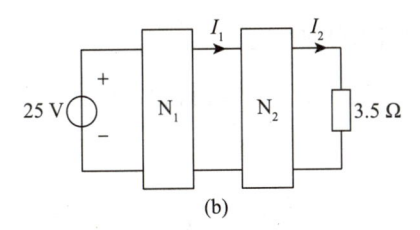

(b)

此时

$$I_2=\dfrac{2.5U_{OC}}{R_{eq}+3.5}=\dfrac{15}{4+3.5}=2(\text{A})$$

令

$$I_1=K_1U_S+K_2I_2$$

代入已知数据有

$$\begin{cases} 2.5=10K_1+K_2 \\ 5.5=20K_1+3K_2 \end{cases} \Rightarrow \begin{cases} K_1=0.2 \\ K_2=0.5 \end{cases}$$

解得

$$I_1=0.2\times25+0.5\times2=6(\text{A})$$

题16 水木珞研解析

作出从 R 两端看进去网络的戴维南等效电路，如图(a)所示。

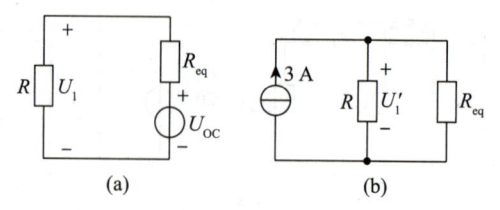

由题意可得，当 3 A 电流源单独作用时，等效电路如图(b)所示，有

$$U_1' = 10 \text{ V}$$

$$3 \times (R // R_{eq}) = U_1' = 10 \Rightarrow R_{eq} = 10 \text{ }\Omega$$

当 60 V 电压源单独作用时，有

$$U_1'' = 40 - U_1' = 30(\text{V})$$

则由齐次性，当 $U_s = 30$ V 时，有

$$U_1''' = \frac{30}{60} U_1'' = \frac{1}{2} \times 30 = 15(\text{V})$$

于是当 3 A 电流源和 30 V 电压源共同作用时，有

$$U_1 = U_1' + U_1''' = 10 + 15 = 25(\text{V})$$

又由等效电路图(a)，可得

$$\frac{U_{OC}}{R_{eq} + R} R = U_1 = 25$$

解得

$$U_{OC} = 75 \text{ V}$$

当 $R = R_{eq} = 10$ Ω 时，R 获得最大功率 P_{max}，且

$$P_{max} = \frac{U_{OC}^2}{4R_{eq}} = \frac{75^2}{4 \times 10} = 140.625(\text{W})$$

题17 水木珞研解析

等效求解电路如图(a)~图(d)所示。

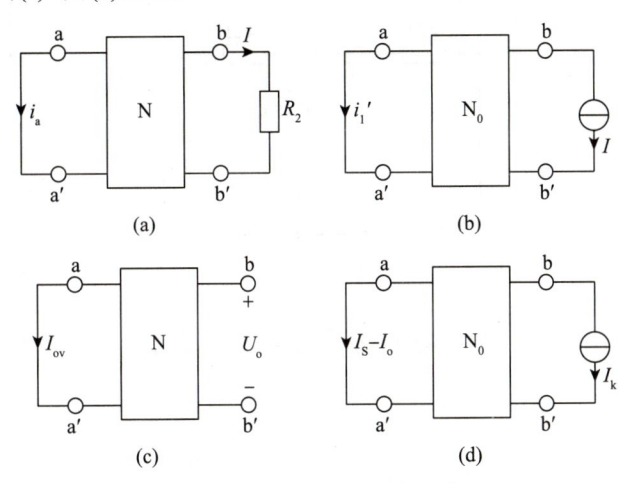

其正向由 b 指向 b′，则 R_2 支路可用电流为 I 的电流源替代。又根据叠加定理，原电路可视为图(b)和图(c)两电路的叠加，应注意 N_0 为 N 中所有独立电源置零后所得的无源电路，于是有

$$i_a = i_1' + i_1''$$

显然，$i_1'' = I_o$，则

$$i_a = i_1' + I_o$$

但若 $R_2 = 0$，$I = I_k$，这时 $i_a = I_S$ 为图(c)和图(d)两电路的叠加。根据线性电路的均匀性，得

$$i_1' = (I_S - I_o)\frac{I}{I_k}$$

又根据等效电源定理，有

$$I = U_o / (R_2 + R_o)$$

$$I_k = U_o / R_o$$

注意 I_k 为端口 b–b′ 的短路电流，于是有

$$\frac{I}{I_k} = \frac{R_o}{R_2 + R_o}$$

故

$$i_a = I_o + (I_S - I_o)\frac{R_o}{R_2 + R_o}$$

题18 水木珞研解析

利用外加电源法, 作出电源置零后的等效电路如图所示。

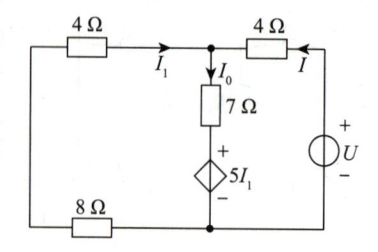

根据KVL可得

$$7I_0 + 5I_1 = -(4+8)I_1 \Rightarrow I_0 = -\frac{17}{7}I_1$$

根据KCL可得

$$I = I_0 - I_1 = -\frac{17}{7}I_1 - I_1 = -\frac{24}{7}I_1$$

易求得等效电阻

$$R_{eq} = \frac{U}{I} = \frac{4I - 12I_1}{I} = 4 - 12\frac{I_1}{I} = 7.5(\Omega)$$

由题意可得开路电压为

$$U_{OC} = (R_L + R_{eq})I_L = (35 + 7.5) \times 1 = 42.5(V)$$

由最大功率定理知, 当

$$R_L = R_{eq} = 7.5\ \Omega$$

时, R_L 可获得最大功率

$$P_{max} = \frac{U_{OC}^2}{4R_{eq}} \approx 60.2\ W$$

题19 水木珞研解析

方法一: 利用戴维南定理求出 $4\ \Omega$ 电阻右侧的等效电路、开路电压、等效电阻, 求解电路, 如图(a)和图(b)所示。

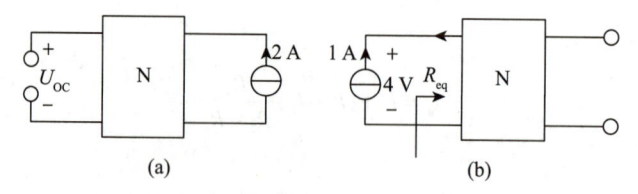

根据题图(a), 利用互易定理可得开路电压 U_{OC}。

$$\frac{U_{OC}}{2} = \frac{3}{1} \Rightarrow U_{OC} = 6\text{ V}$$

根据图(b)求等效电阻 R_{eq}，相当于外加电流源求等效电阻，可得

$$R_{eq} = \frac{4}{1} = 4(\Omega)$$

则

$$I_1 = \frac{U_{OC}}{R_{eq}+4} = \frac{6}{4+4} = 0.75(\text{A})$$

方法二：利用特勒根定理即可快速求解，求解电路如图(c)所示。

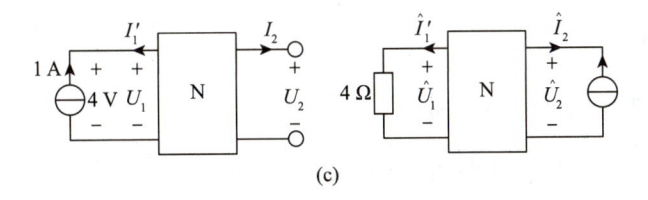

(c)

标出电量

$$U_1 = 4\text{ V},\ I_1' = -1\text{ A},\ U_2 = 3\text{ V},\ I_2 = 0$$

$$\hat{U}_1 = 4\hat{I}_1',\ \hat{I}_1' = \hat{I}_1',\ \hat{U}_2 = \hat{U}_2,\ \hat{I}_2 = -2\text{ A}$$

特勒根定理

$$U_1\hat{I}_1' + U_2\hat{I}_2 = \hat{U}_1 I_1' + \hat{U}_2 I_2$$

即

$$4\hat{I}_1' + 3\times(-2) = -4\hat{I}_1' + \hat{U}_2\times 0 \Rightarrow I_1 = \hat{I}_1' = 0.75(\text{A})$$

题20 水木珞研解析

利用特勒根定理，为了方便计算，使用外扩网络法，将 $6\ \Omega$ 电阻和网络N合并为新的网络，如图(a)和图(b)所示。

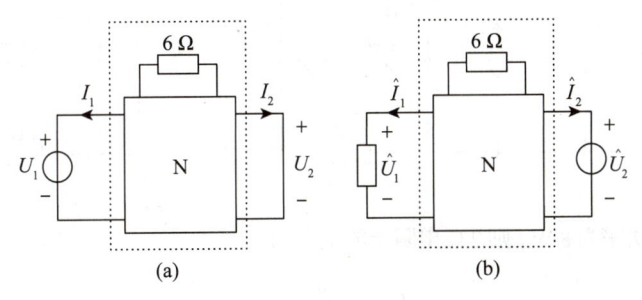

(a)   (b)

标出电量

$$U_1 = 20\text{ V},\ I_1 = -10\text{ A},\ U_2 = 0,\ I_2 = 1\text{ A}$$

$$\hat{U}_1 = 2\hat{I}_1,\ \hat{I}_1 = \hat{I}_1,\ \hat{U}_2 = 10\text{ V},\ \hat{I}_2 = \hat{I}_2$$

由特勒根定理得

$$U_1\hat{I}_1 + U_2\hat{I}_2 = \hat{U}_1 I_1 + \hat{U}_2 I_2$$

解得

$$\hat{I}_1 = 0.25\text{ A}$$

则 2 Ω 电阻所消耗的功率

$$P = \hat{I}_1^2 R = 0.25^2 \times 2 = 0.125(\text{W})$$

题 21 水木珞研解析

设第一组已知条件对应网络为 N′，即

$$U_1' = 10\text{ V},\ I_1' = 2\text{ A},\ I_2' = 1\text{ A},\ U_2' = R_2 I_2' = 4\text{ V}$$

设第二组已知条件对应网络为 N，即

$$U_1 = 24\text{ V},\ I_1 = 6\text{ A},\ U_2 = I_2 \times 1$$

由特勒根定理得

$$-U_1' I_1 + U_2' I_2 = -U_1 I_1' + U_2 I_2'$$

上式中负号表示将电压 $U_1(U_1')$ 和电流 $I_1(I_1')$ 取关联参考方向，代入已知条件解得

$$I_2 = 4\text{ A}$$

题 22 水木珞研解析

电路如图 (a) 所示，虚线框部分可以看成一个含源网络 N_S。

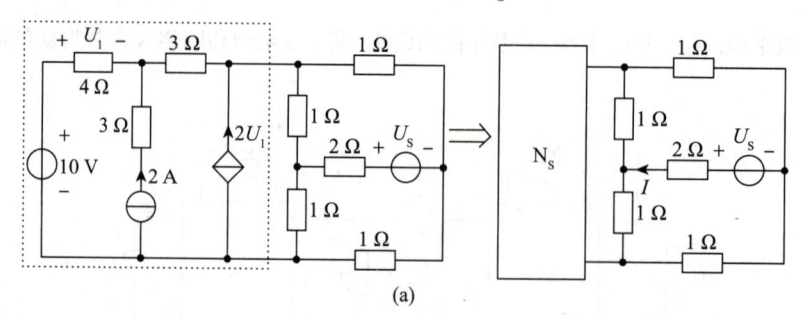

2 Ω 电阻消耗的功率为 8 W，则 2 Ω 电阻上的电流为

$$I = I' + I'' = \pm 2\text{ A}$$

并且电流可以看成网络 N_S 和电压源 U_S 两部分响应的叠加。

网络 N_S 单独作用如图 (b) 所示。

(b)

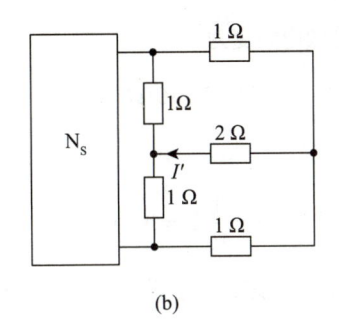

电桥平衡

$$I' = 0$$

电压源 U_s 单独作用如图(c)所示。

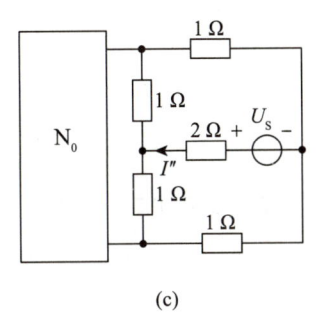

(c)

电桥平衡

$$I'' = \frac{U_s}{2 + 2//2} = \pm 2$$

解得

$$U_s = \pm 6 \text{ V}$$

题23 水木珞研解析

由叠加定理和齐性定理，可得

$$I = k_1 U + b_1$$

将 $U = 0$，$I = 0$；$U = 6\text{ V}$，$I = 0.4\text{ A}$ 代入上式可解得

$$k_1 = \frac{1}{15},\ b_1 = 0$$

即

$$I = \frac{1}{15}U$$

又结合电路图可知，电流表A读数 I 仅与独立电压源 U 有关，而与独立电流源 I_s 无关。因此，从电阻 R 两端看进去的电路等效电阻为 $15 - R$。

当 R 减小 $5\,\Omega$ 时, 电压源两端的等效电阻变为

$$15-5=10(\Omega)$$

且当 $U=10\,\mathrm{V}$ 时, 电流表 A 读数为

$$I=\frac{1}{10}U=1(\mathrm{A})$$

将电流表 A 所在支路等效为一独立电流源 I, 同样根据齐性定理和叠加定理可得

$$I_2=k_2I+b_2$$

同样将 $I=0$, $I_2=0.2\,\mathrm{A}$; $I=0.4\,\mathrm{A}$, $I_2=0.8\,\mathrm{A}$, 代入上式可解得

$$k_2=1.5,\ b_2=0.2$$

即

$$I_2=1.5I+0.2$$

当 $I=1\,\mathrm{A}$ 时, 有

$$I_2=1.5I+0.2=1.7(\mathrm{A})$$

题24 水木珞研解析

由题意可将电路等效, 如图所示。

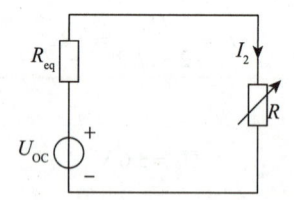

根据替代定理和叠加定理, 可设 $I_1=kI_2+b$ (b 是由 N_S 产生的), 其中

$$I_2=\frac{U_\mathrm{OC}}{R_\mathrm{eq}+R}$$

根据题中的数据可以列出如下方程

$$\begin{cases}k\dfrac{U_\mathrm{OC}}{12+R_\mathrm{eq}}+b=\dfrac{4}{3}\\[4pt] k\dfrac{U_\mathrm{OC}}{6+R_\mathrm{eq}}+b=1.2\\[4pt] k\dfrac{U_\mathrm{OC}}{3+R_\mathrm{eq}}+b=1\end{cases}\Rightarrow\begin{cases}kU_\mathrm{OC}=-\dfrac{9}{4}\\[4pt] R_\mathrm{eq}=\dfrac{3}{2}\\[4pt] b=\dfrac{3}{2}\end{cases}$$

解得

$$I_1=-\frac{9}{4}\times\frac{1}{R+1.5}+\frac{3}{2}$$

当 $R = 30\,\Omega$ 时，有

$$I_1 = -\frac{9}{4} \times \frac{1}{30+1.5} + \frac{3}{2} = \frac{10}{7}\,(\text{A})$$

> **水木珞研总结**
>
> 本题是东南大学考研真题，2024年湖南大学修改数据后重新做了考查。本题看起来很像少了一组条件，必须把 kU_{OC} 看成一个整体才可以求解，属于较难的电路定理题。

题25 水木珞研解析

计算等效电路时，若 $90\,\Omega$ 电阻在ab端口的外电路处分出 $80\,\Omega$ 电阻，则可利用平衡电桥，使短路电流的计算变简单，故图(a)所示电路的戴维南等效电路(将 $10\,\Omega$ 电阻归算到电阻 R 中)如图(b)所示。

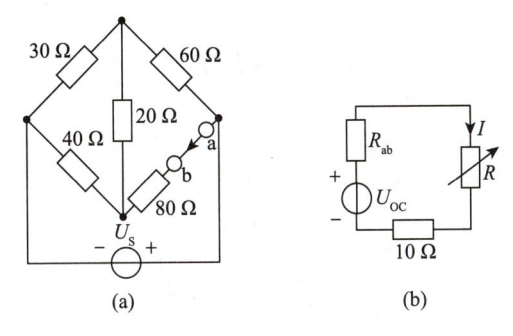

等效电阻为

$$R_{\text{ab}} = (60//30+20)//40+80 = 100\,(\Omega)$$

短路电流为

$$I_{\text{SC}} = \frac{U_{\text{S}}}{40+80} = \frac{12}{120} = 0.1\,(\text{A})$$

开路电压为

$$U_{\text{OC}} = I_{\text{SC}} \cdot R_{\text{ab}} = 10\,\text{V}$$

在图(b)中计算可变电阻 R 上的电流，有

$$I = \frac{U_{\text{OC}}}{R_{\text{ab}}+10+R}$$

当 $R = 500\,\Omega$ 时，可得

$$I = \frac{U_{\text{OC}}}{R_{\text{ab}}+10+R} = \frac{10}{100+10+500} = \frac{1}{61}\,(\text{A})$$

题26 水木珞研解析

①a、b 左侧进行戴维南等效。

求 U_{OC}：

a、b 右侧开路的等效电路如图(a)所示。

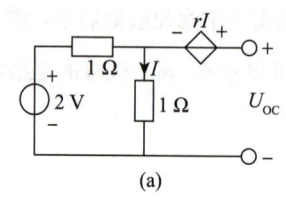

电流

$$I = \frac{2}{1+1} = 1(\text{A})$$

则开路电压

$$U_{OC} = rI + I = r + 1$$

求 R_{eq}：

外加电源法的等效电路如图(b)所示。

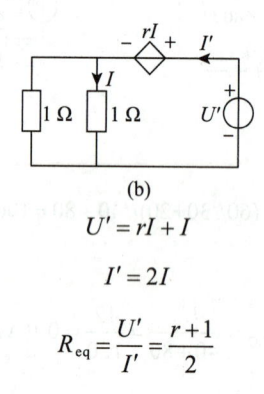

$$U' = rI + I$$

$$I' = 2I$$

$$R_{eq} = \frac{U'}{I'} = \frac{r+1}{2}$$

②a、b 右侧进行戴维南等效，作出整个等效电路，如图(c)所示。

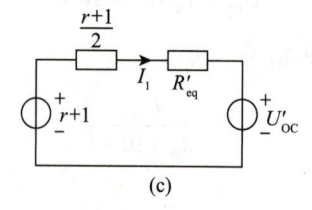

当 $r = 1\,\Omega$ 时，电流

$$I_1 = \frac{r+1-U'_{OC}}{\dfrac{r+1}{2}+R'_{eq}} = \frac{2-U'_{OC}}{1+R'_{eq}} = 0 \Rightarrow U'_{OC} = 2\,\text{V}$$

当 $r=3\,\Omega$ 时，电流

$$I_1 = \frac{r+1-U'_{OC}}{\dfrac{r+1}{2}+R'_{eq}} = \frac{4-2}{2+R'_{eq}} = \frac{2}{3} \Rightarrow R'_{eq} = 1\,\Omega$$

当 $r=5\,\Omega$ 时，电流

$$I_1 = \frac{r+1-U'_{OC}}{\dfrac{r+1}{2}+R'_{eq}} = \frac{6-2}{3+1} = 1(\mathrm{A})$$

用电流源 I_1 替代电阻支路，由叠加定理设 $I_2 = kI_1 + b$，

$$\begin{cases} \dfrac{1}{2} = b \\ \dfrac{3}{2} = \dfrac{2}{3}k + b \end{cases} \Rightarrow \begin{cases} k = \dfrac{3}{2} \\ b = \dfrac{1}{2} \end{cases}$$

当 $I_1 = 1\,\mathrm{A}$ 时，

$$I_2 = \frac{3}{2}\times 1 + \frac{1}{2} = 2(\mathrm{A})$$

题27 水木珞研解析

由题干给定条件，等效电路如图(a)和图(b)所示。

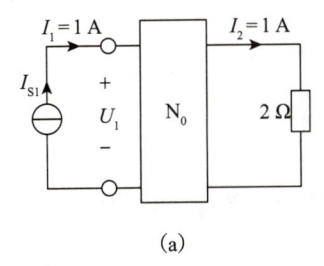

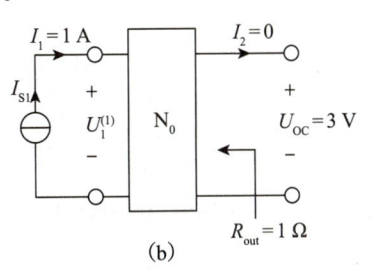

由特勒根定理

$$U_1 \times 1 + 2 \times 0 = U_1^{(1)} \times 1 + U_{OC} \times (-1)$$

解得

$$U_1^{(1)} = U_1 + 3$$

要使图(b)中电压 $U_1^{(1)}$ 不变，则须在电流源 I_{S1} 处串接电阻

$$R_1 = -3\,\Omega$$

题28 水木珞研解析

特勒根定理、叠加定理、戴维南定理应用电路如图(a)~图(d)所示。

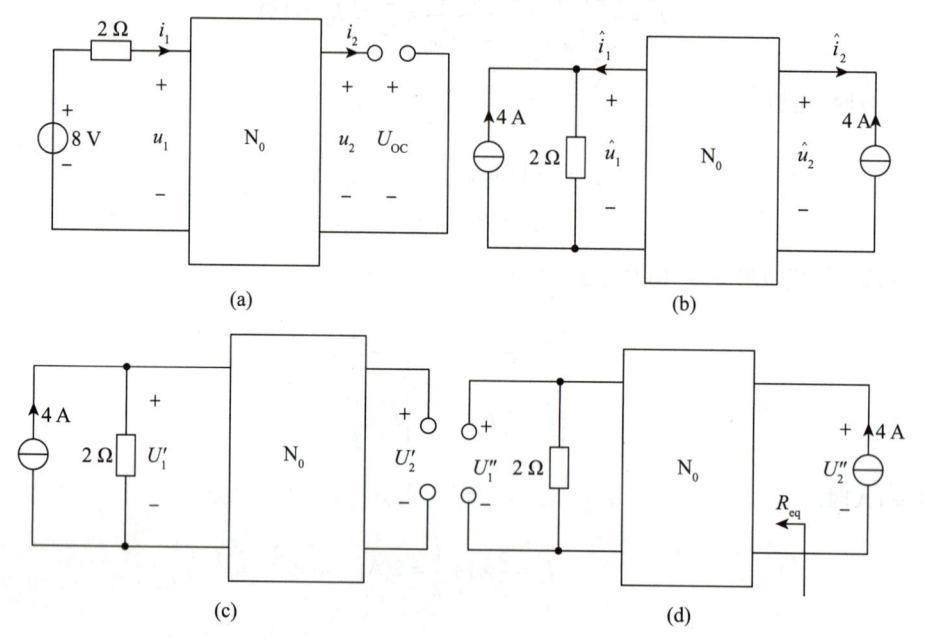

题图(a)中开关闭合时的戴维南等效电路如图(e)所示。

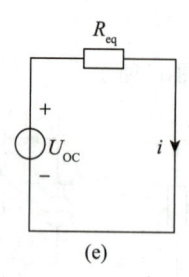

根据图(b)中左侧4 A电流源发出的功率为40 W、右侧4 A电流源发出的功率为48 W的条件可得两个电流源两端电压

$$\hat{u}_1 = \frac{40}{4} = 10(\text{V}),\ \hat{u}_2 = \frac{48}{4} = 12(\text{V})$$

$$u_1 = 8 - 2i_1 = 8 - 2 \times 1 = 6(\text{V}),\ -i_1 = -1\text{ A},\ u_2 = U_{\text{OC}},\ i_2 = 0$$

$$\hat{u}_1 = 10\text{ V},\ \hat{i}_1 = \frac{\hat{u}_1}{2} - 4 = 1(\text{A}),\ \hat{u}_2 = 12\text{ V},\ \hat{i}_2 = -4\text{ A}$$

在图(a)和图(b)中,根据特勒根定理可得

$$u_1\hat{i}_1 + u_2\hat{i}_2 = \hat{u}_1(-i_1) + \hat{u}_2 i_2$$

解得

$$u_2 = U_{\text{OC}} = 4\text{ V}$$

图(c)是将图(a)左侧进行电源等效变换得到的,则图(c)中左侧4 A电流源单独作用时

$$U_2' = U_{OC} = 4 \text{ V}$$

在图(d)中,根据叠加定理可得,右侧 4 A 电流源单独作用时

$$U_2'' = \hat{u}_2 - U_2' = 12 - 4 = 8(\text{V})$$

由此条件可在图(d)中得到网络 N_0 从右往左看进去的等效电阻(除源后),即

$$R_{eq} = \frac{U_2''}{4} = \frac{8}{4} = 2(\Omega)$$

以上两个关键的量求得后,在开关闭合后的戴维南等效电路图(e)中可得

$$i = \frac{U_{OC}}{R_{eq} + 0} = \frac{4}{2+0} = 2(\text{A})$$

题29 水木珞研解析

将 R_L 左侧电路作戴维南等效,设端口开路电压为 U_{OC},等效电阻为 R_{eq},如图(a)所示。

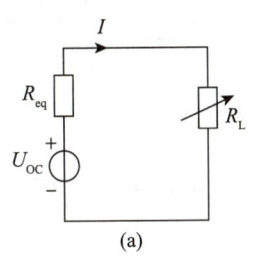

$$I = \frac{U_{OC}}{R_{eq} + R_L}$$

则

$$\begin{cases} \dfrac{U_{OC}}{R_{eq} + 3} = 3 \\ \dfrac{U_{OC}}{R_{eq} + 5} = 2 \end{cases} \Rightarrow \begin{cases} U_{OC} = 12 \text{ V} \\ R_{eq} = 1 \Omega \end{cases}$$

当 $R_L = 2 \Omega$ 时,有

$$I_{RL} = \frac{U_{OC}}{R_{eq} + 2} = \frac{12}{1+2} = 4(\text{A})$$

所以

$$u_2 = R_L I_{RL} = 2 \times 4 = 8(\text{V})$$

作出对应的电路图,如图(b)和图(c)所示。

(b)

(c)

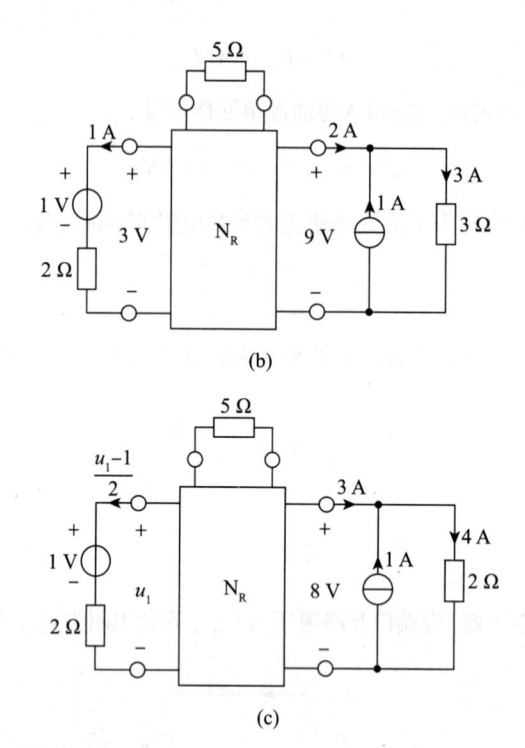

在图(b)和图(c)中由特勒根定理可得

$$3 \times \frac{u_1 - 1}{2} + 9 \times 3 = u_1 \times 1 + 8 \times 2 \Rightarrow u_1 = -19 \text{ V}$$

解得

$$u_1 = -19 \text{ V}, \quad u_2 = 8 \text{ V}$$

第5讲　理想运算放大器

题1 水木珞研解析

标出电路中的电量，如图所示。

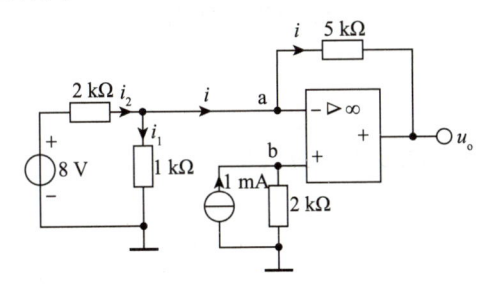

由虚断特性，求得

$$u_b = 10^{-3} \times 2 \times 10^3 = 2(\text{V})$$

同时，由虚短特性，得

$$u_a = u_b = 2\text{ V}$$

又由KCL得

$$i = i_2 - i_1 = \frac{8 - u_a}{2\,000} - \frac{u_a}{1\,000} = 1(\text{mA})$$

同时，由虚断特性、KVL得

$$u_o = -5\,000i + u_a = -3(\text{V})$$

题2 水木珞研解析

标出电路中的节点，如图所示。

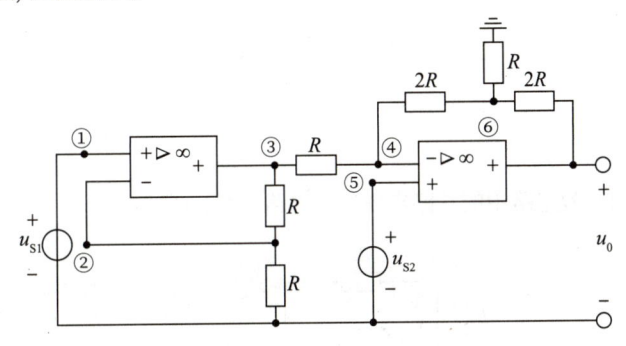

由理想运放虚短、虚断易知

$$u_{n1} = u_{n2} = u_{S1},\ u_{n5} = u_{n4} = u_{S2},\ u_{n3} = 2u_{S1}$$

列出方程

$$\begin{cases} \dfrac{u_{n3}-u_{n4}}{R} = \dfrac{u_{n4}-u_{n6}}{2R} \\ \dfrac{u_{n4}-u_{n6}}{2R} = \dfrac{u_{n6}}{R} + \dfrac{u_{n6}-u_0}{2R} \end{cases}$$

即得

$$u_0 = 11u_{S2} - 16u_{S1}$$

题3 水木珞研解析

(1) 由虚断得，R_1、R_2、R_3 为串联，又 $U_2 = 2U_1$，则

$$R_2 = R_3$$

由 $R_1 = R_2$ 得

$$R_1 = R_2 = R_3$$

则电压

$$U_1 = \frac{1}{3} \times 24 = 8(\text{V}), \quad U_2 = 16 \text{ V}$$

由虚短得，5 kΩ 电阻两端电压为

$$U_{5\text{k}\Omega} = U_1 = \frac{5}{5+7.5}U_{01} = 8 \text{ V}$$

解得

$$U_{01} = 20 \text{ V}$$

(2) 由虚短、虚断可得

$$U_B = U_2 = 16 \text{ V}, \quad U_{R_5} = U_B - U_{01} = 16 - 20 = -4(\text{V})$$

由 $R_4 = R_5$（串联分压），解得

$$U = 2U_{R_5} = -8 \text{ V}$$

题4 水木珞研解析

除 R_L 以外的戴维南等效电路中的开路电压求解电路如图(a)所示。

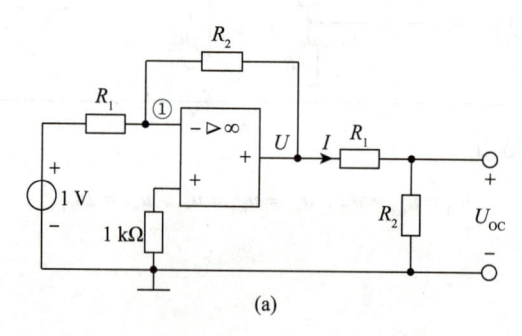

(a)

在节点①列方程有

$$\frac{1-0}{R_1} = \frac{0-U}{R_2}$$

解得

$$U_{OC} = \frac{R_2}{R_1+R_2}U = -\frac{R_2^2}{R_1(R_1+R_2)}$$

等效电阻为

$$R_{eq} = R_1 // R_2$$

作出等效电路，如图(b)所示。

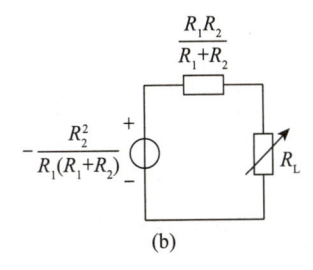

(b)

由题意可得，当 $R_L = \frac{2}{3}$ kΩ 时

$$P_{R_L \max} = \frac{2}{3} \text{ mW}$$

则

$$R_{eq} = \frac{2}{3} \text{ kΩ}$$

$$U_{OC} = -\frac{4}{3} \text{ V } (R_1 \text{、} R_2 \text{ 为正值})$$

代入数据解得

$$R_1 = 1 \text{ kΩ}, R_2 = 2 \text{ kΩ}$$

题 5 水木珞研解析

对集成运放电路的电压节点标注，如图所示。

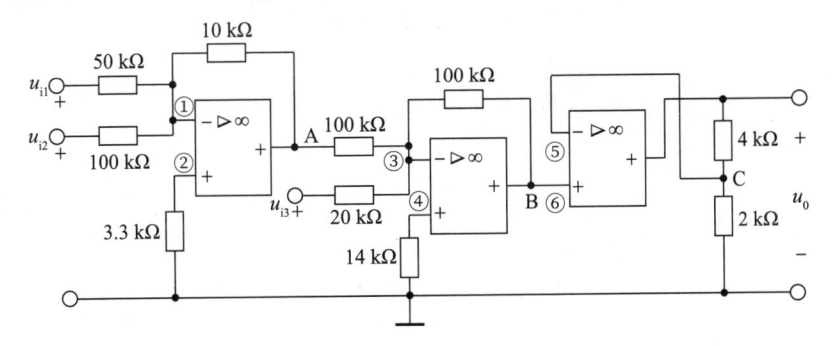

根据虚短特性可得

$$u_{n1} = u_{n2} = u_{n3} = u_{n4} = 0$$

输出电压为

$$u_{n5} = u_{n6} = \frac{2}{2+4}u_0 = \frac{1}{3}u_0$$

根据虚断特性可得节点①和节点③的 KCL 方程。

节点①的 KCL 方程

$$\frac{u_{i1}-0}{50k} + \frac{u_{i2}-0}{100k} = \frac{-u_A}{10k}$$

节点③的 KCL 方程

$$\frac{u_A-0}{100k} + \frac{u_{i3}-0}{20k} = \frac{-\frac{1}{3}u_0}{100k}$$

解出输出电压为

$$u_0 = -43.8 \text{ V}$$

题6 水木珞研解析

标出电路中的节点，如图所示。

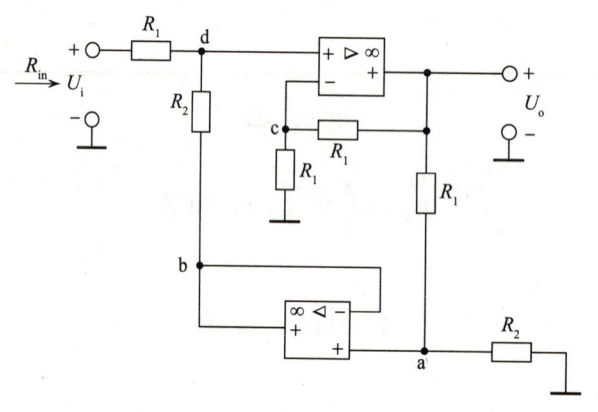

由图中节点，列写节点电压等效方程有

$$\begin{cases} \left(\dfrac{1}{R_1} + \dfrac{1}{R_2}\right)U_d - \dfrac{1}{R_1}U_i - \dfrac{1}{R_2}U_b = 0 \\ \left(\dfrac{1}{R_1} + \dfrac{1}{R_2}\right)U_a - \dfrac{1}{R_1}U_o = 0 \end{cases}$$

由c点分压以及运算放大器虚短和虚断特性，补充方程为

$$\begin{cases} U_c = \dfrac{R_1}{R_1+R_1}U_o = \dfrac{U_o}{2} \\ U_b = U_a \\ U_c = U_d \end{cases}$$

解得

$$U_a = \frac{R_2}{R_1+R_2}U_o$$

所以，转移电压比

$$Av = \frac{U_o}{U_i} = \frac{2R_2(R_1+R_2)}{R_1^2+R_2^2}$$

$$i = \frac{U_i - U_d}{R_1} = \frac{U_i - \dfrac{U_o}{2}}{R_1} = \frac{2U_i - U_o}{2R_1}$$

所以，输入电阻为

$$R_{in} = \frac{U_i}{i} = \frac{2U_iR_1}{2U_i - U_o} = \frac{R_1^2+R_2^2}{R_1-R_2}$$

题7 水木珞研解析

标出电路中的电量，如图所示。

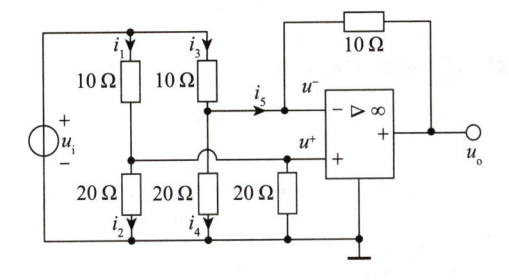

根据KVL得

$$u_i = 10i_1 + 20i_2$$

其中

$$i_1 = 2i_2, \ u_i = 20i_1$$

根据运放虚短性质得

$$u^- = u^+ = 20i_2 = 10i_1$$

其中电流

$$i_3 = \frac{u_i - u^-}{10} = i_1, \ i_4 = \frac{u^-}{20} = \frac{1}{2}i_1, \ i_5 = i_3 - i_4 = \frac{1}{2}i_1, \ \frac{u^- - u_o}{10} = \frac{1}{2}i_1$$

则
$$u_o = 5i_1$$

综合可得
$$\frac{u_o}{u_i} = \frac{5i_1}{20i_1} = \frac{1}{4}$$

题8 水木珞研解析

①求端口 a、b 的开路电压 u_{OC}。

在 u_1、u_2、u_3、u_4 各自单独作用后使用叠加定理可得

$$u_{OC} = u_{OC1} + u_{OC2} + u_{OC3} + u_{OC4} = \frac{u_1}{2} + \frac{u_2}{4} + \frac{u_3}{8} + \frac{u_4}{16}$$

等效电路如图(a)所示。

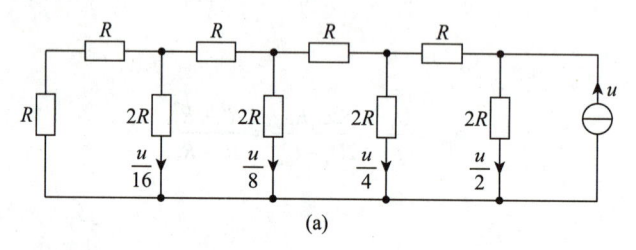

②端口 a、b 左侧电路等效内阻为

$$R_{eq} = R$$

③根据如图(b)所示的反向放大器确定 u_o。

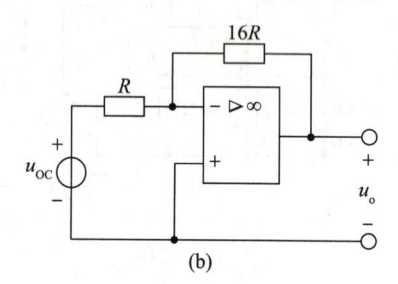

则输出电压
$$u_o = -\frac{16R}{R} u_{OC} = -(8u_1 + 4u_2 + 2u_3 + u_4)$$

题9 水木珞研解析

标出电量，如图所示。

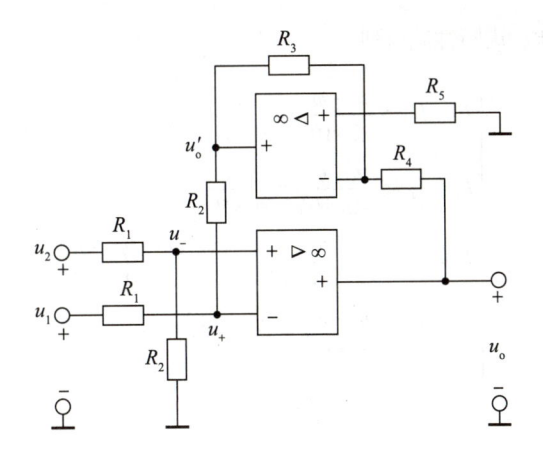

由虚断

$$u_- = u_2 \frac{R_2}{R_1 + R_2}$$

由虚短

$$u_+ = u_- = u_2 \frac{R_2}{R_1 + R_2}$$

则

$$u_o' = u_+ - \frac{u_1 - u_+}{R_1} R_2$$

$$u_o' = \frac{-u_o}{R_4} R_3$$

以上各式联立得

$$u_o = \frac{R_2 R_4}{R_1 R_3}(u_1 - u_2)$$

题10 水木珞研解析

标出电路中的电量，如图所示。

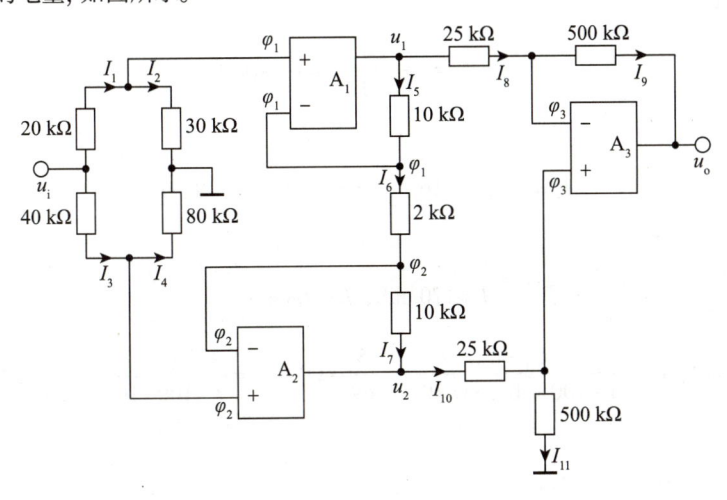

由理想运算放大器虚短、虚断性质可列

$$\begin{cases} I_1 = I_2 \Rightarrow \dfrac{u_i - \varphi_1}{20 \times 10^3} = \dfrac{\varphi_1}{30 \times 10^3} \\[2mm] I_3 = I_4 \Rightarrow \dfrac{u_i - \varphi_2}{40 \times 10^3} = \dfrac{\varphi_2}{80 \times 10^3} \\[2mm] I_5 = I_6 = I_7 \Rightarrow \dfrac{u_1 - \varphi_1}{10 \times 10^3} = \dfrac{\varphi_1 - \varphi_2}{2 \times 10^3} = \dfrac{\varphi_2 - u_o}{10 \times 10^3} \\[2mm] I_8 = I_9 \Rightarrow \dfrac{u_1 - \varphi_3}{25 \times 10^3} = \dfrac{\varphi_3 - u_o}{500 \times 10^3} \\[2mm] I_{10} = I_{11} \Rightarrow \dfrac{u_2 - \varphi_3}{25 \times 10^3} = \dfrac{\varphi_3}{500 \times 10^3} \end{cases}$$

联立以上各式解得

$$u_1 = \dfrac{4}{15} u_i , \ u_2 = u_i , \ \varphi_3 = \dfrac{20}{21} u_i , \ \dfrac{u_o}{u_i} = \dfrac{44}{3}$$

题11 水木珞研解析

(1) 由虚短、虚断特性可得

$$U_{o1} = -1 \times 10^{-3} \times 20 \times 10^3 = -20 \text{(V)}$$

(2) 由虚短特性可得

$$U_{o2} = U_{R_5}$$

补充

$$U_2 = 1 \times 10^{-3} \times 10 \times 10^3 = 10 \text{(V)} , \ U_1 = 1.5 U_2 = 15 \text{ V}$$

则

$$1 \times 10^{-3} \times (10 \times 10^3 + R_5) = U_1 = 15$$

解得

$$R_5 = 5 \text{ k}\Omega , \ U_{o2} = 1 \times 10^{-3} \times 5 \times 10^3 = 5 \text{(V)}$$

(3) 由题可得电阻为

$$R_4 = \dfrac{24}{100 \times 10^{-3}} = 0.24 \text{(k}\Omega\text{)}$$

电流为

$$I_3 = I - 100 \times 10^{-3} - 1 \times 10^{-3} - 1 \times 10^{-3} = 0.4 I$$

得

$$I = 170 \text{ mA} , \ I_3 = 68 \text{ mA}$$

$$R_3 = \dfrac{U_2}{I_3} = \dfrac{5}{34} \text{ k}\Omega , \ R_2 = \dfrac{U_1 - U_2}{I - 100 \times 10^{-3} - 1 \times 10^{-3}} = \dfrac{5}{69} \text{(k}\Omega\text{)} , \ R_1 = \dfrac{24 - U_1}{I - 100 \times 10^{-3}} = \dfrac{9}{70} \text{(k}\Omega\text{)} , \ R_5 = 5 \text{ k}\Omega$$

(4) 功率为
$$P = UI = 24 \times 170 \times 10^{-3} = 4.08(\text{W})$$

题12 水木珞研解析

标出电路中的电量，如图(a)所示。

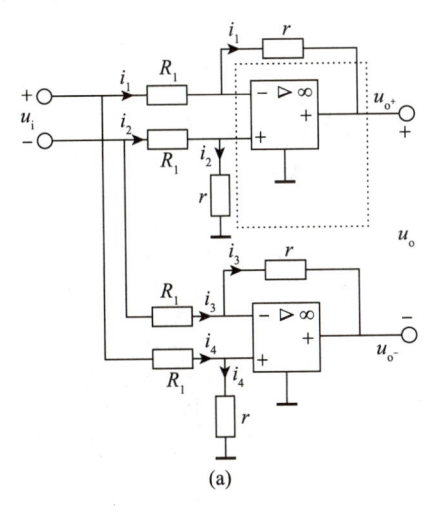

(1) 由虚短特性可得
$$(i_1 - i_2)R_1 = u_i$$

由虚线框列KVL方程
$$i_2 r - i_1 r = u_{o^+}$$

解得
$$u_{o^+} = -\frac{r}{R_1} u_i$$

同理可得
$$u_{o^-} = \frac{r}{R_1} u_i$$

则输出电压为
$$u_o = u_{o^+} - u_{o^-} = -\frac{2r}{R_1} u_i$$

解得
$$\frac{u_o}{u_i} = -\frac{2r}{R_1}$$

(2) 将 $R_1 = 10\,\Omega$，$r = 10\,\Omega$ 代入 $\dfrac{u_o}{u_i} = -\dfrac{2r}{R_1}$，有
$$u_o = -2u_i$$

根据输入电压的波形图,作出输出电压的波形,如图(b)所示。

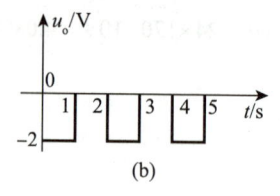

(b)

题13 水木珞研解析

(1)外加电压源法,标出电路中的电量,如图(a)所示。

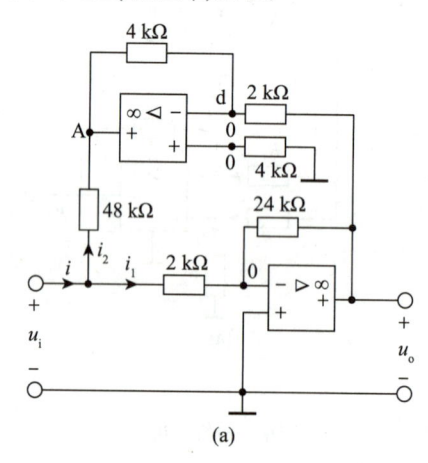

(a)

根据运放性质

$$i_1 = \frac{u_i - 0}{2 \times 10^3}$$

$$\frac{u_i - 0}{2 \times 10^3} = \frac{0 - u_o}{24 \times 10^3} \Rightarrow u_o = -12u_i$$

对d点列KCL方程得

$$\frac{u_A - 0}{4 \times 10^3} = \frac{0 - u_o}{2 \times 10^3} \Rightarrow u_A = -2u_o = 24u_i$$

其中

$$i_2 = \frac{u_i - u_A}{48 \times 10^3} = \frac{-23u_i}{48 \times 10^3}$$

端口电流

$$i = i_1 + i_2 = \frac{u_i}{2 \times 10^3} - \frac{23u_i}{48 \times 10^3} = \frac{u_i}{48 \times 10^3}$$

所以输入电阻为

$$R_i = \frac{u_i}{i} = \frac{u_i}{\dfrac{u_i}{48 \times 10^3}} = 48 \ (\text{k}\Omega)$$

(2) 标出电路中的电量, 如图(b)所示。

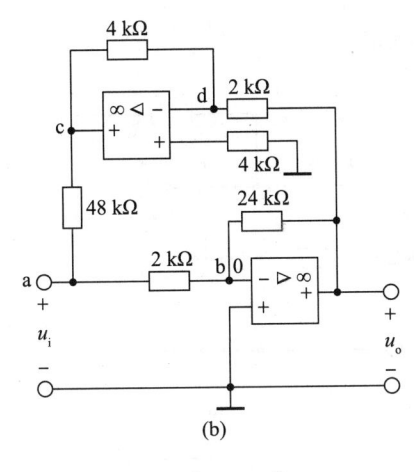

(b)

$$u_b = 0, \quad u_d = 0$$

$$\frac{u_i - 0}{2 \times 10^3} = \frac{0 - u_o}{24 \times 10^3}$$

所以

$$u_o = -12 u_i$$

当 $0 < t < 1$ 时, 有

$$u_i = 2t$$

而此时

$$u_o = -24t$$

因为有饱和电压 $\pm 12\text{ V}$, 所以在 $t = 0.5$ 时, $u_o = -12\text{ V}$, 达到饱和。

当 $0.5 < t < 1.5$ 时, 已到饱和, 而当 $1.5 < t < 2.5$ 时,

$$u_i(t) = -2t + 4$$

则

$$u_o(t) = 24t - 48$$

经上述分析, 当 $u_i > 1$ 或 $u_i < -1$ 时, u_o 已饱和。

所以, 作出输出电压波形, 如图(c)所示。

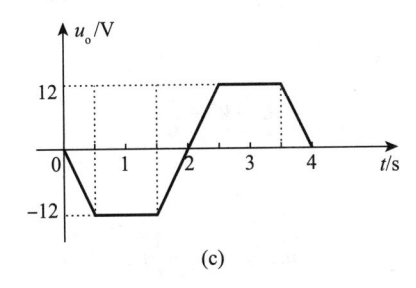

(c)

$t > 4$, 周期性重复 $0 \sim 4$ 的波形。

题14 水木珞研解析

标出电路中的电量，如图(a)所示。

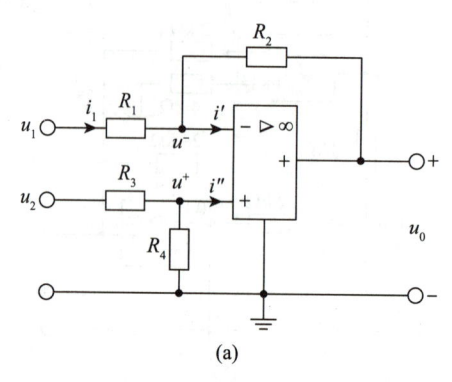

(1) 由虚短和虚断特性可得

$$u^+ = u^-$$

$$i' = i'' = 0$$

$$\begin{cases} u^+ = u^- = \dfrac{R_4}{R_3 + R_4} u_2 \\ \dfrac{u_1 - u^-}{R_1} = \dfrac{u^- - u_0}{R_2} \end{cases}$$

联立解得

$$u_0 = \dfrac{R_1 R_4 + R_2 R_4}{R_1 (R_3 + R_4)} u_2 - \dfrac{R_2}{R_1} u_1$$

由题意可得

$$u_0 = \dfrac{1}{3} u_2 - u_1$$

则对比可得

$$\dfrac{R_1 R_4 + R_2 R_4}{R_1 (R_3 + R_4)} = \dfrac{1}{3}, \dfrac{R_2}{R_1} = 1$$

解得

$$\dfrac{R_1}{R_2} = 1, \dfrac{R_3}{R_4} = 5$$

(2) 由(1)可得电压为

$$u^- = u^+ = \dfrac{1}{6} u_2$$

因此可得电阻 R_1 上的电压为

$$u_1 - u^- = u_1 - \dfrac{1}{6} u_2$$

流过 R_1、R_2 的电流相同且 $R_1 = R_2$，电阻 R_1、R_2 的功率为

$$P_{R_2} = P_{R_1} = \frac{\left(u_1 - \frac{1}{6}u_2\right)^2}{R_1} \leqslant 0.25 \text{ W}$$

即要求 $R_2 = R_1 \geqslant 4\left(u_1 - \frac{1}{6}u_2\right)^2$ 在 $(0 \leqslant u_1 \leqslant 10, 0 \leqslant u_2 \leqslant 10)$ 上恒成立。

进一步转化：要求 $R_2 = R_1 \geqslant \left[4\left(u_1 - \frac{1}{6}u_2\right)^2\right]_{\max}$ 即可，根据数学中的线性规划知识点作图(b)。

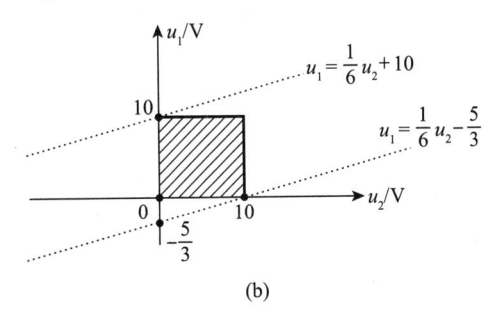

(b)

由图(b)可以得出截距为

$$-\frac{5}{3} \leqslant u_1 - \frac{1}{6}u_2 \leqslant 10$$

解得

$$0 \leqslant f(u_1, u_2) = 4\left(u_1 - \frac{1}{6}u_2\right)^2 \leqslant 400$$

则要求 $R_1 = R_2 \geqslant [f(u_1,u_2)]_{\max} = 400 \text{ }\Omega$ 恒成立，即

$$R_1 \geqslant 400 \text{ }\Omega, \quad R_2 \geqslant 400 \text{ }\Omega$$

对于电阻 R_3，$P_{R_3} \leqslant 0.25$ W，则要求 $P_{R_3} = \dfrac{\left(\frac{5}{6}u_2\right)^2}{R_3} \leqslant 0.25$ W 在 $0 \leqslant u_2 \leqslant 10$ 上恒成立。

因此

$$R_3 \geqslant \left[4 \times \left(\frac{5}{6}u_2\right)^2\right]_{\max} = \left[4 \times \left(\frac{5}{6} \times 10\right)^2\right] = \frac{2\,500}{9}(\Omega)$$

又有

$$\frac{R_3}{R_4} = 5$$

则

$$R_4 \geqslant \frac{500}{9}\text{ }\Omega$$

综上所述，

$$R_1 \geqslant 400\,\Omega,\ R_2 \geqslant 400\,\Omega,\ R_3 \geqslant \frac{2\,500}{9}\,\Omega,\ R_4 \geqslant \frac{500}{9}\,\Omega$$

水木珞研总结

本题是西安交通大学2012年的真题，第(2)问是大难点，思路都比较常规，就是将电阻的功率表达式求出，根据最大功率限制求解电阻的范围。但是本题的函数是多元函数，二元函数的最值问题应用到数学理论进行求解。本题属于较难题。

第6讲　动态电路之基本元件

题1 水木珞研解析

标出电路中的电量，如图所示。

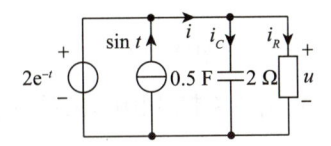

本题其实比较简单，有没有正弦电流源不影响 i 的数值，与电压源并联时，其相当于是一个虚元件。

由图可得电流为

$$i_C = C\frac{du}{dt} = -e^{-t}, \quad i_R = \frac{u}{R} = e^{-t}$$

根据KCL可得

$$i = i_C + i_R = -e^{-t} + e^{-t} = 0$$

题2 水木珞研解析

电容的伏安特性如下

$$u_C(t) = u_C(t_0) + \frac{1}{C}\int_{t_0}^{t} i_C(\xi)d\xi$$

当 $t_0 = 0$ 时，

$$u_C(t) = u_C(0) + \frac{1}{C}\int_{0}^{t} i_C(\xi)d\xi = 1 + 0.5\int_{0}^{t} i_C(\xi)d\xi$$

对照题图中所给的电流源电流波形图，可以得出电压的表达式。

① 当 $t \leqslant 0$ 时，

$$u(t) = 1\,\text{V}$$

当 $t = 0$ 时，

$$u(0) = 1\,\text{V}$$

② 当 $0 < t \leqslant 1$ 时，

$$u(t) = 1 + 0.5\int_{0}^{t} 2d\xi = (1+t)\,(\text{V})$$

当 $t = 1$ 时，

$$u(1) = 2\,\text{V}$$

③当 $1 < t \leqslant 2$ 时,

$$u(t) = 2 + 0.5\int_1^t (-2)\mathrm{d}\xi = (3-t)(\mathrm{V})$$

当 $t = 2$ 时,

$$u(2) = 1\ \mathrm{V}$$

④当 $t > 2$ 时,

$$u(t) = 1\ \mathrm{V}$$

根据以上各个区间段的电压表达式,可以绘制出电压 $u(t)$ 的波形,如图所示。

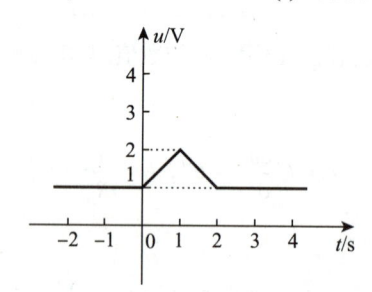

题3 水木珞研解析

已知 $L = 10\ \mathrm{mH} = 0.01\ \mathrm{H}$,$i(0) = 0$,电感的伏安特性为

$$u(t) = L\frac{\mathrm{d}i(t)}{\mathrm{d}t}$$

当 $t \geqslant 0$ 时,按照电流图像分不同时间段进行分析。

①当 $0 \leqslant t \leqslant 2\ \mathrm{\mu s}$ 时,电感电压为

$$u(t) = L\frac{\mathrm{d}i(t)}{\mathrm{d}t} = 0.01 \times \frac{3 \times 0.5 \times 10^{-3}}{10^{-6}} = 15(\mathrm{V})$$

电感功率为

$$p(t) = u(t) \cdot i(t) = 22\,500t(\mathrm{W})$$

其中当 $t = 2\ \mathrm{\mu s}$ 时,

$$u(2 \times 10^{-6}) = 15\ \mathrm{V},\ p(2 \times 10^{-6}) = 0.045\ \mathrm{W}$$

②当 $2\ \mathrm{\mu s} < t \leqslant 3\ \mathrm{\mu s}$ 时,电感电压为

$$u(t) = L\frac{\mathrm{d}i(t)}{\mathrm{d}t} = 0.01 \times \left(-\frac{3 \times 10^{-3}}{10^{-6}}\right) = -30(\mathrm{V})$$

电感功率为

$$p(t) = u(t) \cdot i(t) = (90\,000t - 0.27)\ \mathrm{W}$$

其中当 $t = 2\ \mu s$ 时,
$$u(2\times10^{-6}) = 15\ \text{V},\quad p(2\times10^{-6}) = -0.09\ \text{W}$$

当 $t = 3\ \mu s$ 时,
$$u(3\times10^{-6}) = -30\ \text{V},\quad p(3\times10^{-6}) = 0$$

③当 $t > 3\ \mu s$ 时,
$$i(t) = 0,\quad u(t) = 0,\quad p(t) = 0$$

由上述分析，作出电压 $u(t)$ 与瞬时功率 $p(t)$ 的波形分别如图(a)和图(b)所示。

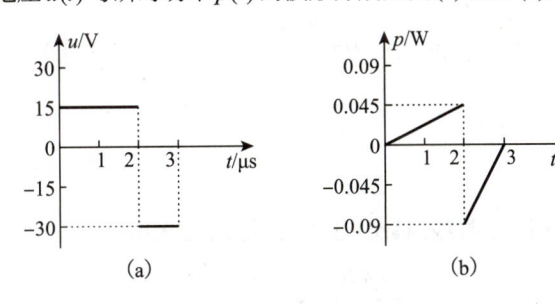

(a)　　　　　　　　　(b)

题4 水木珞研解析

(1) 端口的等效电容为
$$C = \frac{2\times\left(\dfrac{3\times 6}{3+6}+6\right)}{2+\left(\dfrac{3\times 6}{3+6}+6\right)} = 1.6(\mu F)$$

(2) 原电路可视为 $2\ \mu F$ 的电容与 $8\ \mu F$ 电容的串联，可求得
$$u_1 = \frac{8}{2+8}\times 10 = 0.8\times 10 = 8(\text{V}),\quad u_2 = u - u_1 = 10 - 8 = 2(\text{V})$$

$$u_3 = \frac{6}{3+6}u_2 = \frac{6}{9}\times 2 = \frac{4}{3}(\text{V}),\quad u_4 = u_2 - u_3 = 2 - \frac{4}{3} = \frac{2}{3}(\text{V})$$

(3) 电流 i_1、i_2 分别为
$$i_1 = \frac{6}{6+2}i = \frac{6}{8}\times 8\text{e}^{-3t} = 6\text{e}^{-3t}(\text{A}),\quad i_2 = i - i_1 = 8\text{e}^{-3t} - 6\text{e}^{-3t} = 2\text{e}^{-3t}(\text{A})$$

题5 水木珞研解析

(1) 端口的等效电感为
$$L = (L_3 // L_4 + L_2) // L_1 = 2\ \text{H}$$

(2) L_3 和 L_4 并联的等效电感为

$$L_{34} = L_3 // L_4 = 2 \text{ H}$$

由电感串联时的电压分配关系式,有

$$u_2 = \frac{L_2}{L_2 + L_{34}} u = \frac{1}{1+2} u = \frac{8}{3} e^{-2t} \varepsilon(t)(A), \quad u_3 = \frac{L_{34}}{L_2 + L_{34}} u = \frac{2}{3} u = \frac{16}{3} e^{-2t} \varepsilon(t)(A)$$

又由电感元件的伏安关系式,有

$$i_1 = \frac{1}{L_1} \int_{-\infty}^{t} u \mathrm{d}\xi = i_1(0) + \frac{1}{L_1} \int_0^t u \mathrm{d}\xi = \frac{2}{3}(1 - e^{-2t}) \varepsilon(t) \text{ A}$$

$$i_2 = \frac{1}{L_2} \int_{-\infty}^{t} u_2 \mathrm{d}\xi = i_2(0) + \frac{1}{L_2} \int_0^t u_2 \mathrm{d}\xi = \frac{4}{3}(1 - e^{-2t}) \varepsilon(t) \text{ A}$$

题6 水木珞研解析

电感在直流电路稳定时相当于导线,标出电路中的电量,如图所示。

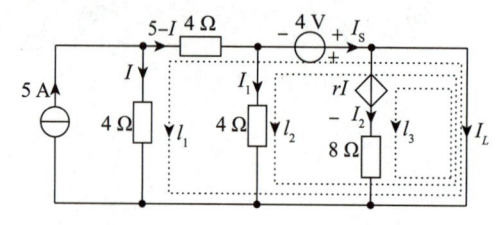

对 l_1 和 l_2 回路列写KVL方程得

$$\begin{cases} l_1: 4 - 4 \times (5 - I) + 4I = 0 \\ l_2: 4 + 4I_1 = 0 \end{cases}$$

解得

$$I = 2 \text{ A}, I_1 = -1 \text{ A}$$

根据KCL可得,流经4 V电压源的电流为

$$I_S = 5 - I - I_1 = 4(A)$$

电感储能为9 J,则

$$\frac{1}{2} L \cdot I_L^2 = 9$$

解得

$$I_L = 3 \text{ A} (题干 I_L > 0)$$

流经8 Ω电阻的电流为

$$I_2 = I_S - I_L = 1 \text{ A}$$

对 l_3 列写KVL方程得

$$rI + 8I_2 = 0 \Rightarrow r = -4$$

4 V 电压源发出的功率为

$$P = 4I_S = 4 \times 4 = 16 \text{(W)}$$

题7 水木珞研解析

由题可得

$$u_1(t) = \frac{1}{2}\frac{\mathrm{d}i(t)}{\mathrm{d}t}$$

故元件"1"为电感，其值为

$$L = \frac{1}{2}\text{H}$$

电感电流初值为

$$i_L(0_+) = 10 - 20 = -10 \text{(A)}$$

此时电感能量为

$$\frac{1}{2}Li_L^2(0_+) = 25 \text{ (J)}$$

电路的总能量为

$$W(0_+) = \frac{1}{2}Li_L^2(0_+) + \frac{1}{2}Cu_C^2(0_+) = 25$$

故电容电压初值为

$$u_C(0_+) = 0$$

电容伏安关系为

$$u_C(t) = u_C(0_+) + \frac{1}{C}\int_{0_+}^{t} i_C(\xi)\mathrm{d}\xi = \frac{1}{C}(-10\mathrm{e}^{-t} + 10\mathrm{e}^{-2t})$$

故电阻电压为

$$u_R(t) = -u_C(t) - u_1(t) = \left(\frac{10}{C} + 5\right)\mathrm{e}^{-t} - \left(\frac{10}{C} + 20\right)\mathrm{e}^{-2t}$$

其中电阻的伏安特性为

$$\frac{u_R(t)}{i(t)} = R$$

联立以上各式解得

$$R = 1.5\,\Omega, C = 1\,\text{F}$$

综上，

$$R = 1.5\,\Omega, L = \frac{1}{2}\text{H}, C = 1\,\text{F}$$

第7讲 动态电路之时域分析

题1 水木珞研解析

开关闭合前电路已达稳态，电感相当于短路，电容相当于开路，所以

$$i_{L_1}(0_-) = i_{L_2}(0_-) = \frac{U_S}{1+1} = \frac{10}{2} = 5(A), \ i_{L_1}(0_+) = i_{L_2}(0_+) = 5 \text{ A}$$

$$u_C(0_-) = \frac{U_S}{1+1} \times 1 = 5(V), \ u_C(0_+) = 5 \text{ V}$$

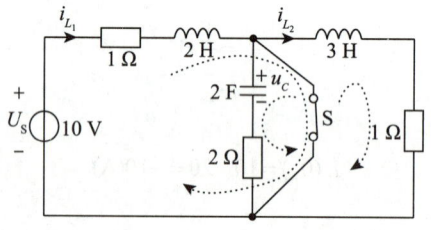

开关S闭合后，按图示回路列方程，并将 $i_{L_1}(0_+)$、$i_{L_2}(0_+)$、$u_C(0_+)$ 代入各式有

$$\begin{cases} 1 \times i_{L_1} + 2\dfrac{di_{L_1}}{dt} = U_S \\ 1 \times i_{L_2} + 3\dfrac{di_{L_2}}{dt} = 0 \\ u_C + 2 \times C\dfrac{du_C}{dt} = 0 \end{cases} \Rightarrow \begin{cases} 1 \times 5 + 2\dfrac{di_{L_1}}{dt}\bigg|_{0_+} = 10 \\ 1 \times 5 + 3\dfrac{di_{L_2}}{dt}\bigg|_{0_+} = 0 \\ 5 + 2 \times 2\dfrac{du_C}{dt}\bigg|_{0_+} = 0 \end{cases}$$

解得

$$\frac{di_{L_1}}{dt}\bigg|_{0_+} = 2.5 \text{ A/s}, \ \frac{di_{L_2}}{dt}\bigg|_{0_+} = -\frac{5}{3} \text{ A/s}, \ \frac{du_C}{dt}\bigg|_{0_+} = -1.25 \text{ V/s}$$

题2 水木珞研解析

开关S闭合前，达到稳态时作出等效电路，如图(a)所示。

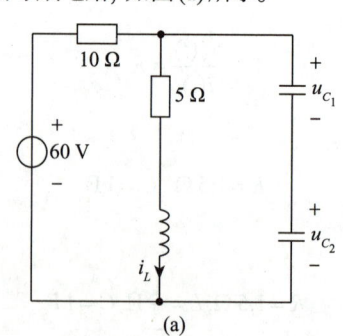

(a)

由电荷守恒可得

$$\begin{cases} u_{C_1}(0_-)\cdot C_1 = u_{C_2}(0_-)\cdot C_2 \\ u_{C_1}(0_-) + u_{C_2}(0_-) = \dfrac{5}{10+5}\times 60 = 20 \end{cases}$$

解得

$$u_{C_1}(0_-) = u_{C_2}(0_-) = 10\ \text{V}$$

电感电流

$$i_L(0_-) = \frac{60}{10+5} = 4(\text{A})$$

开关 S 闭合时，

$$u_{C_1}(0_+) = u_{C_2}(0_+) = 10\ \text{V},\ i_L(0_-) = i_L(0_+) = 4\ \text{A}$$

作出 $t = 0_+$ 时的直流等效电路，如图(b)所示。

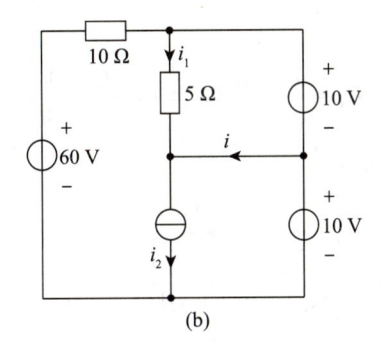

(b)

由图(b)可得电流为

$$i_2(0_+) = i_L(0_+) = 4\ \text{A},\ i_1(0_+) = \frac{10}{5} = 2(\text{A})$$

对节点列写 KCL 方程得

$$i(0_+) = i_2(0_+) - i_1(0_+) = 2\ \text{A}$$

题3 水木珞研解析

开关 K 闭合前，等效电路如图(a)所示。

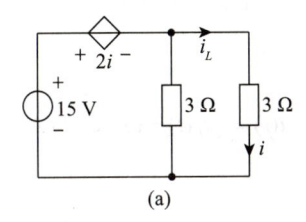

(a)

由图(a)列写 KVL 方程可得

$$15 = 2i + 3i \Rightarrow i = 3\ \text{A}$$

因此，电感初值为

$$i_L(0_+) = i_L(0_-) = 3 \text{ A}$$

外加电源法求等效电阻，等效电路如图(b)所示。

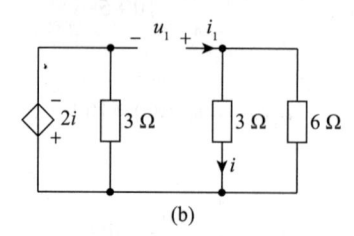

(b)

根据图(b)有

$$u_1 = 3i + 2i = 5i$$

$$i_1 = i + \frac{1}{2}i = 1.5i$$

故时间常数为

$$R_{eq} = \frac{u_1}{i_1} = \frac{10}{3}(\Omega) \Rightarrow \tau = \frac{L}{R_{eq}} = \frac{1}{10} \text{ s}$$

无穷大时的等效电路如图(c)所示。

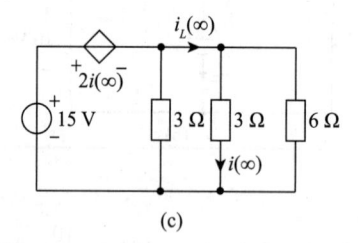

(c)

由图(c)列写KVL方程得

$$15 = 2i(\infty) + 3i(\infty) \Rightarrow i(\infty) = 3 \text{ A}$$

对节点列写KCL方程得

$$i_L(\infty) = i(\infty) + \frac{1}{2}i(\infty) = 4.5 \text{ A}$$

故

$$i_L(t) = (4.5 - 1.5\text{e}^{-10t}) \text{ A}$$

根据分流关系可得

$$i(t) = \frac{2}{3}i_L(t) = (3 - \text{e}^{-10t}) \text{ A}$$

题4 水木珞研解析

①开关S断开,达到稳态时,作出等效电路,如图(a)所示。

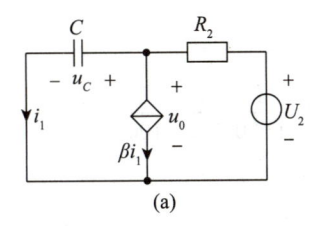

电压

$$u_0(0_+) = u_C(0_+) = u_C(0_-) = U_2$$

②开关S闭合,达到稳态时,作出等效电路,如图(b)所示。

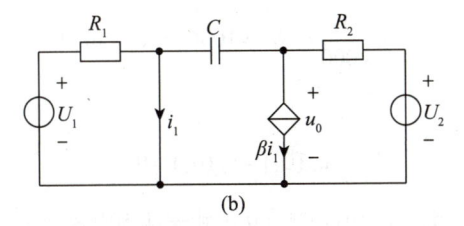

稳态时电容相当于断路,因此,可得电流和电压为

$$i_1 = \frac{U_1}{R_1}, \quad u_0(\infty) = U_2 - \beta \cdot i_1 \cdot R_2 = U_2 - \beta \cdot \frac{R_2}{R_1} \cdot U_1$$

③求等效电阻 R_{eq},外加电流源 I_S,作出等效电路,如图(c)所示。

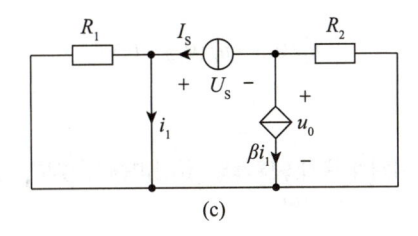

由图(c)可得电流为

$$i_1 = I_S, \quad U_S = (1+\beta) \cdot i_1 \cdot R_2$$

故等效电阻为

$$R_{eq} = \frac{U_S}{I_S} = (1+\beta) R_2$$

时间常数为

$$\tau = R_{eq} \cdot C = (1+\beta) R_2 \cdot C$$

因此,由三要素法可得

$$u_0(t) = U_2 - \beta \frac{R_2}{R_1} U_1 + \beta \frac{R_2}{R_1} U_1 \cdot e^{-\frac{t}{(1+\beta) R_2 \cdot C}}$$

题5 水木珞研解析

(1) 由 $u(t) = 10e^{-1000t}$ V 可知元件为电感。

时间常数为

$$\tau = \frac{1}{1000} = \frac{L}{R} = \frac{L}{100} \Rightarrow L = 0.1 \text{ H}$$

初值为

$$u(0_+) = u_S - R \cdot i_L(0_+) = 10 - 100 \cdot i_L(0_+) = 10 \Rightarrow i_L(0_+) = i_L(0_-) = 0$$

(2) 由 $u(t) = (10 - 10e^{-1000t})$ V 可知元件为电容。

时间常数为

$$\tau = \frac{1}{1000} = RC = 100C \Rightarrow C = 10 \text{ μF}$$

初值为

$$u_C(0_+) = u_C(0_-) = 0$$

(3) 由 $u(t) = 10 - 4e^{-1000t} = \left[10 + (6-10)e^{-1000t}\right]$ V 可知元件为电容。

时间常数为

$$\tau = \frac{1}{1000} = RC = 100C \Rightarrow C = 10 \text{ μF}$$

初值为

$$u_C(0_+) = u_C(0_-) = 6 \text{ V}$$

水木珞研总结

本题考查动态电路分析,题目相对来说比较新颖。给出响应去判断元件类别和初值。

题6 水木珞研解析

①电路稳态时,电感相当于短路,电路初值为

$$i_L(0_+) = i_L(0_-) = 0$$

②当 $t = 0$ 时,将开关S打开,得到等效电路如图所示。

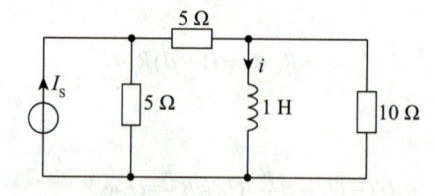

当 $t \to \infty$ 时,

$$i_L(\infty) = \frac{1}{2}I_S$$

③电感两端的等效电阻为

$$R_{eq} = 10 // 10 = 5(\Omega)$$

因此，时间常数为

$$\tau = \frac{L}{R_{eq}} = 0.2 \text{ s}$$

④利用三要素法可得

$$i_L(t) = \frac{1}{2}I_S(1 - e^{-5t})$$

已知 $i(0.1) = 0.5$ A，故

$$\frac{1}{2}I_S(1 - e^{-5 \times 0.1}) = 0.5$$

解得电流源的电流为

$$I_S = \frac{1}{1 - e^{-0.5}} \approx 2.54 \text{ (A)}$$

题7 水木珞研解析

当 $t < 0$ 时，电路处于稳态，电容视为开路，如图(a)所示。

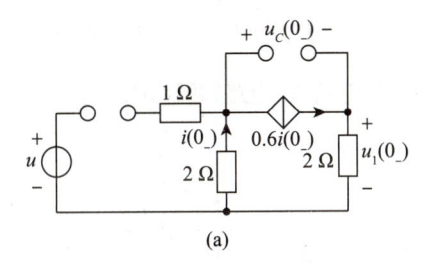

$$i(0_-) = 0, \quad u_C(0_-) = 0$$

当 $t = 0$ 时，闭合开关 S，作出 0_+ 时刻电路，如图(b)所示。

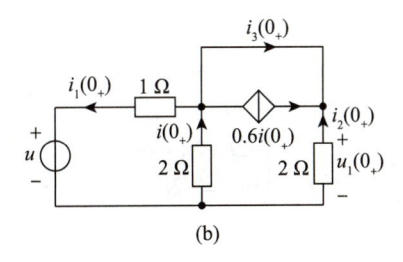

根据 KCL、KVL 可得

$$\begin{cases} i_1(0_+) + 0.6i(0_+) + i_3(0_+) = i(0_+) \\ 0.6i(0_+) + i_2(0_+) + i_3(0_+) = 0 \\ 2i(0_+) = 2i_2(0_+) \\ -1 \times i_1(0_+) - 2i(0_+) = u \end{cases}$$

解得

$$i(0_+) = -0.25u, \ i_1(0_+) = -0.5u, \ i_2(0_+) = -0.25u, \ i_3(0_+) = 0.4u$$

其中

$$u_1(0_+) = 0.5u$$

$t \to \infty$ 时，电路达到稳态，电容视为开路，如图(c)所示。

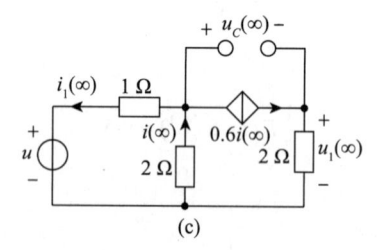

根据KCL、KVL可得

$$\begin{cases} i_1(\infty) + 0.6i(\infty) = i(\infty) \\ -1 \cdot i_1(\infty) - 2i(\infty) = u \end{cases}$$

解得

$$i(\infty) = -\frac{5}{12}u, \ i_1(\infty) = -\frac{1}{6}u, \ u_1(\infty) = 0.6i(\infty) \times 2 = -0.5u$$

再求等效电阻，先除源，采用外加电源法，电路如图(d)所示。

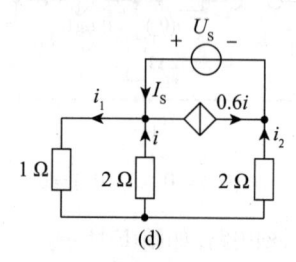

根据KCL、KVL可得

$$\begin{cases} i_1 + 0.6i = I_S + i \\ 0.6i + i_2 = I_S \\ -2i + 2i_2 = U_S \\ 1 \times i_1 = -2i \end{cases}$$

整理可得

$$U_S = \frac{10}{3}I_S$$

因此，等效电阻为

$$R_{eq} = \frac{U_S}{I_S} = \frac{10}{3}(\Omega)$$

时间常数为

$$\tau = R_{eq}C = \frac{10C}{3}$$

根据三要素公式可得

$$u_1(t) = u_1(\infty) + [u_1(0_+) - u_1(\infty)]e^{-\frac{t}{\tau}} = -\frac{u}{2} + ue^{-\frac{3t}{10C}}, \quad t > 0$$

当 $t = 10^{-7}$ s 时，

$$u_1(10^{-7}) = -\frac{u}{2} + ue^{-\frac{3 \times 10^{-7}}{10C}} = 0.9 \times 0.5u$$

解出

$$C = \frac{3 \times 10^{-7}}{10\ln\left(\frac{20}{19}\right)} \approx 5.85 \times 10^{-7} = 0.585(\mu F)$$

> **水木珞研总结**
>
> 本题如果没有给出对数数值，大家可以这样来估算 $\ln\left(1+\frac{1}{19}\right) \approx \frac{1}{19}$（原理是当 x 足够接近 0 时，$\ln(1+x) \approx x$）。
>
> $$C = \frac{3 \times 10^{-7}}{10\ln\left(\frac{20}{19}\right)} = \frac{3 \times 10^{-7}}{10\ln\left(1+\frac{1}{19}\right)} \approx \frac{3 \times 10^{-7}}{10 \times \frac{1}{19}} = 5.7 \times 10^{-7} = 0.57(\mu F)$$

题 8 水木珞研解析

开关 S 未打开，电路稳态时，电容视为开路，电路如图 (a) 所示。

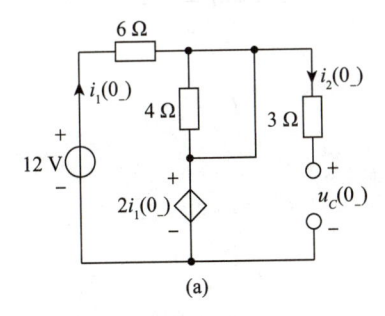

(a)

列写KVL方程可得

$$6i_1(0_-) + 2i_1(0_-) = 12$$

解得

$$i_1(0_-) = 1.5\,\text{A}, \quad u_C(0_-) = 2i_1(0_-) = 3(\text{V})$$

开关S打开后，根据换路定理

$$u_C(0_+) = u_C(0_-) = 3\,\text{V}$$

稳态时电路如图(b)所示。

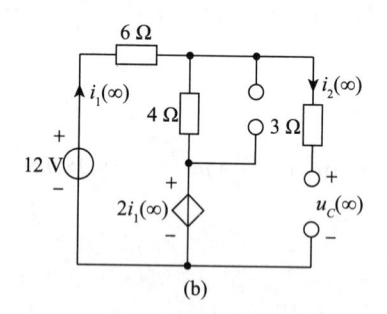

列写KVL方程可得

$$(6+4)i_1(\infty) + 2i_1(\infty) = 12$$

解得

$$i_1(\infty) = 1\,\text{A}, \quad u_C(\infty) = 6i_1(\infty) = 6(\text{V})$$

由于含有受控源，动态电路的等效电阻采用外加电源法求解，电路如图(c)所示。

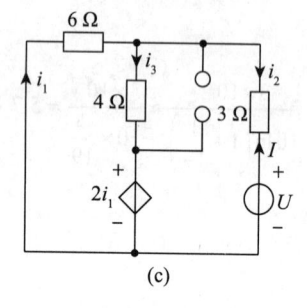

列写KVL方程可得

$$U = 3I + 4i_3 + 2i_1 = 3I - 6i_1$$

又

$$I = -i_1 + i_3$$

整理可得

$$U = 3I + 4i_3 + 2i_1 = 5I$$

因此，等效电阻为

$$R_{eq} = 5\,\Omega$$

时间常数为

$$\tau = R_{eq}C = 5\times 1 = 5(s)$$

根据三要素公式可得

$$u_C(t) = 6+(3-6)e^{-0.2t} = (6-3e^{-0.2t})(V), \quad i_2(t) = i_C(t) = C\frac{du_C(t)}{dt} = 0.6e^{-0.2t}\ A(t>0)$$

故暂态过程 $3\,\Omega$ 电阻所消耗的能量为

$$W = \int_0^\infty i_2(t)^2 \cdot 3 dt = \int_0^\infty 0.36\times 3e^{-0.4t}dt = 2.7(J)$$

题9 水木珞研解析

由题意可知，开关动作前，电路稳态时，电感相当于导线，作出等效电路，如图(a)所示。

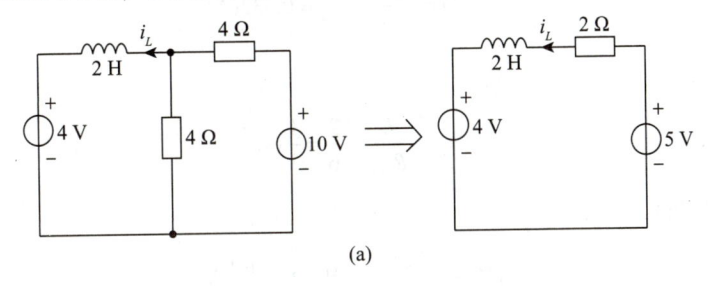

(a)

根据KVL可得电感初值为

$$i_L(0_+) = i_L(0_-) = \frac{5-4}{2} = 0.5(A)$$

当 $0<t\leq 1$ 时，开关 S_1 动作后，电路如图(b)所示。

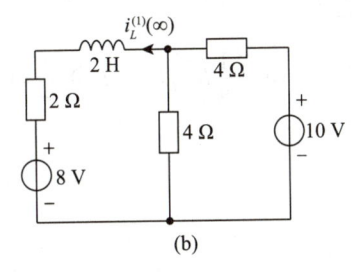

(b)

电路稳态时，电感视作短路，由叠加定理可得稳态值为

$$i_L^{(1)}(\infty) = \frac{10}{4+2//4}\times\frac{4}{2+4} - \frac{8}{2+4//4} = -0.75(A)$$

此时，时间常数为

$$\tau_1 = \frac{L}{R_{eq1}} = \frac{2}{4} = 0.5(s)$$

则由三要素法可得

$$i_L(t) = (-0.75+1.25e^{-2t})\ A,\ 0<t\leq 1$$

当 $t=1\,\text{s}$ 时,
$$i_L(1_+) = i_L(1_-) \approx -0.581(\text{A})$$

当 $t>1$ 时,开关 S_2 断开后,作出等效电路,如图(c)所示。

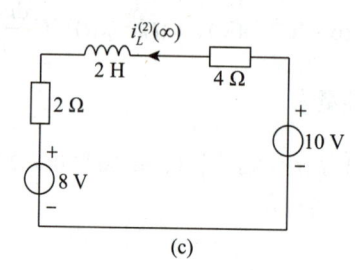

(c)

根据KVL可得稳态值为
$$i_L^{(2)}(\infty) = \frac{10-8}{6} = \frac{1}{3} \approx 0.333(\text{A})$$

此时,时间常数为
$$\tau_2 = \frac{L}{R_{\text{eq}2}} = \frac{2}{6} = \frac{1}{3}(\text{s})$$

则由三要素法可知,当 $t>1$ 时,
$$i_L(t) = \left[0.333 - 0.914\mathrm{e}^{-3(t-1)}\right]\text{A}$$

综上所述
$$i_L(t) = \begin{cases} -0.75 + 1.25\mathrm{e}^{-2t}, & 0 < t \leq 1 \\ 0.333 - 0.914\mathrm{e}^{-3(t-1)}, & t > 1 \end{cases}$$

两次换路之间电感上的能量变化为
$$W_L = W_L(1) - W_L(0) = \frac{1}{2}L\left[i_L^2(1_+) - i_L^2(0_+)\right] = 0.0876(\text{J})$$

题10 水木珞研解析

电路的阶跃响应为
$$s(t) = u_C = (1 - \mathrm{e}^{-0.5t})\varepsilon(t)$$

激励 U_S 的表达式为
$$U_S = \varepsilon(t) + \varepsilon(t-1) - 2\varepsilon(t-2)$$

则所求零状态响应为
$$u_C(t) = s(t) + s(t-1) - 2s(t-2) = \left\{(1-\mathrm{e}^{-0.5t})\varepsilon(t) + \left[(1-\mathrm{e}^{-0.5(t-1)})\varepsilon(t-1)\right] - 2\left[(1-\mathrm{e}^{-0.5(t-2)})\varepsilon(t-2)\right]\right\}\text{V}$$

第7讲 动态电路之时域分析

题11 水木珞研解析

(1) $i_S = \varepsilon(t)$ A,由于电容电流是有限值,故 $u_C(t)$ 不可能发生突变,则

$$u_C(0_-) = u_C(0_+) = 0$$

稳态时,电路如图(a)所示。

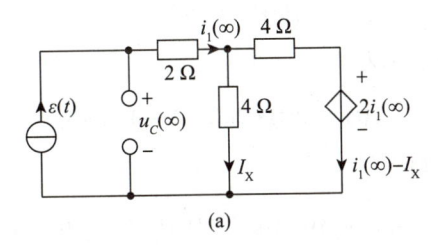

由图(a)可知

$$i_1(\infty) = 1 \text{ A}$$

根据KVL得

$$\begin{cases} u_C(\infty) = 2 \times i_1(\infty) + 4I_X \\ 4I_X = 4i_1(\infty) - 4I_X + 2 \times i_1(\infty) \end{cases}$$

解得

$$u_C(\infty) = 5 \text{ V}, \quad I_X = \frac{3}{4} \text{ A}$$

当 $t = 0_+$ 时,电路如图(b)所示。

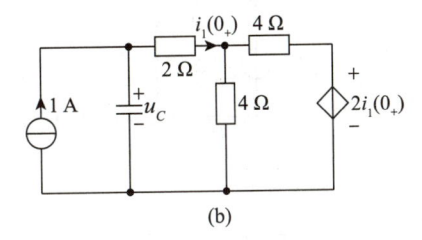

根据图(b)可知

$$i_1(0_+) = 0$$

电路的时间常数为 τ,外加电压源求等效电阻,等效电路如图(c)所示。

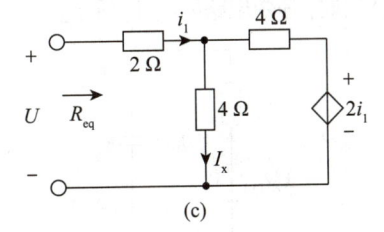

根据图(c)分析易知

$$\begin{cases} U = 2i_1 + 4I_X \\ 4I_X = 4(i_1 - I_X) + 2i_1 \end{cases} \Rightarrow \frac{U}{i_1} = R_{eq} = 5 \text{ Ω}$$

89

则
$$\tau = R_{eq}C = 5 \times 0.1 = 0.5(s)$$

综上所述，
$$\begin{cases} u_C(t) = 5 - 5e^{-2t} \\ i_1(t) = 1 - e^{-2t} \end{cases}$$

(2) 图(b)中波形用阶跃函数表示为
$$i_S(t) = 2\varepsilon(t) + 2\varepsilon(t-2) - 4\varepsilon(t-3)$$

根据阶跃响应的延迟性质，则
$$u_C(t) = \{(10 - 10e^{-2t})\cdot\varepsilon(t) + [10 - 10e^{-2(t-2)}]\varepsilon(t-2) - [20 - 20e^{-2(t-3)}]\varepsilon(t-3)\} \text{ V}$$

题12 水木珞研解析

当 $t<0$，电路稳态时
$$u_C(0_-) = \frac{12}{12+4} \times 4 = 3(\text{V})$$

开关S打开后利用叠加定理求得零状态响应。

① 当12 V单独作用时，等效电路如图(a)所示。

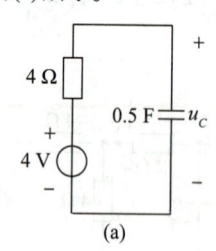

(a)

由图(a)可得时间常数为
$$\tau = R_{eq}C = 2(s)$$

故零状态响应为
$$u_C(t) = 4(1 - e^{-0.5t})\varepsilon(t) \text{ V}$$

② 当 $i_S(t) = \varepsilon(t)$，电流源单独作用时，等效电路如图(b)所示。

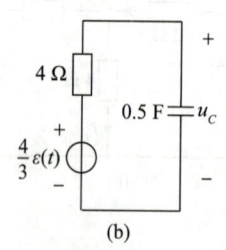

(b)

零状态响应

$$u_C(t) = \frac{4}{3}(1-e^{-0.5t})\varepsilon(t) \text{ V}$$

又

$$i_s(t) = 2[\varepsilon(t)-\varepsilon(t-1)] - [\varepsilon(t-1)-\varepsilon(t-3)] + \varepsilon(t-3) = [2\varepsilon(t)-3\varepsilon(t-1)+2\varepsilon(t-3)] \text{ (A)}$$

则零状态响应为

$$u_C(t) = \left\{\frac{8}{3}(1-e^{-0.5t})\varepsilon(t) - 4\left[1-e^{-0.5(t-1)}\right]\varepsilon(t-1) + \frac{8}{3}\left[1-e^{-0.5(t-3)}\right]\varepsilon(t-3)\right\} \text{ V}$$

零输入响应为

$$3e^{-0.5t}\varepsilon(t)$$

共同作用时的全响应为

$$u_C(t) = \left\{\left(\frac{20}{3} - \frac{11}{3}e^{-0.5t}\right)\varepsilon(t) - 4\left[1-e^{-0.5(t-1)}\right]\varepsilon(t-1) + \frac{8}{3}\left[1-e^{-0.5(t-3)}\right]\varepsilon(t-3)\right\} \text{ V}$$

> **水木珞研总结**
>
> 本题考查动态电路的图像问题，突破点是零输入+零状态，但是，本题有一个恒定电源，所以只要零状态+恒定量即可。

题 13 水木珞研解析

方法一：先求阶跃响应，再去求导得到冲激响应。

激励作用后，电路稳态时，电感相当于短路，电路如图(a)所示。

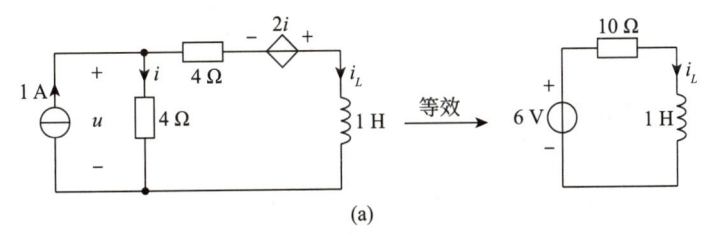

(a)

由图(a)可知

$$i_L(0_+) = i_L(0_-) = 0, \quad i_L(\infty) = \frac{6}{10} = 0.6\text{(A)}, \quad \tau = \frac{L}{R_{eq}} = \frac{1}{10} \text{ s}$$

故

$$i'_L(t) = 0.6(1-e^{-10t})\varepsilon(t)$$

则冲激响应为

$$i_L(t) = \frac{di'_L}{dt} = 6e^{-10t}\varepsilon(t)\text{(A)}$$

方法二:"充电法",即把冲激响应转化为零输入响应来求解。

$0_-\sim 0_+$ 期间,将电感元件开路,电路如图(b)所示。

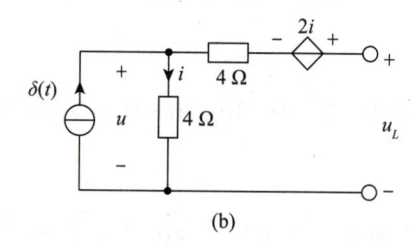

(b)

由图(b)可知

$$u_L(t) = 6\delta(t) \Rightarrow i_L(0_+) = i_L(0_-) + \frac{1}{L}\int_{0_-}^{0_+} u_L(\xi)\mathrm{d}\xi = 6\,\mathrm{A}$$

当 $t\to\infty$ 时,

$$i_L(\infty) = 0$$

时间常数为

$$\tau = \frac{L}{R_{\mathrm{eq}}} = \frac{1}{10}\,\mathrm{s}$$

则

$$i_L(t) = 6\mathrm{e}^{-10t}\varepsilon(t)\,\mathrm{A}$$

题14 水木珞研解析

由 i_L 的表达式,可得

$$i_L(\infty) = 6\,\mathrm{A},\quad \tau_L = \frac{1}{0.5} = 2(\mathrm{s})$$

又由 $\tau_L = \dfrac{L}{R}$,可求得等效电阻为

$$R = \frac{L}{\tau_L} = \frac{4}{2} = 2(\Omega)$$

于是可得等效电路如图所示。

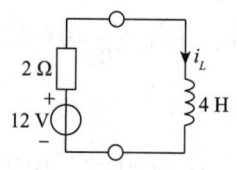

将电感 L 换成电容 C 后,可知

$$u_C(\infty) = 12\,\mathrm{V},\quad \tau_C = RC = 2\times 4 = 8(\mathrm{s})$$

则所求为

$$u_C(t) = 12\left(1 - e^{-\frac{t}{8}}\right)\varepsilon(t) \text{ V}$$

题15 水木珞研解析

(1) 开路电压求解电路如图(a)所示。

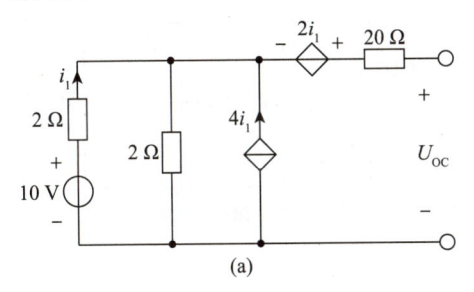

根据回路列写 KVL 方程可得

$$10 = 2i_1 + (i_1 + 4i_1) \times 2 \Rightarrow i_1 = \frac{5}{6} \text{ A}$$

解得开路电压为

$$U_{OC} = 12i_1 = 10(\text{V})$$

加压求该 R_{eq}（不再详细展示过程），得

$$R_{eq} = 20 \text{ Ω}$$

电容左侧戴维南等效电路如图(b)所示。

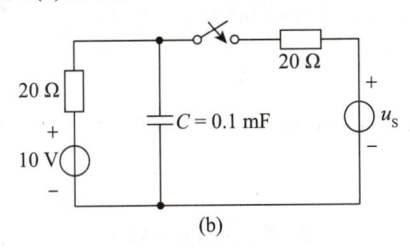

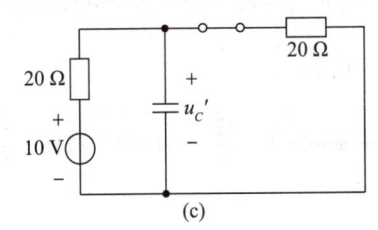

分别计算 $u_S = 20\cos(1\,000t + \varphi)$、10 V 电压源与初始储能单独作用所产生的响应。
10 V 电压源与初始储能（电容有储能）单独作用的电路如图(c)所示。

由电路图得

$$u'_C(0_+) = 10\text{ V}, \quad u'_C(\infty) = 10 \times \frac{20}{20+20} = 5\text{(V)}, \quad \tau = RC = (20//20) \times 0.1 \times 10^{-3} = 10^{-3}\text{(s)}$$

解得

$$u'_C(t) = 5 + 5\mathrm{e}^{-1000t}$$

$\dot{U}_\mathrm{S}$ 单独作用，作出等效电路，如图(d)所示。

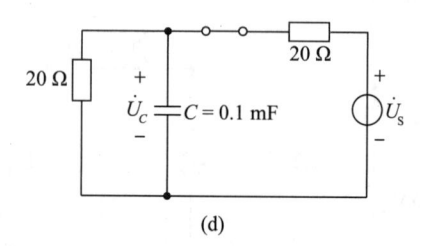

(d)

由图(d)可得容抗为

$$-\mathrm{j}\frac{1}{\omega C} = -\mathrm{j}\frac{1}{10^3 \times 0.1 \times 10^{-3}} = -\mathrm{j}10$$

电容电压稳态值为

$$\dot{U}_C = 20\angle\varphi \cdot \frac{20//(-\mathrm{j}10)}{20 + 20//(-\mathrm{j}10)} = 5\sqrt{2}\angle(\varphi - 45°)$$

特解

$$f_\mathrm{p}(t) = u''_C(t) = 5\sqrt{2}\cos(1000t + \varphi - 45°)$$

电容电压总响应为

$$u_C(t) = 5\sqrt{2}\cos(1000t + \varphi - 45°) + 5 + A\mathrm{e}^{-1000t}$$

代入初值有

$$u_C(0_+) = 5\sqrt{2}\cos(\varphi - 45°) + 5 + A\mathrm{e}^{-1000t} = 10$$

解得 A 为

$$5 - 5\sqrt{2}\cos(\varphi - 45°)$$

则

$$u_C(t) = \left\{5\sqrt{2}\cos(1000t + \varphi - 45°) + 5 + \left[5 - 5\sqrt{2}\cos(\varphi - 45°)\right]\mathrm{e}^{-1000t}\right\}\text{V}$$

(2) 无过渡过程，则 $A\mathrm{e}^{-1000t}$ 中 $A = 0$，则

$$\cos(\varphi - 45°) = \frac{\sqrt{2}}{2} \Rightarrow \varphi - 45° = 2k\pi \pm \frac{\pi}{4}$$

则

$$\varphi = 2k\pi \text{ 或 } 2k\pi + \frac{\pi}{2}$$

题16 水木珞研解析

当 $t<0$ 时,作出等效电路,如图(a)所示。

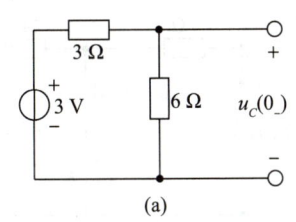

初值

$$u_C(0_-) = 3 \times \frac{6}{6+3} = 2(\text{V})$$

当 $t>0$ 时,作出等效电路,如图(b)所示。

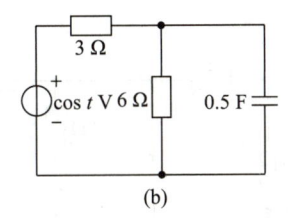

稳态解求解电路,如图(c)所示。

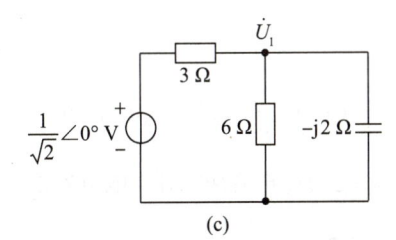

根据节点电压法可得

$$\left(\frac{1}{3}+\frac{1}{6}-\frac{1}{\text{j}2}\right)\dot{U}_1 = \frac{1}{3\sqrt{2}}$$

解得

$$\dot{U}_1 = \frac{1}{3}\angle(-45°)\ \text{V}$$

稳态时,

$$u_{Cp}(t) = \frac{\sqrt{2}}{3}\cos(t-45°)\text{V}$$

由正弦电源的三要素法可得

$$u_C(t) = \left[\frac{\sqrt{2}}{3}\cos(t-45°)+\frac{5}{3}\text{e}^{-t}\right]\text{V}$$

题 17 水木珞研解析

换路前稳态时，电路如图(a)所示。

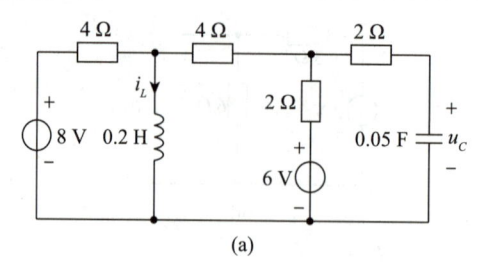

由图(a)可得初值为

$$i_L(0_-) = \frac{8}{4} + \frac{6}{4+2} = 3(\text{A}), \quad u_C(0_-) = 4 \text{ V}$$

换路后稳态时，电路如图(b)所示。

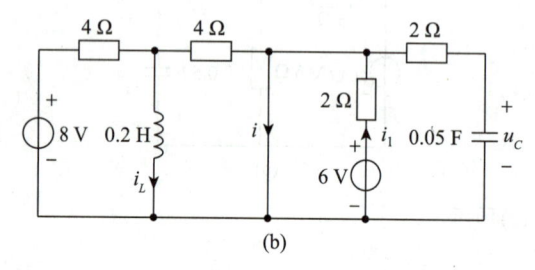

由图(b)可得稳态值为

$$i_L(\infty) = \frac{8}{4} = 2(\text{A}), \quad u_C(\infty) = 0$$

电感两端等效电阻为 $R_{eq} = 4 // 4 = 2(\Omega)$，电容两端等效电阻为 $R'_{eq} = 2\,\Omega$，因此，时间常数分别为

$$\tau_1 = \frac{L}{R_{eq}} = \frac{0.2}{2} = 0.1(\text{s}), \quad \tau_2 = R'_{eq} C = 2 \times 0.05 = 0.1(\text{s})$$

根据三要素法可得

$$i_L(t) = 2 + (3-2)\text{e}^{-10t} = (2 + \text{e}^{-10t})(\text{A}), \quad u_L(t) = L \cdot \frac{\text{d}i_L}{\text{d}t} = -2\text{e}^{-10t} \text{ V}$$

$$u_C(t) = 0 + (4-0)\text{e}^{-10t} = 4\text{e}^{-10t}(\text{V}), \quad i_C(t) = C\frac{\text{d}u_C}{\text{d}t} = -2\text{e}^{-10t} \text{ A}$$

6 V 电压源的电流为

$$i_1 = \frac{6}{2} = 3(\text{A})$$

根据节点列写 KCL 方程得

$$i(t) = -i_C(t) + \frac{u_L(t)}{4} + i_1 = \left(3 + \frac{3}{2}\text{e}^{-10t}\right)(\text{A})$$

题18 水木珞研解析

由题图分析,换路前开关断开,稳态时可得

$$i_L(0_-) = 0, \quad u_C(0_-) = -6 \text{ V}$$

换路后等效电路如图所示,形成双一阶电路。

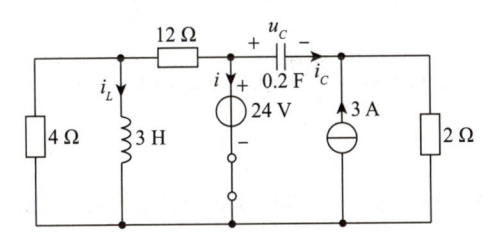

将电容和电感拆分在两个一阶电路中进行分析。

稳态值为

$$i_L(\infty) = 2 \text{ A}, \quad u_C(\infty) = 18 \text{ V}$$

等效电阻为

$$R_{eq1} = 3 \text{ }\Omega, \quad R_{eq2} = 2 \text{ }\Omega$$

因此,时间常数为

$$\tau_1 = \frac{L}{R_{eq1}} = 1 \text{ s}, \quad \tau_2 = R_{eq2}C = 0.4 \text{ s}$$

根据三要素法可得

$$i_L(t) = (2 - 2e^{-t}) \text{ A}, \quad u_C(t) = (18 - 24e^{-2.5t}) \text{ V}$$

电容电流为

$$i_C(t) = C\frac{du_C}{dt} = 12e^{-2.5t} \text{ A}$$

电感电压为

$$u_L(t) = L\frac{di_L(t)}{dt} = 6e^{-t} \text{ V}$$

根据KCL可得

$$i(t) = -i_C(t) - i_L(t) - \frac{u_L(t)}{4} = -12e^{-2.5t} + 2e^{-t} - 2 - 1.5e^{-t} = (-12e^{-2.5t} + 0.5e^{-t} - 2)(\text{A})$$

题19 水木珞研解析

电路为双一阶电路,当 $t < 0$ 时,

$$i_L(0_-) = \frac{20}{5} + \frac{30}{10} = 4 + 3 = 7(\text{A}), \quad u_C(0_-) = 30 - 10 \times \frac{30}{10} = 0$$

当 $t \geq 0$ 时,双一阶电路左侧,有

$$R_{eq} = 5\,\Omega,\ \tau = \frac{L}{R_{eq}} = \frac{2}{5}\,\text{s}$$

双一阶电路右侧, 有

$$R'_{eq} = 20\,\Omega,\ \tau' = R'_{eq}C = 0.2\,\text{s}$$

当 $t = \infty$ 时,

$$i_L(\infty) = 6 + \frac{20}{5} = 10(\text{A}),\ u_C(\infty) = -30\,\text{V}$$

根据三要素法可得

$$u_C(t) = -30 + (0+30)e^{-5t} = (-30 + 30e^{-5t})\,(\text{V}),\ i_L(t) = (10 - 3e^{-2.5t})\,\text{A}$$

$$u_L(t) = L\frac{di_L(t)}{dt} = 15e^{-2.5t}\ \text{V},\ i_C(t) = C\frac{du_C(t)}{dt} = -1.5e^{-5t}\,\text{A}$$

根据回路列写 KVL 方程得

$$u(t) = 2\times 6 - u_C(t) - 10i_C(t) + u_L(t) = (42 - 15e^{-5t} + 15e^{-2.5t})(\text{V})$$

题20 水木珞研解析

开关 S 未断开前, 电路稳态时, 电感视为短路, 电容视为开路, 电路如图(a)所示。

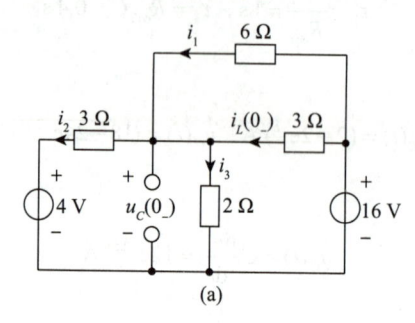

列写 KCL、KVL 方程可得

$$\begin{cases} 3i_L(0_-) + 2i_3 = 16 \\ 6i_1 + 3i_2 + 4 = 16 \\ -3i_2 + 2i_3 = 4 \\ 6i_1 = 3i_L(0_-) \\ i_1 + i_L(0_-) = i_2 + i_3 \end{cases}$$

解得

$$i_L(0_-) = 3\,\text{A},\ i_1 = 1.5\,\text{A},\ i_2 = 1\,\text{A},\ i_3 = 3.5\,\text{A}$$

初值为

$$u_C(0_-) = 3i_2 + 4 = 3\times 1 + 4 = 7(\text{V})$$

开关 S 断开后, 根据换路定理可得

$$u_C(0_+) = u_C(0_-) = 7\text{ V}, \quad i_L(0_+) = i_L(0_-) = 3\text{ A}$$

开关S断开后,形成双一阶电路,如图(b)所示。(存在着共用电压源,这里为了方便理解,在电路中补上一个电压源,补上的电压源不影响原有的电路。)

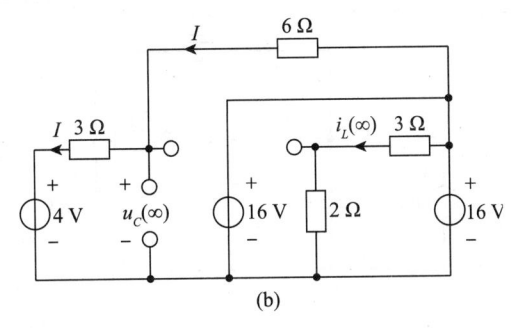

(b)

左侧一阶RC电路中

$$I = \frac{16-4}{3+6} = \frac{4}{3}(\text{A}), \quad u_C(\infty) = 4 + 3I = 4 + 3 \times \frac{4}{3} = 8(\text{V})$$

等效电阻求解电路如图(c)所示。

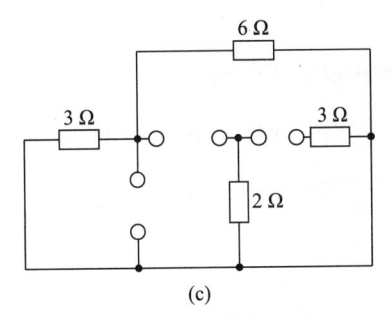

(c)

由图(c)可得等效电阻为

$$R_{eq1} = 3 // 6 = 2(\Omega)$$

则时间常数为

$$\tau_1 = R_{eq1}C = 2 \times 1 = 2(\text{s})$$

根据三要素公式可得

$$u_C(t) = 8 + (7-8)\text{e}^{-0.5t} = (8 - \text{e}^{-0.5t})(\text{V})$$

右侧一阶LR电路中

$$i_L(\infty) = \frac{16}{3+2} = 3.2(\text{A})$$

由图(c)可得等效电阻为

$$R_{eq2} = 3 + 2 = 5(\Omega)$$

则时间常数为

$$\tau_2 = \frac{L}{R_{eq2}} = \frac{2}{5} = 0.4(\text{s})$$

根据三要素公式可得

$$i_L(t) = 3.2 + (3-3.2)\mathrm{e}^{-2.5t} = (3.2 - 0.2\mathrm{e}^{-2.5t})(\mathrm{A})$$

等效电路如图(d)所示。

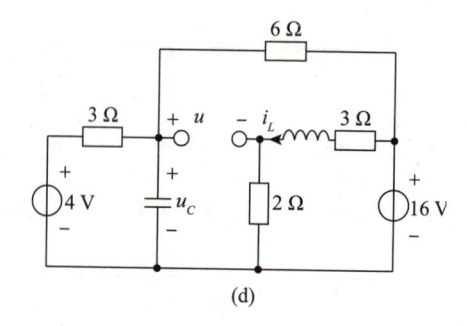

开关两侧电压为

$$u(t) = u_C(t) - 2i_L(t) = 8 - \mathrm{e}^{-0.5t} - 2(3.2 - 0.2\mathrm{e}^{-2.5t}) = (1.6 - \mathrm{e}^{-0.5t} + 0.4\mathrm{e}^{-2.5t})(\mathrm{V})(t>0)$$

题21 水木珞研解析

开关S动作前，当100 V直流源单独作用时，有

$$i'_L(0_-) = 0, \quad u'_C(0_-) = -100\ \mathrm{V}$$

当 $u(t)$ 交流源单独作用时，电路如图所示。

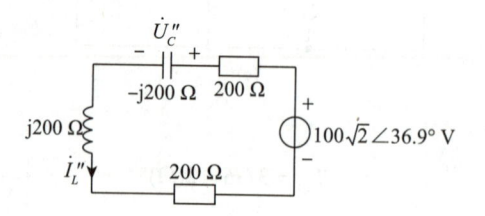

因此，有

$$\begin{cases} \dot{I}''_L = \dfrac{100\sqrt{2}\angle 36.9°}{200+200} = \dfrac{\sqrt{2}}{4}\angle 36.9°\ (\mathrm{A}) \\ \dot{U}''_C = -\mathrm{j}200 \times \dfrac{\sqrt{2}}{4}\angle 36.9° = 50\sqrt{2}\angle(-53.1°)(\mathrm{V}) \end{cases}$$

则

$$\begin{cases} i''_L(t) = 0.5\cos(1\,000t + 36.9°)\ \mathrm{A} \\ u''_C(t) = 100\cos(1\,000t - 53.1°)\ \mathrm{V} \end{cases}$$

由此可得

$$i''_L(0_-) = 0.5\cos 36.9° = 0.4(\mathrm{A}),\quad u''_C(0_-) = 100\cos(-53.1°) = 60(\mathrm{V})$$

则

$$i_L(0_-) = i'_L(0_-) + i''_L(0_-) = 0.4(\mathrm{A}),\quad u_C(0_-) = u'_C(0_-) + u''_C(0_-) = -100 + 60 = -40(\mathrm{V})$$

开关S闭合后,

$$i_L(0_+) = i_L(0_-) = 0.4 \text{ A}, \quad i_L(\infty) = -\frac{100}{200} = -0.5(\text{A}), \quad \tau_1 = \frac{L}{R} = \frac{1}{1\,000}(\text{s})$$

故

$$i_L(t) = (-0.5 + 0.9\text{e}^{-1\,000t}) \text{ A}, t \geq 0$$

$$\dot{U}_C = \frac{100\sqrt{2}\angle 36.9°}{200 - \text{j}200} \times (-\text{j}200) = 100\angle(-8.1°)(\text{V})$$

可得

$$u'_C(t) = 100\sqrt{2}\cos(1\,000t - 8.1°)$$

则

$$u'_C(0_+) = 100\sqrt{2}\cos(-8.1°) \approx 140(\text{V})$$

由题图可知

$$\tau = \frac{1}{1\,000}\text{s}$$

则

$$u_C(t) = \left[100\sqrt{2}\cos(1\,000t - 8.1°) - 180\text{e}^{-1\,000t}\right]\text{V}, t \geq 0$$

故

$$i(t) = -C\frac{\text{d}u_C(t)}{\text{d}t} \approx \left[0.71\sin(1\,000t - 8.1°) - 0.9\text{e}^{-1\,000t}\right]\text{A}, t \geq 0$$

题22 水木珞研解析

含受控源的部分电路如图(a)所示。

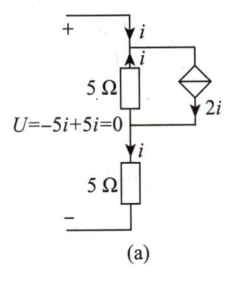

其可以等效为导线,则原电路等效如图(b)所示。

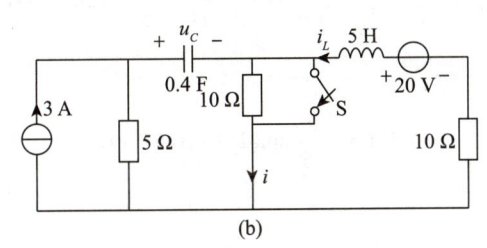

开关S闭合前，

$$i_L(0_+) = i_L(0_-) = \frac{20}{10+10} = 1(A)，u_C(0_+) = u_C(0_-) = 3 \times 5 - 10 i_L(0_+) = 5(V)$$

开关S闭合后为双一阶电路，则

$$i_L(\infty) = \frac{20}{10} = 2(A)，u_C(\infty) = 3 \times 5 = 15(V)$$

时间常数为

$$\tau_C = R_{eq1} \cdot C = 5 \times 0.4 = 2(s)，\tau_L = \frac{L}{R_{eq2}} = \frac{5}{10} = 0.5(s)$$

则

$$u_C(t) = \left(15 - 10 \cdot e^{-\frac{t}{2}}\right) V(t \geq 0)，i_L(t) = (2 - e^{-2t}) A(t \geq 0)$$

根据KCL可得

$$i(t) = i_L(t) + C\frac{du_C(t)}{dt} = \left(2 - e^{-2t} + 2e^{-\frac{t}{2}}\right) A(t \geq 0)$$

> **水木珞研总结**
> 该题难点在于要判断出原电路是一个双一阶电路，难度较大。

题23 水木珞研解析

由于有不同激励同时作用，因此应用叠加定理，分别求各个激励作用时的稳态分量。

U_{S1} 单独作用时，

$$i_{L1}(\infty) = \frac{U_{S1}}{R_1} = \frac{10}{3} A$$

U_{S2} 单独作用时，

$$i_{L2}(\infty) = 0$$

$u_S(t)$ 单独作用时，取 $\dot{U}_S = 2\angle 0°$，则

$$\dot{I}_{L3} = -\frac{2\angle 0°}{R_1 // R_2 + j\omega L} = -\frac{2\angle 0°}{2 + j4} = \frac{\sqrt{5}}{5}\angle 116.57°(A)$$

写成时域形式有

$$i_{L3}(t) = \frac{\sqrt{5}}{5}\sin(2t + 116.57°) A$$

时间常数为

$$\tau = \frac{L}{R_{eq}} = \frac{L}{R_1 // R_2} = 1\,\text{s}$$

共同作用时，电感电流的时域表达式为

$$i_L(t) = \frac{10}{3} + \frac{\sqrt{5}}{5}\sin(2t + 116.57°) + C \cdot e^{-t}$$

代入初值 $i_L(0_+) = \frac{1}{3}$，解得

$$C = -3.4$$

则电感电流为

$$i_L(t) = \left[\frac{10}{3} + 0.45\sin(2t + 116.57°) - 3.4e^{-t}\right]\text{A}$$

题24 水木珞研解析

(1) 由题可得电容电压初值为

$$u_C(0_+) = 5 - 3 + 2 = 4(\text{V})$$

因此，零输入响应为

$$u_C''' = 4e^{-2t}$$

(2) 当 $U_{S1} = 8\varepsilon(t)$ V 作用时，强制分量为

$$u_C(\infty) = 2\,\text{V}$$

$$u_C' = 2(1 - e^{-2t})$$

当 $U_{S2} = 10e^{-t}\varepsilon(t)$ V 作用时，强制分量为

$$u_{Cp}(t) = 5e^{-t}\,\text{V}$$

设 $u_C'' = 5e^{-t} + C \cdot e^{-2t}$，代入

$$u_C''(0) = 0 \Rightarrow C = -5$$

则

$$u_C'' = 5e^{-t} - 5e^{-2t}$$

题25 水木珞研解析

(1) 由题意可得

$$u_C^{(1)}(\infty) = \frac{R_2}{R_1 + R_2} \cdot u_S = \frac{1}{2},\quad u_C^{(2)}(\infty) = (R_1 // R_2) \cdot i_S = 2$$

解得
$$R_1 = R_2 = 4\,\Omega$$

因此，时间常数为
$$\tau = (R_1 // R_2) \cdot C = 0.5\,\text{s} \Rightarrow C = 0.25\,\text{F}$$

综上所述
$$R_1 = R_2 = 4\,\Omega,\ C = 0.25\,\text{F}$$

(2) 设电路的零输入响应为 $y_0(t)$。

初始状态为
$$u_C(0_+) = u_C^{(1)}(0_+) = u_C^{(2)}(0_+) = 2.5\,\text{V}$$

则零输入响应为
$$y_0(t) = 2.5\text{e}^{-2t}$$

设电压源 u_s 和电流源 i_s 单独作用下的零状态响应分别为 $y_1(t)$ 和 $y_2(t)$，根据题意有
$$\begin{cases} u_C^{(1)}(t) = y_1(t) + y_0(t) = 2\text{e}^{-2t} + \dfrac{1}{2} \\ u_C^{(2)}(t) = y_2(t) + y_0(t) = \dfrac{1}{2}\text{e}^{-2t} + 2 \end{cases}$$

则电压源 u_s 与电流源 i_s 共同作用时，
$$u_C(t) = u_C^{(1)}(t) + u_C^{(2)}(t) - y_0(t) = 2.5\,\text{V}$$

题26 水木珞研解析

(1) 由全响应的表达式有
$$i_L(0_+) = 1 - 3 + \sqrt{2}\sin(-45°) = -3\,(\text{A})$$

则零输入响应为
$$i_{L1}(t) = -3\text{e}^{-t}\,\text{A}$$

(2) 显然 1 为 E 作用的稳态响应，$\sqrt{2}\sin(t-45°)$ 为 U_s 作用的稳态响应，故当 $U_s = 0$ 时，
$$i_L(\infty) = 1\,\text{A}$$

则所求响应为
$$i_{L2}(t) = i_L(\infty) + [i_L(0_+) - i_L(\infty)]\text{e}^{-\frac{t}{\tau}} = (1 - 4\text{e}^{-t})\,\text{A}$$

(3) 设 U_s 单独作用的零状态响应为
$$i_{L3}(t) = \sqrt{2}\sin(t-45°) + k_2\text{e}^{-t}$$

令

$$i_{L3}(0_+) = 0 \Rightarrow k_2 = 1$$

则所求零状态响应为

$$i_{L3}(t) = \left[\sqrt{2}\sin(t - 45°) + e^{-t}\right] A$$

题27 水木珞研解析

对电路电源置零，作出等效电路，如图所示。

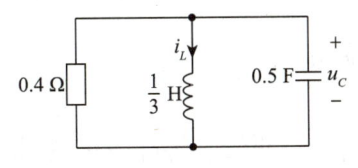

以 i_L 为变量的微分方程为

$$\frac{d^2 i_L}{dt^2} + 5\frac{d i_L}{dt} + 6 i_L = 0$$

其特征方程为

$$s^2 + 5s + 6 = 0$$

解得

$$s_1 = -2, \quad s_2 = -3$$

故齐次方程通解为

$$y(t) = k_1 e^{-2t} + k_2 e^{-3t}$$

而电路的初始条件为

$$i_L(0_+) = 0, \quad \left.\frac{d i_L}{dt}\right|_{t=0_+} = \frac{1}{L} u_L(0_+) = 0$$

电路稳态特解为

$$i_L(\infty) = \frac{2}{0.4} = 5(A)$$

则由电感电流的一般性解=通解+特解，得

$$i_L(t) = 5 + k_1 e^{-2t} + k_2 e^{-3t}$$

代入初值条件可得

$$\begin{cases} i_L(0) = 5 + k_1 + k_2 = 0 \\ i'_L(0) = -2k_1 - 3k_2 = 0 \end{cases} \Rightarrow \begin{cases} k_1 = -15 \\ k_2 = 10 \end{cases}$$

解得

$$i_L(t) = (-15 e^{-2t} + 10 e^{-3t} + 5) A$$

电容电压为

$$u_C(t) = u_L(t) = L\frac{di_L}{dt} = (10e^{-2t} - 10e^{-3t})(\text{V})$$

题28 水木珞研解析

以 $u_{C_2}(t)$（即 $u(t)$）为变量，电容 C_1 的电压为

$$U = C_2\frac{du}{dt}R_2 + u$$

且有 $i = C_2\dfrac{du}{dt}$，而电容 C_1 的电流为

$$i_{C_1} = C_1\frac{dU}{dt} = C_1\left(C_2R_2\frac{d^2u}{dt^2} + \frac{du}{dt}\right)$$

电阻 R_1 的电流为

$$i_R = \frac{C_2R_2}{R_1}\frac{du}{dt} + \frac{u}{R_1}$$

根据KCL可得

$$ai = i_R + i_{C_1} + i$$

联立上式解得

$$C_1C_2R_2\frac{d^2u}{dt^2} + \left(-aC_2 + \frac{R_2C_2}{R_1} + C_1 + C_2\right)\frac{du}{dt} + \frac{1}{R_1}u = 0$$

由等幅振荡的性质，可知衰减系数 $d = 0$，即

$$\left(-aC_2 + \frac{R_2C_2}{R_1} + C_1 + C_2\right) = 0$$

代入 $\dfrac{R_1}{R_2} = \dfrac{C_1}{C_2} = k$ 得

$$a = k + \frac{1}{k} + 1$$

水木珞研总结

等幅振荡说明微分方程有一对纯虚根。

题29 水木珞研解析

开关动作前电路达到稳态，

$$i_L(0_-) = 0, \quad u_C(0_-) = 2\text{ V}$$

$t = 0$ 时，开关动作，根据换路定则可得

$$u_C(0_+) = u_C(0_-) = 2\text{ V}, \quad i_L(0_+) = i_L(0_-) = 0$$

一阶 RC 电路如图(a)所示。

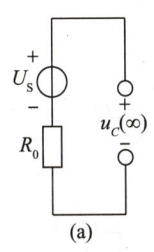

电容电压稳态值为

$$u_C(\infty) = U_S$$

时间常数为

$$\tau = R_0 C = R_0$$

根据三要素公式可得

$$u(t) = u_C(t) = U_S + (2 - U_S)\text{e}^{-\frac{t}{R_0}}, \quad 0 < t < t_1$$

$t > t_1$ 且 $t \to \infty$ 时，电路达到稳态，电感视为短路，电路如图(b)所示。

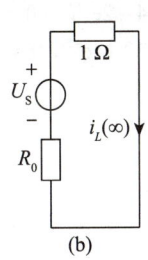

电感电流稳态值为

$$i_{L1}(\infty) = \frac{U_S}{R_0 + 1}$$

时间常数为

$$\tau' = \frac{L}{R_0 + 1} = \frac{1}{R_0 + 1}$$

根据三要素公式可得

$$i_L(t) = \frac{U_S}{R_0 + 1}\left(1 - \text{e}^{-\frac{t - t_1}{\tau'}}\right) = \frac{U_S}{R_0 + 1}\left(1 - \text{e}^{\frac{t_1}{\tau'}} \cdot \text{e}^{-\frac{t}{\tau'}}\right) = \frac{U_S}{R_0 + 1} - \frac{U_S}{R_0 + 1}\text{e}^{\frac{t_1}{\tau'}} \cdot \text{e}^{-\frac{t}{\tau'}}$$

$$= \frac{U_S}{R_0+1} - \frac{U_S}{R_0+1} e^{(R_0+1)t_1} \cdot e^{-(R_0+1)t} = 2 - 14e^{-2t}$$

两边对比系数得

$$\begin{cases} \dfrac{U_S}{R_0+1} = 2 \\ R_0+1 = 2 \\ \dfrac{U_S}{R_0+1} e^{(R_0+1)t_1} = 14 \end{cases}$$

解得

$$U_S = 4 \text{ V}, R_0 = 1 \text{ Ω}, t_1 = \frac{1}{2}\ln 7 \approx 0.97(\text{s})$$

当 $t > t_1$ 时，电路如图(c)所示。

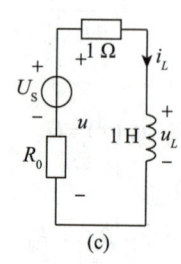

根据KVL可得

$$u(t) = 1 \times i_L(t) + u_L(t) = 2 - 14e^{-2t} + 1 \times (-14) \times (-2)e^{-2t} = (2 + 14e^{-2t})(\text{V})$$

综上所述

$$u(t) = \begin{cases} 4 - 2e^{-t}, & 0 < t \leqslant 0.97 \\ 2 + 14e^{-2t}, & t > 0.97 \end{cases}$$

题30 水木珞研解析

$t = 0_-$ 时，作出等效电路，如图(a)所示。

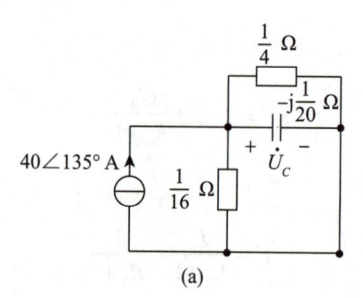

稳态值

$$\dot{U}_C = 40\angle 135° \times \left[\frac{1}{20} \,/\!/\, \left(-j\frac{1}{20}\right) \right] = \sqrt{2}\angle 90°(\text{V})$$

则
$$u_C(t) = 2\sin(10t+90°) \Rightarrow u_C(0_+) = u_C(0_-) = 2\text{ V}$$

零输入响应
$$u'_C(t) = 2\mathrm{e}^{-3t}\varepsilon(t)$$

当 $t \geq 0_+$ 时，作出等效电路，如图(b)所示。

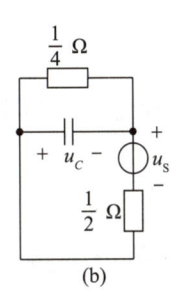

三要素分别为
$$u_C(\infty) = -\frac{1}{3}\text{V}, R_\mathrm{eq} = \frac{1}{4} \mathbin{/\mkern-6mu/} \frac{1}{2} = \frac{1}{6}(\Omega), \tau = R_\mathrm{eq}C = \frac{1}{3}(\text{s})$$

则单位阶跃响应 $u_{C1}(t)$ 为
$$u_{C1}(t) = \left(-\frac{1}{3} + \frac{1}{3}\mathrm{e}^{-3t}\right)\varepsilon(t)\text{ V}$$

单位冲激响应为
$$u_{C2}(t) = \frac{\mathrm{d}u_{C1}(t)}{\mathrm{d}t} = \frac{\mathrm{d}\left(-\dfrac{1}{3} + \dfrac{1}{3}\mathrm{e}^{-3t}\right)}{\mathrm{d}t} = -\mathrm{e}^{-3t}(\text{V})$$

当 $u_S(t) = [3\varepsilon(t) + 2\delta(t)]\text{V}$ 时，零状态响应为
$$u''_C = 3u_{C1} + 2u_{C2} = (-1-\mathrm{e}^{-3t})\varepsilon(t)$$

全响应为
$$u_C(t) = u'_C(t) + u''_C(t) = (-1+\mathrm{e}^{-3t})\bullet\varepsilon(t)(\text{V})$$

题31 水木珞研解析

当 $i_S = 6\text{ A}$ 时，
$$i_L(t) = (3-5\mathrm{e}^{-2t})\varepsilon(t) = [3(1-\mathrm{e}^{-2t})\varepsilon(t) - 2\mathrm{e}^{-2t}\varepsilon(t)](\text{A})$$

则零状态响应为
$$3(1-\mathrm{e}^{-2t})\varepsilon(t)\text{A}$$

零输入响应为
$$-2\mathrm{e}^{-2t}\varepsilon(t)\text{A}$$

且又有
$$i_L(0_-) = -2\,\text{A}$$

则知当 $i_S' = 3\varepsilon(t)$ 时,零状态响应为
$$i_L'(t) = \frac{3}{2}(1-\text{e}^{-2t})\varepsilon(t)$$

当 $i_S' = 2\delta(t)$ 时,零状态响应为
$$i_L''(t) = \frac{\text{d}\left[\frac{2}{3}i_L'(t)\right]}{\text{d}t} = 2\text{e}^{-2t}\varepsilon(t)\ (\text{利用冲激与阶跃的关系})$$

初值 $i_L(0_-) = 3\,\text{A}$ 时,零输入响应为
$$i_L'''(t) = 3\text{e}^{-2t}\varepsilon(t)$$

因此,全响应为
$$i_L(t) = i_L'(t) + i_L''(t) + i_L'''(t) = (1.5 + 3.5\text{e}^{-2t})\varepsilon(t)(\text{A})$$

题32 水木珞研解析

电路初值为
$$i_{L_1}(0_-) = \frac{50}{10+10/\!/20} \times \frac{2}{3} = 2(\text{A}),\ i_{L_2}(0_-) = \frac{50}{10+10/\!/20} \times \frac{1}{3} = 1(\text{A})$$

开关 S 断开后,可以得到
$$\begin{cases} i_{L_1}(0_+) + i_{L_2}(0_+) = 0 \\ L_1 i_{L_1}(0_+) - L_2 i_{L_2}(0_+) = L_1 i_{L_1}(0_-) - L_2 i_{L_2}(0_-) \end{cases} \Rightarrow \begin{cases} i_{L_1}(0_+) = -\dfrac{1}{2}\,\text{A} \\ i_{L_2}(0_+) = \dfrac{1}{2}\,\text{A} \end{cases}$$

稳态值为
$$i_{L_1}(\infty) = i_{L_2}(\infty) = 0$$

时间常数为
$$\tau = \frac{L_{eq}}{R_{eq}} = \frac{6}{30} = \frac{1}{5}(\text{s})$$

故根据三要素法可得
$$i_{L_1}(t) = -\frac{1}{2}\text{e}^{-5t}\,\text{A}(t>0),\ i_{L_2} = \frac{1}{2}\text{e}^{-5t}\,\text{A}(t>0)$$

写成全时域形式
$$i_{L_1}(t) = \left[2\varepsilon(-t) - \frac{1}{2}\text{e}^{-5t}\varepsilon(t)\right]\text{A},\ i_{L_2}(t) = \left[\varepsilon(-t) + \frac{1}{2}\text{e}^{-5t}\varepsilon(t)\right]\text{A}$$

电感电压为

$$u_{L_1}(t) = L_1\frac{\mathrm{d}i_{L_1}}{\mathrm{d}t} = \left[\frac{5}{2}\mathrm{e}^{-5t}\varepsilon(t) - \frac{5}{2}\delta(t)\right]\mathrm{V}, \quad u_{L_2}(t) = L_2\frac{\mathrm{d}i_{L_2}}{\mathrm{d}t} = \left[-\frac{25}{2}\mathrm{e}^{-5t}\varepsilon(t) - \frac{5}{2}\delta(t)\right]\mathrm{V}$$

题33 水木珞研解析

电路初值为

$$u_{C_1}(0_-) = E_\mathrm{S}\frac{R_1}{R+R_1+R_2} = \frac{3}{4}(\mathrm{V}), \quad u_{C_2}(0_-) = E_\mathrm{S}\frac{R_2}{R+R_1+R_2} = \frac{3}{2}(\mathrm{V})$$

作出换路后的等效电路，如图所示。

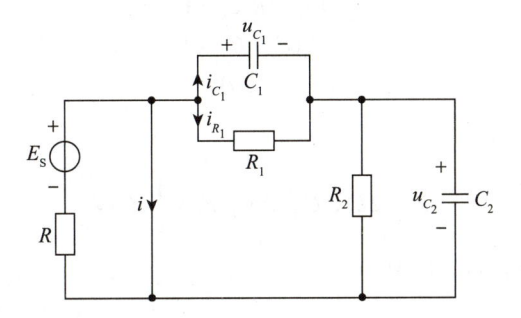

可以看出换路后的电路为一阶电路，若能求得 $u_{C_1}(t)$，便可求得 $i(t)$。

换路后，C_1 和 C_2 为并联，两电容电压产生跳变。由节点电荷守恒原则，有

$$\begin{cases} u_{C_1}(0_-)C_1 - u_{C_2}(0_-)C_2 = u_{C_1}(0_+)C_1 - u_{C_2}(0_+)C_2 \\ u_{C_1}(0_+) = -u_{C_2}(0_+) \end{cases} \Rightarrow u_{C_1}(0_+) = -\frac{3}{4}\mathrm{V}$$

时间常数

$$\tau = R_{\mathrm{eq}}C_{\mathrm{eq}} = (R_1 // R_2) \times (C_1 + C_2) = 2(\mathrm{s})$$

则

$$u_{C_1} = u_{C_1}(0_+)\mathrm{e}^{-\frac{t}{\tau}} = -\frac{3}{4}\mathrm{e}^{-\frac{1}{2}t}(\mathrm{V})\,(t>0)$$

u_{C_1} 在整个时间域上的表达式为

$$u_{C_1} = \left[\frac{3}{4}\varepsilon(-t) - \frac{3}{4}\mathrm{e}^{-\frac{1}{2}t}\varepsilon(t)\right]\mathrm{V}$$

则

$$i_{C_1} = C_1\frac{\mathrm{d}u_{C_1}}{\mathrm{d}t} = \left[-\frac{3}{2}\delta(t) + \frac{3}{8}\mathrm{e}^{-\frac{1}{2}t}\varepsilon(t)\right]\mathrm{A}$$

根据KCL可得

$$i(t) = \frac{E_\mathrm{S}}{R} - i_{C_1} - \frac{u_{C_1}}{R_1} = \left[3\varepsilon(t) + \frac{3}{2}\delta(t) + \frac{3}{8}\mathrm{e}^{-\frac{1}{2}t}\varepsilon(t)\right]\mathrm{A}$$

题34 水木珞研解析

根据 2-2′ 端口接电容后的零状态响应 u_0'' 的表达式可知，2-2′ 端口左侧等效电路应是一阶含电容电路，如图所示。

由题给条件，有

$$\begin{cases} (R_0//R)C_0 = 1 \\ R_0(C_0 + C) = 4 \\ E_0 = u''(\infty) \end{cases}$$

解得

$$R_0 = 2\,\Omega,\quad C_0 = 1\,\text{F},\quad E_0 = \frac{1}{2}\varepsilon(t)\,\text{V}$$

当电路如题图(b)所示时，稳态值为

$$u_0(\infty) = \frac{1}{2}E_0 = \frac{1}{4}\,\text{V}$$

$$\tau = (R//R_0)(C + C_0) = 1 \times 2 = 2(\text{s})$$

则所求零状态响应为

$$u_0(t) = u_0(\infty)\left(1 - e^{-\frac{t}{\tau}}\right) = \frac{1}{4}\left(1 - e^{-\frac{t}{2}}\right)\varepsilon(t)\,(\text{V})$$

题35 水木珞研解析

① $t < 0$ 时，作出等效电路，如图(a)所示。

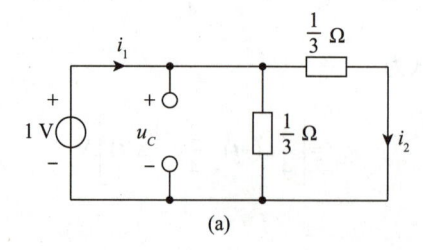

电路初值为

$$i_1(0_-) = \frac{1}{\frac{1}{3}//\frac{1}{3}} = 6(\text{A}),\quad u_C(0_-) = 1\,\text{V},\quad i_2(0_-) = 6 \times \frac{1}{2} = 3\,(\text{A})$$

② $t > 0$ 时，无跃变条件，所以初值不变，开关 S 左侧电路为二阶电路，作出运算电路，如图(b)所示。

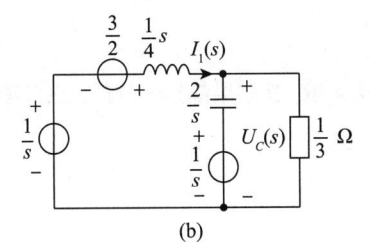

根据节点电压法可得

$$\left(\frac{4}{s}+3+\frac{s}{2}\right)U_C(s) = \frac{\frac{1}{s}+\frac{3}{2}}{\frac{s}{4}} + \frac{\frac{1}{s}}{\frac{2}{s}}$$

解得

$$U_C(s) = \frac{s^2+12s+8}{s(s+2)(s+4)} = \frac{1}{s}+\frac{3}{s+2}-\frac{3}{s+4}$$

由反变换可得

$$u_C(t) = (3\mathrm{e}^{-2t} - 3\mathrm{e}^{-4t} + 1)\varepsilon(t) \text{ V} \tag{*}$$

开关 S 右侧电路为一阶电路, 作出运算电路, 如图(c)所示。

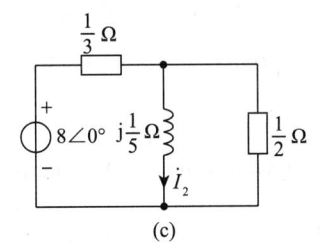

稳态值为

$$\dot{I}_2 = 8\angle 0° \cdot \frac{\frac{1}{2}}{\frac{1}{3}+\mathrm{j}\frac{1}{5}/\!/\frac{1}{2}} \cdot \frac{\frac{1}{2}+\mathrm{j}\frac{1}{5}}{} = 12\sqrt{2}\angle(-45°)(\mathrm{A})$$

$$i_2(t) = 12\sqrt{2}\cos(t-45°) \text{ A}$$

等效电阻, 时间常数分别为

$$R_\mathrm{eq} = \frac{1}{3}/\!/\frac{1}{2} = \frac{1}{5}(\Omega), \quad \tau = \frac{L}{R} = 1\,\mathrm{s}$$

由正弦激励的三要素法可得

$$\begin{aligned}i_2(t) &= \left[(3-12\sqrt{2}\cos 45°)\mathrm{e}^{-t} + 12\sqrt{2}\cos(t-45°)\right]\varepsilon(t) \\ &= \left[12\sqrt{2}\cos(t-45°) - 9\mathrm{e}^{-t}\right]\varepsilon(t)(\mathrm{A})\end{aligned}$$

水木珞研总结

(*)处也可以用二阶电路的时域法求解，其结果都是一样的，感兴趣的同学自己尝试一下。

题36 水木珞研解析

开关打开前，电感视为短路，电容视为开路，等效电路如图(a)所示。

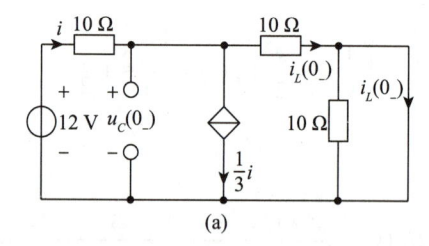

列写 KCL、KVL 方程可得

$$\begin{cases} \dfrac{1}{3}i + i_L(0_-) = i \\ 10i + 10i_L(0_-) = 12 \end{cases} \Rightarrow \begin{cases} i = 0.72 \text{ A} \\ i_L(0_-) = 0.48 \text{ A} \end{cases}$$

电路初值为

$$u_C(0_-) = 10 i_L(0_-) = 4.8 \text{(V)}$$

根据换路定理可得

$$i_L(0_+) = i_L(0_-) = 0.48 \text{ A}, \quad u_C(0_+) = u_C(0_-) = 4.8 \text{ V}$$

开关打开后，等效电路如图(b)所示。

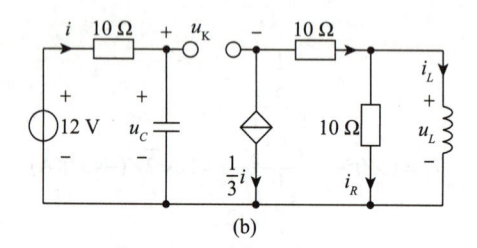

图(b)左侧为一阶 RC 电路，$u_C(\infty) = 12$ V，时间常数为

$$\tau_1 = R_{eq}C = 10 \times 0.01 = 0.1 \text{(s)}$$

根据三要素公式可得

$$u_C(t) = 12 + (4.8 - 12)\mathrm{e}^{-\frac{t}{\tau_1}} = (12 - 7.2\mathrm{e}^{-10t}) \text{(V)}$$

$$i(t) = \frac{12 - u_C(t)}{10} = \frac{12 - (12 - 7.2\mathrm{e}^{-10t})}{10} = 0.72\mathrm{e}^{-10t} \text{ (A)}$$

图(b)右侧为一阶 LR 电路，但是受控电源为指数激励

$$\beta i(t) = \frac{1}{3} i(t) = 0.24 \mathrm{e}^{-10t} \text{ A}$$

不能使用三要素法,回到最初的微分方程法求解。

以 i_L 为状态变量列写微分方程有

$$i_L + i_R = i_L + \frac{L di_L}{R dt} = -0.24 e^{-10t}$$

解得

$$i_L = e^{-50t}\left[\int(-12e^{-10t}e^{50t})dt + M\right] = e^{-50t}\left[\int(-12e^{40t})dt + M\right] = -0.3e^{-10t} + Me^{-50t}$$

初值为

$$i_L(0_+) = i_L(0_-) = 0.48 \text{ A}$$

将初值代入式中可得

$$-0.3 + M = 0.48$$

$$M = 0.78$$

解得

$$i_L(t) = (-0.3e^{-10t} + 0.78e^{-50t})\text{A}$$

因此,电压为

$$u_K(t) = u_C(t) - u_L(t) + \frac{1}{3}i(t) \times 10 = (12 - 5.4e^{-10t} + 7.8e^{-50t})(\text{V})$$

题37 水木珞研解析

$t < 0$ 时,电路如图(a)所示。

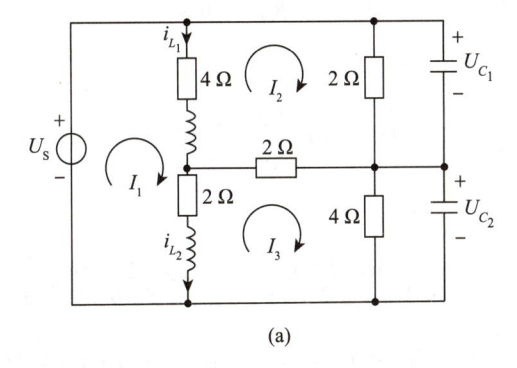

(a)

由回路电流法列写方程可得

$$\begin{cases}(4+2)I_1 - 4I_2 - 2I_3 = 10 \\ -4I_1 + (4+2+2)I_2 - 2I_3 = 0 \\ -2I_1 - 2I_2 + (4+2+2)I_3 = 0\end{cases}$$

解得

$$I_1 = \frac{25}{7}\text{A}, \quad I_2 = \frac{15}{7}\text{A}, \quad I_3 = \frac{10}{7}\text{A}$$

故

$$i_{L_1}(0_-) = I_1 - I_2 = \frac{10}{7} \text{ A}, \quad i_{L_2}(0_-) = I_1 - I_3 = \frac{15}{7} \text{ A}, \quad u_{C_1}(0_-) = 2I_2 = \frac{30}{7} \text{(V)}, \quad u_{C_2}(0_-) = 4I_3 = \frac{40}{7} \text{(V)}$$

$t \geq 0$ 时，可将电路分解为两个一阶电路，如图(b)和图(c)所示。

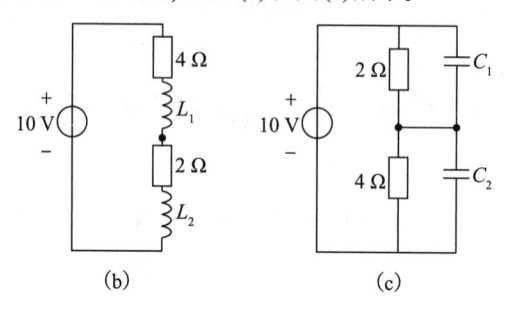

由图(b)可得

$$i_{L_1}(\infty) = i_{L_2}(\infty) = \frac{10}{4+2} = \frac{5}{3} \text{(A)}$$

由磁链守恒可得

$$(L_1 + L_2)i_L(0_+) = L_1 i_{L_1}(0_-) + L_2 i_{L_2}(0_-)$$

解得

$$i_L(0_+) = \frac{12}{7} \text{ A}$$

时间常数为

$$\tau = \frac{L_1 + L_2}{R_{eq}} = \frac{5}{6} \text{(s)}$$

电感电流

$$i_{L_1}(t) = i_{L_2}(t) = \left(\frac{5}{3} + \frac{1}{21} e^{-\frac{6}{5}t}\right)\varepsilon(t) \text{ A}$$

由图(c)可得

$$u_{C_1}(\infty) = \frac{2}{2+4} \times 10 = \frac{10}{3} \text{(V)}, \quad u_{C_2}(\infty) = \frac{4}{2+4} \times 10 = \frac{20}{3} \text{(V)}$$

$$u_{C_1}(0_+) = u_{C_1}(0_-) = \frac{30}{7} \text{ V}, \quad u_{C_2}(0_+) = u_{C_2}(0_-) = \frac{40}{7} \text{ V}$$

时间常数为

$$\tau = R_{eq} \cdot C_{eq} = (2 // 4) \cdot (C_1 + C_2) = \frac{1}{2\,500} \text{(s)}$$

电容电压为

$$u_{C_1}(t) = \left(\frac{10}{3} + \frac{20}{21} e^{-2\,500 t}\right)\varepsilon(t) \text{ V}, \quad u_{C_2}(t) = \left(\frac{20}{3} - \frac{20}{21} e^{-2\,500 t}\right)\varepsilon(t) \text{ V}$$

第8讲 正弦稳态电路

题1 水木珞研解析

标出电路中的电量，如图所示。

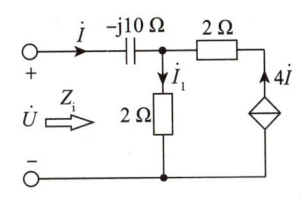

由于电路含有受控源，因此采用外加电压法，列写KVL方程可得

$$\dot{U} = (-j10)\dot{I} + 2\dot{I}_1 = (-j10)\dot{I} + 2(\dot{I} + 4\dot{I}) = (10 - j10)\dot{I}$$

则输入阻抗为

$$Z_i = \frac{\dot{U}}{\dot{I}} = \frac{(10 - j10)\dot{I}}{\dot{I}} = (10 - j10)(\Omega)$$

题2 水木珞研解析

设 $\dot{U}_S = 220\angle 0°\ \text{V}$，开关闭合后电容电流为

$$\dot{I}_C = \frac{\dot{U}_S}{-j44} = 5\angle 90°(\text{A})$$

如图(a)所示，开关闭合后电流 i 的幅值变小，则 Z 为感性支路，作出相量图，如图(b)所示。

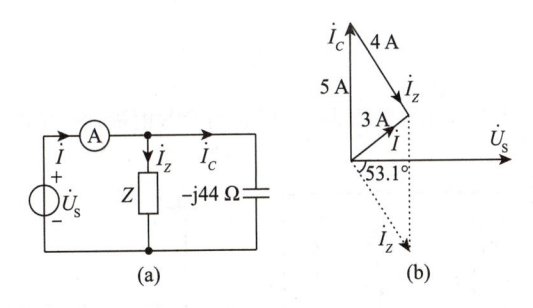

由图(b)可知

$$\dot{I}_Z = 4\angle(-53.13°)\text{A}$$

则阻抗为

$$Z = \frac{\dot{U}_S}{\dot{I}_Z} = \frac{220\angle 0°}{4\angle(-53.13°)} = (33 + j44)(\Omega)$$

题3 水木珞研解析

标出电路中的电量，如图所示。

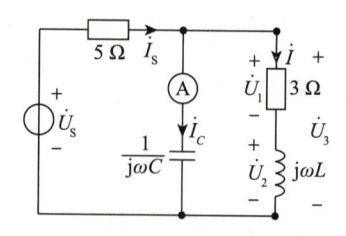

设 $\dot{U}_1 = 3\angle 0°$ V，则

$$\dot{I} = 1\angle 0° \text{ A}$$

电感电压为

$$\dot{U}_2 = 4\angle 90° \text{ V}$$

$$\dot{U}_3 = \dot{U}_1 + \dot{U}_2 = 5\angle 53.13°\text{(V)}$$

则电容电流为

$$\dot{I}_C = 2\angle 143.13° \text{ A}$$

干路电流为

$$\dot{I}_S = \dot{I} + \dot{I}_C$$

根据KVL可得

$$\dot{U}_S = 5\dot{I}_S + \dot{U}_3 = 5(\dot{I} + \dot{I}_C) + \dot{U}_3 = 10\angle 90°\text{(V)}$$

解得

$$U_S = 10 \text{ V}$$

题4 水木珞研解析

如图(a)所示，设 1-1′ 端口的电压有效值为 U，以 $\dot{I}$ 为参考相量画相量图，如图(b)所示。

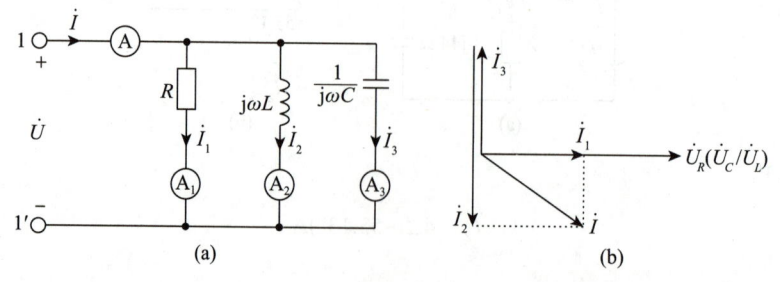

由题意可知

$$I_1 = 4 \text{ A}, \ I = 5 \text{ A}, \ I_2 = 7 \text{ A}$$

且 $I_3 < I_2$，由图(b)可知

118

$$I_2 - I_3 = \sqrt{I^2 - I_1^2} = 3 \text{ A}$$

解得
$$I_3 = 4 \text{ A}$$

故
$$I_2 = \frac{U}{X_L}, \quad I_3 = \frac{U}{X_C}, \quad I_1 = \frac{U}{R}$$

当电源角频率变为 $\frac{\omega}{2}$ 时，有

$$I_1' = I_1 = 4 \text{ A}, \quad I_2' = \frac{U}{X_L/2} = 2I_2 = 14 \text{ A}, \quad I_3' = \frac{U}{2X_C} = \frac{1}{2}I_3 = 2 \text{ A}$$

则此时，有
$$I' = \sqrt{4^2 + (14-2)^2} \approx 12.65 \text{(A)}$$

即电流表 A 的读数为 12.65 A。

题 5 水木珞研解析

标出电路中的节点，如图所示。

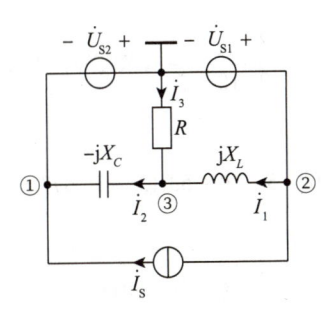

列节点电压方程(注意两个电源的正负号)：

$$\begin{cases} \dot{U}_{n1} = -\dot{U}_{S2} = -100\angle(-120°) = 100\angle 60° \\ \dot{U}_{n2} = \dot{U}_{S1} = 100\angle 0° \\ \left(\dfrac{1}{50} + \dfrac{1}{-j50} + \dfrac{1}{j50}\right)\dot{U}_{n3} - \dfrac{1}{-j50}\dot{U}_{n1} - \dfrac{1}{j50}\dot{U}_{n2} = 0 \end{cases}$$

解得
$$\dot{U}_{n3} = 100\angle(-150°) \text{ V}$$

电流
$$\dot{I}_1 = \frac{\dot{U}_{n2} - \dot{U}_{n3}}{jX_L} = (\sqrt{6} + \sqrt{2})\angle(-75°) \approx 3.86\angle(-75°)\text{(A)}$$

$$\dot{I}_3 = \frac{-\dot{U}_{n3}}{R} = 2\angle 30°\text{ A}$$

$$\dot{I}_2 = \frac{\dot{U}_{n3} - \dot{U}_{n1}}{-jX_C} = (\sqrt{6}+\sqrt{2})\angle(-45°) \approx 3.86\angle(-45°)\text{ (A)}$$

综上，可得

$$I_1 = I_2 = 3.86\text{ A}，I_3 = 2\text{ A}$$

题6 水木珞研解析

以 $\dot{U}_1$ 为参考相量画出相量图，如图所示。

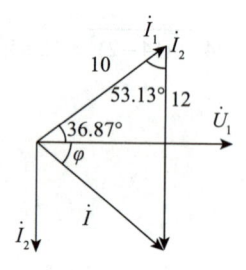

由相量图可知

$$\cos 53.13° = \frac{10^2 + 12^2 - I^2}{2\times 10\times 12}\text{（余弦定理）} \Rightarrow I = 10\text{ A}$$

干路电流角度为

$$\varphi = 180° - 53.13° - 53.13° - 36.87° = 36.87°$$

则无功功率为

$$Q = U_1 I \sin\varphi$$

可得电压为

$$U_1 = \frac{Q}{I\sin\varphi} = \frac{600}{10\times\sin 36.87°} = 100\text{(V)}$$

所以阻抗为

$$\omega L = \frac{U_1}{I_2} = \frac{100}{12} = \frac{25}{3}(\Omega)$$

题7 水木珞研解析

以 $\dot{I}$ 为参考相量作相量图，如图所示，$\dot{U}_2$ 相位必定滞后 $\dot{U}_1$ 相位90°。

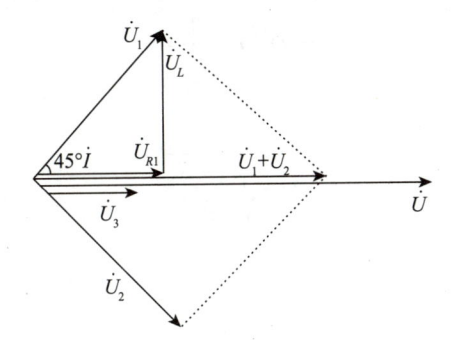

从图中可看出 $\dot{U}$ 与 $\dot{I}$、$\dot{U}_1+\dot{U}_2$ 同相，则

$$\dot{U}_1 = \dot{I}(4+\text{j}4) \Rightarrow U_1 = 4\sqrt{2}I \Rightarrow |\dot{U}_1+\dot{U}_2| = 8I$$

其中

$$U_3 = 2I$$

由图可知

$$|\dot{U}_1+\dot{U}_2+\dot{U}_3| = |\dot{U}| = 10I = 100$$

解得

$$\dot{I} = 10\angle 0° \text{ A}$$

则

$$\dot{U}_2 = 40\sqrt{2}\angle(-45°) \text{ V}$$

$$\dot{I} = \dot{U}_2\left(\frac{1}{R}+\frac{1}{-\text{j}X_C}\right) = \dot{U}_2\left(\frac{1}{R}+\text{j}\frac{1}{X_C}\right) \Rightarrow \frac{1}{R}+\text{j}\frac{1}{X_C} = \frac{\dot{I}}{\dot{U}_2} = \frac{10\angle 0°}{40\sqrt{2}\angle(-45°)} = \frac{1}{8}+\text{j}\frac{1}{8}$$

解得

$$R = 8\text{ }\Omega, X_C = 8\text{ }\Omega$$

题 8 水木珞研解析

$\dot{U}_\text{o}$ 与 $\dot{U}_\text{s}$ 关系式为

$$\left(\frac{1}{R_1+\text{j}\omega L}+\text{j}\omega C+\frac{1}{R_2}\right)\dot{U}_\text{o} = \frac{\dot{U}_\text{s}}{R_1+\text{j}\omega L}$$

将方程整理为

$$\left[1-\omega^2 CL+\frac{R_1}{R_2}+\text{j}\left(\omega CR_1+\frac{\omega L}{R_2}\right)\right]\dot{U}_\text{o} = \dot{U}_\text{s}$$

如 $\dot{U}_\text{o}$ 相位滞后 $\dot{U}_\text{s}$ 相位90°，则上式实部为零，即

$$1-\omega^2 CL + \frac{R_1}{R_2} = 0$$

解得

$$\omega = \sqrt{\frac{R_1 + R_2}{R_2 CL}}$$

题9 水木珞研解析

以 $\dot{U}_R$ 为参考相量，可画出相量图，如图所示。

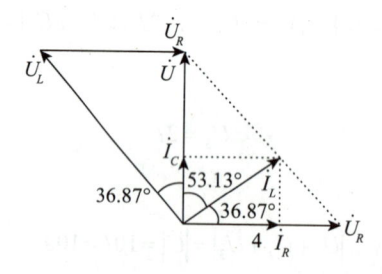

由题意可知

$$I_C = 3\,\text{A}, \quad I_L = 5\,\text{A}$$

电阻电流为

$$I_R = \sqrt{I_L^2 - I_C^2} = 4\,\text{A}$$

电源电压为

$$U = 100\,\text{V}$$

由相量图可知

$$U_R = \frac{100}{4} \times 3 = 75(\text{V}), \quad U_L = \frac{100}{4} \times 5 = 125(\text{V})$$

解得

$$X_L = \frac{U_L}{I_L} = 25\,\Omega, \quad X_C = \frac{U_R}{I_C} = \frac{75}{3} = 25(\Omega), \quad R = \frac{U_R}{I_R} = \frac{75}{4} = 18.75(\Omega)$$

题10 水木珞研解析

以 $\dot{U}_1$ 为参考相量，可画出相量图，如图所示。

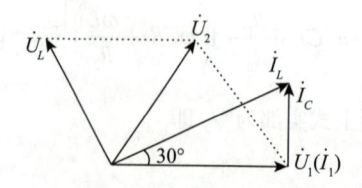

其中

$$\dot{I}_1 = \frac{\dot{U}_1}{R} = \dot{U}_1, \quad I_C = \frac{1}{\sqrt{3}}I_1, \quad I_L = \frac{2}{\sqrt{3}}I_1$$

故 $\dot{I}_1$ 与 $\dot{I}_L$ 的夹角为 30°, $\dot{U}_L$ 与 $\dot{U}_1$ 的夹角为 120°。

当 $\varphi_2 - \varphi_1 = 60°$ 时, $U_1 = U_2 = U_L$, 且

$$U_L = \omega L I_L = \omega L \frac{2}{\sqrt{3}} I_1$$

又 $U_1 = I_1$, 即 $\omega L \frac{2}{\sqrt{3}} I_1 = I_1$, 解得

$$\omega L = \frac{\sqrt{3}}{2} \Omega$$

题11 水木珞研解析

以 RL 和 RC 支路两端电压 $\dot{U}_1$ 为参考相量, 画出相量图, 如图所示, 由于 $R = X$, 则 $\dot{I}_1$ 与 $\dot{I}_2$ 夹角为 90°。

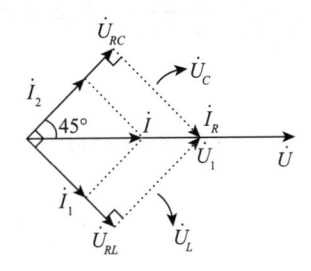

由此, 易知 $\dot{U}_1$ 与 $\dot{U}$ 为同相位, 故

$$I = \sqrt{2}I_1 = \sqrt{2}I_2$$

则

$$P = I_1^2 R + I_2^2 R + I^2 R = 2\,880 \Rightarrow 4I_1^2 R = 2\,880$$

又因为 $U_1 + IR = 240$, 而 $U_1 = \sqrt{2}I_1 R = \sqrt{2}I_2 R$, 则

$$I_1 = I_2 = 6\sqrt{2}\text{ A}, \quad I = 12\text{ A}, \quad R = 10\ \Omega$$

题12 水木珞研解析

用戴维南定理求解，等效电路如图所示（发现左侧电路有平衡电桥）。

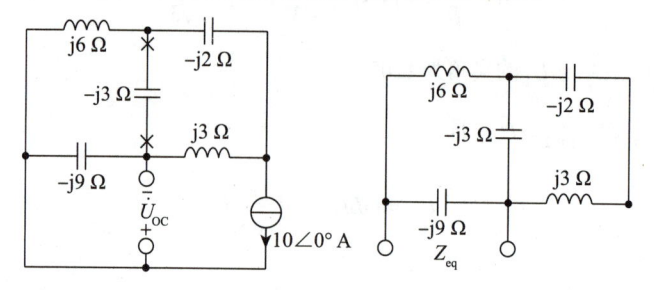

由左侧电路可得开路电压为

$$\dot{U}_{OC} = \frac{j6-j2}{(-j9+j3)+(j6-j2)} \times 10\angle 0° \times (-j9) = 180\angle 90° \text{ (V)}$$

由右侧电路可得等效阻抗为

$$Z_{eq} = (-j9) // [j6+(-j3)//(j3-j2)] = j45 \text{ (Ω)}$$

则电流为

$$\dot{I} = \frac{\dot{U}_{OC}}{45+Z_{eq}} = \frac{180\angle 90°}{45+j45} = 2\sqrt{2}\angle 45° \text{ (A)}$$

则 45 Ω 电阻上消耗的有功功率为

$$P = I^2 \times 45 = 360 \text{ (W)}$$

题13 水木珞研解析

(1) 作出等效阻抗求解电路，如图所示。

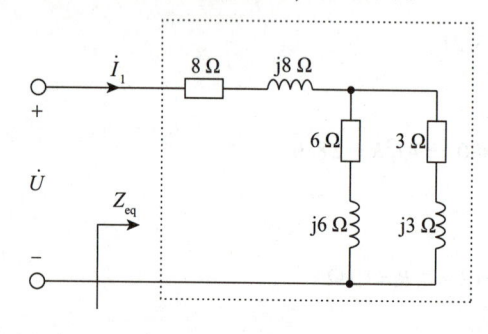

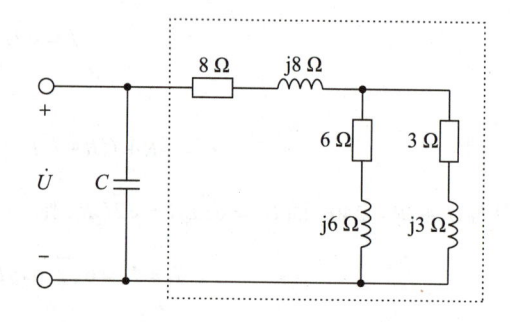

设 $\dot{U} = 220\angle 0°$ V，从端口看进去的等效阻抗为

$$Z_{eq} = 8+j8+\frac{(6+j6)(3+j3)}{9+j9} = 10\sqrt{2}\angle 45° \text{ (Ω)}$$

则

$$\dot{I}_1 = \frac{\dot{U}}{Z_{eq}} = \frac{220\angle 0°}{10\sqrt{2}\angle 45°} = 11\sqrt{2}\angle(-45°)(A), \quad \varphi_{Z_{eq}} = 45°$$

功率因数为

$$\lambda = \cos 45° = 0.71$$

负载的平均功率为

$$P = UI_1 \cos\varphi_{Z_{eq}} = 2\,420\,(W)$$

(2) 补偿前

$$\tan\varphi_{Z_{eq}} = \tan 45° = 1$$

补偿后

$$\tan\varphi'_{Z_{eq}} = \tan(\arccos 0.9) = 0.48$$

若提高电路的功率因数，则

$$C = \frac{P}{\omega U^2}(\tan\varphi_{Z_{eq}} - \tan\varphi'_{Z_{eq}}) = \frac{2\,420}{2\pi\times 50\times 220^2}\times(1-0.48) = 82.124(\mu F)$$

题14 水木珞研解析

①求开路电压 $\dot{U}_{OC}$，作出等效电路，如图(a)所示。

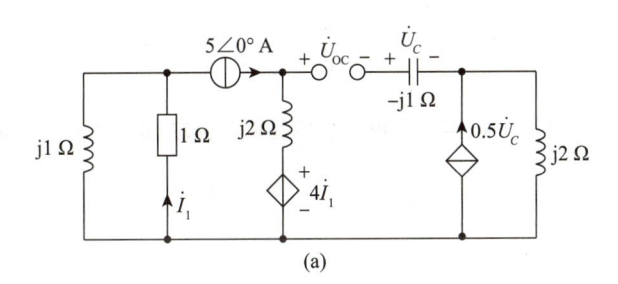

电容电压为0，即 $\dot{U}_C = 0$，则

$$\dot{I}_1 = 5\times\frac{j}{j+1} = \frac{5}{2}\sqrt{2}\angle 45°\,(A)$$

故

$$\dot{U}_{OC} = j2\times 5 + 4\dot{I}_1 = 10\sqrt{5}\angle\theta\,(V)$$

②求等效阻抗 Z_{eq}，外加电源作出等效电路，如图(b)所示。

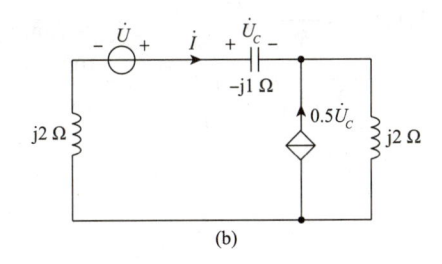

由 KVL 得

$$\dot{U} = -j1\cdot\dot{I} + (0.5\dot{U}_C + \dot{I})j2 + j2\cdot\dot{I}$$

其中 $\dot{U}_C = -j\dot{I}$，解得

$$Z_{eq} = \frac{\dot{U}}{\dot{I}} = 1 + j3(\Omega)$$

③当 $Z_L = Z_{eq}^* = (1-j3)\Omega$ 时，

$$P_{max} = \frac{U_{OC}^2}{4R_{eq}} = \frac{500}{4\times 1} = 125(W)$$

题15 水木珞研解析

(1) 由题意可取 $\dot{U}_2$ 为参考相量，画出相量图如图所示。

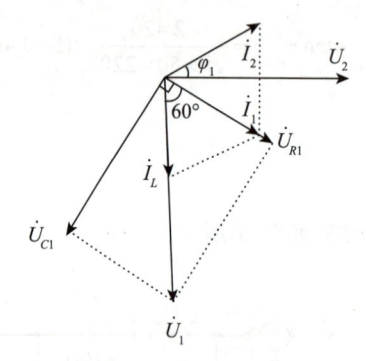

令 $I_1 = I_L = I_2 = I$，由 I_L 感性、N_0 容性可得 $\dot{I}_2$ 相位超前 $\dot{I}_1$ 相位 60°，$\dot{I}_1$ 相位超前 $\dot{I}_L$ 相位 60°，所以

$$\varphi_1 = 60°\times 2 - 90° = 30°$$

设 N_0 的阻抗为 $R_O - jX_{CO}$，所以

$$\begin{cases} \tan 30° = \dfrac{X_{CO}}{R_O} = \dfrac{\sqrt{3}}{3} \\ \sqrt{R_O^2 + X_{CO}^2} = \left|\dfrac{\dot{U}_2}{\dot{I}_2}\right| = \dfrac{100}{I} \end{cases} \Rightarrow \begin{cases} X_{CO} = \dfrac{\sqrt{3}}{3}R_O \\ I = \dfrac{100}{\dfrac{2}{\sqrt{3}}R_O} \end{cases} \quad ①$$

又 $\dot{I}_1$ 相位超前 $\dot{U}_1$ 相位 60°，则

$$\begin{cases} \tan 60° = \dfrac{X_{C1}}{R_1} = \sqrt{3} \\ \sqrt{R_1^2 + X_{C1}^2} = \left|\dfrac{\dot{U}_1}{\dot{I}_1}\right| = \dfrac{100}{I} \end{cases} \Rightarrow \begin{cases} X_{C1} = \sqrt{3}R_1 \\ I = \dfrac{100}{2R_1} \end{cases} \quad ②$$

所以联立①、②得 $R_O = \sqrt{3}R_1$, $I = \dfrac{100}{2R_1}$, 即

$$P_{N_O} = I_2^2 R_O = I^2 R_O = \left(\dfrac{100}{\dfrac{2}{\sqrt{3}}R_O}\right)^2 R_O = 866$$

综上所述，可得

$$R_O = 5\sqrt{3}\ \Omega,\ I_2 = I = 10\ \text{A}$$

所以 N_O 的阻抗为

$$Z_O = R_O - jX_{CO} = (5\sqrt{3} - j5)\ \Omega$$

(2)
$$10 = \dfrac{100}{2R_1} \Rightarrow R_1 = 5\ \Omega$$

$$X_{C_1} = \sqrt{3}\ R_1 \Rightarrow X_{C_1} = \dfrac{1}{\omega C_1} = 5\sqrt{3}\ \Omega$$

$$X_{L_1} = \left|\dfrac{\dot{U}_2}{\dot{I}_2}\right| = 10\ \Omega$$

(3)
$$U = \sqrt{U_1^2 + U_L^2} = 100\sqrt{2}\ \text{V}$$

由相量图可得

$$\dot{U} = 100\sqrt{2}\angle(-45°)\text{V},\ \dot{I}_1 = 10\angle(-30°)\text{A}$$

所以

$$P = UI_1\cos(\varphi_{\dot{U}} - \varphi_{\dot{I}_1}) = 100\sqrt{2}\times 10\times\cos(-15°) = 1\,365.61(\text{W})$$

题16 水木珞研解析

设 $\dot{U}_S$ 为参考相量，则相量图如图所示。

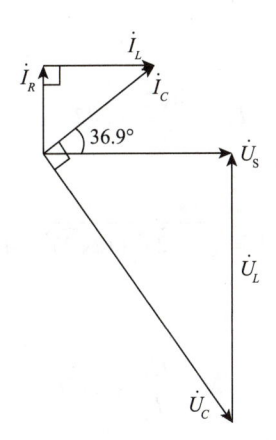

由 $I_R = 3\,\text{A}$ 和电流相量三角形可得

$$I_L = 4\,\text{A},\ I_C = 5\,\text{A}$$

由 $U_S = 9\,\text{V}$ 和电压相量三角形可得

$$U_L = 12\,\text{V},\ U_C = 15\,\text{V}$$

故

$$R = \frac{U_L}{I_R} = \frac{12}{3} = 4(\Omega),\ X_L = \frac{U_L}{I_L} = \frac{12}{4} = 3(\Omega),\ X_C = \frac{U_C}{I_C} = \frac{15}{5} = 3(\Omega)$$

则

$$L = \frac{X_L}{\omega} = \frac{3}{100} = 30(\text{mH}),\ C = \frac{1}{\omega X_C} = \frac{1}{300} = 3.33(\text{mF})$$

综上所述，

$$R = 4\,\Omega,\ L = 30\,\text{mH},\ C = 3.33\,\text{mF}$$

题17 水木珞研解析

以 $\dot{I}_{R_1}$ 为参考相量，作相量图如图所示。

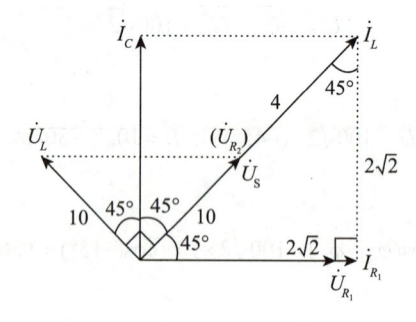

综上，$|\dot{U}_{R_1}| = 10\sqrt{2}\,\text{V}$，功率

$$P = \frac{(10\sqrt{2})^2}{R} + \frac{10^2}{R} = 60 \Rightarrow R = 5\,\Omega$$

可得电流为

$$I_{R_1} = \frac{10\sqrt{2}}{5} = 2\sqrt{2}\,(\text{A})$$

即

$$I_L = \sqrt{(2\sqrt{2})^2 + (2\sqrt{2})^2} = 4\,(\text{A})$$

且 $U_L = 10\,\text{V}$，则

$$X_L = \frac{U_L}{I_L} = 2.5\,\Omega$$

解得

$$X_C = \frac{10\sqrt{2}}{2\sqrt{2}} = 5\,\Omega$$

电流

$$I = I_L + \frac{10}{5} = 4 + 2 = 6(\text{A})$$

题18 水木珞研解析

标出电路中的电量，如图(a)所示。以 $\dot{I}$ 为参考相量，作出相量图，如图(b)所示，$\dot{I} = 10\angle 0°\,\text{A}$。

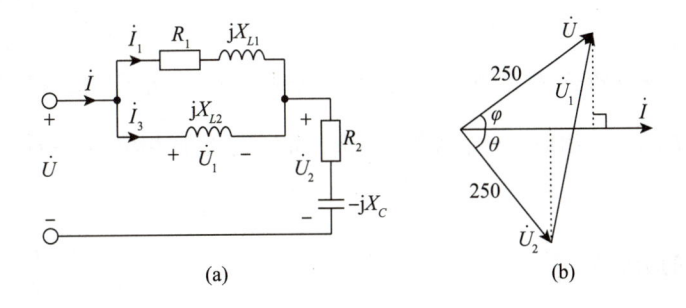

功率表读数

$$P = UI\cos\varphi = 250 \times 10 \times \cos\varphi = 2\,000(\text{W})$$

则

$$\cos\varphi = 0.8,\ \sin\varphi = 0.6$$

$$U_2 = |R_2 - jX_C|I = \sqrt{15^2 + X_C^2}\cdot 10 = 250,\ X_C = 20\,\Omega$$

由此可知

$$\tan\theta = \frac{X_C}{R_2} = \frac{20}{15} = \frac{4}{3},\ \cos\theta = 0.6,\ \sin\theta = 0.8$$

根据图(b)中几何关系，有

$$\dot{U}_1 = (U\cos\varphi - U_2\cos\theta) + j(U\sin\varphi + U_2\sin\theta) = (50 + j350)(\text{V})$$

电流为

$$\dot{I}_3 = \frac{\dot{U}_1}{jX_{L2}} = \frac{50 + j350}{j50} = (7 - j)(\text{A}),\ \dot{I}_1 = \dot{I} - \dot{I}_3 = 10\angle 0° - (7 - j) = (3 + j)(\text{A})$$

阻抗为

$$R_1 + jX_{L1} = \frac{\dot{U}_1}{\dot{I}_1} = \frac{50 + j350}{3 + j} = (50 + j100)(\Omega)$$

解得

$$R_1 = 50\,\Omega,\ X_{L1} = 100\,\Omega$$

题 19 水木珞研解析

标出电路中电量, 如图(a)所示, 以 $\dot{U}_L$ 为参考相量, 根据电路作出相量图, 如图(b)所示。

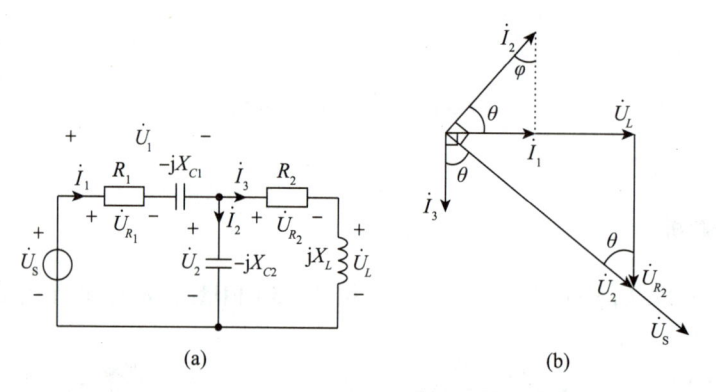

图(b)中特殊边角关系较多, 根据题目中 $\dot{U}_{R_1}$ 与 $\dot{U}_L$ 同相位, $\dot{U}_{R_1}$ 与 $\dot{I}_1$ 同相位, 则 $\dot{U}_L$ 与 $\dot{I}_1$ 同相位; 而 $\dot{I}_3$ 与 $\dot{U}_L$ 垂直, 则电流 $\dot{I}_1$、$\dot{I}_2$、$\dot{I}_3$ 组成了一个直角三角形; 而 $\dot{U}_S$ 与 $\dot{U}_2$ 同相位, $\dot{U}_1 = \dot{U}_S - \dot{U}_2$, 说明 $\dot{U}_1$、$\dot{U}_2$、$\dot{U}_S$ 均同相位。

电压源 U_S 提供的功率为

$$P_S = U_S I_1 \cos\varphi = 84 \text{ W}, \quad Q_S = -U_S I_1 \sin\varphi = -63 \text{ var}$$

其中, $\tan\varphi = \dfrac{63}{84} = \dfrac{3}{4}$, $\cos\varphi = 0.8(超前)$, $\sin\varphi = 0.6$。

$$P_S = U_S I_1 \cos\varphi = 35 \times 0.8 \times I_1 = 84 \Rightarrow I_1 = 3 \text{ A}$$

由相量图(b)知

$$I_2 = \dfrac{I_1}{\sin\varphi} = \dfrac{3}{0.6} = 5 \text{(A)}$$

$$I_3 = I_2 \cos\varphi = 4 \text{ A}$$

电源发出的有功功率均被电阻 R_1、R_2 消耗, 故

$$P_S = I_1^2 R_1 + I_3^2 R_2 = 3^2 \times 4 + 4^2 \times R_2 = 84 \Rightarrow R_2 = 3 \text{ Ω}$$

电压为

$$U_{R_2} = I_3 R_2 = 4 \times 3 = 12 \text{(V)}$$

$$\tan\varphi = \dfrac{U_{R_2}}{U_L} = \dfrac{R_2}{X_L} = \dfrac{3}{X_L} = \dfrac{3}{4}$$

解得

$$X_L = 4 \text{ Ω}$$

电压为

130

$$U_2 = \frac{U_{R_2}}{\sin\varphi} = \frac{12}{0.6} = 20(\text{V})$$

$$U_1 = U_S - U_2 = 35 - 20 = 15(\text{V})$$

$$U_1 = I_1|R_1 - jX_{C1}| = 3\sqrt{R_1^2 + (-X_{C1})^2} = 3\sqrt{4^2 + X_{C1}^2} = 15(\text{V})$$

容抗为

$$X_{C1} = 3\,\Omega,\ X_{C2} = \frac{U_2}{I_2} = \frac{20}{5} = 4\,(\Omega)$$

综上所述,

$$R_2 = 3\,\Omega,\ X_L = 4\,\Omega,\ X_{C1} = 3\,\Omega,\ X_{C2} = 4\,\Omega$$

题20 水木珞研解析

(1) 标注电路中的电量, 如图(a)所示, 以 $\dot{U}_1$ 为参考相量, 作出相量图, 如图(b)所示。

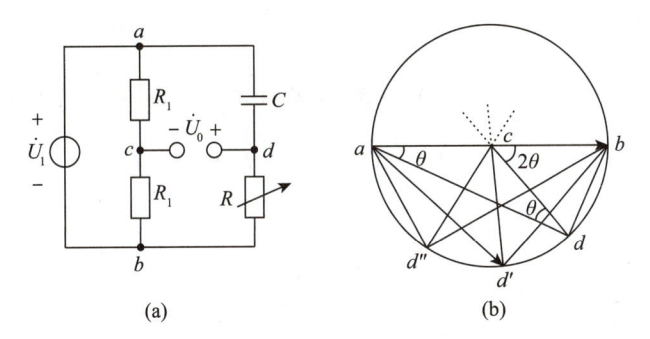

点 d 在以 ab 为直径的下半圆上运动, 点 c 在圆心, cd 为半径, 是一个定值, 则 U_0 也是一个定值, $\dot{U}_0$ 与 $\dot{U}_1$ 的夹角为 $180° - 2\theta$, 则

$$\tan\theta = \frac{bd}{ad} = \frac{R}{\frac{1}{\omega C}} = \omega CR$$

当 R 从 $0 \to \infty$ 时, $\tan\theta$ 在 $[0, +\infty)$ 内逐渐增大, 即 θ 也增大, 故 $180° - 2\theta$ 减小, 即 U_0 的相位逐渐减小。

(2) 当 $\dot{U}_0$ 与 $\dot{U}_1$ 相位差为 $140°$, 即 $180° - 2\theta = 140°$ 时, 解得

$$\theta = 20°$$

即

$$\omega CR = \tan 20°$$

解得

$$R = \frac{\tan 20°}{314 \times 10 \times 10^{-6}} = 115.91\,(\Omega)$$

$$U_0 = 0.5U_1 = 15\,\text{V}$$

题21 水木珞研解析

标出电路中的电量，如图(a)所示，以 $\dot{U}_{ab}$ 为参考相量，作出相量图，如图(b)所示。

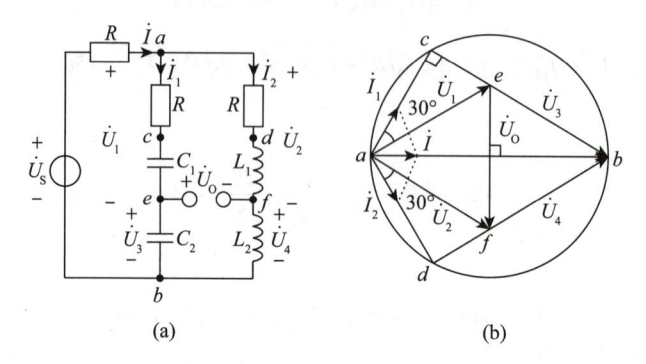

根据 $U_1 = U_2 = U_3 = U_4 = U_0$ 可得四边形 $aebf$ 为两个等边三角形组成的菱形，又

$$I_1 = \frac{U_{ab}}{\left|R - j(X_{C_1} + X_{C_2})\right|}, \quad I_2 = \frac{U_{ab}}{\left|R + j(X_{L_1} + X_{L_2})\right|}$$

由 $I_1 = I_2$ 可得

$$X_{C_1} + X_{C_2} = X_{L_1} + X_{L_2} \qquad ①$$

又由

$$U_1 = \left|\dot{I}_1(R - jX_{C_1})\right| = U_2 = \left|\dot{I}_2(R + jX_{L_1})\right|$$

可得

$$X_{C_1} = X_{L_1} \qquad ②$$

由①、②可得

$$X_{C_2} = X_{L_2} \qquad ③$$

电流为

$$\dot{I}_1 = I_1\angle 60° \text{ A}, \quad \dot{I}_2 = I_2\angle(-60°) \text{ A}$$

故

$$\dot{I} = \dot{I}_1 + \dot{I}_2 = I\angle 0° \text{ A}$$

由图(a)可得电压为

$$\dot{U}_S = \dot{I}R + \dot{U}_{ab}$$

$\dot{U}_{ab}$ 与 $\dot{I}$ 同相位，则 $\dot{U}_S$ 也与 $\dot{I}$ 同相位，功率表读数为

$$P = U_S I \cos 0° = 300I = 300(\text{W})$$

其中

$$I = I_1 = I_2 = 1 \text{ A}$$

同时功率表读数也是三个电阻消耗的功率，即

$$P = I^2R + I_1^2R + I_2^2R = 3R = 300(\text{W})$$

解得
$$R = 100\ \Omega$$

其中
$$\dot{U}_{ab} = \dot{U}_S - \dot{I}R = 300\angle 0° - 1\angle 0°\times 100 = 200\angle 0°(\text{V})$$

则
$$\dot{I}_1 = 1\angle 60°\ \text{A}$$

解得
$$R - \text{j}(X_{C_1} + X_{C_2}) = \frac{\dot{U}_{ab}}{\dot{I}_1} = 100 - \text{j}(X_{C_1} + X_{C_2}) = \frac{200\angle 0°}{1\angle 60°} = 200\angle(-60°) = 100 - \text{j}100\sqrt{3}$$

由此可得
$$X_{C_1} + X_{C_2} = 100\sqrt{3}\ \Omega \tag{④}$$

图(b)中 $\dfrac{ce}{eb} = \dfrac{X_{C_1}}{X_{C_2}}$, 又

$$\frac{ce}{eb} = \frac{ce}{bc - ce} = \frac{ac\tan 30°}{ac\tan 60° - ac\tan 30°} = \frac{1}{2} \tag{⑤}$$

由④、⑤可得
$$X_{C_1} = \frac{100\sqrt{3}}{3}\Omega,\ \ X_{C_2} = \frac{200\sqrt{3}}{3}\Omega \tag{⑥}$$

再结合②、③可得
$$X_{C_1} = X_{L_1} = \frac{100\sqrt{3}}{3} \approx 57.74(\Omega)$$

$$X_{C_2} = X_{L_2} = \frac{200\sqrt{3}}{3} \approx 115.47(\Omega)$$

> **水木珞研总结**
>
> 本题中有很多等边三角形，大家做题的时候可以大大简化计算。

题22 水木珞研解析

标出电量，如图(a)所示，并以 $\dot{U}_S$ 为参考相量，作出相量图，如图(b)所示。

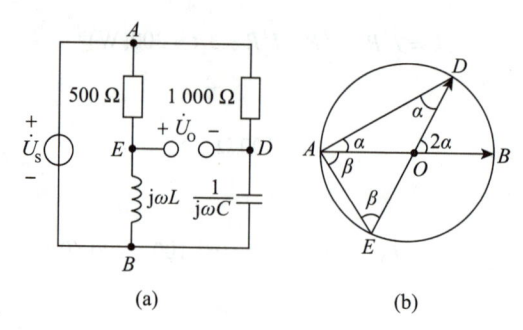

① 在图(b)中，DE 分别在以 AB 为直径的圆的上下半周运动，即圆周上两点产生的弦的长度对应 U_O，只有在 DE 过圆心时，$DE = AB$，即

$$U_O = U_S = 100 \text{ V}$$

设两个支路的阻抗角绝对值为 α，β，$\angle EAD$ 为直径 DE 所对的圆周角，则

$$\angle EAD = \alpha + \beta = 90°$$

对应的有 $\tan\alpha \cdot \tan\beta = 1$，其中

$$\tan\alpha = \frac{1}{\omega C R_2}, \quad \tan\beta = \frac{\omega L}{R_1}$$

则

$$\tan\alpha \cdot \tan\beta = \frac{1}{\omega C R_2} \cdot \frac{\omega L}{R_1} = \frac{L}{C R_1 R_2} = 1$$

解得

$$C = \frac{L}{R_1 R_2} = \frac{10 \times 10^{-3}}{500 \times 1\,000} = 2 \times 10^{-8} (\text{F}) = 0.02 \text{ μF}$$

② 当 $\omega = 10^5$ rad/s 时，有

$$\tan\alpha = \frac{1}{10^5 \times 2 \times 10^{-8} \times 1\,000} = 0.5 \Rightarrow 2\alpha = 53.14°$$

由图(b)可得 u_O 超前 u_S $53.14°$。

水木珞研总结

本题若没给正切值，可以通过倍角公式求解。

$$\tan(2\alpha) = \frac{2\tan\alpha}{1 - \tan^2\alpha} = \frac{2 \times 0.5}{1 - 0.5^2} = \frac{4}{3}$$

题 23 水木珞研解析

本题运用相量法最简单,作出相量图,如图所示。

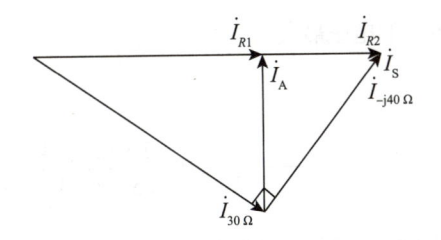

由题目已知条件结合相量图,可知当 $\dot{I}_A$ 与 $\dot{I}_S$ 垂直时,$|I_A| = 4.8\ \text{A}$ 最小。

题 24 水木珞研解析

对 Z 左侧电路进行戴维南等效变换,电路如图所示。

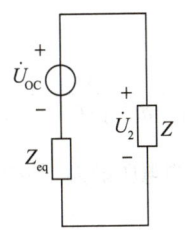

当 Z 改变时,$\dot{U}_{OC}$ 不变,故当 $Z_{eq} = 0$ 时,U_2 不变。

由题图可得

$$Z_{eq} = jX_L + (-jX_{C_1}) / / (-jX_{C_2})$$

化简得

$$\omega L - \frac{1}{\omega C_2 + \omega C_1} = 0$$

解得

$$\omega = \sqrt{\frac{1}{L(C_1 + C_2)}}$$

题 25 水木珞研解析

电容两端的戴维南等效电路图如图(a)所示,将其变换成诺顿等效电路图,如图(b)所示。

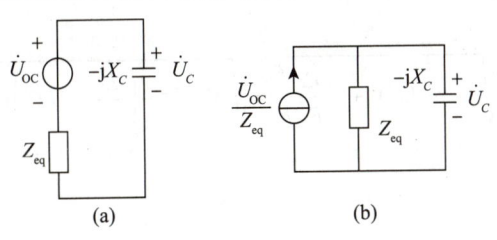

方法一：断开 S 时电压表读数为 10 V，电容两端的开路电压 $\dot{U}_{OC} = 10\angle 0°$ V（指定相位为0），等效阻抗 $Z_{eq} = Z_1 // Z_2 = (2+j2)(\Omega)$（电流源、电压源全部置0），由题意知 Z_1 上的电压最大，获得有功功率最大，由于 Z_1 与电容并联，相当于电容上的电压最大。

(1) 电容电压为

$$\dot{U}_C = \frac{\dot{U}_{OC}}{Z_{eq}} \bigg/ \left(\frac{1}{Z_{eq}} + j\frac{1}{X_C}\right) = \frac{2.5\sqrt{2}\angle(-45°)}{0.25 - j0.25 + j\omega C}$$

当 $-j0.25 + j\omega C = 0$ 时，$\dot{U}_C$ 最大。电容 $C = 2.5\times 10^{-3}$ F。

(2) 电容电压为

$$\dot{U}_C = 10\sqrt{2}\angle(-45°) \text{V}$$

则电压表的读数为 14.14 V。

方法二：(1) 电容电压为

$$\dot{U}_C = \frac{\dot{U}_{OC}}{Z_{eq} + 1/j\omega C} \frac{1}{j\omega C} = \frac{10\angle 0°}{1 - 2\omega C + j2\omega C}$$

当 $1 - 2\omega C + j2\omega C$ 的模值最小时，电容的电压最大，其模值为 $\sqrt{(1-2\omega C)^2 + (2\omega C)^2}$，故当 $2\omega C = 0.5$ 时，模值最小。

$$C = 2.5\times 10^{-3} \text{ F}$$

(2) 电容电压为

$$\dot{U}_C = 10\sqrt{2}\angle(-45°) \text{V}$$

则电压表的读数为 14.14 V。

题26 水木珞研解析

由题意知，电阻上的电压最大时，电阻的功率最大。

$$\dot{U}_R = \frac{\dot{U}_S}{j\omega L + R // \frac{1}{j\omega C}} \left(R // \frac{1}{j\omega C}\right) = \frac{\dot{U}_S}{1 - \omega^2 LC + j\frac{\omega L}{R}}$$

显然 $\left|1 - \omega^2 LC + j\frac{\omega L}{R}\right|$ 模值最小时，$\dot{U}_R$ 模长最大，而

$$\sqrt{(1-\omega^2 LC)^2 + \left(\frac{\omega L}{R}\right)^2} = \sqrt{\omega^4 L^2 C^2 + \left(\frac{L^2}{R^2} - 2LC\right)\omega^2 + 1}$$

在对称轴处取到最小值,故

$$\omega^2 = -\frac{1}{2L^2C^2}\left(\frac{L^2}{R^2} - 2LC\right) = 10\,000$$

则

$$\omega = 100 \text{ rad/s}$$

功率为

$$P_{\max} = \frac{U_R^2}{R} = 1\,800 \text{ W}$$

题27 水木珞研解析

设 $\dot{U} = 10\angle 0° \text{ V}$,作出相量图,如图所示。

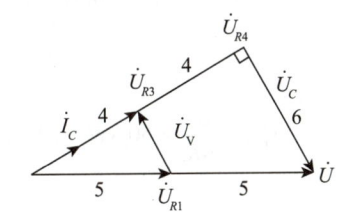

当 $\dot{U}_V$ 与 $\dot{U}_{R3}$ 的夹角为90°时,其值最小为3 V,由相量图得

$$U_{R3} = \sqrt{U_{R1}^2 - U_V^2} = 4 \text{ V}$$

$$I_C = \frac{U_{R3}}{R_3} = 2 \text{ A}$$

解得

$$U_{R4} = 4 \text{ V}, \quad U_C = 6 \text{ V}$$

故

$$R_4 = \frac{U_{R4}}{I_C} = 2 \text{ Ω}$$

$$X_C = \frac{U_C}{I_C} = 3 \text{ Ω}$$

题28 水木珞研解析

将 R_2 和 C 的并联视为电路的负载,则负载阻抗为

$$Z_L = \frac{R_2\left(-j\frac{1}{\omega C}\right)}{R_2 - j\frac{1}{\omega C}} = \frac{R_2}{1+(R_2\omega C)^2} - j\frac{R_2^2\omega C}{1+(R_2\omega C)^2}$$

欲使 R_2 获得最大功率，根据最大功率传输定理，应有

$$Z_L = Z_{eq}^* = R_1 - j\omega L$$

于是可得如下的方程组

$$\begin{cases} \dfrac{R_2}{1+(R_2\omega C)^2} = R_1 \\ \dfrac{R_2^2\omega C}{1+(R_2\omega C)^2} = \omega L \end{cases}$$

解得

$$C = 38.5 \text{ pF}, \quad R_2 = 52 \text{ }\Omega$$

于是 R_2 吸取的最大功率为

$$P_{\max} = \frac{U^2}{4R_1} = 50 \text{ }\mu\text{W}$$

题29 水木珞研解析

方法一：将 R_1、C、C 连接变换为星形负载，作出电路图，如图(a)所示。

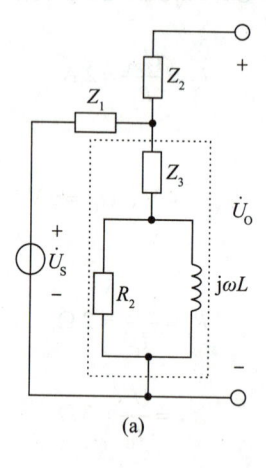

(a)

由题意得电压

$$\dot{U}_O = 0$$

由 $\dot{U}_O = 0$，并且阻抗 Z_2 中无电流，虚线框 Z_3、R_2 与 $j\omega L$ 组成的电路两端电压为0，则要求阻抗

$$Z_3 + R_2 // j\omega L = 0$$

△→Y变换阻抗

$$Z_3 = \frac{\left(\dfrac{1}{j\omega C}\right)^2}{R_1 + \dfrac{1}{j\omega C} + \dfrac{1}{j\omega C}}$$

R_2 与 L 并联可得

$$Z = R_2 // j\omega L = \frac{j\omega L R_2}{R_2 + j\omega L}$$

虚线框总阻抗为

$$Z_{eq} = Z_3 + Z = \frac{\left(\dfrac{1}{j\omega C}\right)^2}{R_1 + \dfrac{1}{j\omega C} + \dfrac{1}{j\omega C}} + \frac{j\omega L R_2}{R_2 + j\omega L} = 0$$

解得

$$(2\omega^2 L C R_2 - R_2) + j(R_1 R_2 \omega^3 C^2 L - \omega L) = 0$$

要求上式的实部和虚部均为零,解得

$$R_1 = 100\ \Omega,\ \omega = 10^4\ \text{rad/s}$$

方法二:节点电压法,标出电路中的节点,如图(b)所示。

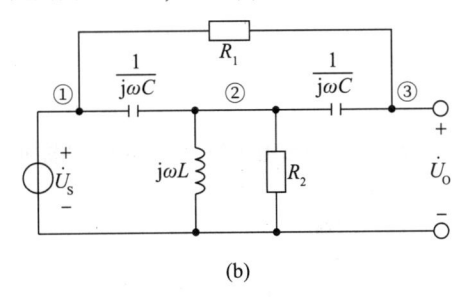

(b)

节点电压方程为

$$\begin{cases} \dot{U}_{n1} = \dot{U}_S \\ -j\omega C \dot{U}_{n1} + \left(2j\omega C + \dfrac{1}{j\omega L} + \dfrac{1}{R_2}\right)\dot{U}_{n2} - j\omega C \dot{U}_{n3} = 0 \\ -\dfrac{1}{R_1}\dot{U}_{n1} - j\omega C \dot{U}_{n2} + \left(\dfrac{1}{R_1} + j\omega L\right)\dot{U}_{n3} = 0 \end{cases}$$

补充方程

$$\dot{U}_{n3} = 0$$

化简得

$$\begin{cases} -j\omega C\dot{U}_S + \left(2j\omega C + \dfrac{1}{j\omega L} + \dfrac{1}{R_2}\right)\dot{U}_{n2} = 0 \\ \dot{U}_S + j\omega CR_1\dot{U}_{n2} = 0 \end{cases}$$

可以得到

$$\dfrac{1}{R_2} - \omega^2 C^2 R_1 + j\left(2\omega C - \dfrac{1}{\omega L}\right) = 0$$

实部和虚部对应相等,得

$$\begin{cases} \dfrac{1}{R_2} = \omega^2 C^2 R_1 \\ 2\omega C = \dfrac{1}{\omega L} \end{cases}$$

解得

$$R_1 = 100\,\Omega, \quad \omega = 10^4\,\text{rad/s}$$

> **水木珞研总结**
>
> 本题给出两种方法,其中方法一不常规,但是变换后求解非常简单;方法二属于常规方法,缺点是计算量大一点。

题30 水木珞研解析

由题意知 $I = I_1 = I_2$,且 $\dot{I} = \dot{I}_1 + \dot{I}_2$,设 $\dot{I}$ 为参考相量,则相量图如图所示。

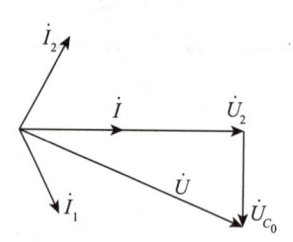

由图可知

$$\dot{I} = I\angle 0°\,\text{A}, \quad \dot{I}_1 = I\angle(-60°)\,\text{A}, \quad \dot{I}_2 = I\angle 60°\,\text{A}$$

由 $\dot{U} = \dfrac{20}{\sqrt{3}}\angle(-30°)\,\text{V}$,可得

$$\dot{U}_{C_0} = \dfrac{10}{\sqrt{3}}\angle(-90°)\,\text{V}, \quad \dot{U}_2 = 10\angle 0°\,\text{V}$$

则

$$\begin{cases} R_1 + j\omega L = \dfrac{\dot{U}_2}{\dot{I}_1} \\ R_2 - j\dfrac{1}{\omega C} = \dfrac{\dot{U}_2}{\dot{I}_2} \end{cases} \Rightarrow \begin{cases} R_1 + j10L = \dfrac{5}{I} + j\dfrac{5\sqrt{3}}{I} \\ R_2 - j\dfrac{1}{10C} = \dfrac{5}{I} - j\dfrac{5\sqrt{3}}{I} \end{cases}$$

可得

$$R_1 = R_2 = \frac{5}{I}$$

又由功率表读数为 50 W，可得

$$2I^2 R_1 = 50 \text{ W} \Rightarrow I = 5 \text{ A}$$

解得

$$R_1 = R_2 = 1\,\Omega,\ L = \frac{\sqrt{3}}{10}\text{ H},\ C = \frac{\sqrt{3}}{30}\text{ F}$$

其中

$$-j\frac{1}{\omega C_0} = \frac{\dot{U}_{C_0}}{\dot{I}} = \frac{\frac{10}{\sqrt{3}} \angle(-90°)}{5\angle 0°} = \frac{2}{\sqrt{3}} \angle(-90°)$$

即

$$C_0 = \frac{\sqrt{3}}{20}\text{ F}$$

> **水木珞研总结**
>
> 本题是2022年山东大学考研真题，考查正弦交流电路的相量图求解，质量非常高。

题31 水木珞研解析

当开关 S 闭合时，$U = 250$ V，电路消耗功率为 1 500 W，则

$$P = I^2 R$$

即

$$1\,500 = I^2 \times 15 \Rightarrow I = 10 \text{ A}$$

此时，

$$\frac{U}{I} = \sqrt{15^2 + X_C^2} \Rightarrow \frac{250}{10} = \sqrt{15^2 + X_C^2} \Rightarrow X_C = 20\,\Omega$$

当开关 S 断开时，原电路图 [见图(a)] 作等效变换得到图(b)。

141

由于 $U_1 = 250\text{ V}$，则

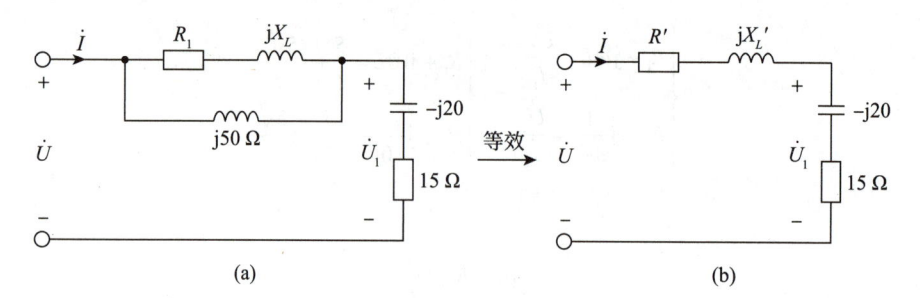

$$I = \frac{U_1}{\sqrt{15^2 + 20^2}} = 10(\text{A})$$

此时 $P = I^2(R' + 15)$，代值有

$$2\,000 = 10^2(R' + 15)$$

解得

$$R' = 5\,\Omega$$

$$UI\cos\theta = P \Rightarrow \cos\theta = \frac{P}{UI} = \frac{2\,000}{250 \times 10} = 0.8$$

则

$$\cos\theta = \frac{5+15}{\sqrt{(5+15)^2 + (X'_L - 20)^2}} \Rightarrow X'_L = 5\,\Omega \text{ 或 } 35\,\Omega$$

当 $X'_L = 5\,\Omega$ 时，在图(a)中，由导纳关系式有

$$\frac{1}{R_1 + jX_L} + \frac{1}{j50} = \frac{1}{5 + j5} \Rightarrow R_1 = \frac{250}{41}\,\Omega,\ X_L = \frac{200}{41}\,\Omega$$

当 $X'_L = 35\,\Omega$ 时，在图(a)中，由导纳关系式有

$$\frac{1}{R_1 + jX_L} + \frac{1}{j50} = \frac{1}{5 + j35} \Rightarrow R_1 = 50\,\Omega,\ X_L = 100\,\Omega$$

综上可知

$$R_1 = \frac{250}{41}\,\Omega,\ X_L = \frac{200}{41}\,\Omega,\ X_C = 20\,\Omega$$

或

$$R_1 = 50\,\Omega,\ X_L = 100\,\Omega,\ X_C = 20\,\Omega$$

题32 水木珞研解析

标出电路中的电量，如图(a)所示。

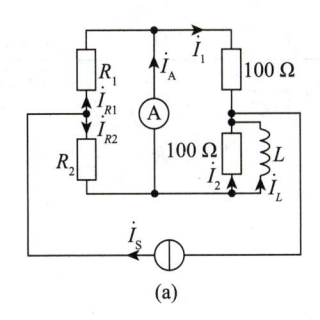

本题运用相量法最简单，以电流源 $\dot{I}_\text{S}$ 为参考相量作出相量图，如图(b)所示，b 和 O' 分别为大圆和小圆的圆心，可以发现电流 $\dot{I}_1 = \dot{I}_2$。

同时由于 $R_1 = 3R_2$，因此

$$\dot{I}_{R1} = \frac{1}{3}\dot{I}_{R2}$$

故 a 点和 b 点分别为线段 Oc 和线段 Od 的中点，则线段 ab 为三角形 Ocd 的中位线。则电流表的电流 $\dot{I}_\text{A}$ 在小圆上运动，有

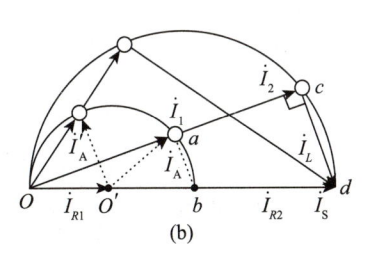

$$I_\text{A} = \frac{1}{4} I_\text{S} = 0.25 \text{ A}$$

题33 水木珞研解析

原电路可等效为如图所示电路。

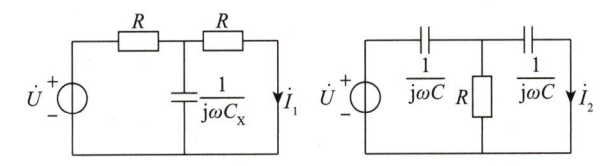

对 $\dot{I}_1$，有

$$\dot{I}_1 = \frac{\dfrac{1}{\text{j}\omega C_\text{X}}}{R + \dfrac{1}{\text{j}\omega C_\text{X}}} \cdot \frac{\dot{U}}{R + \dfrac{R \cdot \dfrac{1}{\text{j}\omega C_\text{X}}}{R + \dfrac{1}{\text{j}\omega C_\text{X}}}} = \frac{\dot{U}}{2R + \text{j}\omega C_\text{X} R^2}$$

对 $\dot{I}_2$，有

$$\dot{I}_2 = \frac{R}{R+\dfrac{1}{j\omega C}} \cdot \frac{\dot{U}}{\dfrac{1}{j\omega C}+\dfrac{R\dfrac{1}{j\omega C}}{R+\dfrac{1}{j\omega C}}} = \frac{-\omega^2 C^2 R\dot{U}}{1+j2\omega CR}$$

因为 $\dot{I}_L = 0$，所以

$$\dot{I}_L = \dot{I}_1 + \dot{I}_2 = 0$$

实部和虚部对应相等，解得

$$\omega = \frac{1}{\sqrt{2}RC} = 1\,414.21\ \text{rad/s},\ C_X = 4C = 200\ \mu\text{F}$$

第9讲　耦合电感电路

题1　水木珞研解析

作出去耦等效电路，如图所示。

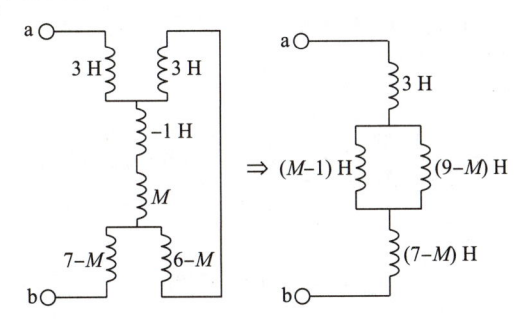

等效电感

$$L_{ab} = 3 + 7 - M + \frac{(M-1)(9-M)}{8} = 7$$

解得

$$M = 5\,\text{H}$$

题2　水木珞研解析

根据题给条件可知

$$M = k\sqrt{L_1 L_2} = 0.4\sqrt{2} \times \sqrt{5 \times 10^{-3} \times 10 \times 10^{-3}} = 4(\text{mH})$$

作出等效电路，如图所示。

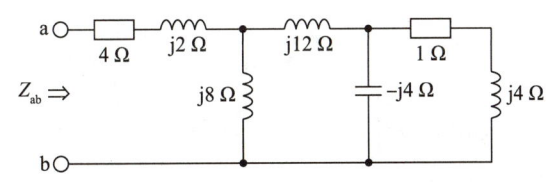

故输入阻抗为

$$Z_{ab} = (4+\text{j}2) + \text{j}8 \,//\, \{\text{j}12 + [(-\text{j}4)\,//\,(1+\text{j}4)]\} = 6+8\text{j} \approx 10\angle 53.13°(\Omega)$$

题3　水木珞研解析

(1) 作出去耦等效电路，如图所示。

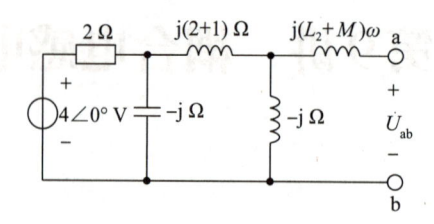

阻抗分别为

$$j\omega L_1 = j2\,\Omega,\ j\omega M = j\,\Omega,\ -j\frac{1}{\omega C} = -j\,\Omega$$

a、b 两端电压为

$$\dot{U}_{ab} = \frac{4\angle 0°}{2+(-j)//j2} \times \frac{-j}{-j+j3-j} \times (-j) = \sqrt{2}\angle 135°\,(\text{V})$$

解得

$$u_{ab} = 2\sin(10^4 t + 135°)\ \text{V}$$

(2) 电阻电流为

$$\dot{I}_R = \frac{4}{2+(-j)//j2} = \sqrt{2}\angle 45°\,(\text{A})$$

电压源发出的复功率为

$$\overline{S} = \dot{U}_S \dot{I}_R^* = 4\sqrt{2}\angle(-45°)\ \text{V}\cdot\text{A}$$

题 4 水木珞研解析

作出去耦后的等效电路，如图 (a) 所示。

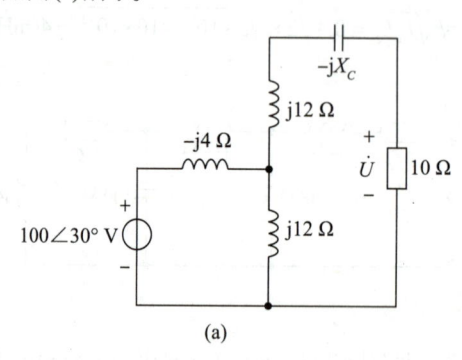

戴维南等效电路如图 (b) 所示。

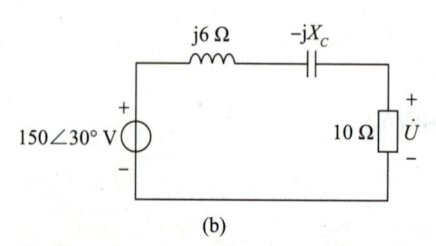

已知
$$\dot{U} = U\angle 30° \Rightarrow j6 - jX_C = 0$$

电容阻抗为
$$X_C = 6\,\Omega \Rightarrow C = \frac{1}{\omega X_C} = \frac{1}{2\,000\pi \times 6} = 26.53(\mu F)$$

则
$$\dot{U} = 150\angle 30°\,V$$

$$u(t) = 150\sqrt{2}\cos(6\,280t + 30°)\,V$$

题5 水木珞研解析

(1) 作出去耦等效电路如图所示。

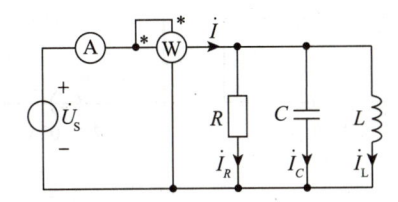

等效电感为
$$L = L_1 + L_2 - 2M = 5\,H$$

由题意可得电感阻抗为
$$X_L = \omega L = 500\,\Omega$$

功率为
$$P = 1\times 10^4 = \frac{U_S^2}{R} \Rightarrow R = 100\,\Omega$$

电阻电流为
$$I_R = \frac{U_S}{R} = 10\,A,\quad I_L = \frac{U_S}{X_L} = 2\,A$$

根据KCL可得
$$\dot{I}_R + \dot{I}_C + \dot{I}_L = \dot{I}$$

即
$$I = \sqrt{I_R^2 + (I_C - I_L)^2} = 10$$

解得
$$I_C = I_L \Rightarrow X_L = \frac{1}{\omega C} \Rightarrow C = 20\,\mu F$$

综上所述,

$$R = 100\,\Omega,\ C = 20\,\mu F$$

(2) 取相量 $\dot{U}_S = 100\angle 0°$ V，电容电流为

$$\dot{I}_C = \frac{\dot{U}_S}{-jX_C} = 2\angle 90°\ \text{A}$$

因此，电容电流表达式为

$$i_C(t) = 2\sqrt{2}\cos(100t + 90°)\ \text{A}$$

题6 水木珞研解析

去耦后如图所示，$\omega = 1000$ rad/s。

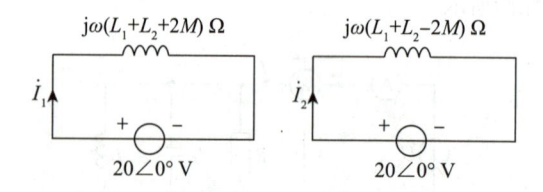

根据题意有

$$\begin{cases} I_1 = \dfrac{20}{\omega(L_1 + L_2 + 2M)} = 0.2 \\ I_2 = \dfrac{20}{\omega(L_1 + L_2 - 2M)} = 0.5 \end{cases}$$

解得

$$M = 0.015\ \text{H}$$

题7 水木珞研解析

根据题图线圈的绕行方向，知道其同名端连接在一起，其去耦等效电路如图(a)所示。

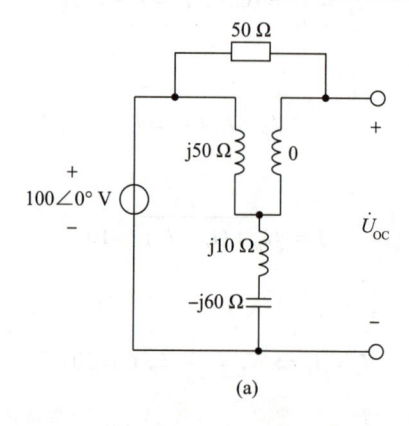

(a)

开路电压为

$$\dot{U}_{OC} = \frac{-j50}{50 // j50 + (-j50)} \times 100 = 100\sqrt{2}\angle(-45°)(V)$$

等效电阻求解电路如图(b)所示。

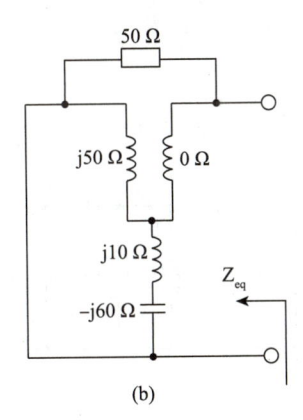

(b)

由图(b)得

$$Z_{eq} = 50 // j50 // (-j50) = 50(\Omega)$$

因此，当 $Z_L = Z_{eq}^* = 50\,\Omega$ 时，可获得最大功率，即

$$P_{max} = \frac{U_{OC}^2}{4R_{eq}} = 100\text{ W}$$

题8 水木珞研解析

作出去耦后的等效电路，如图(a)所示。

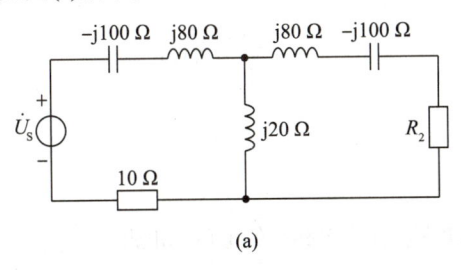

(a)

戴维南等效电路如图(b)所示。

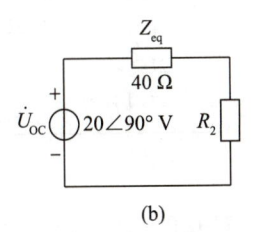

(b)

由最大功率定理可知，当 $R_2 = Z_{eq} = 40\,\Omega$ 时，可获得最大功率，即

$$P_{max} = \frac{U_{OC}^2}{4 \times R_2} = \frac{400}{160} = 2.5(\text{W})$$

题9 水木珞研解析

作出去耦后的等效电路，如图所示。

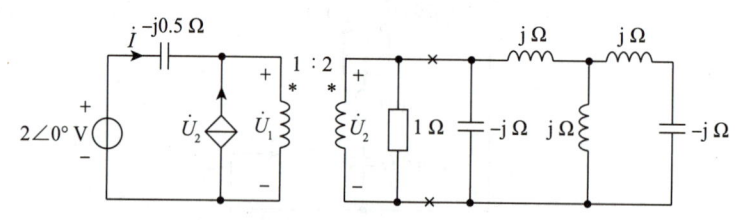

根据KVL可得

$$2\angle 0° = -j0.5\dot{I} + \frac{1}{2}\dot{U}_2$$

根据KCL可得

$$\dot{I} + \dot{U}_2 = 2\dot{U}_2$$

解得

$$\dot{I} = 2\sqrt{2}\angle 45°\,\text{A},\quad \dot{U}_2 = 2\sqrt{2}\angle 45°\,\text{V}$$

电流为

$$i = 4\cos(t + 45°)\,\text{A}$$

功率为

$$P = \frac{U_2^2}{1} = 8(\text{W})$$

题10 水木珞研解析

"一步法"求解戴维南等效电路，标出电路中的电量，如图所示。

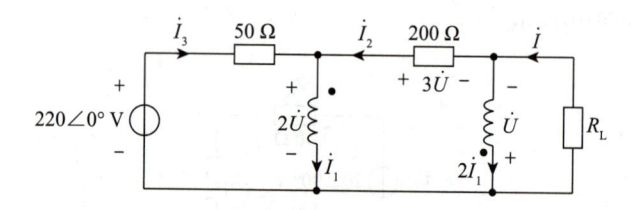

由电路图可得

$$\dot{I}_3 = \frac{220\angle 0° - 2\dot{U}}{50},\quad \dot{I}_2 = -\frac{3\dot{U}}{200}$$

列 KCL 方程得

$$\begin{cases} \dfrac{220\angle 0° - 2\dot{U}}{50} - \dfrac{3\dot{U}}{200} = \dot{I}_1 \\ 2\dot{I}_1 - \dfrac{3\dot{U}}{200} = \dot{I} \end{cases} \Rightarrow \dot{U} = -\dfrac{352}{5} + 8\dot{I}$$

解得

$$\dot{U}_{OC} = -\dfrac{352}{5}\ \text{V},\ R_{eq} = 8\ \Omega$$

故由最大功率定理知，当 $R_L = R_{eq} = 8\ \Omega$ 时，R_L 可获得最大功率，为

$$P_{max} = \dfrac{\dot{U}_{OC}^2}{4R_{eq}} = \dfrac{\left(-\dfrac{352}{5}\right)^2}{4 \times 8} = 154.88\ (\text{W})$$

题11 水木珞研解析

由耦合系数 $k = \dfrac{M}{\sqrt{L_1 \cdot L_2}}$，得 $M = 1\ \text{H}$。对原电路进行 T 形去耦，得到原边对应的等效电路，如图(a)所示。

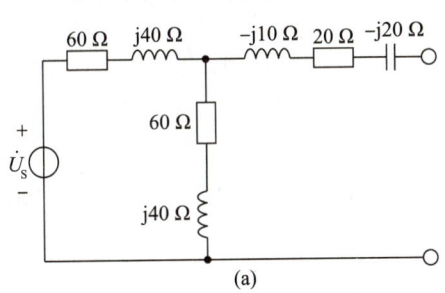

再对以上电路进行戴维南等效，如图(b)所示。

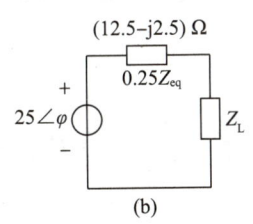

(1) 若 Z_L 任意可调，由共轭匹配可知：当 $Z_L = \dfrac{1}{4}Z_{eq}^* = (12.5 + \text{j}2.5)(\Omega)$ 时，其可获得最大功率，为

$$P_{Lmax} = \dfrac{U_{OC}^2}{4\,\text{Re}[Z_L]} = \dfrac{25^2}{4 \times 12.5} = 12.5\ (\text{W})$$

(2) 若 $Z_L = R_L$，由共轭匹配可知，当

$$R_L = |0.25 Z_{eq}| = \dfrac{\sqrt{50^2 + 10^2}}{4} = \dfrac{5\sqrt{26}}{2}\ (\Omega)$$

时可获得最大功率。

题12 水木珞研解析

为了方便计算,先将最左侧电感折算到右侧,如图(a)所示。以 $\frac{1}{2}\dot{U}_L$ 为参考相量作出相量图,如图(b)所示。

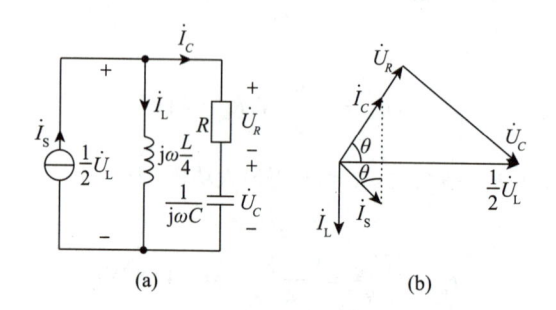

由图可知,折算后,

$$\frac{1}{2}U_L = \frac{1}{2} \times 200 = 100(\text{V}) \Rightarrow \cos\theta = \frac{U_R}{\frac{1}{2}U_L} = \frac{50}{100} = 0.5$$

$\dot{U}_R$ 与 $\dot{U}_C$ 垂直, $\dot{I}_S$ 与 $\dot{U}_C$ 同相位, $\dot{I}_C$ 与 $\dot{U}_R$ 同相位,则 $\dot{I}_C$ 与 $\dot{I}_S$ 也垂直。

$$\tan\theta = \frac{I_C}{I_S}$$

电流为

$$I_C = I_S \tan\theta = 5\sqrt{3} \text{ A}, \quad I_L = \frac{I_S}{\cos\theta} = \frac{5}{0.5} = 10(\text{A})$$

电容电压为

$$U_R = 50 \text{ V} \Rightarrow U_C = \sqrt{\left(\frac{1}{2}U_L\right)^2 - U_R^2} = \sqrt{100^2 - 50^2} = 50\sqrt{3}(\text{V})$$

电阻为

$$R = \frac{U_R}{I_C} = \frac{50}{5\sqrt{3}} = \frac{10}{\sqrt{3}} \approx 5.77(\Omega)$$

电感为

$$\omega\frac{L}{4} = \frac{\frac{1}{2}U_L}{I_L} \Rightarrow L = \frac{2U_L}{\omega I_L} = \frac{2 \times 200}{10 \times 10} = 4(\text{H})$$

电容为

$$\frac{1}{\omega C} = \frac{U_C}{I_C} \Rightarrow C = \frac{I_C}{\omega U_C} = \frac{5\sqrt{3}}{10 \times 50\sqrt{3}} = 0.01(\text{F})$$

第 9 讲　耦合电感电路

题 13　**水木珞研解析**

标出电路中的电量，如图所示。

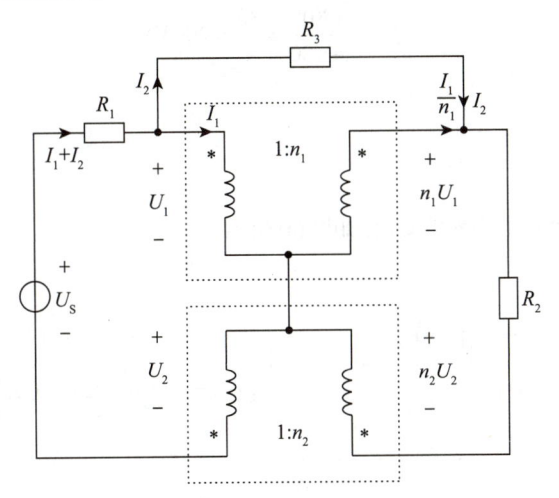

根据电路列出方程得

$$\begin{cases} U_S = (I_1+I_2)R_1 + R_3 I_2 + \left(I_2 + \dfrac{I_1}{n_1}\right)R_2 + (1-n_2)U_2 \\ U_S = (I_1+I_2)R_1 + U_1 + U_2 \\ n_1 U_1 + n_2 U_2 = \left(I_2 + \dfrac{I_1}{n_1}\right)R_2 \\ U_1 = R_3 I_2 + n_1 U_1 \end{cases}$$

所以

$$P = \left[\dfrac{n_2(n_1-1)^2 U_S}{n_2^{\,2}(n_1-1)^2 R_1 + (n_1-n_2)^2 R_3 + (n_1-1)^2 R_2}\right]^2 R_2$$

题 14　**水木珞研解析**

将变压器全部折算等效到左边部分，等效电路如图所示。

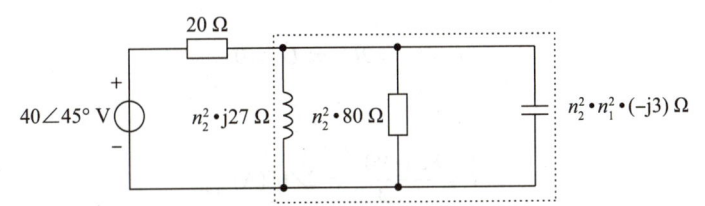

由于理想变压器不损耗能量，因此只要对虚线框进行最大功率传输即可，则

$$\begin{cases} \dfrac{20}{n_2^2} = 80 \\ n_2^2 \cdot 27 = n_2^2 \cdot 3n_1^2 \end{cases} \Rightarrow \begin{cases} n_1 = 3 \\ n_2 = \dfrac{1}{2} \end{cases}$$

因此，当 $n_1 = 3$，$n_2 = \dfrac{1}{2}$ 时，可获得最大功率，最大功率为

$$P_{max} = \frac{(80)^2}{4 \times 80} = \frac{80}{4} = 20(W)$$

题15 水木珞研解析

① 求开路电压 $\dot{U}_{oc}$，进行电路等效变换，如图(a)所示。

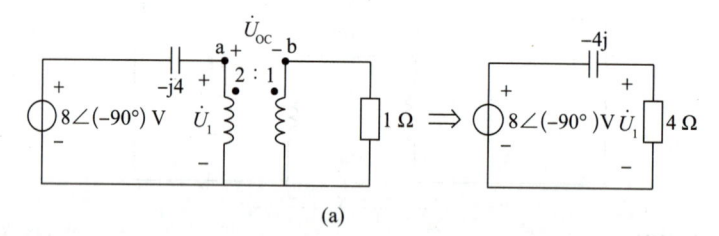

(a)

由图(a)可得电压为

$$\dot{U}_1 = 8\angle(-90°) \cdot \frac{4}{4-j4} = 4\sqrt{2}\angle(-45°)(V)$$

开路电压为

$$\dot{U}_{oc} = \dot{U}_1 - \frac{1}{2}\dot{U}_1 = 2\sqrt{2}\angle(-45°)(V)$$

② 求短路电流 $\dot{I}_{sc}$，作出等效电路，如图(b)所示。

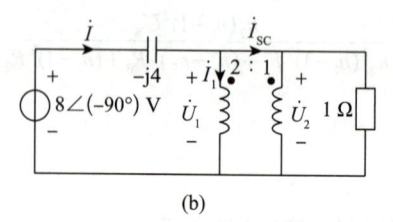

(b)

理想变压器特性

$$\dot{U}_1 = \dot{U}_2 = 2\dot{U}_2 \Rightarrow \dot{U}_2 = 0$$

电流

$$\dot{I} = \frac{8\angle(-90°)}{-j4} = 2\angle 0°(A)$$

根据KCL可得

$$2\dot{I}_1 + \dot{I} = \dot{I}_1 \Rightarrow \dot{I}_1 = -2\angle 0°\ A$$

短路电流

$$\dot{I}_{sc} = -2\dot{I}_1 = 4\angle 0°\ A$$

故

$$Z_{eq} = \frac{\dot{U}_{oc}}{\dot{I}_{sc}} = \frac{2\sqrt{2}\angle(-45°)}{4\angle 0°} = \left(\frac{1}{2} - j\frac{1}{2}\right)(\Omega)$$

当 $Z_L = Z_{eq}^* = \left(\frac{1}{2} + j\frac{1}{2}\right)\Omega$ 时，最大功率

$$P_{Lmax} = \frac{U_{OC}^2}{4R_{eq}} = 4\text{ W}$$

题16 水木珞研解析

作出去耦等效电路，如图所示。

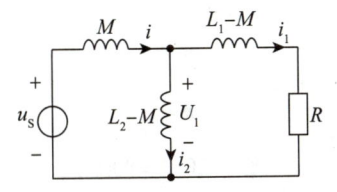

设 $\dot{I}_1 = I_1 \angle 0°$ A，由电路图知

$$\dot{U}_1 = [R + j\omega(L_1 - M)]\dot{I}_1, \quad \dot{I}_2 = \frac{R + j\omega(L_1 - M)}{j\omega(L_2 - M)}\dot{I}_1$$

根据 KCL 可得

$$\dot{I} = \dot{I}_1 + \dot{I}_2$$

电压

$$\dot{U}_S = j\omega M \dot{I} + \dot{U}_1 = j\omega M \left[\frac{\omega(M - L_1) + jR}{\omega(M - L_2)} + 1\right]\dot{I}_1 + [R + j\omega(L_1 - M)]\dot{I}_1$$

若 $\dot{U}_S$ 与 $\dot{I}_1$ 同相位，即 $\dot{U}_S$ 虚部为零，提出虚部，得

$$j\omega M + j\omega M \frac{M - L_1}{M - L_2} + j\omega(L_1 - M) = 0$$

解得

$$L_1 L_2 = M^2$$

题17 水木珞研解析

将 j40 Ω 电感和 R_L 折算至理想变压器一次侧，等效电路图如图所示。

155

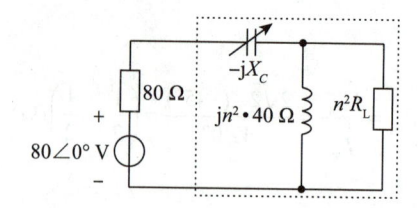

由于电感和电容不消耗有功功率，负载 $n^2 R_L = 40n^2\ \Omega$ 时获得最大功率，即 R_L 获得的最大功率。用最大功率传输定理，即虚线框阻抗 $Z_1 = 80\ \Omega$。

$$Z_1 = \frac{j40n^2 \times 40n^2}{j40n^2 + 40n^2} - jX_C = 20n^2 + j(20n^2 - X_C)$$

则要求

$$\begin{cases} 20n^2 - X_C = 0 \\ 20n^2 = 80 \end{cases}$$

解得

$$n = 2$$

$$X_C = 20n^2 = 80(\Omega)$$

此时最大功率为

$$P_{max} = \frac{80^2}{4 \times 80} = 20(W)$$

则有

$$P_{max} = I_L^2 \cdot R_L = 20\ W$$

解得电流有效值

$$I_L = \frac{\sqrt{2}}{2}\ A$$

题18 水木珞研解析

从功率表的接线看，其读数是电路的总功率，而电路中只有一个电阻，显然电路的总功率也就是该电阻消耗的功率，则

$$I_R = \sqrt{\frac{P}{R}} = 10\ mA$$

由题目中的电路图可知，

$$\dot{I}_S = \dot{I} + \dot{I}_R$$

由于 i 是纯电抗中的电流，i 相位应超前或滞后于 i_R 相位 $90°$，则 $\dot{I}_S$、$\dot{I}$ 和 $\dot{I}_R$ 构成相量直角三角形，其中 $\dot{I}_S$ 为三角形中的斜边。因 $I_R = I_S = 10\ mA$，故 $\dot{i}$ 必为零，这表明

$$\dot{I}_L + \dot{I}_C = 0$$

故有

$$I_L = I_C = 1\,\text{A} \Rightarrow U_R = RI_R = 50\,\text{V}$$

因 $\dot{U}_R$ 也是电容和互感支路的端电压，故

$$C = \frac{I_C}{\omega U_R} = 20\,\mu\text{F}$$

互感元件的两线圈为串联且为顺接，有

$$I_L = \frac{U_R}{\omega L} = \frac{U_R}{\omega(L_1 + L_2 + 2M)}$$

解得

$$M = 10\,\text{mH}$$

题 19 水木珞研解析

标出电路中的电量，如图所示。

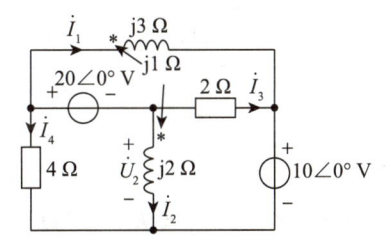

每个网孔列写方程

$$\begin{cases} j3\dot{I}_1 + j1\dot{I}_2 - 2\dot{I}_3 = 20\angle 0° \\ j1\dot{I}_1 + j2\dot{I}_2 + 20\angle 0° = 4\dot{I}_4 \\ j1\dot{I}_1 + j2\dot{I}_2 = 2\dot{I}_3 + 10\angle 0° \end{cases}$$

由广义 KCL 方程得

$$\dot{I}_1 + \dot{I}_2 + \dot{I}_3 + \dot{I}_4 = 0$$

展示无计算器求解过程，代入得

$$\begin{cases} j3\dot{I}_1 + j1\dot{I}_2 - 2\dot{I}_3 = 20\angle 0° \\ (j1+4)\dot{I}_1 + (j2+4)\dot{I}_2 + 4\dot{I}_3 = -20\angle 0° \\ j1\dot{I}_1 + j2\dot{I}_2 - 2\dot{I}_3 = 10\angle 0° \end{cases}$$

消去 $\dot{I}_3$ 得

$$\begin{cases} j2\dot{I}_1 - j1\dot{I}_2 = 10\angle 0° \\ (j3+4)\dot{I}_1 + (j6+4)\dot{I}_2 = 0 \end{cases}$$

解得

$$\begin{cases} \dot{I}_1 = \dfrac{1}{123}(40 - 460\mathrm{j}) \\ \dot{I}_2 = \dfrac{1}{123}(80 + 310\mathrm{j}) \end{cases}$$

电压

$$\dot{U}_2 = \mathrm{j}1\dot{I}_1 + \mathrm{j}2\dot{I}_2$$

解得

$$\dot{U}_2 = \dfrac{1}{123}(-160 + \mathrm{j}200)\ \mathrm{V}$$

题20 水木珞研解析

将原电路去耦等效,如图(a)所示。

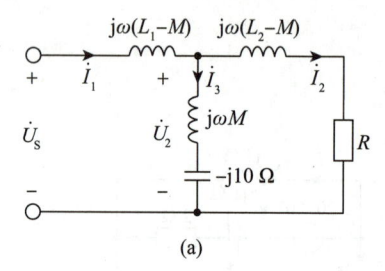

(a)

由于只有电阻消耗功率,故

$$P = I_2^2 R = 433\ \mathrm{W} \Rightarrow R = 4.33\ \Omega$$

又由于 $\dot{I}_1 = \dot{I}_2 + \dot{I}_3$ 且 $I_1 = I_2 + I_3 = 10(\mathrm{A})$,可作电流相量图,如图(b)和图(c)所示。

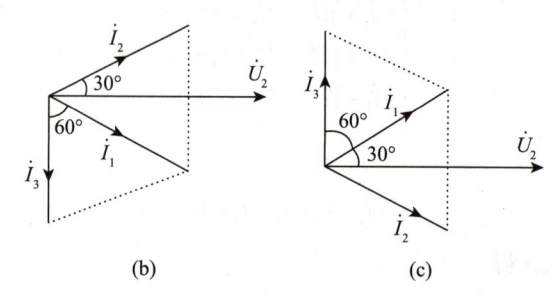

(b)　　　　　(c)

① 当 $\mathrm{j}\omega M > \mathrm{j}10$ 时,如图(b)所示,$\dot{I}_3$ 相位滞后 $\dot{U}_2$ 相位 $90°$,$\dot{I}_2$ 相位超前 $\dot{U}_2$ 相位 $30°$,此时,

$$\dfrac{\omega M - \omega L_2}{R} = \tan 30° = \dfrac{\sqrt{3}}{3} \Rightarrow \omega M - \omega L_2 = 2.5\ \Omega$$

$$Z = \sqrt{(\omega M - \omega L_2)^2 + R^2} = 5\ \Omega$$

$$Z = \omega M - 10 = 5 \Rightarrow \omega M = 15 \Rightarrow M = \dfrac{15}{\omega} = \dfrac{15}{2\pi f} = 0.05\ (\mathrm{H})$$

②当 $j\omega M < j10$ 时，如图(c)所示，$\dot{I}_3$ 相位超前 $\dot{U}_2$ 相位 $90°$，$\dot{I}_2$ 相位滞后 $\dot{U}_2$ 相位 $30°$，此时，

$$\frac{\omega L_2 - \omega M}{R} = \tan 30° = \frac{\sqrt{3}}{3} \Rightarrow \omega L_2 - \omega M = 2.5\ \Omega$$

$$Z = \sqrt{(\omega L_2 - \omega M)^2 + R^2} = 5\ \Omega$$

$$Z = 10 - \omega M = 5 \Rightarrow \omega M = 5 \Rightarrow M = \frac{5}{\omega} = \frac{5}{2\pi f} = 0.02(\text{H})$$

解得

$$M = 0.05\ \text{H}\ 或\ M = 0.02\ \text{H}$$

第10讲　谐振电路

题1　水木珞研解析

由题意可求出电阻

$$R = \frac{P_0}{I_S^2} = 1 \times 10^{-2} \ \Omega$$

电压

$$U_{R0} = I_S R = 2 \times 10^{-2} \ \text{V}$$

元件参数

$$L = \frac{U_{R0}}{\omega_0 I_{L0}} = 5 \times 10^{-11} \ \text{H}, \quad C = \frac{1}{\omega_0^2 L} = 5 \times 10^{-3} \ \text{F}$$

品质因数

$$Q = \frac{I_{L0}}{I_S} = 100$$

通频带

$$\Delta f = \frac{\omega_0}{2\pi Q} = 3\,183.10 \ \text{Hz}$$

题2　水木珞研解析

在题图(a)所示电路中，谐振频率 ω_0 为

$$\omega_0 = \frac{1}{\sqrt{LC}}$$

在题图(b)所示电路中，发生谐振时有

$$\frac{R^2 \cdot \dfrac{1}{\omega_0 C}}{R^2 + \left(\dfrac{1}{\omega_0 C}\right)^2} = \omega_0 L$$

解得

$$\omega_0 = \frac{1}{RC}\sqrt{\frac{R^2 C}{L} - 1}$$

在题图(c)所示电路中，若发生谐振，则有

第 10 讲 谐振电路

$$\frac{1}{\omega_0 C} = \frac{R^2 \omega_0 L}{R^2 + \omega_0^2 L^2}$$

解得

$$\omega_0 = \frac{R}{\sqrt{R^2 LC - L^2}}$$

在题图(d)所示电路中,谐振频率有两个,分别求解如下。

$$\omega_{01} = \frac{1}{\sqrt{LC_2}}$$

$$\frac{1}{\omega_{02} C_1} = \frac{\frac{1}{\omega_{02} C_2} \cdot \omega_{02} L}{\frac{1}{\omega_{02} C_2} - \omega_{02} L}$$

解得

$$\omega_{02} = \frac{1}{\sqrt{L(C_1 + C_2)}} \quad (\omega_{01} > \omega_{02})$$

在题图(e)所示电路中,谐振频率有两个,分别求解如下。

$$\omega_{01} L_1 = -\omega_{01} L_2 + \frac{1}{\omega_{01} C}$$

解得

$$\omega_{01} = \frac{1}{\sqrt{C(L_1 + L_2)}}$$

$$\omega_{02} = \frac{1}{\sqrt{L_2 C}} \quad (\omega_{01} < \omega_{02})$$

题3 水木珞研解析

先求互感部分的等效电感,如图所示。

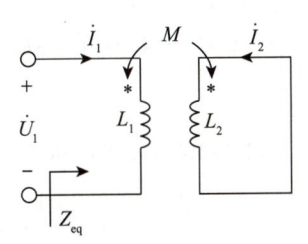

列写互感的端口特性方程为

$$\begin{cases} \dot{U}_1 = j\omega L_1 \dot{I}_1 + j\omega M \dot{I}_2 \\ 0 = j\omega M \dot{I}_1 + j\omega L_2 \dot{I}_2 \end{cases}$$

解得

$$Z_{eq} = \frac{\dot{U}_1}{\dot{I}_1} = j\omega\frac{L_1L_2 - M^2}{L_2}$$

即等效电感为

$$L_{eq} = \frac{L_1L_2 - M^2}{L_2} = 2.5 \text{ mH}$$

谐振角频率为

$$\omega = \frac{1}{\sqrt{CL_{eq}}} = \frac{1}{\sqrt{10^{-8} \times 0.25 \times 10^{-2}}} = 2 \times 10^5 \text{(rad/s)}$$

题4 水木珞研解析

该电路中的最大电流出现在谐振的情况下，故

$$I_0 = U/R$$

电流 I 的一般表达式为

$$\dot{I} = \frac{\dot{U}}{R + j\left(\omega L - \frac{1}{\omega C}\right)} \Rightarrow I = \frac{U}{\sqrt{R^2 + \left(\omega L - \frac{1}{\omega C}\right)^2}}$$

依题意，可得

$$\begin{cases} \dfrac{U}{\sqrt{R^2 + \left(5\times 10^6 \cdot L - \dfrac{1}{5\times 10^6 \times 200\times 10^{-12}}\right)^2}} = \dfrac{1}{\sqrt{10}}\dfrac{U}{R} \\ \dfrac{U}{\sqrt{R^2 + \left(5\times 10^6 \cdot L - \dfrac{1}{5\times 10^6 \times 500\times 10^{-12}}\right)^2}} = \dfrac{1}{\sqrt{10}}\dfrac{U}{R} \end{cases}$$

化简得

$$\begin{cases} (5\times 10^6 \cdot L - 10^3)^2 = 9R^2 \\ (5\times 10^6 \cdot L - 0.4\times 10^3)^2 = 9R^2 \end{cases}$$

解得

$$L = 1.4 \times 10^{-4} \text{ H}, \quad R = 100 \text{ }\Omega$$

题5 水木珞研解析

(1)作出去耦等效电路，如图所示。

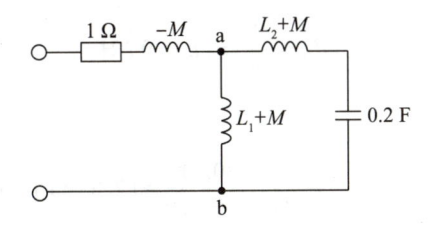

图中参数有

$$j\omega(L_2+M)=j5\,\Omega,\ \frac{1}{j\omega C}=-j5\,\Omega$$

则右侧 L、C 支路发生串联谐振，相当于短路，故电路的输入阻抗为

$$Z=(1-j)\,\Omega$$

(2) 由(1)中图示电路，先求 a、b 端口的阻抗，则

$$Z_{ab}=j\omega 2 \bigg/\!\!\bigg/ \left(j\omega 5 - j\frac{5}{\omega}\right) = j\frac{10\omega^2-10}{7\omega-\dfrac{5}{\omega}}$$

①电路发生串联谐振，即

$$Z_{ab}-j\omega M = j\frac{10\omega^2-10}{7\omega-\dfrac{5}{\omega}} - j\omega M = 0$$

解得

$$\omega=\sqrt{\frac{5}{3}}\ \text{rad/s}$$

②电路发生并联谐振，即

$$Z_{ab}=\infty$$

解得

$$\omega=\sqrt{\frac{5}{7}}\ \text{rad/s}$$

题 6　水木珞研解析

去耦之后的等效电路如图所示。

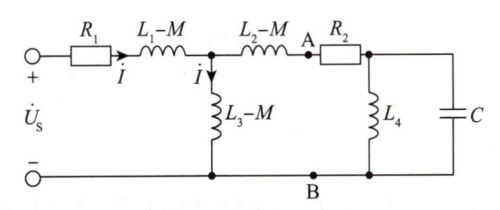

C 与 L_4 谐振，有

$$\omega L_4 = \frac{1}{\omega C} \Rightarrow L_4 = 0.2 \text{ H}$$

由图可得电流为

$$\dot{I} = \frac{\dot{U}}{R_1 + j2\omega(L_1 - M)} = \frac{30\angle 0°}{90+j120} = 0.2\angle(-53.13°)(\text{A})$$

电压为

$$\dot{U}_{AB} = \dot{I} \cdot j\omega(L_3 - M) = 12\angle 36.87° \text{ V}$$

综上

$$P = I^2 R_1 = 0.2^2 \times 90 = 3.6(\text{W})$$

题7 水木珞研解析

去耦之后的等效电路如图所示。

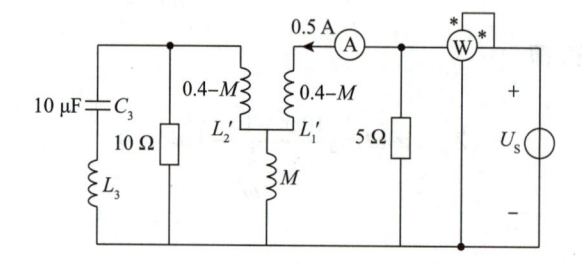

由图可得

$$P_{5\Omega} = \frac{20^2}{5} = 80(\text{W})$$

L_3 与 C_3 发生串联谐振，则

$$\omega L_3 = \frac{1}{\omega C_3} \Rightarrow L_3 = 0.1 \text{ H}$$

设 $\dot{U}_S = 20\angle 0°$ V，L_1、L_2 的等效阻抗为

$$j\omega(0.4 - 2.5M^2) = \frac{20\angle 0°}{0.5\angle(-90°)}$$

解得

$$M \approx 0.38 \text{ H}$$

题8 水木珞研解析

题目参数为 $\omega = 200$ rad/s，$j\omega L_1 = j4\ \Omega$，$j\omega L_2 = j10\ \Omega$，标注电量，如图所示。

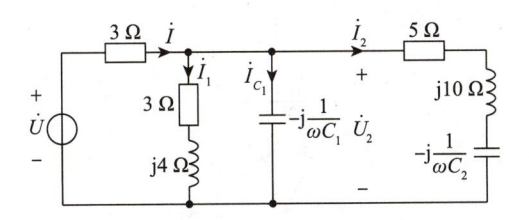

(1) 调节 C_2，使 $\dot{U}_2$ 与 $\dot{I}_2$ 同相，即 $\dot{I}_2$ 所在支路发生谐振，则

$$-j\frac{1}{\omega C_2} + j10 = 0$$

即

$$C_2 = \frac{1}{2\,000} = 0.5 \text{(mF)}$$

调节 C_1，使 $\dot{I}$ 相位超前 $\dot{U}_2$ 相位 45°，即

$$\varphi_Y = \angle 45°$$

则

$$\frac{1}{3+j4} = 0.12 - 0.16j$$

因为导纳角为 45°，所以实部和虚部对应相等，则有

$$0.12 + \frac{1}{5} = \omega C_1 - 0.16$$

所以

$$0.32 = \omega C_1 - 0.16$$

即

$$C_1 = \frac{0.48}{200} = 2.4 \text{(mF)}$$

(2) 因为 $I_2 = 1\,\text{A}$，则 $U_2 = 5\,\text{V}$，所以电流

$$I_1 = \frac{5}{\sqrt{3^2 + 4^2}} = 1(\text{A}),\quad I = |U_2 \times Y| = 1.6\sqrt{2}\,\text{A}$$

所以

$$P = 3 \times I^2 + 3 \times I_1^2 + I_2^2 \times 5 = 15.36 + 3 + 5 = 23.36(\text{W})$$

题9 **水木珞研解析**

依题意，以 $\dot{U}_2$ 为参考相量，作出相量图，如图所示。

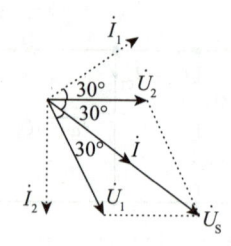

由图可得

$$R_1 = 5\sqrt{3}\ \Omega,\ R_2 = 5\sqrt{3}\ \Omega,\ X_{C1} = 5\ \Omega,\ X_{C2} = 5\ \Omega,\ X_L = 10\ \Omega$$

题10 水木珞研解析

将电路左侧进行戴维南等效，右侧进行去耦等效，作出等效电路，如图所示。

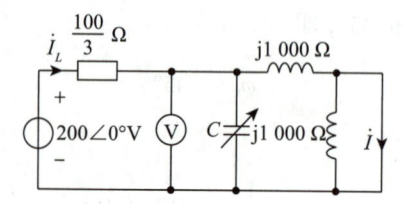

若要电压表读数最大，则右侧发生并联谐振，此时

$$\frac{1}{\omega C} = \omega L = 1\,000 \Rightarrow C = 1\ \mu F$$

此时电压表读数为

$$U = U_{OC} = 200\ \text{V},\ \dot{I} = \frac{\dot{U}_{OC}}{j1\,000} = 0.2\angle(-90°)\ (\text{A})$$

即电流

$$i(t) = 0.2\sqrt{2}\sin(1\,000t - 90°)\ \text{A}$$

题11 水木珞研解析

先求 $\dot{U}_{OC}$，作出等效电路，如图(a)所示。

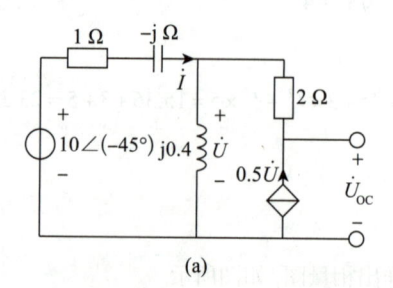

(a)

166

由 KCL, 可得

$$\dot{I} = \frac{\dot{U}}{j0.4} - 0.5\dot{U}$$

由 KVL, 可得

$$(1-j)\dot{I} + \dot{U} = 10\angle(-45°)$$

解得

$$\dot{U} = j\frac{5\sqrt{2}}{2} \text{ V}$$

开路电压

$$\dot{U}_{OC} = \dot{U} + 0.5\dot{U} \times 2 = j5\sqrt{2} \text{ V}$$

再求等效阻抗, 作出等效电路, 如图(b)所示。

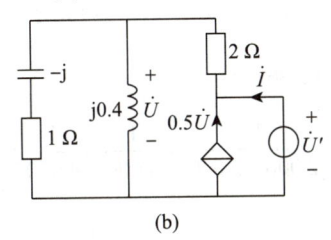

由 KVL 和 KCL 可列方程

$$\begin{cases} \dot{I} + 0.5\dot{U} = \dot{U}\left(\dfrac{1}{1-j} + \dfrac{1}{j0.4}\right) \\ \dot{U}' = 2(0.5\dot{U} + \dot{I}) + \dot{U} \end{cases}$$

解得

$$Z_{eq} = \frac{\dot{U}'}{\dot{I}} = (2+j) \text{ }\Omega$$

(1) $Z_L = Z_{eq}^* = 2-j\text{ }\Omega$ 时, 功率最大, 最大功率为

$$P_{max} = \frac{U_{OC}^2}{4\text{Re}[Z_{eq}]} = \frac{25}{4} \text{ W}$$

(2) $Z_L = -j\text{ }\Omega$ 时, 电流最大, 最大电流为

$$I_{max} = \frac{U}{|Z_L + Z_{eq}|} = \frac{5\sqrt{2}}{2} \text{ A}$$

题12 水木珞研解析

作去耦等效电路, 如图(a)所示。

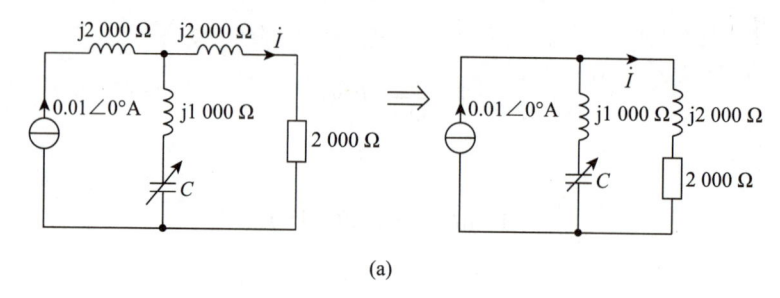

① 当 $X_C = 1\,000\,\Omega$ 时，电路发生串联谐振，$\dot{I} = 0$，即 $I = 0$ 最小，此时

$$C = \frac{1}{\omega X_C} = 1\,\mu F$$

② 要使 I 最大，则作用在 $L_2 - M$ 与 R 串联支路的电压最大，即整个电路的导纳 Y 最小，即

$$0.01 = U \cdot Y \Rightarrow U = \frac{0.01}{Y} \Rightarrow Y \text{最小}, \ U \text{最大}$$

要使 Y 最小，则整个电路发生并联谐振，即

$$\frac{1}{j2\,000 + 2\,000} = \frac{1}{4\,000} - \frac{1}{4\,000}j$$

电路可变为如图(b)所示。

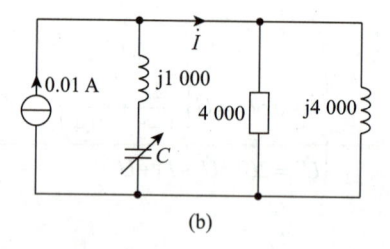

$X_C = 5\,000\,\Omega$ 时，发生并联谐振，则有

$$C = \frac{1}{\omega X_C} = \frac{1}{5\,000 \times 1\,000} = 0.2(\mu F)$$

此时

$$I_{max} = \frac{0.01 \times 4\,000}{|2\,000 + j2\,000|} = \frac{40}{2\,000\sqrt{2}} = 14.14(mA)$$

题13 水木珞研解析

(1) 由题知，$\dot{U}_S$、$\dot{I}_S$ 同相位，故

$$P = U_S I_S \Rightarrow I_S = 2.5\,A$$

因为 $2-2'$ 开路，故流过 R_3 的电流为 0，即 $\dot{U}_2$ 相当于整体并联电压，有

$$4\dot{U}_2 = \dot{U}'_2$$

其中

$$\dot{U} = \frac{1}{2}\dot{U}_S, \quad I = 2I_S = 5\text{ A}$$

且 $\dot{U}$、$\dot{I}$ 同相位。

设 $\dot{U} = 200\angle 0°\text{V}$，因为 $R_2 = X_L$，所以 $\dot{U}_2$、$\dot{I}_L$ 相差 $45°$，相量图如图所示。

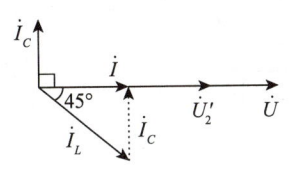

由图知

$$I_L = \sqrt{2}I_C, \quad I_C = I = 5\text{ A}$$

解得

$$I_L = 5\sqrt{2}\text{ A}$$

(2) 根据电路图有

$$\dot{U}_2 = \dot{U} - 20\dot{I} = 100\angle 0°(\text{V})$$

电容阻抗为

$$X_C = \frac{U_2}{I_C} = 20\text{ }\Omega, \quad \sqrt{2}R_2 = \frac{U_2}{I_L} = \frac{100}{5\sqrt{2}} \Rightarrow R_2 = X_L = 10\text{ }\Omega$$

由 $4\dot{U}_2 = \dot{U}_2'$，则

$$U_2' = 400\sqrt{2}\cos(\omega t)\text{V}$$

题14 水木珞研解析

(1) 作出诺顿电路，如图(a)所示。

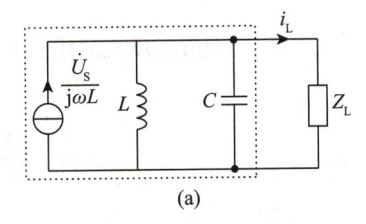

(a)

由题意，负载 Z_L 的电流恒定，则要求 L、C 发生并联谐振，故

$$\begin{cases} \omega L = \dfrac{1}{\omega C} \\ \dfrac{220}{\omega L} = 10 \end{cases}$$

解得
$$L = 0.022 \text{ H}, \quad C = 4.55 \times 10^{-5} \text{ F}$$

(2) 标出电路中电量, 如图(b)所示。

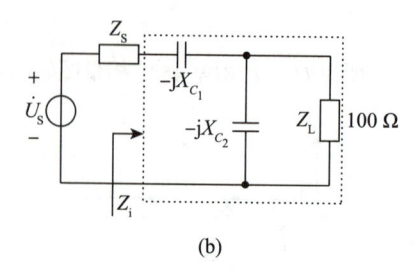

(b)

U_s 输出有功功率最大, 根据最大功率传输定理有
$$Z_i = Z_s^*$$

$$Z_i = -jX_{C_1} + (-jX_{C_2})//100 = Z_s^* = 50 - j100 = -j\left(X_{C_1} + \frac{10^4 X_{C_2}}{100^2 + X_{C_2}^2}\right) + \frac{100 X_{C_2}^2}{100^2 + X_{C_2}^2}$$

实部和虚部对应相等, 则有
$$\begin{cases} 50 = \dfrac{100 X_{C_2}^2}{100^2 + X_{C_2}^2} \\ 100 = X_{C_1} + \dfrac{10^4 X_{C_2}}{100^2 + X_{C_2}^2} \end{cases}$$

解得
$$X_{C_1} = 50 \text{ Ω}, \quad X_{C_2} = 100 \text{ Ω}$$

则电容为
$$C_1 = 2 \times 10^{-5} = 20(\mu\text{F}), \quad C_2 = 1 \times 10^{-5} = 10(\mu\text{F})$$

题15 水木珞研解析

作出等效电路, 如图(a)和图(b)所示, 其中图(a)是开关S闭合时的等效电路, 图(b)是开关S未闭合时的等效电路。

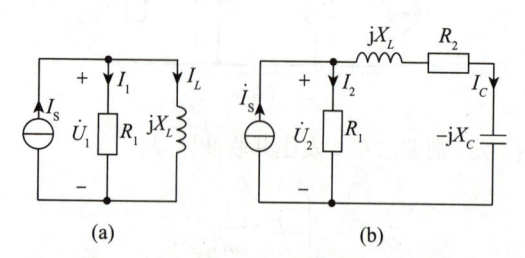

(a)　　(b)

①如图(a)所示, 当开关S闭合时, $U_1 = 50 \text{ V}$, 功率表读数即电阻 R_1 消耗的功率, 即

$$P_1 = \frac{U_1^2}{R_1} = \frac{50^2}{R_1} = 500(\text{W}) \Rightarrow R_1 = 5\,\Omega$$

其中 $\dot{I}_S = \dot{I}_1 + \dot{I}_L$,又

$$I_1 = \frac{U_1}{R_1} = \frac{50}{5} = 10(\text{A}),\quad I_L = \frac{50}{X_L}$$

电流源电流值为

$$I_S = \sqrt{I_1^2 + I_L^2} = \sqrt{10^2 + \left(\frac{50}{X_L}\right)^2} \tag{*}$$

②如图(b)所示,当开关 S 打开时,$U_2 = 50\,\text{V}$,功率表读数为电阻 R_1、R_2 消耗的总功率,即

$$P_1 = \frac{U_2^2}{R_1} + I_C^2 R_2 = 500 + 5^2 \times R_2 = 750(\text{W}) \Rightarrow R_2 = 10\,\Omega$$

又 $\dot{U}_2 = \dot{I}_C [R_2 + j(X_L - X_C)]$,则

$$U_2 = I_C \sqrt{R_2^2 + (X_L - X_C)^2} \geqslant I_C R_2 = 5 \times 10 = 50(\text{V})$$

只有当 $X_L - X_C = 0$,即 $X_L = X_C$ 时才能取到等号,此时最右侧支路发生串联谐振,则

$$\dot{I}_S = \dot{I}_2 + \dot{I}_C$$

$$I_S = I_2 + I_C = \frac{50}{5} + 5 = 15(\text{A}) \tag{**}$$

由式(*)和式(**)可得

$$10^2 + \left(\frac{50}{X_L}\right)^2 = 15^2$$

解得

$$X_L = 2\sqrt{5}\,\Omega$$

综上所述,

$$R_1 = 5\,\Omega,\ R_2 = 10\,\Omega,\ X_C = X_L = 2\sqrt{5} \approx 4.47(\Omega)$$

题16 水木珞研解析

①先分析变压器副边电路,作出副边去耦等效电路,如图(a)所示。

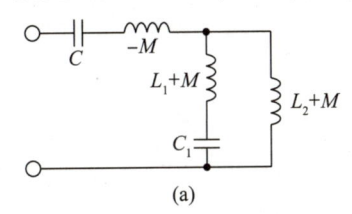

(a)

其中阻抗为

$$\omega(L_1+M)=\frac{1}{\omega C_1}=10(\Omega)$$

副边回路并联部分发生串联谐振，故等效阻抗为

$$Z_2=-\mathrm{j}\left(\frac{1}{\omega C}+\omega M\right)\text{（纯容性）}$$

即变压器副边电路可以等效成一个电容。

②将副边阻抗折算至一次侧，等效阻抗 $Z=n^2Z_2$，作出等效电路，如图(b)所示。

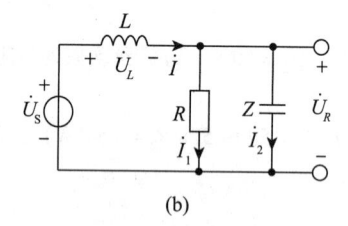

(b)

由题意知 $\dot{U}_S$ 与 $\dot{I}$ 同相位，且 $I_1=I_2=5(\mathrm{A})$。以电压相量 $\dot{U}_R$ 为参考相量，作出相量图，如图(c)所示。

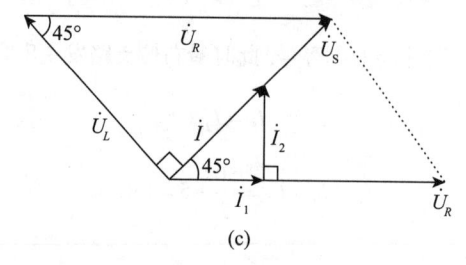

(c)

结合相量图，由几何关系可以得到

$$U_L=U_S=50\sqrt{2}\text{ V},\ U_R=\sqrt{2}U_S=100\text{ V},\ I_1=I_2=5\text{ A},\ I=5\sqrt{2}\text{ A}$$

则

$$R=\frac{U_R}{I_1}=20\ \Omega,\ \omega L=\frac{U_L}{I}\Rightarrow L=10\text{ mH}$$

容抗

$$4\left(\frac{1}{\omega C}+\omega M\right)=\frac{U_R}{I_2}\Rightarrow C=1\,000\ \mu\text{F}$$

综上所述，

$$R=20\ \Omega,\ L=10\text{ mH},\ C=1\,000\ \mu\text{F}$$

题17 水木珞研解析

电路并联部分处于谐振,故 $\dot{U}$ 和 $\dot{I}_1$ 同相位,故可作电流相量图,如图所示。

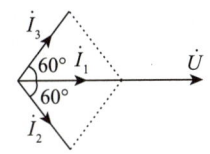

设 $I_1 = I_2 = I_3 = I$,电路吸收功率为

$$P = I_2^2 R_2 + I_3^2 R_1 = \frac{3}{2} R I^2 = 60 \quad ①$$

由上述相量图可知

$$\frac{X_C}{R_1} = \tan 60° = \sqrt{3} \Rightarrow X_C = \sqrt{3} R_1 = \sqrt{3} R \quad ②$$

其中阻抗为

$$Z_1 = \sqrt{R_1^2 + X_C^2} = 2R \quad ③$$

则电流为

$$I = I_3 = \frac{U}{Z_1} = \frac{40}{2R} \quad ④$$

联立式①～式④解得

$$I = 2 \text{ A}, \ R = 10 \ \Omega, \ X_C = \sqrt{3} R = 10\sqrt{3} \ \Omega$$

令 $\dot{I}_1 = I \angle 0°$,则

$$\dot{I}_2 = I \angle (-60°)$$

其中

$$\dot{U} = (R_2 + jX_{L2})\dot{I}_2 - jX_M \dot{I}_1 = 40\angle 0° \Rightarrow (5 + jX_{L2})I\angle(-60°) - jX_M I\angle 0° = 40\angle 0°$$

实部和虚部分别对应相等得

$$\begin{cases} \dfrac{5}{2} + \dfrac{\sqrt{3}}{2} X_{L2} = 20 \\ \dfrac{X_{L2}}{2} - X_M - \dfrac{5}{2}\sqrt{3} = 0 \end{cases}$$

解得

$$\begin{cases} X_{L2} = \dfrac{35}{\sqrt{3}} = 20.23(\Omega) \\ X_M = \dfrac{X_{L2}}{2} - \dfrac{5}{2}\sqrt{3} = 5.78(\Omega) \end{cases}$$

第11讲 三相电路

题1 水木珞研解析

由题意可知

$$\dot{I} = 0$$

则由KCL可得

$$\frac{220\angle 120°}{jX_L} + \frac{220\angle 120° - 220\angle(-120°)}{-j220} + \frac{220\angle 120° - 220\angle 0°}{-j220} = 0$$

故

$$X_L = \frac{220}{3}\ \Omega$$

题2 水木珞研解析

可分别用有功功率计算，对于 Z_2 负载，取单相电路，如图(a)所示。

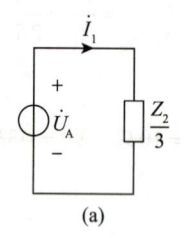

(a)

流过 Z_2 的电流为

$$\dot{I}_1 = \frac{\dot{U}_A}{\dfrac{Z_2}{3}} = 4.4\angle(-53.13°)\ \text{A}$$

总功率为

$$P_{Z_2} = 3\text{Re}\left[\dot{U}_A \dot{I}_1^*\right] = 1\,742.4\ \text{W}$$

流过 Z_3 的电流为

$$\frac{\dot{U}_{AB}}{Z_3} \approx 7.62\angle 83.13°\ (\text{A}) \Rightarrow P_{Z_3} = \text{Re}\left[\dot{U}_{AB}\dot{I}_3^*\right] = 1\,732.8\ \text{W}$$

流过 Z_4 的电流为

$$\frac{\dot{U}_{BC}}{Z_4} \approx -15.24\ \text{A}$$

有功功率为

$$P_{Z_4} = 0$$

Z_1 负载消耗功率为

$$P_1 = 5\,808 - 1\,742.4 - 1\,732.8 = 2\,332.8(\text{W})$$

取单相电路,如图(b)所示。

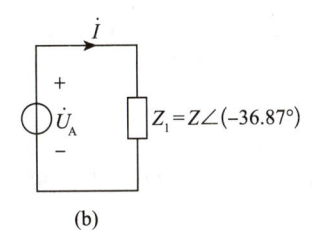

(b)

每个 Z_1 消耗功率为

$$P = 777.6\ \text{W}$$

$$\dot{I} = \frac{\dot{U}_A}{Z_1} = \frac{U_A}{Z} \angle 36.87° \ \text{A}$$

$$P = \text{Re}\left[\frac{U_A}{Z}\angle(-36.87°) \times \dot{U}_A\right] = \frac{220^2}{Z}\cos 36.87°\ \text{W}$$

解得

$$Z \approx 50\ \Omega$$

即

$$Z_1 = 50\angle(-36.87°) = (40 - \text{j}30)(\Omega)$$

题3 水木珞研解析

(1) 将△形负载进行△→Y形变换,等效电路图如图所示。

由题意 $\dot{I}_A = \dfrac{\dot{U}_A}{\dfrac{Z}{3}} = 30\angle 30°\ \text{A}$,解得

$$Z = 22\angle(-30°)\ \Omega$$

175

所以电路消耗的平均功率和无功功率为

$$P = 3I_A^2 \, \text{Re}\left[\frac{Z}{3}\right] = 3 \times 30^2 \times 6.35 = 17\,145(\text{W})$$

$$Q = 3I_A^2 \, \text{Im}\left[\frac{Z}{3}\right] = 3 \times 30^2 \times \left(-\frac{11}{3}\right) = -9\,900(\text{var})$$

(2) S 断开后，三相电路不对称，于是线电流为

$$\dot{I}_A = \frac{\dot{U}_{AB}}{Z} = 10\sqrt{3}\angle 60° \, \text{A}, \quad \dot{I}_B = \frac{\dot{U}_{BC}}{Z} - \dot{I}_A = 30\angle(-90°) \, \text{A}$$

瓦特表读数为

$$P = U_{AC}I_B\cos\varphi = 380 \times 30 \times \cos(90° - 30°) = 5\,700(\text{W})$$

题 4 水木珞研解析

(1) 功率表读数之和为总有功功率，即

$$P = P_{W_1} + P_{W_2} = 760 + 1\,520 = 2\,280(\text{W})$$

(2) 仍可计算总功率，用二表法测三相电路功率时，负载可对称也可不对称。

(3) 开关闭合时，电路如图所示。

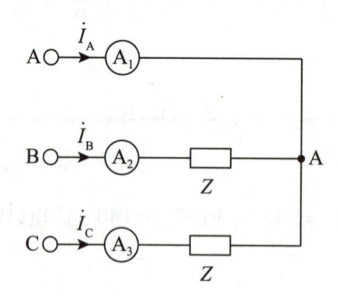

由于开关闭合前电流表的读数为 3 A，故有

$$\left|\frac{\dot{U}_A}{Z}\right| = 3 \, \text{A}$$

可知开关闭合后电流表的读数分别为

$$I_B = \left|\frac{\dot{U}_{BA}}{Z}\right| = 3\sqrt{3} \, \text{A}, \quad I_C = \left|\frac{\dot{U}_{CA}}{Z}\right| = 3\sqrt{3} \, \text{A}, \quad I_A = \sqrt{3}I_B = 9 \, \text{A}$$

题 5 水木珞研解析

标出电量，如图(a)所示。

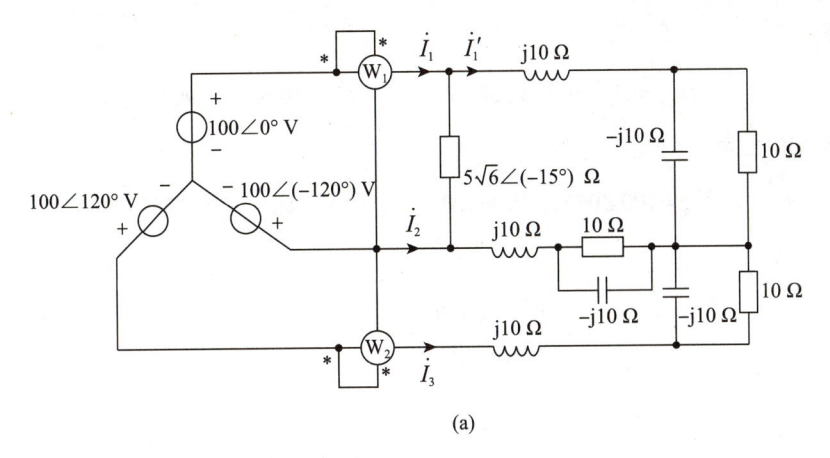

由抽单相法可得电路如图(b)所示。

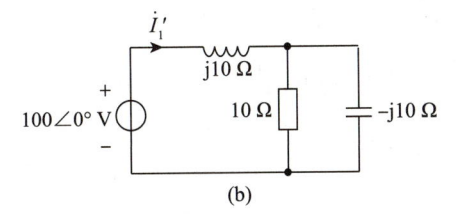

电流为

$$\dot{I}_1' = \frac{100\angle 0°}{j10 + 10 \mathbin{/\mkern-6mu/} (-j10)} = 10\sqrt{2}\angle(-45°)\,(\text{A})$$

$$-\dot{U}_b = 100\sqrt{3}\angle 90°\ \text{V}$$

$$\dot{I}_3 = 10\sqrt{2}\angle 75°\ \text{A},\quad \dot{I}_1 = \dot{I}_1' + \frac{\dot{U}_a}{Z} = 20\angle 0°\ \text{A}$$

功率表读数分别为

$$P_2 = 100\sqrt{3}\times 10\sqrt{2}\times\cos(90°-75°) \approx 2\,366(\text{W}),\quad P_1 = 100\sqrt{3}\times 20\times\cos(30°-0°) = 3\,000(\text{W})$$

题6 水木珞研解析

将三相电路"两相变三相",并将右侧去耦作出等效电路,如图所示。

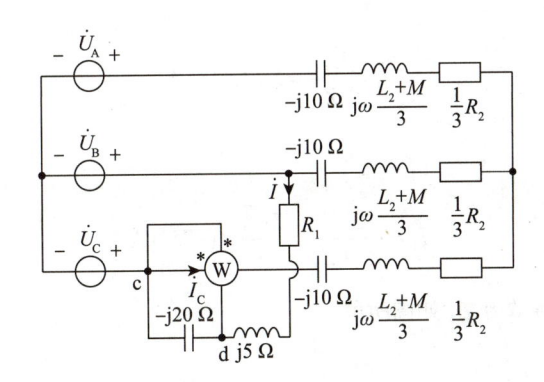

177

线电压为
$$\dot U_{AB}=\dot U_1=100\sqrt{3}\angle 30°\text{ V},\ \dot U_{BC}=\dot U_2=100\sqrt{3}\angle(-90°)\text{ V}$$

三相电源相电压为
$$\dot U_A=100\angle 0°\text{ V},\ \dot U_B=100\angle(-120°)\text{ V},\ \dot U_C=100\angle 120°\text{ V}$$

电流为
$$\dot I=\frac{100\sqrt{3}\angle(-90°)}{5\sqrt{3}-\text{j}15}=10\angle(-30°)(\text{A})$$

电压为
$$\dot U_{cd}=-\text{j}20(-\dot I)=200\angle 60°(\text{V})$$

阻抗为
$$-\text{j}10+\text{j}\frac{(L_2+M)\omega}{3}=0$$

负载侧发生串联谐振。

电容电流为
$$\dot I_C=\frac{\dot U_C}{\dfrac{1}{3}R_2}=\frac{300\angle 120°}{R_2}$$

功率表读数为
$$P=U_{cd}I_C\cos(\varphi_{\dot U_{cd}}-\varphi_{\dot I_C})=\frac{30\,000}{R_2}=2\,000(\text{W})$$

解得
$$R_2=15\ \Omega$$

题 7 水木珞研解析

由三相电路的对称性，结合题中所示电路图可以知道以下内容。

(1) 电流 $\dot I_1$ 为
$$\dot I_1=\frac{\dot U_{SA}}{Z_1}=5\sqrt{2}\angle 45°\text{ A}$$

(2) 电流 $\dot I_2$ 为
$$\dot I_2=\frac{\dot U_{AC}}{Z_2+Z_3}=\frac{5\sqrt{6}}{3}\angle(-75°)\text{ A}$$

(3) D 点断开后，作出等效电路，如图所示。

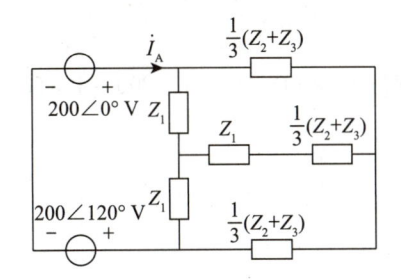

发生电桥平衡，故

$$\dot{I}_A = \frac{\dot{U}_{AC}}{2Z_1 // \frac{2}{3}(Z_2+Z_3)} = 5\sqrt{3}\angle(-30°)\text{ A}$$

功率表读数为

$$P_{W1} = U_{AC}I_A\cos\varphi = 3\,000\text{ W}$$

题8 水木珞研解析

标出电路中的电量，如图所示。

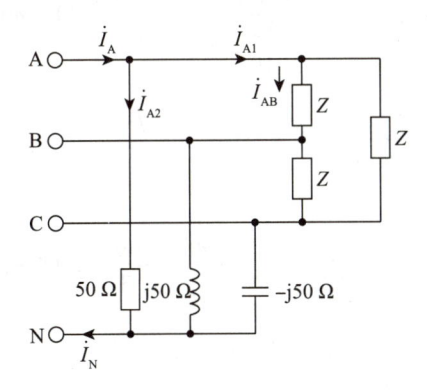

电流为

$$\dot{I}_{AB} = \frac{\dot{U}_{AB}}{Z} = \frac{380\angle 30°}{90+j120} \approx 2.53\angle(-23.13°)\text{(A)}$$

$$\dot{I}_{A1} = \dot{I}_{AB}\cdot\sqrt{3}\angle(-30°) \approx 4.38\angle(-53.13°)\text{(A)}$$

$$\dot{I}_{A2} = \frac{\dot{U}_A - \dot{U}_N}{50} = \frac{220\angle 0° - 0}{50} = 4.4\angle 0°\text{(A)}$$

由KCL得

$$\dot{I}_A = \dot{I}_{A1} + \dot{I}_{A2} = 4.38\angle(-53.13°) + 4.4\angle 0° \approx 7.85\angle(-26.57°)\text{(A)}$$

$$\dot{I}_N = \dot{I}_{A2} + \frac{\dot{U}_B - \dot{U}_N}{j50} + \frac{\dot{U}_C - \dot{U}_N}{-j50} = 4.4\angle 0° + \frac{220\angle(-120°)-0}{j50} + \frac{220\angle 120°-0}{-j50} \approx 3.22\angle 180°\text{(A)}$$

总功率为
$$P = 3I_{AB}^2 \text{Re}[Z] + I_{A2}^2 \times 50 = 3 \times 2.53^2 \times 90 + 4.4^2 \times 50 \approx 2\,696.24(\text{W})$$

题9 水木珞研解析

由题意可知，K_1，K_2 闭合时
$$I_A = I_B = I_C = 10\text{ A}$$

则电源端为对称三相电源。不妨假设 $\dot{U}_A = U\angle 0°$，$\dot{U}_B = U\angle(-120°)$，$\dot{U}_C = U\angle 120°$，功率因数角为 φ，则有

$$\dot{I}_A = 10\angle(-\varphi)\text{ A}, \dot{I}_B = 10\angle(-120°-\varphi)\text{ A}, \dot{I}_C = 10\angle(120°-\varphi)\text{ A}$$

设 $Z = |Z|\angle\varphi$ 且满足 $|Z| = \dfrac{3U}{10}$。

(1) 当 K_1 闭合，K_2 断开时，各电流表读数为

$$\dot{I}_A = \dot{I}_{AB} = \frac{\dot{U}_{AB}}{Z} = \frac{\sqrt{3}U\angle 30°}{\dfrac{3U}{10}\angle\varphi} = \frac{10\sqrt{3}}{3}\angle(30°-\varphi)(\text{A})$$

$$\dot{I}_B = \dot{I}_{BC} - \dot{I}_{AB} = \frac{\dot{U}_{BC}}{Z} - \frac{\dot{U}_{AB}}{Z} = \frac{\sqrt{3}U\angle(-90°) - \sqrt{3}U\angle 30°}{\dfrac{3U}{10}\angle\varphi} = 10\angle(-120°-\varphi)(\text{A})$$

$$\dot{I}_C = -\dot{I}_{BC} = -\frac{\dot{U}_{BC}}{Z} = \frac{\sqrt{3}U\angle 90°}{\dfrac{3U}{10}\angle\varphi} = \frac{10\sqrt{3}}{3}\angle(90°-\varphi)(\text{A})$$

A_1 读数为 5.77 A，A_2 读数为 10 A，A_3 读数为 5.77 A。

(2) 当 K_1 断开，K_2 闭合时，各电流表读数为

$$\dot{I}_A = \dot{I}_{AB} - \dot{I}_{CA} = \frac{\dot{U}_{AC}}{2Z} - \frac{\dot{U}_{CA}}{Z} = \frac{3}{2}\frac{\sqrt{3}U\angle(-30°)}{\dfrac{3U}{10}\angle\varphi} = 5\sqrt{3}\angle(-30°-\varphi)(\text{A})$$

$$\dot{I}_B = 0，\dot{I}_C = -\dot{I}_A = 5\sqrt{3}\angle(150°-\varphi)\text{ A}$$

A_1 读数为 8.66 A，A_2 读数为 0，A_3 读数为 8.66 A。

题10 水木珞研解析

(1) 当 S 打开时，
$$\dot{I}_A = \frac{\dot{U}_A}{Z_1} + \frac{\dot{U}_A}{Z_2} = \text{j}10 + 5 - \text{j}5 = 5\sqrt{2}\angle 45°\text{ A}$$

由对称性可得

$$\dot{I}_B = 5\sqrt{2}\angle(-75°) \text{ A}, \quad \dot{I}_C = 5\sqrt{2}\angle 165° \text{ A}$$

消耗分别为

$$P = 3U_A I_A \cos(30° - 45°) \approx 4\,507.9 \text{ W}$$

$$Q = 3U_A I_A \sin(30° - 45°) \approx -1\,207.9 \text{ var}$$

(2) 当 S 闭合时，用节点电压法可得

$$\left(\frac{3}{Z_1} + \frac{1}{3Z_1}\right)\dot{U}_{N_1} = \frac{\dot{U}_A}{Z_1} + \frac{\dot{U}_B}{Z_1} + \frac{\dot{U}_C}{Z_1} + \frac{\dot{U}_C}{3Z_1} \Rightarrow \dot{U}_{N_1} = \frac{\dot{U}_C}{10} = 22\angle 150° \text{ V}$$

电流

$$\dot{I}_{C1} = \frac{\dot{U}_C - \dot{U}_{N_1}}{Z_1} + \frac{\dot{U}_C - \dot{U}_{N_1}}{3Z_1} = 12\angle(-150°) \text{ A}$$

题11 水木珞研解析

(1) 两组负载 Z_1 和 Z_2 对称，故 $-j10\,\Omega$ 两端为"0"电位点。由于电容两侧端电压为 0，则 $\dot{I}_3 = 0$，同时简化电路，如图(a)所示。用抽单相法，作出等效电路，如图(b)所示。

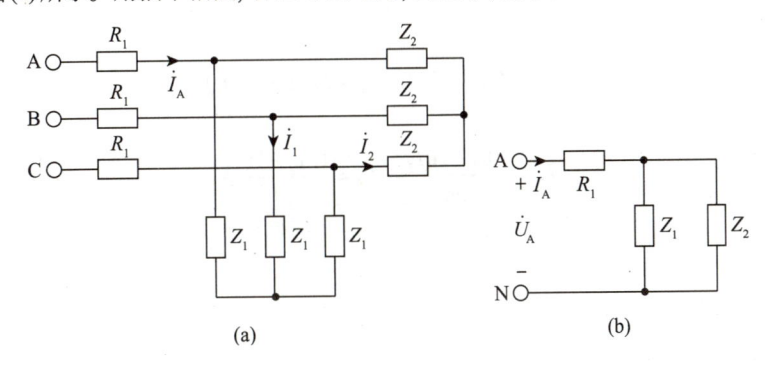

电流 $\dot{I}_A$ 为

$$\dot{I}_A = \frac{\dot{U}_A}{R_1 + Z_1 // Z_2} = \frac{200\angle 0°}{20 + j20} = 5\sqrt{2}\angle(-45°)\text{(A)}$$

由对称性可得

$$\dot{I}_B = \dot{I}_A\angle(-120°) = 5\sqrt{2}\angle(-165°) \text{ A}, \quad \dot{I}_C = \dot{I}_A\angle 120° = 5\sqrt{2}\angle 75° \text{ A}$$

由分流定理可得

$$\dot{I}_1 = \frac{Z_2}{Z_1 + Z_2}\dot{I}_B = 2\dot{I}_B = 10\sqrt{2}\angle(-165°) \text{ A}, \quad \dot{I}_2 = \frac{Z_1}{Z_1 + Z_2}\dot{I}_C = -\dot{I}_C = 5\sqrt{2}\angle(-105°) \text{ A}$$

(2) 三相电路的总有功功率为

$$P_{总} = 3U_A I_A \cos(\varphi_{\dot{U}_A} - \varphi_{\dot{I}_A}) = 3 \times 200 \times 5\sqrt{2} \times \cos 45° = 3\,000\text{(W)}$$

功率因数为

$$\lambda = \cos\varphi = \cos 45° = \frac{\sqrt{2}}{2}$$

(3) 由无功补偿公式

$$3\omega C U_A^2 = P_{总}[\tan 45° - \tan(\arccos 0.92)]$$

解得电容为

$$C \approx 45.68 \ \mu F$$

题12 水木珞研解析

等效求解电路如图所示。

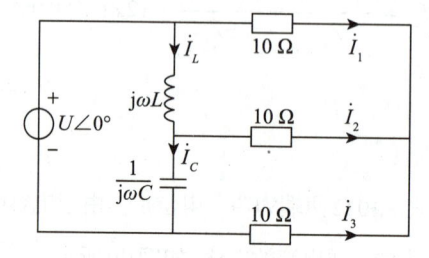

设 $\dot{I}_1 = I\angle\varphi$，则

$$\dot{I}_2 = I\angle(\varphi - 120°), \quad \dot{I}_3 = I\angle(\varphi + 120°)$$

$$\dot{I}_L = \frac{10\dot{I}_1 - 10\dot{I}_2}{j\omega L}, \quad \dot{I}_C = \frac{10\dot{I}_2 - 10\dot{I}_3}{\dfrac{1}{j\omega C}}$$

由 KCL 可得

$$\dot{I}_L = \dot{I}_2 + \dot{I}_C$$

联立上式得(实部和虚部分别相等)

$$\begin{cases} \dfrac{5\sqrt{3}}{\omega L} = 10\sqrt{3}\omega C - 0.5 \\ \dfrac{15}{\omega L} = \dfrac{\sqrt{3}}{2} \end{cases} \Rightarrow \begin{cases} L = \dfrac{\sqrt{3}}{10} \ \text{H} \\ C = \dfrac{\sqrt{3}}{3} \times 10^{-3} \ \text{F} \end{cases}$$

水木珞研总结

本题属于改编题目，将电阻变成Y形接法后，很容易看出这是一个基本裂相电路。

题13 水木珞研解析

(1) 当开关断开时，抽单相作出等效电路，如图(a)所示。

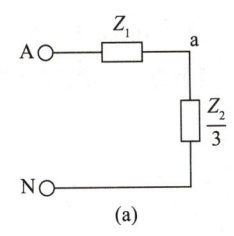

电流 $\dot{I}_A$ 为

$$\dot{I}_A = \frac{\dot{U}_A}{Z_1 + \frac{Z_2}{3}} = \frac{220\angle 0°}{1+j2+3+j6} \approx 24.62\angle(-63.43°)\,(\text{A})$$

电压

$$\dot{U}_{aN} = \frac{\frac{Z_2}{3}}{Z_1 + \frac{Z_2}{3}} \times \dot{U}_{AN} = \frac{3+j6}{1+j2+3+j6} \times 220\angle 0° = 165\angle 0°\,(\text{V})$$

根据线电压和相电压关系可得

$$\dot{U}_{ab} = \sqrt{3}\dot{U}_{aN}\angle 30° = 165\sqrt{3}\angle 30°\text{ V}$$

$$P_{总} = 3U_A I_A \cos\varphi = 3\times 220\times 24.62\times \cos 63.43° \approx 7\,268.27\,(\text{W})$$

(2) 当开关合上时，先求 Z_3 以外电路的戴维南等效电路中的 $\dot{U}_{OC}$，则

$$\dot{U}_{OC} = \dot{U}_{ac} = \dot{U}_{ab}\angle(-60°) = 165\sqrt{3}\angle(-30°)\text{ V}$$

再求 Z_{eq}，等效电路，如图(b)所示。

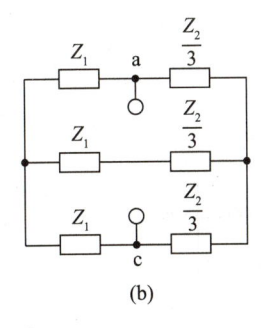

显然，电路满足电桥平衡，等效阻抗为

$$Z_{eq} = (2Z_1) \,/\!/ \left(2\times \frac{Z_2}{3}\right)$$

解得

$$\dot{I}_3 = \frac{\dot{U}_{OC}}{Z_{eq}+Z_3} \approx 38.1\angle(-83.13°)\text{ A}$$

题14 水木珞研解析

由于三相电源连接形式未知，因此可以认为三相电源为星形连接，如图(a)所示，且由于负载Z为对称三相负载，因此中性点N_0与N'为等电位点(三相对称)，因此，本题可转化为求解N_0与N'为等电位时，$R、L、C$的关系，如图(b)所示，选取N_0为参考节点，列写节点方程可得

$$\dot{U}_{N'N_0} = \frac{\dfrac{\dot{U}_A}{R} + \dfrac{\dot{U}_B}{j\omega L} + \dfrac{\dot{U}_C}{1/j\omega C}}{\dfrac{1}{R} + \dfrac{1}{j\omega L} + j\omega C} \rightarrow \frac{\dot{U}_A}{R} + \frac{\dot{U}_B}{j\omega L} + \frac{\dot{U}_C}{1/j\omega C} = 0$$

设 $\begin{cases} \dot{U}_A = U\angle 0° \\ \dot{U}_B = U\angle(-120°) \\ \dot{U}_C = U\angle 120° \end{cases}$，代入节点方程可得

$$\frac{U\angle 0°}{R} + \frac{U\angle(-120°)}{j\omega L} + \frac{U\angle 120°}{1/j\omega C} = 0 \rightarrow \frac{1}{R} + \frac{1}{X_L}\angle 150° + \frac{1}{X_C}\angle(-150°) = 0$$

因此可以作出对应的相量图，如图(c)所示，若要满足等式条件，则需要

$$\begin{cases} X_L = X_C \\ \dfrac{1}{X_L}2\cos 30° = \dfrac{1}{R} \end{cases} \rightarrow X_L = X_C = \sqrt{3}R \rightarrow \omega L = \frac{1}{\omega C} = \sqrt{3}R$$

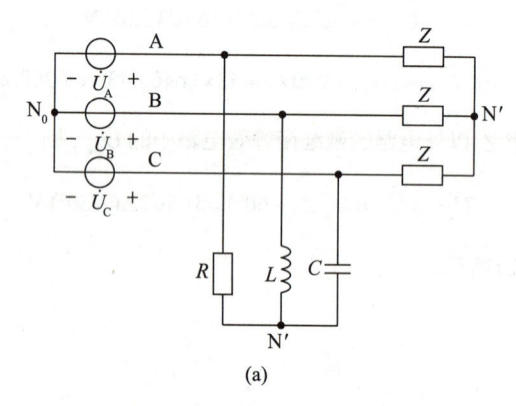

(a)

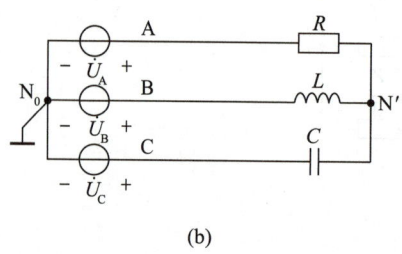

(b) 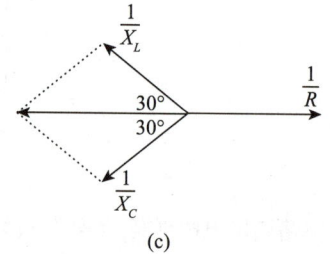   (c)

题15 水木珞研解析

用戴维南等效电路法求解。

首先求$\dot{U}_{OC}$，设$\dot{U}_A = 220\angle 0°\text{ V}$，由节点电压法可得

$$\left(\frac{1}{R} + \frac{1}{j\omega L} + j\omega C\right)\dot{U}_{N_1N_2} = \frac{\dot{U}_A}{R} + \frac{\dot{U}_B}{j\omega L} + \dot{U}_C j\omega C$$

解得

$$\dot{U}_{OC} = \dot{U}_{N_1N_2} = 161.05\angle 180°\text{ V}$$

三相电源置零后，等效电路如图(a)所示。

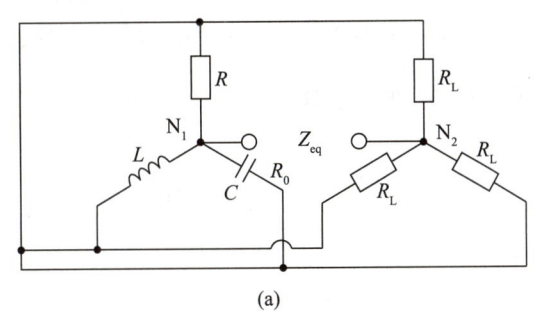

(a)

等效阻抗为

$$Z_{eq} = \frac{R_L}{3} + \left(R \mathbin{/\mkern-6mu/} j\omega L \mathbin{/\mkern-6mu/} \frac{1}{j\omega C}\right) = \frac{R_L}{3} + R = 200\ \Omega$$

戴维南等效电路如图(b)所示。

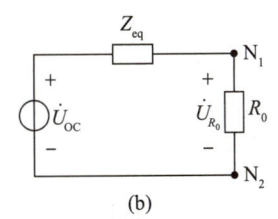

(b)

电阻电压为

$$\dot{U}_{R_0} = \dot{U}_{OC} \times \frac{200}{200+200} = 80.525\angle 180°\text{(V)}$$

故

$$U_{R_0} = 80.525\text{ V}$$

> **水木珞研总结**
>
> 本题除了利用戴维南等效电路法外，还可以用节点电压法，将N_1和N_2作为两个节点求解。

题16 水木珞研解析

(1) 由题意令 $\dot{U}_{AB} = 380\angle 30°\text{ V}$，$\dot{U}_A = 220\angle 0°\text{ V}$，$\dot{U}_{BC} = 380\angle(-90°)\text{ V}$。

设电流 $\dot{I}_A = 2\sqrt{3}\angle\varphi$，其中 $\varphi \in \left[-\frac{\pi}{2}, \frac{\pi}{2}\right]$，依题得 $-90° < \varphi < 0$（因为有功率，故非纯电感 $\varphi \neq 90°$）。

$$P = 380 \times 2\sqrt{3} \times \cos(-90° - \varphi) = 658.2 \Rightarrow \varphi = -30°$$

功率因数为

$$\cos\varphi = \frac{\sqrt{3}}{2}$$

总功率为

$$P_{总} = \sqrt{3} \times 380 \times 2\sqrt{3} \times \cos(-30°) \approx 1974.54(\text{W})$$

(2) 依题意得 $\dot{I}_A$ 的角度应为 $\varphi = 0$, 而 $\dot{I}_{A1}$ 不变, 故

$$\dot{I}_{A1} = 2\sqrt{3}\angle(-30°) \text{ A}, \quad \dot{I}_C = \frac{\dot{U}_{AB}}{-jX_C} = \frac{j\dot{U}_{AB}}{X_C}$$

作出相量图, 如图所示。

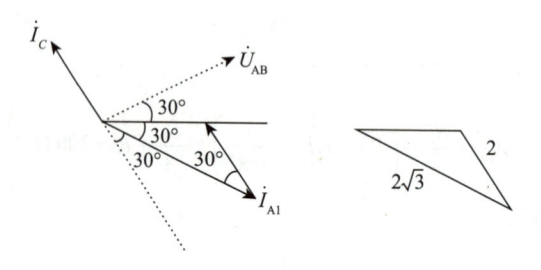

根据 KCL 可得

$$\dot{I}_A = \dot{I}_{A1} + \dot{I}_C \Rightarrow I_C = 2 \text{ A}$$

解得

$$X_C = \frac{U_{AB}}{I_C} = \frac{380}{2} = 190(\Omega)$$

题17 水木珞研解析

将功率表分别用等效电阻替代, 如图所示。

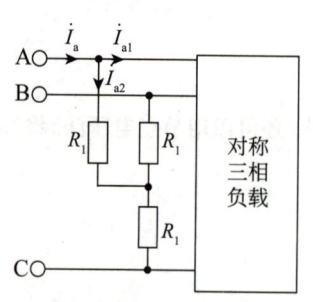

功率表1的读数与三相负载的有功功率关系为

$$W_1 = \text{Re}\left[\dot{U}_A \times (\dot{I}_{a1}^* + \dot{I}_{a2}^*)\right] = \frac{U_A^2}{R_1} + U_A I_{a1}\cos\varphi$$

$$W_1 = \frac{P}{3}$$

即

$$\frac{W_1}{P} = \frac{1}{3}$$

功率表2的读数与三相负载的无功功率关系为

$$W_2 = \text{Re}\left[\dot{U}_{AC} \times \dot{I}_B^*\right] = \text{Re}\left[\sqrt{3}U\angle(-30°) \times I\angle(\varphi+120°)\right] = \text{Re}\left[\sqrt{3}UI\angle(\varphi+90°)\right]$$
$$= \sqrt{3}UI\cos(\varphi+90°) = -\sqrt{3}UI\sin\varphi$$

则无功功率为

$$Q = 3UI\sin\varphi$$

比值为

$$\frac{W_2}{Q} = -\frac{\sqrt{3}}{3}$$

水木珞研总结

对于三相电路与功率表的电压线圈综合的题目，有的题目会认为电压线圈的电阻为无穷大进而忽略不计。这里由于题目没有特殊说明，因此按照正常计算即可。

第12讲　非正弦周期电路

题1　**水木珞研解析**

由题图可得平均值为

$$U = \frac{1}{T}\int_0^T u(t)\mathrm{d}t = 3 \text{ V}$$

有效值为

$$U = \sqrt{\frac{1}{T}\left[\int_0^{t_1} u_1^2(t)\mathrm{d}t + \int_{t_1}^{t_2} u_2^2(t)\mathrm{d}t\right]} = \sqrt{\int_0^{0.6}(10t)^2\mathrm{d}t + \int_{0.6}^{1}(15-15t)^2\mathrm{d}t} = 2\sqrt{3}(\text{V})$$

题2　**水木珞研解析**

$u(t)$ 中的基波由两个分量构成，将这两个分量合二为一，求出基波的相量为

$$\dot{U}_1 = 300\angle 0° + 280\angle 30° \approx 560.26\angle 14.47°(\text{V})$$

则

$$u(t) = \left[60 + 560.26\sqrt{2}\sin(100t+14.47°) + 200\sin(200t-60°) + 100\sqrt{2}\sin(300t)\right]\text{V}$$

$i(t)$ 中的二次谐波由两个分量构成，求出二次谐波的相量为

$$\dot{I}_2 = 4\angle 0° + 3\angle 90° = 5\angle 36.87°(\text{A})$$

则有

$$i(t) = \left[3 + 6\sin(100t+60°) + 5\sqrt{2}\sin(200t+36.87°) - 2\sin(300t+60°)\right]\text{A}$$

该电路吸收的平均功率为

$$P = P_0 + P_1 + P_2 + P_3 \approx 1689.87 \text{ W}$$

题3　**水木珞研解析**

不同电压谐波作用时的电路如图(a)和图(b)所示。

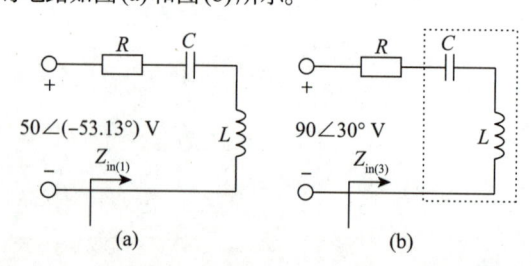

根据 $u(t)$ 与 $i(t)$ 的表达式可知，在三倍频分量单独作用时，发生了谐振。

188

此时的输入阻抗为

$$Z_{\text{in}(3)} = R + \frac{1}{\text{j}3\omega C} + \text{j}3\omega L = R + \frac{1 - 9\omega^2 LC}{\text{j}3\omega C}$$

由虚部为 0,即

$$\text{Im}[Z_{\text{in}(3)}] = 0$$

得到

$$\omega^2 LC = \frac{1}{9} \qquad ①$$

即阻抗

$$Z_{\text{in}(3)} = R = \frac{90\angle 30°}{3\angle 30°} = 30(\Omega)$$

基波分量单独作用时,

$$Z_{\text{in}(1)} = R + \frac{1}{\text{j}\omega C} + \text{j}\omega L = R + \frac{1 - \omega^2 LC}{\text{j}\omega C} = \frac{50\angle(-53.13°)}{1\angle 0°} = (30 - \text{j}40)\,\Omega \qquad ②$$

将式①中条件代入式②中可得

$$Z_{\text{in}(1)} = R - \text{j}\frac{8}{9\omega C} = (30 - \text{j}40)\,\Omega$$

则

$$C = \frac{8}{360\omega} \approx 70.77(\mu\text{F}) \qquad ③$$

将式③代入式①可得

$$L = \frac{5}{\omega} \approx 15.92(\text{mH})$$

题 4 **水木珞研解析**

①二次谐波单独作用。

$$2\omega L_1 = \frac{1}{2\omega C_1}$$

发生串联谐振

$$I_{R(2)} = 0$$

$$P_{(2)} = 0$$

电流

$$\dot{I}_{1(2)} = 30\angle 0° \times \text{j}2\omega C \Rightarrow I_{1(2)} = 60\omega C$$

②直流单独作用。

$$I_{R(0)} = 0,\ I_{1(0)} = 0,\ P_{(0)} = 0$$

③基波单独作用。

由题意

$$I_{R(1)} = \sqrt{I_R^2 - I_{R(0)}^2 - I_{R(2)}^2} = 3\text{ A}, \quad P_{(1)} = P - P_{(0)} - P_{(2)} = 360\text{ W}$$

求电阻

$$P_{(1)} = I_{R(1)}^2 \cdot R \Rightarrow R = 40\ \Omega$$

由此可画出等效电路图,如图所示。

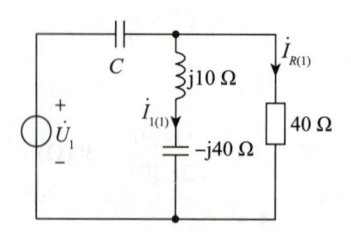

根据电路图可得

$$I_{R(1)} \cdot R = 30 \cdot I_{1(1)} \Rightarrow I_R \cdot R = 30 \cdot I_{1(1)} \Rightarrow I_{1(1)} = 4\text{ A}$$

故

$$I_{1(2)} = \sqrt{I_1^2 - I_{1(1)}^2 - I_{1(0)}^2} = 3\text{ A} \Rightarrow C = 50\ \mu\text{F}$$

综上所述,

$$R = 40\ \Omega, \quad C = 50\ \mu\text{F}$$

题5 水木珞研解析

① $u_{S1} = 10$ V 时(直流分量单独作用时),等效电路如图(a)所示。

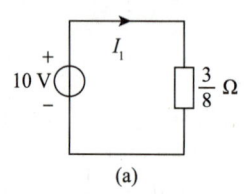

由电路图得

$$P_1 = \frac{10^2}{\frac{3}{8}} = \frac{800}{3}\text{(W)}, \quad U_1 = 10\text{ V}, \quad I_1 = \frac{10}{\frac{3}{8}} = \frac{80}{3}\text{(A)}, \quad U_{11} = 0$$

② $\dot{U}_{S2} = 10\angle 0°$ V 时,等效电路如图(b)所示。

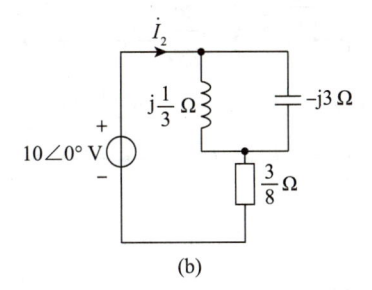

(b)

电流

$$\dot{I}_2 = \frac{10}{\frac{3}{8}+j\frac{1}{3}//(-j3)} = \frac{40}{3}\sqrt{2}\angle(-45°)(A), \quad \dot{I}_L = \dot{I}_2 \times \frac{-j3}{j\frac{1}{3}-j3} = 15\sqrt{2}\angle(-45°)(A)$$

$$\dot{U}_2 = 10\angle 0° \text{ V}, \quad P_2 = I_2^2 \cdot \frac{3}{8} = \frac{400}{3}(W), \quad \dot{U}_{12} = -j\frac{1}{6}\dot{I}_L = \frac{5}{2}\sqrt{2}\angle(-135°)(V)$$

③ $\dot{U}_{S3} = 5\angle 0°$ V 时，等效电路如图(c)所示。

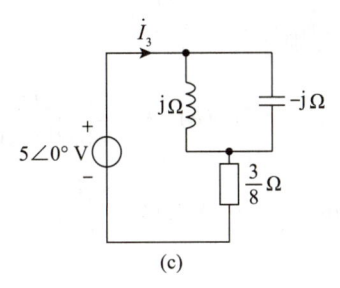

(c)

由电路图得

$$I_3 = 0, \quad P_3 = 0, \quad \dot{U}_3 = 5\angle 0° \text{ V}$$

电流

$$\dot{I}'_L = \frac{5}{j} = 5\angle(-90°)(A), \quad \dot{U}_{13} = -j\frac{1}{2} \times \dot{I}'_L = \frac{5}{2}\angle(-180°)(V)$$

④各个电量有效值。

$$I = \sqrt{I_1^2 + I_2^2 + I_3^2} = \frac{40}{3}\sqrt{6} \text{ A}, \quad U = \sqrt{U_1^2 + U_2^2 + U_3^2} = 15 \text{ V}, \quad P = P_1 + P_2 + P_3 = 400 \text{ W}$$

$$u_1(t) = \left[5\sin(\omega t - 135°) + \frac{5}{2}\sqrt{2}\sin(3\omega t - 180°)\right] \text{V}$$

题6 水木珞研解析

①直流分量单独作用时的电路图如图(a)所示。

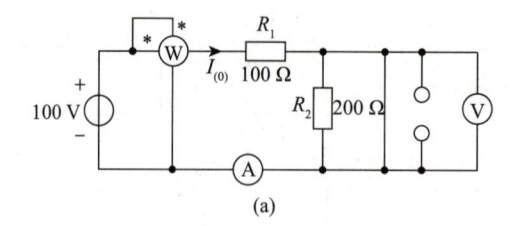

由图可得

$$I_{(0)} = \frac{100}{R_1} = 1(\text{A}), U_{(0)} = 0, P_{(0)} = e_{\text{S}(0)} I_{(0)} = 100 \text{ W}$$

② 在交流分量单独作用时，作出去耦等效电路，如图(b)所示。

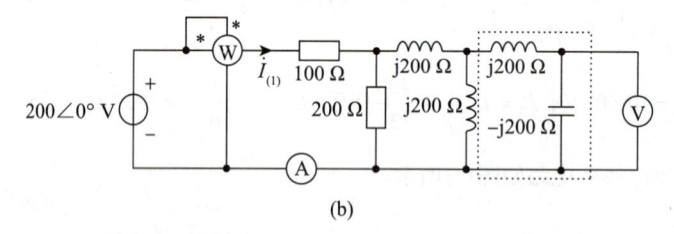

(b)

虚线框发生串联谐振相当于短路，则

$$\dot{I}_{(1)} = \frac{\dot{E}_{\text{S}(1)}}{100 + 200 // \text{j}200} = \frac{2\sqrt{5}}{5} \angle(-26.57°)(\text{A}), \quad U_{(1)} = \left|\frac{200}{200 + \text{j}200}\right| |\dot{I}_{(1)}| \times |\text{j}200| = 40\sqrt{10}(\text{V})$$

$$P_{(1)} = E_{\text{S}(1)} I_{(1)} \cos(\varphi_{\dot{E}_{\text{S}(1)}} - \varphi_{\dot{I}_{(1)}}) = 200 \times \frac{2\sqrt{5}}{5} \cos 26.57° \approx 160(\text{W})$$

综上所述，

$$I = \sqrt{I_{(0)}^2 + I_{(1)}^2} = \frac{3\sqrt{5}}{5} \text{A}, U = \sqrt{U_{(0)}^2 + U_{(1)}^2} = 40\sqrt{10} \text{ V}, P = P_{(0)} + P_{(1)} = 260 \text{ W}$$

题7 水木珞研解析

本题有两种情况。

① 情况一：$\omega = 400 \text{ rad/s}$ 时，并联谐振，$\omega = 800 \text{ rad/s}$ 时，串联谐振，则

$$\begin{cases} \dfrac{1}{\sqrt{L \times 50 \times 10^{-6}}} = 400 \\ \dfrac{1}{\sqrt{C \times 25 \times 10^{-3}}} = 800 \end{cases} \Rightarrow \begin{cases} L = \dfrac{1}{8} \text{ H} \\ C = 62.5 \text{ μF} \end{cases}$$

② 情况二：$\omega = 400 \text{ rad/s}$ 时，串联谐振，$\omega = 800 \text{ rad/s}$ 时，并联谐振，则

$$\begin{cases} \dfrac{1}{\sqrt{50 \times 10^{-6} \times L}} = 800 \\ \dfrac{1}{\sqrt{C \times 25 \times 10^{-3}}} = 400 \end{cases} \Rightarrow \begin{cases} L = \dfrac{1}{32} \text{ H} \\ C = 250 \text{ μF} \end{cases}$$

题8 水木珞研解析

①直流分量单独作用时的电路图如图(a)所示。

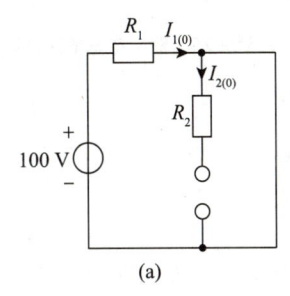

电流

$$I_{2(0)} = 0, \quad I_{1(0)} = \frac{100}{R_1}$$

功率表读数

$$P_{(0)} = 100 \times \frac{100}{R_1} = \frac{100^2}{R_1}$$

②交流电源单独作用时,功率表读数 $P_{(1)} = 270\ \text{W}$,作出等效电路,如图(b)所示。

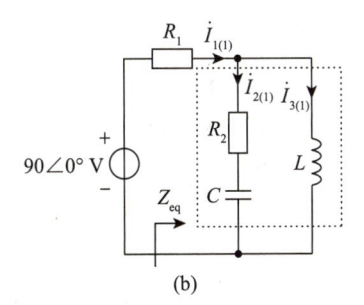

由题可知

$$P_{(0)} = P - P_{(1)} = 670 - 270 = 400(\text{W})$$

又

$$P_{(0)} = \frac{100^2}{R_1} = \frac{10\ 000}{R_1} = 400(\text{W})$$

解得

$$R_1 = 25\ \Omega, \quad I_{1(0)} = \frac{100}{25} = 4(\text{A})$$

电流表 A_1 读数

$$I_1 = \sqrt{I_{1(0)}^2 + I_{1(1)}^2} = \sqrt{4^2 + I_{1(1)}^2} = 5(\text{A}), \quad I_{1(1)} = 3\ \text{A}$$

电流表 A_2 读数

$$I_2 = \sqrt{I_{2(0)}^2 + I_{2(1)}^2} = \sqrt{0^2 + I_{2(1)}^2} = 5(\text{A}), \quad I_{2(1)} = 5 \text{ A}$$

同时功率表读数也就是电阻消耗的功率为

$$P = I_1^2 R_1 + I_2^2 R_2 = 5^2 \times 25 + 5^2 \times R_2 = 670(\text{W}) \Rightarrow R_2 = 1.8 \, \Omega$$

交流电源单独作用时功率表读数为

$$P_{(1)} = 90 I_{1(1)} \cos\varphi = 90 \times 3 \times \cos\varphi = 270(\text{W}) \Rightarrow \cos\varphi = 1$$

综上说明虚线框内发生了谐振，即

$$Z_{eq} = \frac{90}{3} - R_1 = 30 - 25 = 5(\Omega)$$

虚线框内的等效导纳

$$Y_{eq} = \frac{1}{j\omega L} + \frac{1}{R_2 + \frac{1}{j\omega C}} = \frac{1}{j\omega L} + \frac{R_2 - \frac{1}{j\omega C}}{R_2^2 + \left(\frac{1}{\omega C}\right)^2} = \frac{R_2}{R_2^2 + \left(\frac{1}{\omega C}\right)^2} + j\left(\frac{\frac{1}{\omega C}}{R_2^2 + \left(\frac{1}{\omega C}\right)^2} - \frac{1}{\omega L}\right)$$

由于发生并联谐振，因此

$$\text{Im}\left[Y_{eq}\right] = 0$$

得

$$\frac{\frac{1}{\omega C}}{R_2^2 + \left(\frac{1}{\omega C}\right)^2} = \frac{1}{\omega L} \quad \text{①}$$

导纳

$$Y_{eq} = \frac{R_2}{R_2^2 + \left(\frac{1}{\omega C}\right)^2} = \frac{1.8}{1.8^2 + \left(\frac{1}{\omega C}\right)^2} = \frac{1}{5}(\text{S}) \quad \text{②}$$

由式①和式②可得

$$L \approx 3.75 \times 10^{-3} \text{ H}, \quad C = \frac{25}{6} \times 10^{-4} \approx 4.17 \times 10^{-4}(\text{F})$$

题9 水木珞研解析

① 当直流分量单独作用时，互感不起作用被短路，则有

$$I_{10} = \frac{U_{S0}}{R} = 1(\text{A}), \quad U_{C0} = 0$$

② 当基波分量单独作用时，$\omega_1 L_1 = \frac{1}{\omega_1 C}$，$L_1$ 和 C 发生并联谐振，此时 $\dot{I}_{11} = 0$。

L_2 上的互感电压为

$$\dot{U}_{L2} = j\omega_1 M \dot{I}_{S1} = j2 \times 5\angle(-90°) = 10\angle 0°(\text{V})$$

则电容电压为

$$\dot{U}_{C1} = \dot{U}_{S1} - \dot{U}_{L2} = 20\angle 0° - 10\angle 0° = 10\angle 0°(\text{V})$$

③当三次谐波分量单独所用时，电流源无三次谐波，相当于开路，二次侧对一次侧边无影响。L_1、C 和 L_2 串联后的阻抗为

$$Z_3 = j3\omega_1 L_2 + \frac{j3\omega_1 L_1 \cdot \left(-j\dfrac{1}{3\omega_1 C}\right)}{j3\omega_1 L_1 - j\dfrac{1}{3\omega_1 C}} = j3.75 - j3.75 = 0$$

所以 L_1、C 和 L_2 发生串联谐振。此时电流为

$$\dot{I}_{13} = \frac{\dot{U}_{S3}}{R} = 1\text{ A}$$

电压为

$$\dot{U}_{C3} = -j3.75 \times \dot{I}_{13} = 3.75\angle(-90°)(\text{V})$$

综上可得各量的瞬时表达式为

$$i_1(t) = \left[1 + \sqrt{2}\cos(3\omega_1 t)\right]\text{A}$$

$$u_C(t) = \left[10\sqrt{2}\cos(\omega_1 t) + 3.75\sqrt{2}\cos(3\omega_1 t - 90°)\right]\text{V}$$

电压源发出功率为

$$P = U_0 I_{10} + U_1 I_{11}\cos\varphi_1 + U_3 I_{13}\cos\varphi_3 = 10\times 1 + 20\times 0 + 10\times 1\times\cos 0° = 20(\text{W})$$

题10 水木珞研解析

①直流分量单独作用时，电路图如图(a)所示。

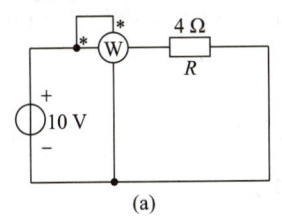

(a)

根据电路有

$$P_{(0)} = \frac{U_{S(0)}^2}{R} = \frac{100}{4} = 25(\text{W}),\quad U_{(0)} = 0,\quad I_{(0)} = 0$$

②基波分量单独作用时，将电路T形去耦，且将理想变压器副边负载折射到原边等效电路如图(b)

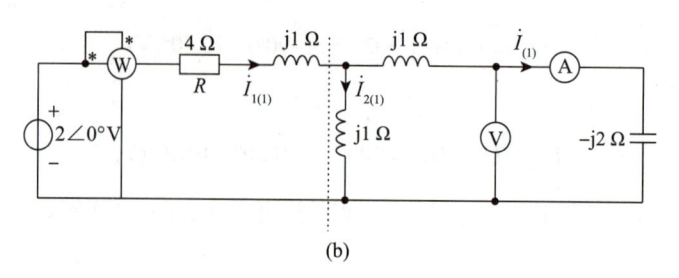

所示。

电路虚线右端发生并联谐振，此时 $\dot{I}_{1(1)} = 0$，$P_{(1)} = 0$。

$$I_{(1)} = \left|\frac{2\angle 0°}{j1-j2}\right| = 2(\text{A}),\quad U_{(1)} = 2\times I_{(1)} = 4(\text{V})$$

③二次谐波分量单独作用时，如图(c)所示。

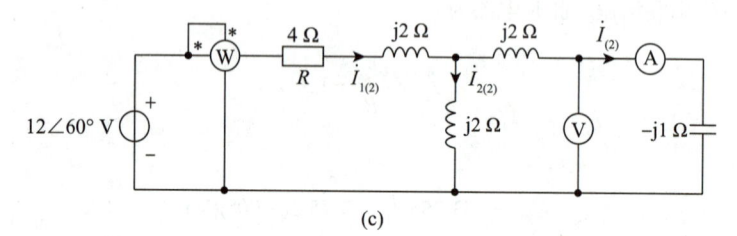

(c)

从电源侧看入的电阻

$$Z = 4+j2+\frac{j2\times j}{j2+j} = 4+\frac{8}{3}j = \frac{4\sqrt{13}}{3}\angle 33.69° = 4.8\angle 33.69°(\Omega)$$

根据电路有

$$I_{1(2)} = \frac{12}{4.8} = 2.5(\text{A}),\quad P_{(2)} = I_{1(2)}^2 \times 4 = 25(\text{W}),\quad I_{(2)} = \frac{2}{1+2}\times I_{1(2)} \approx 1.67(\text{A}),\quad U_{(2)} = 1\times I_{(2)} = 1.67(\text{V})$$

综上所述：

$$\begin{cases} P = P_{(0)}+P_{(1)}+P_{(2)} = 25+0+25 = 50(\text{W}) \\ I = \sqrt{I_{(0)}^2+I_{(1)}^2+I_{(2)}^2} = \sqrt{0^2+2^2+1.67^2} \approx 2.61(\text{A}) \\ U = \sqrt{U_{(0)}^2+U_{(1)}^2+U_{(2)}^2} = \sqrt{0^2+4^2+1.67^2} \approx 4.33(\text{V}) \end{cases}$$

题11 水木珞研解析

(1) 直流单独作用时，电路如图(a)所示。

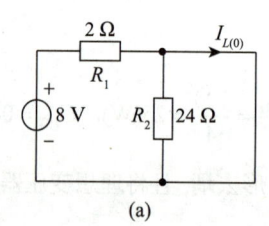

(a)

所以

$$i_{L(0)} = \frac{8}{2} = 4(\text{A}), \quad P_{R1(0)} = \frac{8^2}{2} = 32(\text{W})$$

基波单独作用时，电路如图(b)所示。

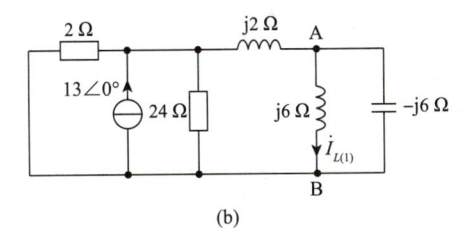

最右侧电路发生并联谐振，所以 AB 开路。

$$\dot{I}_{L(1)} = \frac{13\angle 0° \cdot \frac{2\times 24}{24+2}}{j6} = -j4 = 4\angle(-90°)(\text{A})$$

二次谐波单独作用时，电路如图(c)所示。

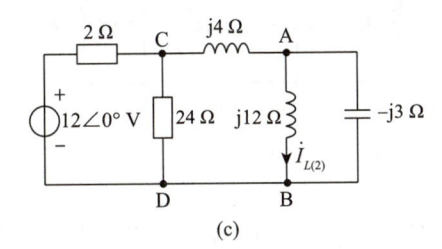

CD 右侧发生串联谐振（24 Ω 被短路）。

$$\dot{I}_{L(2)} = \frac{12\angle 0°}{2} \times \frac{-j3}{j9} = 2\angle 180°(\text{A}), \quad P_{R1(2)} = \frac{12^2}{2} = 72(\text{W})$$

综上所述，

$$i_L(t) = \left[4 + 4\sqrt{2}\cos(10^3 t - 90°) + 2\sqrt{2}\cos(2\times 10^3 t + 180°)\right]\text{A}$$

$$I_L = \sqrt{4^2 + 4^2 + 2^2} = 6(\text{A})$$

(2) 由(1)知在直流以及二次谐波下，R_1 消耗功率已成定值，所以在基波下，当 R_1 上的电压最大时，其功率最大，此时 $R_2 = \infty$，即

$$P'_{\max} = 13^2 \times 2 = 338(\text{W})$$

所以

$$P_{\max} = P'_{\max} + P_{R1(0)} + P_{R1(2)} = 442\ \text{W}$$

题12 水木珞研解析

令 $R_1 = R_2 = R_3 = R$。

①当直流电源 $E_s = 30\text{ V}$ 单独作用时,等效电路如图(a)所示。

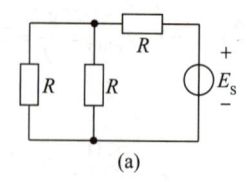

功率

$$P = \frac{E_s^2}{\frac{3}{2}R} = 60\text{ W}$$

解得

$$R = 10\text{ }\Omega$$

②交流源 $i_s(t) = 5\sqrt{2}\sin(1\,000t)$ 单独作用时,等效电路如图(b)所示。

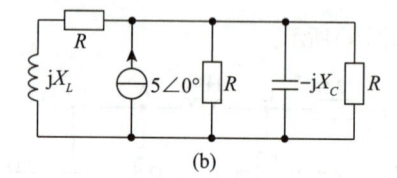

导纳

$$Y = \frac{1}{R} + \frac{1}{R} + j\omega C + \frac{1}{j\omega L + R} = \frac{2}{R} + \frac{R}{R^2 + (\omega L)^2} + j\left(\omega C - \frac{\omega L}{R^2 + (\omega L)^2}\right)$$

依题意有

$$\begin{cases} \dfrac{I^2}{\dfrac{2}{R} + \dfrac{R}{R^2 + (\omega L)^2}} = 100 \\ \omega C - \dfrac{\omega L}{R^2 + (\omega L)^2} = 0 \end{cases} \Rightarrow \begin{cases} C = 50\text{ μF} \\ L = 10\text{ mH} \end{cases}$$

解得

$$R_1 = R_2 = R_3 = 10\text{ }\Omega, L = 10\text{ mH}, C = 50\text{ μF}$$

题13 水木珞研解析

由题图(b)得 $e_1(t) = E_m + E_m \sin(\omega t - 90°)$,$e_1(t)$ 含直流及基波,$e_2(t)$ 含基波和三次谐波。

①直流分量 E_m 单独作用时,电容开路,电感及耦合电感短路,开路电压直流分量 $U_0 = 0$。电路消耗功率(功率表的直流分量)

$$P_0 = E_m^2 / R = E_m^2 / 220\sqrt{2}$$

②基波分量单独作用时,其相量电路如图(a)所示。

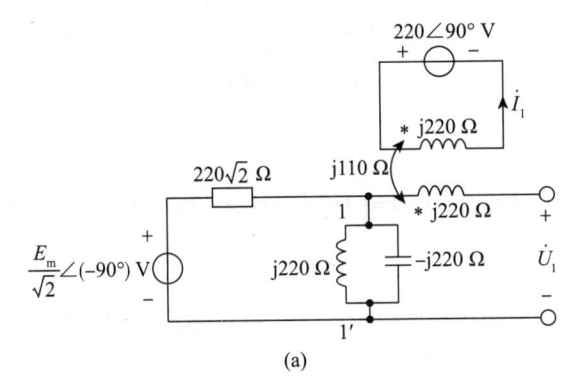

(图 (a))

由图可知，L_1、C 发生并联谐振，1、1' 开路，有

$$\dot{I}_1 = \frac{220\angle 90°}{\text{j}220} = 1\angle 0°(\text{A})$$

开路电压

$$\dot{U}_1 = -\text{j}110\dot{I}_1 + \frac{E_\text{m}}{\sqrt{2}}\angle(-90°) = -\left(110 + \frac{E_\text{m}}{\sqrt{2}}\right)\angle 90°(\text{V})$$

即

$$u_1(t) = (110\sqrt{2} + E_\text{m})\sin(\omega t - 90°)\text{V}$$

功率表读数的基波分量 $P_1 = 0$（开路，基波电流为0）。

③三次谐波分量单独作用时，其相量电路如图(b)所示。

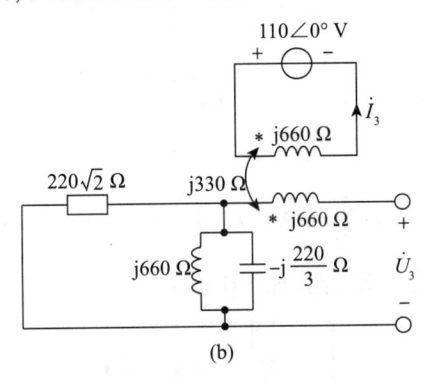

(图 (b))

由电路得

$$\dot{I}_3 = \frac{110\angle 0°}{\text{j}660} = -\text{j}\frac{1}{6}(\text{A}), \quad \dot{U}_3 = -\text{j}330\dot{I}_3 = -\text{j}330 \times \frac{-\text{j}}{6} = -55(\text{V})$$

故

$$u_3(t) = -55\sqrt{2}\sin(3\omega t)\text{V}$$

功率表读数的三次谐波分量 $P_3 = 0$（开路，三次谐波电流为0）。

$$P = P_0 + P_1 + P_3 = \frac{E_\text{m}^2}{220\sqrt{2}} + 0 + 0 = 220\sqrt{2}(\text{W})$$

故
$$E_m = 220\sqrt{2}\ \text{V}$$

开路电压
$$u(t) = U_0 + u_1(t) + u_3(t) = \left[330\sqrt{2}\sin(\omega t - 90°) - 55\sqrt{2}\sin(3\omega t)\right]\text{V}$$

其有效值
$$U = \sqrt{U_0^2 + U_1^2 + U_3^2} = \sqrt{0^2 + 330^2 + 55^2} = 55\sqrt{37}\text{(V)}$$

题14 水木珞研解析

电阻 R_1、R_2 和 R_3 的功率之和为 1 484 W，并且电流表 A_1、A_2 和 A_3 读数均为 10 A，则说明
$$P = 14^2 \times 4 + 10^2 \times 4 + R_3 \times 10^2 = 1\,484\text{(W)}$$

解得
$$R_3 = 3\ \Omega$$

①直流分量单独作用时，作出等效电路，如图(a)所示。

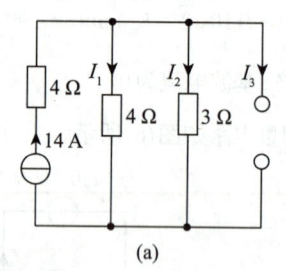

(a)

电流
$$I_1 = 14 \times \frac{3}{7} = 6\text{(A)},\quad I_2 = 14 \times \frac{4}{7} = 8\text{(A)},\quad I_3 = 0$$

②交流分量单独作用时，作出等效电路，如图(b)所示。

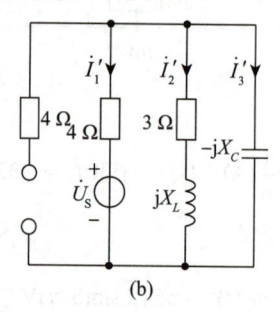

(b)

由于三个电流表 A_1、A_2 和 A_3 读数均为 10 A，则
$$I_1' = \sqrt{10^2 - I_1^2} = 8\text{(A)},\quad I_2' = \sqrt{10^2 - I_2^2} = 6\text{(A)},\quad I_3' = \sqrt{10^2 - I_3^2} = 10\text{(A)}$$

综上可以发现，$I_1'^2 + I_2'^2 = I_3'^2$，并且相量 $\dot{I}_1' + \dot{I}_2' + \dot{I}_3' = 0$，作出相量图，如图(c)所示。

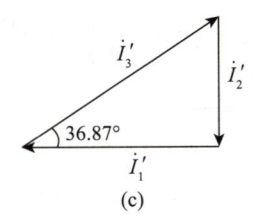

(c)

设 $\dot{I}_1' = 8\angle(-180°)$ A，则

$$\dot{I}_2' = 6\angle(-90°) \text{ A}, \quad \dot{I}_3' = 10\angle 36.87° \text{ A}$$

列 KVL 方程可得

$$(3 + jX_L)\dot{I}_2' = \dot{I}_3'(-jX_C)$$

化简得

$$6X_L - 6X_C + j(8X_C - 18) = 0$$

实部、虚部分别对应有

$$X_L = X_C = \frac{9}{4} \Omega$$

故电压源

$$\dot{U}_S = -4\dot{I}_1' + \left(-\frac{9}{4}j\right)\dot{I}_3' = (45.5 - j18) = 48.93\angle\theta \text{ (V)}$$

综上

$$X_L = 2.25 \Omega, \quad X_C = 2.25 \Omega, \quad R_3 = 3 \Omega, \quad U_S = 48.93 \text{ V}$$

题15 水木珞研解析

对左侧电路等效变换，如图(a)所示。

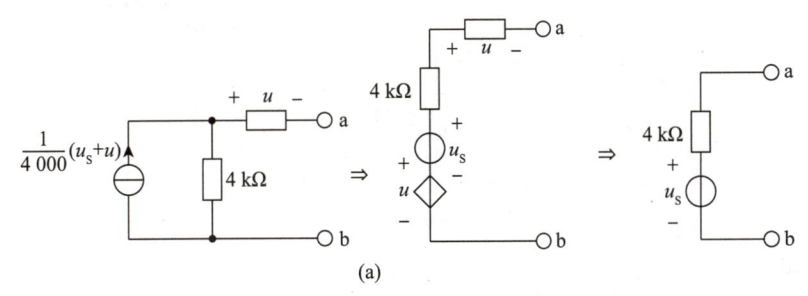

(a)

(1) 电流 $i(t)$ 无基波分量，u_s 基波分量单独作用时，C 与 L_2 并联谐振，得

$$\omega C = \frac{1}{\omega L_2} \Rightarrow L_2 = \frac{1}{\omega^2 C} = 0.01 \text{ H}$$

(2) 仅三次谐波作用时，$j3\omega L_1 = j37.5$，如图(b)所示。

阻抗

$$j3\omega L_2 = j300, \quad -j\frac{1}{3\omega C} = -j\frac{100}{3}$$

$$Z_{\text{并}} = -j37.5$$

(b)

电流

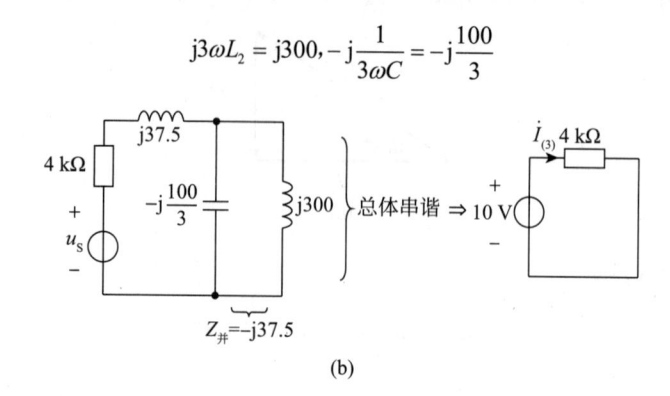

$$\dot{I}_{(3)} = \frac{10}{4\times 10^3} = \frac{5}{2}\angle 0°(\text{mA})$$

$$i(t) = \frac{5\sqrt{2}}{2}\sin(3\times 10^4 t)\text{mA}$$

(3) 开关打开时，基波仍然断路，将变压器电阻折算至右侧，如图(c)所示。

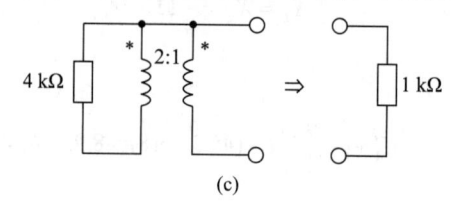

(c)

电流

$$\dot{I} = \frac{10}{5\times 10^3}\angle 0° \text{ A}$$

作出等效电路，如图(d)所示。

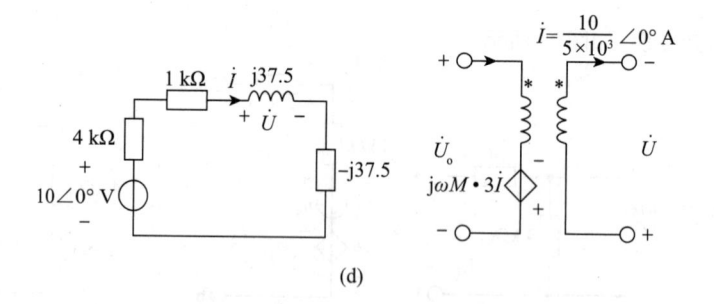

(d)

由电路图知

$$\dot{U}_o = -j3\omega M\cdot \dot{I} = -j30\times \frac{10}{5\times 10^3} = 60\angle(-90°)(\text{mV})$$

解得

$$u_o(t) = 60\sqrt{2}\sin(3\times 10^4 t - 90°)\text{mV}$$

第13讲 动态电路复频域分析

题1 水木珞研解析

求初值。

$$u_{C1}(0_-) = 10\text{ V},\ i_{L1}(0_-) = 0,\ u_{C2}(0_-) = 0$$

$t \geqslant 0$时，画出运算电路，如图所示。

对①节点用节点电压法，有

$$\left(s + s + \frac{1}{1+s}\right)U_{n1}(s) = 10 + \frac{\dfrac{10}{s}}{s+1}$$

解得

$$U_{n1}(s) = \frac{10s^2 + 10s + 10}{s(2s^2 + 2s + 1)} = \frac{10}{s} - \frac{5\left(s + \dfrac{1}{2}\right)}{\left(s + \dfrac{1}{2}\right)^2 + \left(\dfrac{1}{2}\right)^2} - \frac{5 \times \dfrac{1}{2}}{\left(s + \dfrac{1}{2}\right)^2 + \left(\dfrac{1}{2}\right)^2}$$

由拉氏反变换可知

$$u_{C1}(t) = u_{C2}(t) = \mathcal{L}^{-1}[U_{n1}(s)] = \left[10 - 5\mathrm{e}^{-\frac{1}{2}t}\cos\left(\frac{t}{2}\right) - 5\sin\left(\frac{t}{2}\right)\mathrm{e}^{-\frac{1}{2}t}\right] \cdot \varepsilon(t)\text{ V}$$

题2 水木珞研解析

运算电路如图所示。

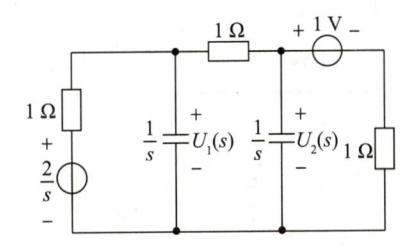

列节点电压方程

$$\begin{cases}(1+s+1)U_1(s) - U_2(s) = \dfrac{2}{s} \\ -U_1(s) + (1+s+1)U_2(s) = 1\end{cases}$$

解得

$$U_1(s) = \frac{\frac{4}{3}}{s} - \frac{\frac{1}{2}}{s+1} - \frac{\frac{5}{6}}{s+3}$$

$$U_2(s) = \frac{\frac{2}{3}}{s} - \frac{\frac{1}{2}}{s+1} + \frac{\frac{5}{6}}{s+3}$$

由拉氏反变换得

$$u_1(t) = \left(\frac{4}{3} - \frac{1}{2}e^{-t} - \frac{5}{6}e^{-3t}\right)\varepsilon(t)\,\text{V}, \quad u_2(t) = \left(\frac{2}{3} - \frac{1}{2}e^{-t} + \frac{5}{6}e^{-3t}\right)\varepsilon(t)\,\text{V}$$

题3 水木珞研解析

开关S闭合前，电感视为短路，电容视为开路，如图(a)所示。

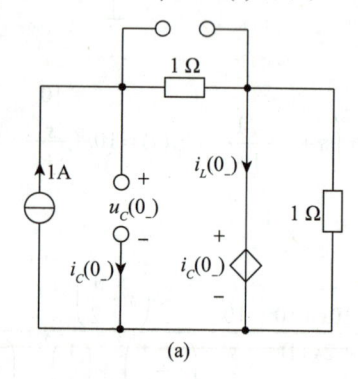

由图得到初值

$$i_C(0_-) = 0,\quad i_L(0_-) = 1\,\text{A},\quad u_C(0_-) = 1\,\text{V}$$

开关S闭合后，画出运算电路，如图(b)所示。

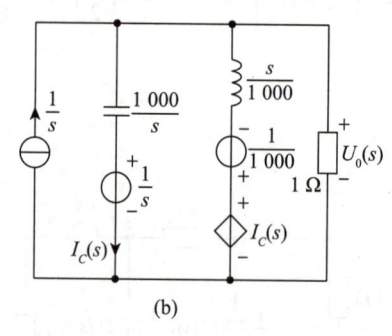

根据节点电压法可得

$$\begin{cases} \left(\dfrac{1}{\dfrac{1000}{s}} + \dfrac{1}{\dfrac{s}{1000}} + \dfrac{1}{1}\right) U_0(s) = \dfrac{1}{s} + \dfrac{\dfrac{1}{s}}{\dfrac{s}{1000}} + \dfrac{I_C(s) - \dfrac{1}{1000}}{\dfrac{s}{1000}} \\[2mm] \dfrac{1}{s} + \dfrac{1000}{s} \cdot I_C(s) = U_0(s) \end{cases}$$

解得

$$U_0(s) = \frac{s}{s^2 + 1\,000^2} - \frac{1\,000}{s^2 + 1\,000^2}$$

根据拉氏反变换可得

$$u_0(t) = \mathcal{L}^{-1}[U_0(s)] = [\cos(1\,000t) - \sin(1\,000t)] \cdot \varepsilon(t) \text{ V}$$

题4 水木珞研解析

开关闭合前，电路如图(a)所示。

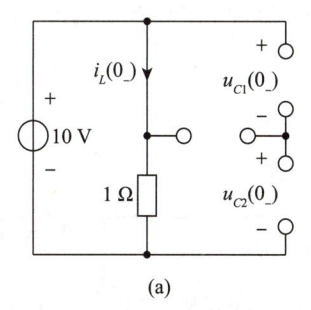

根据分压公式

$$u_{C1}(0_-) = u_{C2}(0_-) = 5 \text{ V}, \quad i_L(0_-) = \frac{10}{1} = 10(\text{A})$$

开关闭合后，画出运算电路，如图(b)所示。

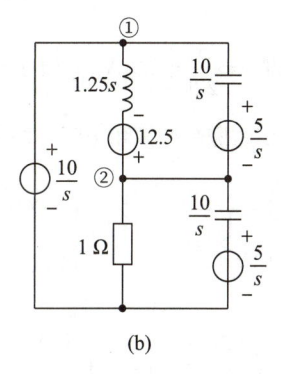

由①处和②处节点，列写节点电压方程，有

$$\begin{cases} U_{n1}(s) = \dfrac{10}{s} \\ -\left(\dfrac{1}{1.25s} + \dfrac{1}{\dfrac{10}{s}}\right) U_{n1}(s) + \left(\dfrac{1}{1.25s} + \dfrac{1}{\dfrac{10}{s}} + \dfrac{1}{\dfrac{10}{s}} + \dfrac{1}{1}\right) U_{n2}(s) = \dfrac{12.5}{1.25s} \end{cases}$$

解得

$$U_o(s) = U_{n2}(s) = \frac{5(s^2 + 10s + 8)}{s(s+1)(s+4)}$$

设

$$\frac{5(s^2+10s+8)}{s(s+1)(s+4)} = \frac{A}{s} + \frac{B}{s+1} + \frac{C}{s+4}$$

又 $A = \lim\limits_{s \to 0} sU_o(s) = 10$, $B = \lim\limits_{s \to -1}(s+1)U_o(s) = \frac{5}{3}$, $C = \lim\limits_{s \to -4}(s+4)U_o(s) = -\frac{20}{3}$

故

$$U_o(s) = \frac{10}{s} + \frac{5}{3} \cdot \frac{1}{s+1} - \frac{20}{3} \cdot \frac{1}{s+4}$$

根据拉氏反变换,则

$$u_o(t) = \mathcal{L}^{-1}[U_o(s)] = \left(10 + \frac{5}{3}e^{-t} - \frac{20}{3}e^{-4t}\right)\varepsilon(t)\,\mathrm{V},\, t > 0$$

题5 水木珞研解析

开关未打开时,等效电路如图(a)所示。

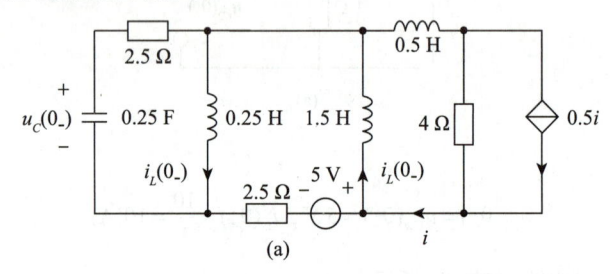

电路初值

$$i_L(0_-) = \frac{5}{2.5} = 2.5(\mathrm{A}),\, u_C(0_-) = 0$$

开关打开后,运算电路如图(b)所示,右侧受控源和电阻并联可以等效为 $2\,\Omega$ 电阻。

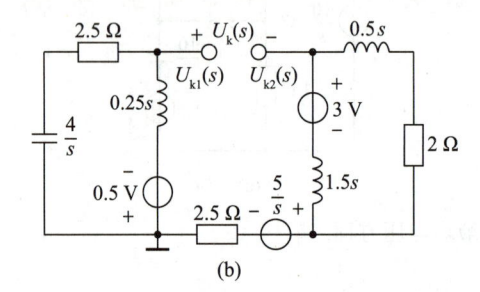

根据两点电位可得

$$\begin{cases} U_{k1}(s) = \dfrac{0.5}{2.5 + 0.25s + \dfrac{4}{s}} \times 0.25s - 0.5 = \dfrac{\dfrac{1}{3}}{s+2} - \dfrac{\dfrac{16}{3}}{s+8} \\[2ex] U_{k2}(s) = \dfrac{5}{s} - \dfrac{3}{1.5s + 0.5s + 2} \times 1.5s + 3 = \dfrac{5}{s} + \dfrac{\dfrac{9}{4}}{s+1} + \dfrac{3}{4} \end{cases}$$

故

$$U_k(s) = U_{k1}(s) - U_{k2}(s) = -\frac{3}{4} - \frac{5}{s} - \frac{\frac{9}{4}}{s+1} + \frac{\frac{1}{3}}{s+2} - \frac{\frac{16}{3}}{s+8}$$

因此，拉普拉斯反变换为

$$u_k(t) = \mathcal{L}^{-1}[U_k(s)] = \left[-\frac{3}{4}\delta(t) - \left(5 + \frac{9}{4}e^{-t} - \frac{1}{3}e^{-2t} + \frac{16}{3}e^{-8t}\right)\varepsilon(t)\right] \text{V}$$

题6 水木珞研解析

开关闭合前处于稳态时的电路如图(a)所示。

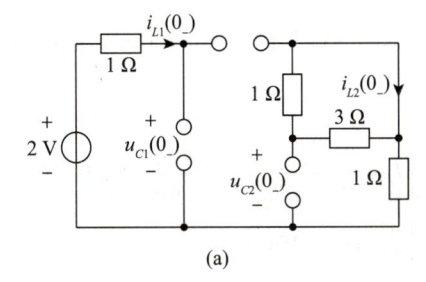

开关闭合前，电路已达到稳态，电感视为短路，电容视为开路，则

$$i_{L1}(0_-) = 0, \quad u_{C1}(0_-) = 2 \text{ V}, \quad i_{L2}(0_-) = 0, \quad u_{C2}(0_-) = 0$$

$t=0$ 时，开关闭合，作出运算电路图，如图(b)所示，虚线框中存在电桥平衡。

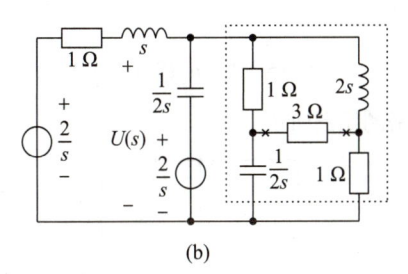

根据弥尔曼定理(单个节点法)可得

$$U(s) = \cfrac{\cfrac{2}{s}}{s+1} + \cfrac{\cfrac{2}{s}}{\cfrac{1}{2s}}}{\cfrac{1}{s+1} + \cfrac{1}{\cfrac{1}{2s}} + \cfrac{1}{1+2s} + \cfrac{1}{1+\cfrac{1}{2s}}} = \frac{2s^2 + 2s + 1}{s(s^2 + 1.5s + 1)}$$

设

$$\frac{2s^2 + 2s + 1}{s(s^2 + 1.5s + 1)} = \frac{A}{s} + \frac{Bs + C}{s^2 + 1.5s + 1}$$

又

$$A = \lim_{s \to 0} sU(s) = 1, \quad B = 1, \quad C = \frac{1}{2}$$

则

$$U(s) = \frac{1}{s} + \frac{s + \frac{1}{2}}{\left(s + \frac{3}{4}\right)^2 + \left(\frac{\sqrt{7}}{4}\right)^2} = \frac{1}{s} + \frac{s + \frac{3}{4}}{\left(s + \frac{3}{4}\right)^2 + \left(\frac{\sqrt{7}}{4}\right)^2} - \frac{1}{\sqrt{7}} \frac{\frac{\sqrt{7}}{4}}{\left(s + \frac{3}{4}\right)^2 + \left(\frac{\sqrt{7}}{4}\right)^2}$$

根据拉氏反变换可得

$$u(t) = \mathcal{L}^{-1}[U(s)] = \left[1 + e^{-\frac{3}{4}t}\cos\left(\frac{\sqrt{7}}{4}t\right) - \frac{1}{\sqrt{7}}e^{-\frac{3}{4}t}\sin\left(\frac{\sqrt{7}}{4}t\right)\right]\varepsilon(t)\ \text{V}$$

题7 水木珞研解析

在开关打开前，由于电路处于稳态，故使用相量法求得各电量表达式。

令 $\dot{U}_S = 10\sqrt{2}\angle 0°$，则易求得

$$\begin{cases} \dot{I}_L = \dfrac{\dot{U}_S}{R_2 + j\omega L} = \dfrac{10\sqrt{2}\angle 0°}{10 + j10} = 1\angle(-45°) \\ \dot{U}_C = \dot{U}_S = 10\sqrt{2}\angle 0° \end{cases}$$

于是

$$\begin{cases} i_L(t) = \sqrt{2}\cos(2t - 45°)\varepsilon(-t) \\ u_C(t) = 20\cos(2t)\varepsilon(-t) \end{cases}$$

初值

$$i_L(0_-) = 1\,\text{A}, \quad u_C(0_-) = 20\,\text{V}$$

在开关打开后，作出运算电路图如图所示。

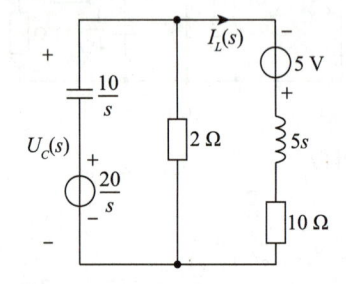

由节点电压法得

$$\left(\frac{1}{\frac{10}{s}} + \frac{1}{2} + \frac{1}{5s + 10}\right)U_C(s) = \frac{\frac{20}{s}}{\frac{10}{s}} - \frac{5}{5s + 10}$$

解得

$$U_C(s) = \frac{20s + 30}{(s+3)(s+4)} = -\frac{30}{s+3} + \frac{50}{s+4}$$

对应的电流有

$$I_L(s) = \frac{U_C(s)+5}{5s+10} = \frac{s+9}{(s+3)(s+4)} = \frac{6}{s+3} - \frac{5}{s+4}$$

由拉氏反变换得

$$u_C(t) = \mathcal{L}^{-1}[U_C(s)] = (-30\mathrm{e}^{-3t} + 50\mathrm{e}^{-4t})\varepsilon(t) \text{ V}, \quad i_L(t) = \mathcal{L}^{-1}[I_L(s)] = (6\mathrm{e}^{-3t} - 5\mathrm{e}^{-4t})\varepsilon(t) \text{ A}$$

题8 水木珞研解析

换路前电路已达稳态，电感视为短路，电容视为开路，则

$$i_1(0_-) = \frac{1}{2} \times \frac{12}{2+1} = 2(\text{A}), \quad i_2(0_-) = \frac{1}{2} \times \frac{12}{2+1} = 2(\text{A}), \quad i(0_-) = \frac{12}{2+1} = 4(\text{A})$$

开关S断开，电路去耦等效之后的运算电路图如图所示。

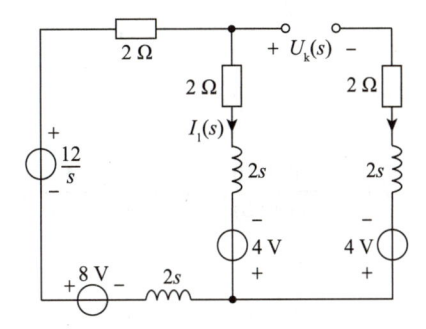

对左侧网孔运用KVL，有

$$I_1(s) = \frac{8 + 4 + \dfrac{12}{s}}{2 + 2s + 2 + 2s} = \frac{3s+3}{s(s+1)} = \frac{3}{s}$$

对右侧网孔运用KVL，有

$$U_k(s) = (2s+2)I_1(s) - 4 + 4 = 6 + \frac{6}{s}$$

由拉氏反变换得

$$i_1(t) = \mathcal{L}^{-1}[I_1(s)] = 3\varepsilon(t) \text{ A}, \quad u_k(t) = \mathcal{L}^{-1}[U_k(s)] = [6\delta(t) + 6\varepsilon(t)] \text{ V}$$

题9 水木珞研解析

当 $t = 0_-$ 时，有

$$i_{L1}(0_-) = \frac{U_S}{R_1 + R_2} = 0.6 \text{ A}, \quad i_{L2}(0_-) = I_S = 1 \text{ A}$$

则运算电路如图所示。

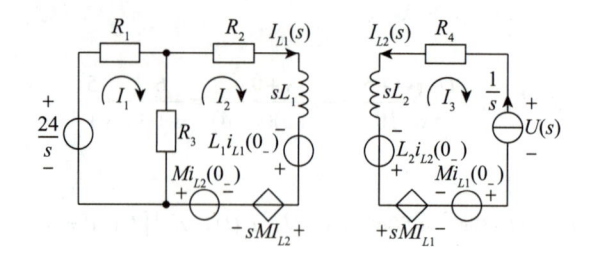

由网孔电流法可得

$$\begin{cases} (R_1+R_3)I_1 - R_3I_2 = \dfrac{24}{s} \\ -R_3I_1 + (R_2+R_3+sL_1)I_2 = L_1i_{L1}(0_-) + Mi_{L2}(0_-) - sMI_{L2} \\ (R_4+sL_2)I_3 + L_2i_{L2}(0_-) + Mi_{L1}(0_-) - sMI_{L1} + U = 0 \end{cases}$$

附加方程为

$$\begin{cases} I_2 = I_{L1} \\ I_3 = -I_{L2} = -I_S = -\dfrac{1}{s} \end{cases}$$

解得

$$I_2(s) = \dfrac{0.6s+10}{s(s+50)}, \quad U(s) = \dfrac{5}{s} - \dfrac{4}{s+50}$$

由拉氏反变换可得

$$u(t) = (5-4e^{-50t})\varepsilon(t) \text{ V}$$

题10 水木珞研解析

由题可得,运算电路模型如图(a)所示。

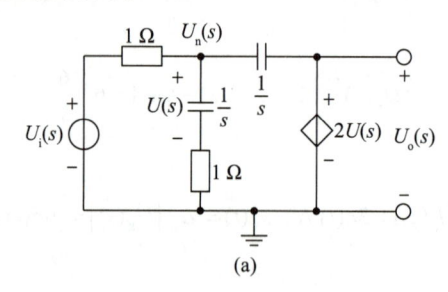

(a)

节点电压方程为

$$\begin{cases} \left(1+s+\dfrac{1}{1+\dfrac{1}{s}}\right)U_n(s) = U_i(s) + sU_o(s) \\ U_o(s) = 2U(s) \\ U(s) = U_n(s)\dfrac{\dfrac{1}{s}}{1+\dfrac{1}{s}} = \dfrac{1}{s+1}U_n(s) \end{cases}$$

故可得出

$$H(s) = \frac{U_o(s)}{U_i(s)} = \frac{2}{s^2 + s + 1}$$

由网络函数可知,它没有零点,有一对共轭极点为

$$p_{1,2} = \frac{-1 \pm \sqrt{1-4}}{2} = -\frac{1}{2} \pm j\frac{\sqrt{3}}{2} \approx -0.5 \pm j0.87$$

得到零、极点图如图(b)所示。

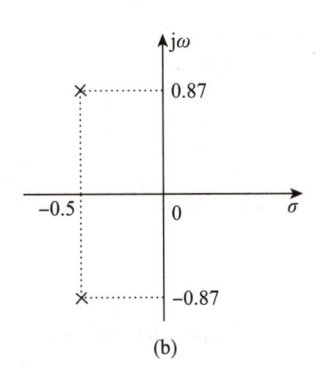

(b)

题11 水木珞研解析

(1) 作出运算电路,如图所示。

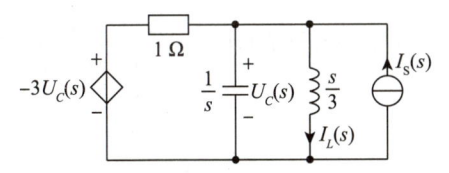

列出节点电压方程为

$$\left(1 + s + \frac{3}{s}\right)U_C(s) = \frac{-3U_C(s)}{1} + I_S(s)$$

附加方程为

$$U_C(s) = \frac{s}{3}I_L(s)$$

解得

$$H(s) = \frac{I_L(s)}{I_S(s)} = \frac{3}{s^2 + 4s + 3}$$

(2) 由题意知

$$I_S(s) = \frac{4}{s} + 2$$

则

$$I_L(s) = H(s)I_S(s) = \frac{4}{s} - \frac{3}{s+1} - \frac{1}{s+3}$$

由拉氏反变换可得

$$i_L(t) = \mathcal{L}^{-1}[I_L(s)] = (4 - 3e^{-t} - e^{-3t})\varepsilon(t) \text{ A}$$

题 12 水木珞研解析

(1) 取激励为单位冲激激励时，运算电路图如图所示。

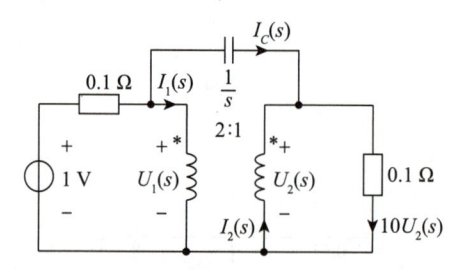

由电路图得

$$\begin{cases} I_2(s) = \dfrac{U_2(s)}{0.1} - I_C(s) = (10-s)U_2(s) \\ I_1(s) = \dfrac{1}{2}I_2(s) = \dfrac{1}{2}(10-s)U_2(s) \\ [I_1(s) + I_C(s)] \times 0.1 + U_1(s) = 1 \\ U_1(s) = 2U_2(s) \Rightarrow I_C(s) = \dfrac{U_1(s) - U_2(s)}{\dfrac{1}{s}} = sU_2(s) \end{cases}$$

解得

$$U_2(s) = \dfrac{20}{s+50}$$

故转移函数为

$$H(s) = \dfrac{U_2(s)}{U_s(s)} = \dfrac{20}{s+50}$$

(2) 当 $u_s(t) = e^{-t}\varepsilon(t)$ V 时，电源

$$U_S(s) = \dfrac{1}{s+1}$$

由(1)可得

$$U_2(s) = U_S(s)H(s) = \dfrac{1}{s+1} \cdot \dfrac{20}{s+50} = \dfrac{\frac{20}{49}}{s+1} + \dfrac{-\frac{20}{49}}{s+50}$$

故零状态响应为

$$u_2(t) = \mathcal{L}^{-1}[U_2(s)] = \dfrac{20}{49}(e^{-t} - e^{-50t})\varepsilon(t) \text{ V}$$

第13讲 动态电路复频域分析

> **题13** 水木珞研解析

由题可得转移函数为

$$H(s) = \frac{U(s)}{I_s(s)} = \frac{\dfrac{1}{s+2}}{\dfrac{1}{s+1}} = \frac{s+1}{s+2}$$

当 $i_s(t) = \varepsilon(t)$ A 时，$I_s(s) = \dfrac{1}{s}$，则响应为

$$U_1(s) = H(s)I_s(s) = \frac{s+1}{s+2} \cdot \frac{1}{s} = \frac{s+1}{s(s+2)} = \frac{\dfrac{1}{2}}{s} + \frac{\dfrac{1}{2}}{s+2}$$

由拉氏反变换可得

$$u_1(t) = \left(\frac{1}{2} + \frac{1}{2}\mathrm{e}^{-2t}\right)\varepsilon(t) \text{ V}$$

当 $u_C(0_-) = 3$ V 时，零输入响应为

$$u_2(t) = 9\mathrm{e}^{-2t}\varepsilon(t) \text{ V}$$

故全响应为

$$u(t) = u_1(t) + u_2(t) = \left(\frac{1}{2} + \frac{19}{2}\mathrm{e}^{-2t}\right)\varepsilon(t) \text{ V}$$

> **题14** 水木珞研解析

作出运算电路，如图所示。

由题图(b)可得电压源为

$$u_s(t) = [\delta(t-2) + \varepsilon(t) - \varepsilon(t-1)] \text{ V}$$

写成复频域形式为

$$U_s(s) = \frac{1}{s}(1 - \mathrm{e}^{-s}) + \mathrm{e}^{-2s}$$

列出节点电压方程为

$$\left(5 + s + \frac{6}{s}\right)U_C(s) = 5U_s(s)$$

解得

$$U_C(s) = \frac{5}{s+2} - \frac{5}{s+3} - \left(\frac{5}{s+2} - \frac{5}{s+3}\right)e^{-s} + \left(\frac{15}{s+3} - \frac{10}{s+2}\right)e^{-2s}$$

故根据拉氏反变换可得

$$u_C(t) = \{5(e^{-2t} - e^{-3t})\varepsilon(t) - 5[e^{-2(t-1)} - e^{-3(t-1)}]\varepsilon(t-1) + [15e^{-3(t-2)} - 10e^{-2(t-2)}]\varepsilon(t-2)\}\,V$$

题15 水木珞研解析

(1) 由题图(a)原电路可知

$$U_o(s) = \frac{U_S(s)}{\dfrac{(R_2+sL)\dfrac{1}{sC}}{R_2+sL+\dfrac{1}{sC}}+R_1} \times \frac{\dfrac{R_2}{sC}}{R_2+sL+\dfrac{1}{sC}} = \frac{4U_S(s)}{2s^2CL+8sC+sL+6}$$

故转移函数为

$$H(s) = \frac{U_o(s)}{U_S(s)} = \frac{4}{2s^2CL+8sC+sL+6}$$

由题意可知，固有频率为

$$p_1 = -2, p_2 = -3$$

所以极点为

$$s_1 = -2, s_2 = -3$$

代入数据可得

$$\begin{cases} 2\times(-2)^2CL+8\times(-2)C-2L+6=0 \\ 2\times(-3)^2CL+8\times(-3)C-3L+6=0 \end{cases} \Rightarrow \begin{cases} 8CL-16C-2L+6=0 \\ 18CL-24C-3L+6=0 \end{cases}$$

解得

$$L=1\,H, C=0.5\,F \text{ 或 } L=4\,H, C=0.125\,F$$

(2) 由(1)可知，转移函数为

$$H(s) = \frac{4}{s^2+5s+6}$$

(3) 由题图(b)可知，激励为

$$u_S(t) = 6\varepsilon(t-1) - 6\varepsilon(t-2)$$

拉氏变换后有

$$U_S(s) = \mathcal{L}[u_S(t)] = \frac{6e^{-s}}{s} - \frac{6e^{-2s}}{s}$$

$$U_o(s) = H(s)U_S(s) = \frac{6e^{-s}-6e^{-2s}}{s} \cdot \frac{4}{s^2+5s+6}$$

$$=\left(\frac{4}{s}+\frac{-12}{s+2}+\frac{8}{s+3}\right)(e^{-s}-e^{-2s})$$

拉氏反变换后有

$$u_o(t)=\left\{[4-12e^{-2(t-1)}+8e^{-3(t-1)}]\varepsilon(t-1)-[4-12e^{-2(t-2)}+8e^{-3(t-2)}]\varepsilon(t-2)\right\}V$$

题16 水木珞研解析

(1) 由题目条件可得网络函数为

$$H(s)=\frac{2\left(\dfrac{1}{s}+\dfrac{1}{s+2}\right)}{\dfrac{4}{s}}=\frac{s+1}{s+2}$$

当激励源为 $u_s(t)=2e^{-2t}\varepsilon(t)$ V 时,有

$$I(s)=U_s(s)\cdot H(s)=\frac{2}{s+2}\cdot\frac{s+1}{s+2}=\frac{2(s+1)}{(s+2)^2}$$

将 $I(s)$ 进行拉氏反变换可得

$$i(t)=2e^{-2t}-2te^{-2t}=(2-2t)e^{-2t}\varepsilon(t)\text{A}$$

(2) 方法一:将电感换成电容后,当激励源 $u_s(t)=4\varepsilon(t)$V 时,由题图(a)和题图(b)及 $t=\infty$ 时刻电路的对应关系可得

$$i(0_+)_{\text{图(b)}}=i(\infty)_{\text{图(a)}}=2\text{ A},\quad i(\infty)_{\text{图(b)}}=i(0_+)_{\text{图(a)}}=4\text{ A}$$

题图(a)电路的时间常数为

$$\tau_a=\frac{L}{R_{\text{eqa}}}=\frac{1}{2}\text{s}\Rightarrow R_{\text{eqa}}=2\text{ }\Omega$$

题图(a)和题图(b)中由动态元件看进去的等效内阻一样,即

$$R_{\text{eqb}}=R_{\text{eqa}}=2\text{ }\Omega$$

故题图(b)电路的时间常数为

$$\tau_b=R_{\text{eqb}}C=2\times 1=2(\text{s})$$

由三要素法可得

$$i(t)=[i(0_+)-i(\infty)]e^{-\frac{t}{\tau_b}}+i(\infty)=(2-4)e^{-\frac{t}{2}}+4=(4-2e^{-\frac{t}{2}})\varepsilon(t)(\text{A})$$

此时可得题图(b)的网络函数为

$$H(s)=\frac{\dfrac{4}{s}-\dfrac{2}{s+0.5}}{\dfrac{4}{s}}=\frac{s+1}{2s+1}$$

215

由题图(c)可得

$$u_S(t) = \varepsilon(t-1) - \varepsilon(t-2)$$

将 $u_S(t)$ 进行拉氏变换可得

$$U_S(s) = \frac{1}{s}e^{-s} - \frac{1}{s}e^{-2s}$$

$$I(s) = U_S(s) \cdot H(s) = \left(\frac{1}{s}e^{-s} - \frac{1}{s}e^{-2s}\right)\frac{s+1}{2s+1}$$

将 $I(s)$ 进行拉氏反变换可得

$$i(t) = \left\{\left[1 - \frac{1}{2}e^{-\frac{1}{2}(t-1)}\right]\varepsilon(t-1) - \left[1 - \frac{1}{2}e^{-\frac{1}{2}(t-2)}\right]\varepsilon(t-2)\right\} \text{A}$$

方法二：将电感换成电容后，用 $\frac{1}{s}$ 替换题图(a)中网络函数 $H(s) = \frac{s+1}{s+2}$ 中的 s，可得题图(b)中的网络函数为

$$H(s) = \frac{\frac{1}{s}+1}{\frac{1}{s}+2} = \frac{s+1}{2s+1}$$

由题图(c)可得

$$u_S(t) = \varepsilon(t-1) - \varepsilon(t-2)$$

将 $u_S(t)$ 进行拉氏变换可得

$$U_S(s) = \frac{1}{s}e^{-s} - \frac{1}{s}e^{-2s}$$

$$I(s) = U_S(s) \cdot H(s) = \left(\frac{1}{s}e^{-s} - \frac{1}{s}e^{-2s}\right)\frac{s+1}{2s+1}$$

将 $I(s)$ 进行拉氏反变换可得

$$i(t) = \left\{\left[1 - \frac{1}{2}e^{-\frac{1}{2}(t-1)}\right]\varepsilon(t-1) - \left[1 - \frac{1}{2}e^{-\frac{1}{2}(t-2)}\right]\varepsilon(t-2)\right\} \text{A}$$

题17 水木珞研解析

电路右端满足电桥相对平衡条件，如图(a)所示。

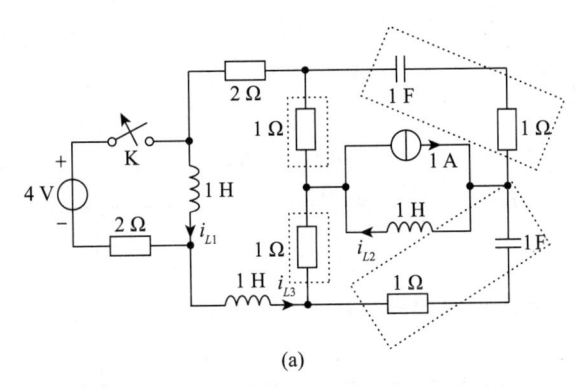

（图 a）

上述运算电路中电桥上有电源，非绝对平衡，但一个桥上的电源不会对另一个桥上的电量产生影响。1A 的电流源和 1H 的电感并联所对应的桥存在与否不会对另一相对桥上的电量 i_{L1} 产生影响，故可将 1A 的电流源和 1H 的电感并联所对应的桥开路，从而得到等效电路如图(b)所示。

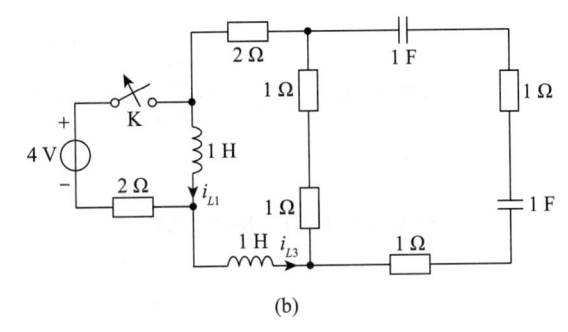

（图 b）

在 $t<0$ 时，电路初值

$$i_{L1}(0_-) = \frac{4}{2} = 2(\text{A}), \quad i_{L3}(0_-) = 0$$

换路后，运算电路图如图(c)所示。

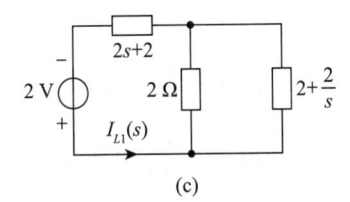

（图 c）

等效阻抗为

$$Z = 2 /\!/ \left(2+\frac{2}{s}\right) + 2s + 2 = \frac{4(s+1)^2}{2s+1}$$

电流为

$$I_{L1}(s) = \frac{2}{Z} = \frac{2s+1}{2(s+1)^2} = \frac{1}{s+1} - \frac{1}{2(s+1)^2}$$

对 $I_{L1}(s)$ 进行拉氏反变换为

$$i_{L1}(t) = \mathcal{L}^{-1}\left[I_{L1}(s)\right] = e^{-t}\left(1-\frac{1}{2}t\right)\varepsilon(t) \text{ A}$$

题18 水木珞研解析

由题可知,转移函数为

$$H(s) = \frac{U(s)}{U_S(s)} = \frac{\dfrac{-0.1}{s+0.5} + \dfrac{0.6}{s+3}}{\dfrac{1}{s+3}} = \frac{1}{0.5\left(\dfrac{2}{s}+2\right)+1}$$

故 R 换成 $1\,\Omega$,C 换成 $0.5\,\text{H}$ 电感时,转移函数为

$$H_1(s) = \frac{1}{0.5(0.5s+1)+1} = \frac{1}{0.25s+1.5} = \frac{4}{s+6}$$

电压源换成 $2\delta(t)\,\text{V}$ 时,

$$U_{S1}(s) = 2\,\text{V}$$

则输出电压为

$$U(s) = H_1(s)\cdot U_{S1}(s) = \frac{8}{s+6}$$

对 $U(s)$ 进行拉氏反变换得

$$u(t) = \mathcal{L}^{-1}[U(s)] = 8e^{-6t}\varepsilon(t)\,\text{V}$$

题19 水木珞研解析

(1)当 $u_1(t) = \delta(t)\,\text{V}$ 时,

$$u_{21}(t) = (A_1 e^{-4.5t} + A_2 e^{-8t})\varepsilon(t)$$

当 $u_1(t) = \varepsilon(t)\,\text{V}$ 时,

$$u_{22}(t) = \int (A_1 e^{-4.5t} + A_2 e^{-8t})\mathrm{d}t = \left(-\frac{A_1}{4.5}e^{-4.5t} - \frac{A_2}{8}e^{-8t}\right)\varepsilon(t) + C$$

由题意,当 $u_1(t) = \varepsilon(t)\,\text{V}$ 时,$u_2(t)$ 的稳态电压为零,则 $C = 0$。
通过冲激作用求转移函数,则

$$H(s) = \frac{\mathcal{L}[u_{21}(t)]}{\mathcal{L}[\delta(t)]} = \frac{A_1}{s+4.5} + \frac{A_2}{s+8}$$

通过阶跃作用求转移函数,则

$$H(s) = \frac{\mathcal{L}[u_{22}(t)]}{\mathcal{L}[\varepsilon(t)]} = s\cdot\left(-\frac{A_1}{4.5}\cdot\frac{1}{s+4.5} - \frac{A_2}{8}\cdot\frac{1}{s+8}\right)$$

由题意可以得到

$$\frac{A_1}{s+4.5}+\frac{A_2}{s+8}=\left(-\frac{A_1}{4.5}\cdot\frac{1}{s+4.5}-\frac{A_2}{8}\cdot\frac{1}{s+8}\right)\cdot s$$

又
$$u_2(0_+)=0.9\text{ V}$$

则
$$A_1+A_2=0.9$$

联立解得
$$A_1=-\frac{81}{70},A_2=\frac{72}{35}$$

故转移函数为
$$H(s)=\frac{0.9s}{(s+4.5)(s+8)}$$

(2) 当正弦稳态时,
$$H(\mathrm{j}\omega)=H(s)|_{s=\mathrm{j}6}=\frac{0.9s}{(s+4.5)(s+8)}\bigg|_{s=\mathrm{j}6}=\frac{9}{125}$$

则 $u_2(t)$ 的稳态电压为
$$u_{2\mathrm{ss}}(t)=\frac{9}{125}\cdot 10\sin(6t+30°)=0.72\sin(6t+30°)\text{ V}$$

第14讲 二端口参数电路

题1 水木珞研解析

标出电路中的电量，如图所示。

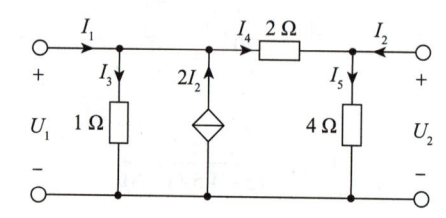

列写 KCL、KVL 方程可得

$$\begin{cases} I_1 + 2I_2 = I_3 + I_4 \\ I_4 + I_2 = I_5 \\ U_1 = I_3 \\ U_2 = 4I_5 \\ U_1 = 2I_4 + U_2 \end{cases} \Rightarrow \begin{cases} U_1 = \dfrac{6}{7}I_1 + \dfrac{16}{7}I_2 \\ U_2 = \dfrac{4}{7}I_1 + \dfrac{20}{7}I_2 \end{cases}$$

则 Z 参数矩阵为

$$\bm{Z} = \dfrac{1}{7}\begin{bmatrix} 6 & 16 \\ 4 & 20 \end{bmatrix}$$

综上可知

$$\begin{cases} I_1 = 2.5U_1 - 2U_2 \\ I_2 = -0.5U_1 + 0.75U_2 \end{cases}$$

则 Y 参数矩阵为

$$\bm{Y} = \begin{bmatrix} 2.5 & -2 \\ -0.5 & 0.75 \end{bmatrix}$$

当然也可以直接利用 $\bm{Y} = \bm{Z}^{-1}$ 求解。

题2 水木珞研解析

根据 Z 参数的定义可得

$$Z_{11} = \left.\dfrac{U_1}{I_1}\right|_{I_2=0},\ Z_{12} = \left.\dfrac{U_1}{I_2}\right|_{I_1=0},\ Z_{21} = \left.\dfrac{U_2}{I_1}\right|_{I_2=0},\ Z_{22} = \left.\dfrac{U_2}{I_2}\right|_{I_1=0}$$

先求 Z_{11}。求解电路图如图所示。

第14讲 二端口参数电路

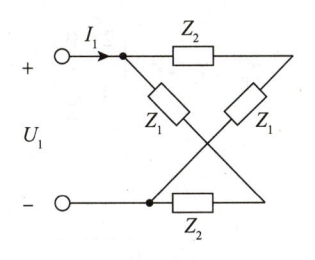

$$Z_{11} = \left.\frac{U_1}{I_1}\right|_{I_2=0} = \frac{Z_1 + Z_2}{2}$$

Z_{12}、Z_{21}、Z_{22} 同理可得。

最终得出 Z 参数矩阵为

$$\boldsymbol{Z} = \begin{bmatrix} \dfrac{Z_1 + Z_2}{2} & \dfrac{Z_1 - Z_2}{2} \\ \dfrac{Z_1 - Z_2}{2} & \dfrac{Z_1 + Z_2}{2} \end{bmatrix}$$

题3 水木珞研解析

先求 P_1 左侧电路，其 T 参数矩阵命名为 $\boldsymbol{T}_1$。

由 KCL、KVL 得

$$\begin{cases} U_1 = I_1 \cdot 1 + 3I_2' + 2(I_1 + I_2') = 3I_1 + 5I_2' \\ U_2' = 2I_2' + 2(I_1 + I_2') = 2I_1 + 4I_2' \end{cases}$$

化简得

$$\begin{cases} U_1 = \dfrac{3}{2}U_2' - I_2' \\ I_1 = \dfrac{1}{2}U_2' - 2I_2' \end{cases}$$

则传输参数矩阵

$$\boldsymbol{T}_1 = \begin{bmatrix} \dfrac{3}{2} & 1 \\ \dfrac{1}{2} & 2 \end{bmatrix}$$

其又与 P_1 级联为 P。

由题意可得

$$\boldsymbol{T}_1 \cdot \boldsymbol{T}_{P_1} = \boldsymbol{T}$$

解得

$$T_{P_1} = T_1^{-1} \cdot T = \begin{bmatrix} 2 & 0 \\ 0 & \dfrac{1}{2} \end{bmatrix}$$

P_1 等效电路如图所示。

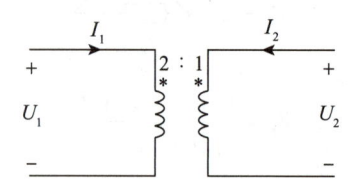

题4 水木珞研解析

①原网络可以分解成两个级联的网络，如图(a)所示。

(a)

列写 KCL、KVL 方程可得

$$\begin{cases} \dot{U}_1 = j10\dot{I}_1 + \dot{U}_2' \\ \dot{I}_1 + \dot{I}_2' = \dfrac{\dot{U}_2'}{-j20} \end{cases} \Rightarrow \begin{cases} \dot{U}_1 = 0.5\dot{U}_2' + j10(-\dot{I}_2') \\ \dot{I}_1 = j0.05\dot{U}_2' + (-\dot{I}_2') \end{cases}$$

则

$$T_1 = T_2 = \begin{bmatrix} 0.5 & j10 \\ j0.05 & 1 \end{bmatrix}$$

所求网络的 T 参数矩阵为

$$T = T_1 T_2 = \begin{bmatrix} -0.25 & j15 \\ j0.075 & 0.5 \end{bmatrix}$$

②标出电路中的电量，如图(b)所示。

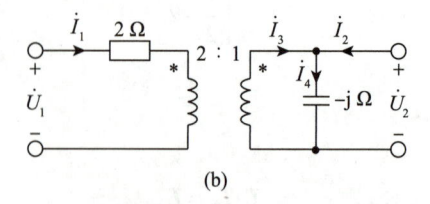

(b)

由 KCL、KVL 可得

$$\begin{cases} j\dot{U}_2 = 2\dot{I}_1 + \dot{I}_2 \\ 2\dot{I}_1 + 2\dot{U}_2 = \dot{U}_1 \end{cases} \Rightarrow \begin{cases} \dot{U}_1 = 2\dot{I}_1 + 2\dot{U}_2 \\ \dot{I}_2 = -2\dot{I}_1 + j\dot{U}_2 \end{cases}$$

解得网络的 H 参数矩阵为

$$H = \begin{bmatrix} 2 & 2 \\ -2 & j \end{bmatrix}$$

题5 水木珞研解析

作出相量形式的等效电路，如图所示。

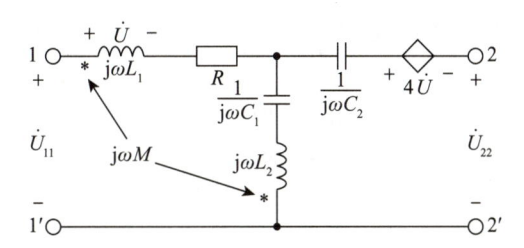

由 KCL、KVL 可得

$$\begin{cases} \dot{U} = \dot{U}_{L_1} = j\omega L_1 \dot{I}_1 - j\omega M(\dot{I}_1 + \dot{I}_2) \\ \dot{U}_{L_2} = -j\omega M \dot{I}_1 + j\omega L_2(\dot{I}_1 + \dot{I}_2) \\ \dot{U}_{11} = \dot{U} + R\dot{I}_1 + \dfrac{1}{j\omega C_1}(\dot{I}_1 + \dot{I}_2) + \dot{U}_{L_2} \\ \dot{U}_{22} = -4\dot{U} + \dfrac{1}{j\omega C_2}\dot{I}_2 + \dfrac{1}{j\omega C_1}(\dot{I}_1 + \dot{I}_2) + \dot{U}_{L_2} \end{cases}$$

整理可得

$$\begin{cases} \dot{U}_{11} = \left[j\omega(L_1 + L_2 - 2M) + R + \dfrac{1}{j\omega C_1}\right]\dot{I}_1 + \left[j\omega(L_2 - M) + \dfrac{1}{j\omega C_1}\right]\dot{I}_2 \\ \dot{U}_{22} = \left[j\omega(L_2 - 4L_1 + 3M) + \dfrac{1}{j\omega C_1}\right]\dot{I}_1 + \left[j\omega(L_2 + 4M) + \dfrac{1}{j\omega C_1} + \dfrac{1}{j\omega C_2}\right]\dot{I}_2 \end{cases}$$

则 Z 参数矩阵为

$$Z = \begin{bmatrix} j\omega(L_1 + L_2 - 2M) + R + \dfrac{1}{j\omega C_1} & j\omega(L_2 - M) + \dfrac{1}{j\omega C_1} \\ j\omega(L_2 - 4L_1 + 3M) + \dfrac{1}{j\omega C_1} & j\omega(L_2 + 4M) + \dfrac{1}{j\omega C_1} + \dfrac{1}{j\omega C_2} \end{bmatrix}$$

题6 水木珞研解析

为了方便处理，先对最左侧进行电源等效变换，再进行折算公式如下，折算后电路如图(a)所示。

$$\dot{U}'_S = \dfrac{1}{2} \times \dfrac{1}{2}\dot{U}_S = 18\angle 0°(\text{V}), \quad Z' = \dfrac{32//32}{2^2} + 4 = \dfrac{16}{4} + 4 = 8(\Omega)$$

223

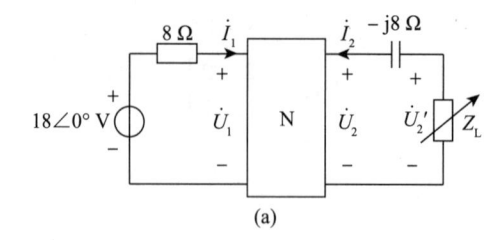

方法一：一步法。

根据二端口网络 N 的阻抗参数矩阵 $\mathbf{Z} = \begin{bmatrix} 10 & j6 \\ j6 & 4 \end{bmatrix}$ 可得

$$\begin{cases} \dot{U}_1 = 10\dot{I}_1 + j6\dot{I}_2 \\ \dot{U}_2 = j6\dot{I}_1 + 4\dot{I}_2 \end{cases}$$

又

$$\dot{U}_1 = -8\dot{I}_1 + 18\angle 0°$$

整理可得

$$\dot{U}_2 = 6\dot{I}_2 + 6\angle 90°$$

而

$$\dot{U}_2' = \dot{U}_2 - j8\dot{I}_2 = (6-j8)\dot{I}_2 + 6\angle 90°$$

由此可得 Z_L 左侧戴维南等效电路中，有

$$\dot{U}_{OC} = 6\angle 90° \text{ V}$$

$$Z_{eq} = (6-j8) \text{ }\Omega$$

根据最大功率传输定理，当 $Z_L = Z_{eq}^* = (6+j8)$ Ω 时能够获得最大功率，为

$$P_{max} = \frac{U_{OC}^2}{4\text{Re}[Z_{eq}]} = \frac{6^2}{4\times 6} = \frac{36}{24} = 1.5\text{(W)}$$

方法二：T 形等效电路法。

T 形等效电路如图(b)和图(c)所示。

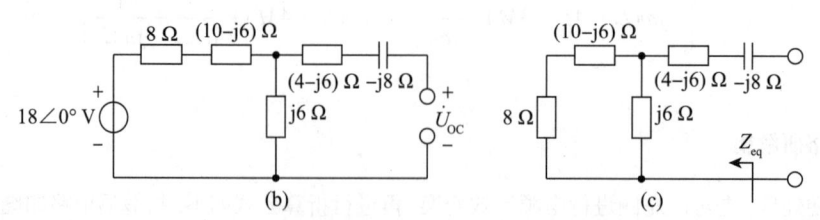

先求开路电压，在图(b)中根据分压公式可得

$$\dot{U}_{OC} = \frac{j6}{8+10-j6+j6}\times 18\angle 0° = 6\angle 90°\text{(V)}$$

在图(c)中可得等效阻抗为

$$Z_{eq} = (10-j6+8)//j6+(4-j6-j8) = (6-j8)\,(\Omega)$$

根据最大功率传输定理，当 $Z_L = Z_{eq}^* = (6+j8)\,\Omega$ 时，能够获得最大功率 P_{max}，为

$$P_{max} = \frac{U_{OC}^2}{4\,\text{Re}\left[Z_{eq}\right]} = \frac{6^2}{4\times 6} = \frac{36}{24} = 1.5(\text{W})$$

题7 水木珞研解析

将题图的电路看作是二端口 N_1 和 N_2 的串联，如图所示。

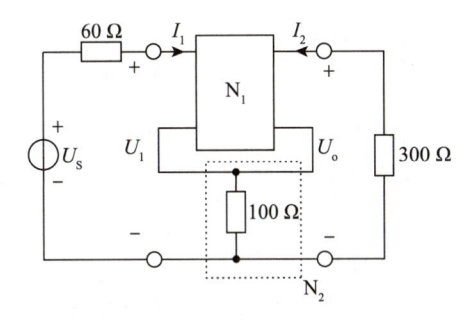

由 N_1 的 Y 参数矩阵为

$$Y_1 = \begin{bmatrix} 2 & 0 \\ 0 & 10 \end{bmatrix}$$

可得

$$Z_1 = \begin{bmatrix} 500 & 0 \\ 0 & 100 \end{bmatrix}$$

于是，串联后的二端口 Z 参数矩阵为

$$Z = Z_1 + Z_2 = \begin{bmatrix} 500 & 0 \\ 0 & 100 \end{bmatrix} + \begin{bmatrix} 100 & 100 \\ 100 & 100 \end{bmatrix} = \begin{bmatrix} 600 & 100 \\ 100 & 200 \end{bmatrix}$$

列写方程有

$$\begin{cases} U_1 = 600I_1 + 100I_2 \\ U_o = 100I_1 + 200I_2 \end{cases}$$

增补方程

$$U_S = 60I_1 + U_1,\quad U_o = -300I_2$$

联立可得

$$\frac{U_o}{U_S} = \frac{3}{32}$$

题8 水木珞研解析

标出电路中的电量，如图所示。

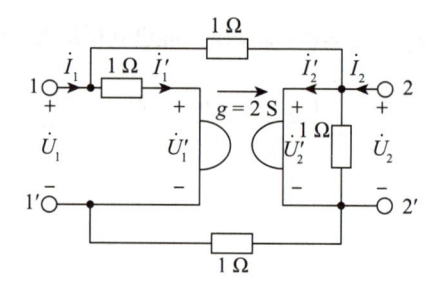

根据电路图有

$$\begin{cases} \dot{I}'_1 = 2\dot{U}'_2 \\ \dot{I}'_2 = -2\dot{U}'_1 \\ \dot{U}'_2 = \dot{U}_2 \\ \dot{U}'_1 = \dot{U}_1 - \dot{I}'_1 \end{cases} \Rightarrow \begin{cases} \dot{U}'_1 = \dot{U}_1 - 2\dot{U}_2 \\ \dot{I}'_2 = -2\dot{U}_1 + 4\dot{U}_2 \end{cases}$$

化简得

$$\begin{cases} \dot{I}_1 = \dot{U}_1 - \dot{U}'_1 + \dfrac{\dot{U}_1 - \dot{U}_2}{2} = \dfrac{1}{2}\dot{U}_1 + \dfrac{3}{2}\dot{U}_2 \\ \dot{I}_2 = \dot{I}'_2 + \dot{U}_2 + \dfrac{\dot{U}_2 - \dot{U}_1}{2} = -\dfrac{5}{2}\dot{U}_1 + \dfrac{11}{2}\dot{U}_2 \end{cases}$$

Y 参数矩阵为

$$\boldsymbol{Y} = \boldsymbol{Z}^{-1} = \begin{bmatrix} \dfrac{1}{2} & \dfrac{3}{2} \\ -\dfrac{5}{2} & \dfrac{11}{2} \end{bmatrix}$$

Z 参数矩阵为

$$\boldsymbol{Z} = \begin{bmatrix} \dfrac{11}{13} & -\dfrac{3}{13} \\ \dfrac{5}{13} & \dfrac{1}{13} \end{bmatrix}$$

题9 水木珞研解析

由 Z 参数矩阵得

$$\begin{cases} \dot{U}_1 = 50\dot{I}_1 + 30\dot{I}_2 \\ \dot{U}_2 = 30\dot{I}_1 + 40\dot{I}_2 \end{cases}$$

①求 2-2′ 端的开路电压 $\dot{U}_{\text{OC}}$。

令 $\dot{I}_1 = 2\angle 0°$ A，$\dot{I}_2 = 0$，$\dot{U}_{OC} = \dot{U}_2$，代入上述方程组得

$$\dot{U}_{OC} = 60\angle 0° \text{ V}$$

②求 2-2′ 端的等效阻抗 Z_{eq}。

令 $\dot{I}_1 = 0$，则

$$Z_{eq} = \frac{\dot{U}_2}{\dot{I}_2} = 40 \text{ }\Omega$$

将电路去耦之后，等效电路如图所示。

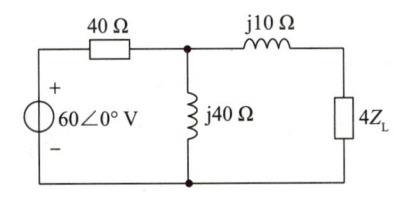

同理，$4Z_L$ 的开路电压为

$$\dot{U}'_{OC} = \frac{j40}{40+j40}\cdot 60\angle 0° = 30\sqrt{2}\angle 45°(\text{V})$$

$4Z_L$ 的等效阻抗为

$$Z'_{eq} = j10 + 40 // j40 = (20+j30)(\Omega)$$

当 $4Z_L = Z'^*_{eq}$，即 $Z_L = (5-j7.5) \text{ }\Omega$ 时，可获得最大功率，为

$$P_{L\max} = \frac{(30\sqrt{2})^2}{4\times 20} = 22.5(\text{W})$$

题10 水木珞研解析

对网络求解T形等效电路，如图(a)所示。

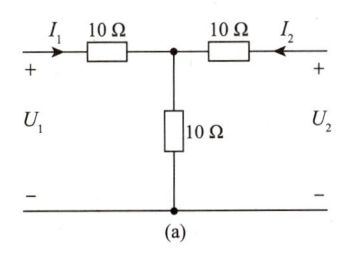

(a)

R 并联在输入端时电路如图(b)所示。

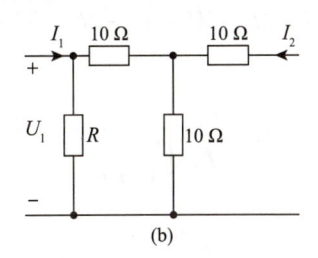

(b)

227

输入端等效电阻为

$$R_{eq} = R \mathbin{//} (10+10) = \frac{20R}{R+20}$$

R 并联在输出端时电路如图(c)所示。

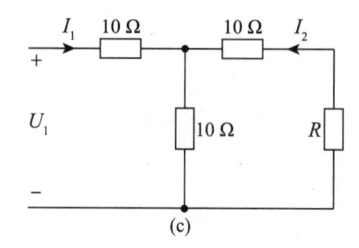

(c)

输入端等效电阻为

$$R'_{eq} = 10 + 10 \mathbin{//} (R+10) = 10 + \frac{10R+100}{R+20}$$

由题意知

$$R'_{eq} = 6R_{eq}$$

解得

$$R = 3\,\Omega$$

题11 水木珞研解析

(1) 设 N_1 的 T 参数方程为

$$\begin{cases} U'_1 = 4U'_2 - 2I'_2 \\ I'_1 = 3U'_2 - I'_2 \end{cases}$$

N_2 的端口参数为 U_1、I_1、U_2、I_2，电路如图(a)所示。

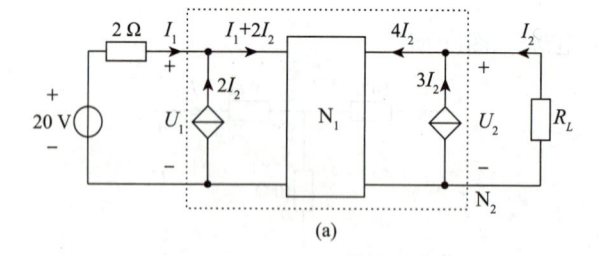

(a)

综上，易知

$$\begin{cases} U_1 = U'_1 = 4U'_2 - 2 \times 4I_2 = 4U_2 - 8I_2 \\ I_1 = I'_1 - 2I_2 = 3U_2 - 4I_2 - 2I_2 = 3U_2 - 6I_2 \end{cases}$$

即得 N_2 的 T 参数矩阵为

$$\boldsymbol{T}_2 = \begin{bmatrix} 4 & 8 \\ 3 & 6 \end{bmatrix}$$

化成 Z 参数标准形式方程为

$$\begin{cases} U_1 = \dfrac{4}{3}I_1 \\ U_2 = \dfrac{1}{3}I_1 + 2I_2 \end{cases}$$

故 N_2 的 Z 参数矩阵为

$$\mathbf{Z}_2 = \begin{bmatrix} \dfrac{4}{3} & 0 \\ \dfrac{1}{3} & 2 \end{bmatrix}$$

(2) 由(1)知

$$20 - 2I_1 = 4U_2 - 8I_2 \Rightarrow 20 = 10U_2 - 20I_2$$

令 $I_2 = 0$,得

$$U_{2OC} = 2 \text{ V}$$

令 $U_2 = 0$,得

$$I_{SC} = -I_2 = 1 \text{ A}$$

则等效电阻

$$R_{eq} = \dfrac{U_{2OC}}{I_{SC}} = 2 \text{ Ω}$$

则戴维南等效电路如图(b)所示。

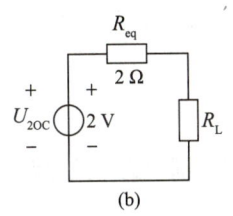

综上,当负载电阻 $R_L = R_{eq} = 2 \text{ Ω}$ 时,获得最大功率,最大功率为 $P_{max} = \dfrac{U_{2OC}^2}{4R_{eq}} = 0.5 \text{ W}$。

题12 水木珞研解析

(1) 对题图中虚线框部分作 △ – Y 等效变换,作出对应的等效电路,如图所示。

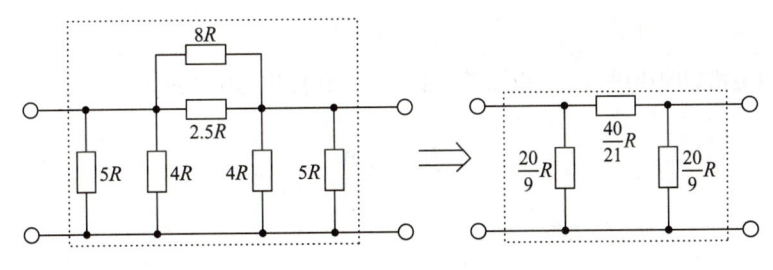

所以对应的Y参数矩阵为

$$Y = \begin{bmatrix} \dfrac{39}{40R} & -\dfrac{21}{40R} \\ -\dfrac{21}{40R} & \dfrac{39}{40R} \end{bmatrix}$$

对应的Z参数矩阵为

$$Z = Y^{-1} = \begin{bmatrix} \dfrac{13}{9}R & \dfrac{7}{9}R \\ \dfrac{7}{9}R & \dfrac{13}{9}R \end{bmatrix} = \begin{bmatrix} \dfrac{13}{9} & \dfrac{7}{9} \\ \dfrac{7}{9} & \dfrac{13}{9} \end{bmatrix}$$

(2)结合(1)中等效电路，从右侧端口看进去，开路电压为

$$U_{OC} = \dfrac{\dfrac{20}{9}R}{\dfrac{20}{9}R + \dfrac{40}{21}R} U_S = \dfrac{7}{13} U_S$$

等效电阻为

$$R_{eq} = \dfrac{40}{21}R \,//\, \dfrac{20}{9}R = \dfrac{40}{39}R = \dfrac{40}{39}\,\Omega$$

则当 $R_L = R_{eq} = \dfrac{40}{39}\,\Omega$ 时，获得最大功率，最大功率为

$$P_{L\max} = \dfrac{U_{OC}^2}{4R_{eq}} = \dfrac{\left(\dfrac{7}{13}U_S\right)^2}{4 \times \dfrac{40}{39}} \approx 0.07 U_S^2$$

题13 水木珞研解析

(1)对网络P进行T形等效，然后作出去耦后的等效电路，如图(a)所示(本题的关键，对网络进行T形等效)。

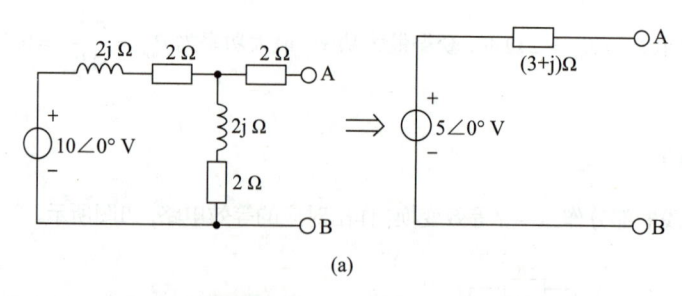

(a)

(2)根据等效电路如图(b)所示，可以知道，当 $Z = -j\,\Omega$ 时，电路电流最大，为

$$I_{\max} = \dfrac{5}{3}\,A$$

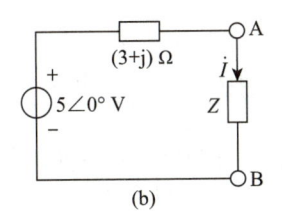

(3) 作出诺顿等效电路，如图(c)所示，要想 Z 上电压最大，就要阻抗最大。

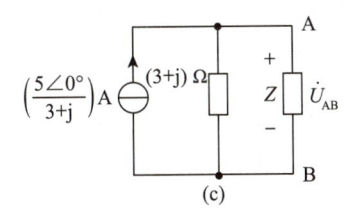

导纳 $Y = \dfrac{1}{Z} + \dfrac{1}{3+j}$，当 $\dfrac{1}{Z} = -\text{Im}\left[\dfrac{1}{3+j}\right]$ 时，Y 的模长最小，即阻抗 Z 模长最大，即 $Z = -j10\,\Omega$ 时，获得最大电压，最大电压为

$$(U_{AB})_{\max} = \dfrac{\dfrac{\sqrt{10}}{2}}{\text{Re}\left[\dfrac{1}{3+j}\right]} = \dfrac{5\sqrt{10}}{3}\ (\text{V})$$

题14 水木珞研解析

将题图分成6个部分。

① 将受控源等效成电阻，如图(a)所示。

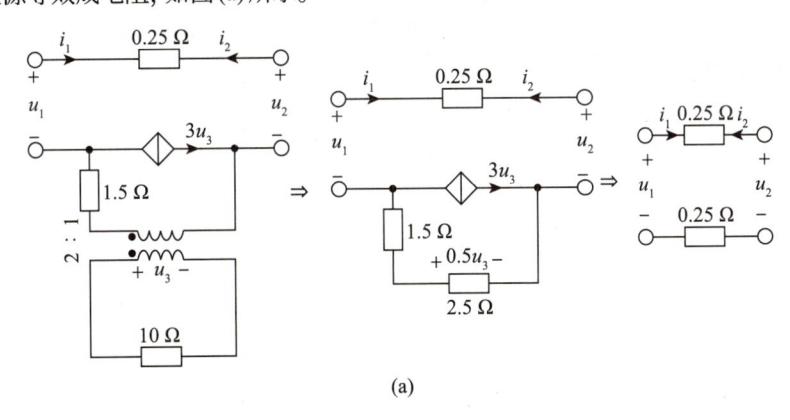

根据图(a)得

$$T_1 = \begin{bmatrix} 1 & 0.5 \\ 0 & 1 \end{bmatrix}$$

② 电感和电容部分如图(b)所示。

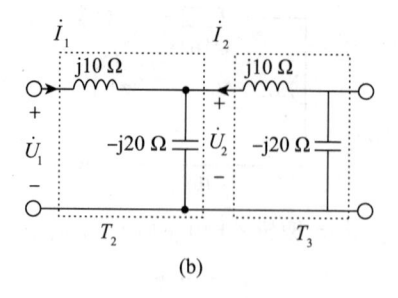

根据图(b)得到

$$\begin{cases} \dot{U}_1 = j\omega L\dot{I}_1 + (-jX_C)(\dot{I}_1 + \dot{I}_2) \\ \dot{U}_2 = (\dot{I}_1 + \dot{I}_2)(-jX_C) \end{cases}$$

得到电路 T 参数矩阵为

$$\boldsymbol{T}_2 = \boldsymbol{T}_3 = \begin{bmatrix} 0.5 & j10 \\ j0.05 & 1 \end{bmatrix}$$

③互感部分如图(c)所示。

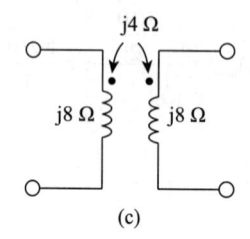

由图(c)得到电路 T 参数为

$$\boldsymbol{T}_4 = \begin{bmatrix} 2 & j12 \\ -j0.25 & 2 \end{bmatrix}$$

④"交叉"部分如图(d)所示。

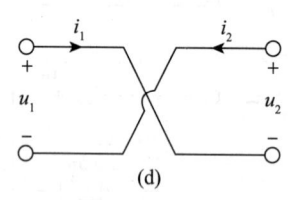

由图(d)可得

$$u_1 = -u_2, \ i_1 = i_2$$

得到电路 T 参数矩阵为

$$\boldsymbol{T}_5 = \begin{bmatrix} -1 & 0 \\ 0 & -1 \end{bmatrix}$$

⑤理想变压器部分如图(e)所示。

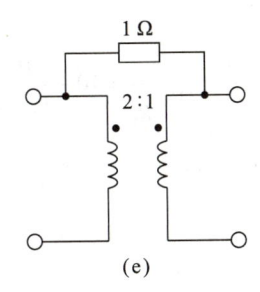

由图(e)得到电路 T 参数矩阵为

$$T_6 = \begin{bmatrix} 2 & 0 \\ 0 & 0.5 \end{bmatrix}$$

综上, 得

$$T = T_1 T_2 T_3 T_4 T_5 T_6 = \begin{bmatrix} -j0.025 - 6.5 & -j13.5 - 0.025 \\ -j0.05 & -0.05 \end{bmatrix}$$

> **水木珞研总结**
>
> 本题源自福州大学2020年真题, 一些985院校这两年很喜欢考求二端口参数的题目。该题很好地融合了受控源、理想变压器、电容和电感串联、耦合电路等, 最后用二端口级联的方法进行拆开求解, 要求同学们的电路基本功扎实。本题属于较难题。

题15 水木珞研解析

(1) 将题图(a)标注电量, 如图(a)所示。

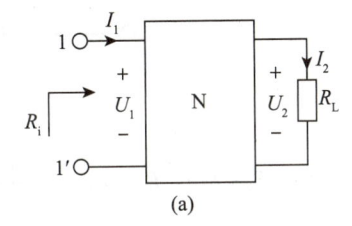

方法一: 传统参数法求解。

由题意得

$$R_i = \frac{U_1}{I_1} = \frac{AU_2 + BI_2}{CU_2 + DI_2} = \frac{AR_L + B}{CR_L + D} \quad ①$$

N 为线性无源电阻网络, 则

$$AD - BC = 1 \quad ②$$

将式①, 式②联立, 有

$$R_\mathrm{i} = \frac{A}{C} - \frac{\dfrac{1}{C^2}}{\dfrac{D}{C}+R_\mathrm{L}} = 10 - \frac{100}{R_\mathrm{L}+12}$$

得

$$\frac{A}{C}=10,\ \frac{1}{C^2}=100,\ \frac{D}{C}=12$$

解得

$$A=1,\ C=0.1,\ D=1.2 \text{ 或 } A=-1,\ C=-0.1,\ D=-1.2(\text{舍去})$$

可以求得

$$B = \frac{AD-1}{C} = \frac{1.2-1}{0.1} = 2(\Omega)$$

最后求得

$$\boldsymbol{T} = \begin{bmatrix} 1 & 2 \\ 0.1 & 1.2 \end{bmatrix}$$

方法二：T形等效电路法。

作出二端口网络的T形等效电路，如图(b)所示(无源电阻二端口，则等效电路中的电阻 R_1、R_2、$R_3>0$)，接入电路如图(c)所示。

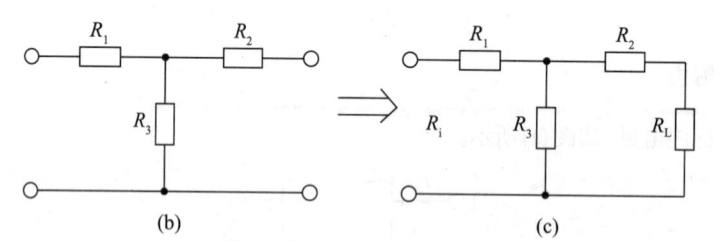

端口等效电阻为

$$R_\mathrm{i} = R_1 + R_3 // (R_2+R_\mathrm{L}) = R_1 + R_3 - \frac{R_3^2}{R_2+R_3+R_\mathrm{L}}$$

对比一下题目条件

$$R_\mathrm{i} = 10 - \frac{100}{R_\mathrm{L}+12}$$

列出下列方程

$$\begin{cases} R_1+R_3=10 \\ R_3^2=100 \\ R_2+R_3=12 \end{cases}$$

解得

$$R_1=0,\ R_2=2\,\Omega,\ R_3=10\,\Omega$$

则T形等效电路如图(d)所示。

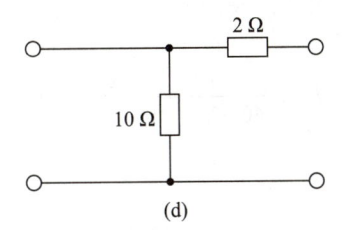

求出T参数矩阵为

$$T = \begin{bmatrix} 1 & 2 \\ 0.1 & 1.2 \end{bmatrix}$$

(2) 由(1)中T形等效电路化简,如图(e)所示。

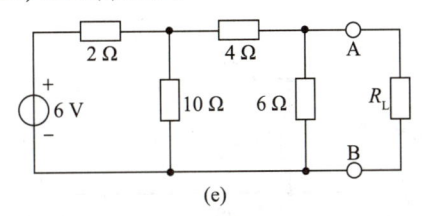

求出AB端口左侧电路的戴维南等效电路的开路电压为

$$U_{OC} = \frac{5}{5+2} \times 6 \times \frac{6}{6+4} = \frac{18}{7}(V)$$

等效电阻为

$$R_{eq} = (2//10+4)//6 = \frac{102}{35}(\Omega)$$

故当 $R_L = \frac{102}{35}\Omega$ 时有最大功率,最大功率为

$$P_{max} = \frac{U_{OC}^2}{4R_L} \approx 0.567 \text{ W}$$

题16 水木珞研解析

作出网络N的T形等效后的电路,如图(a)所示。

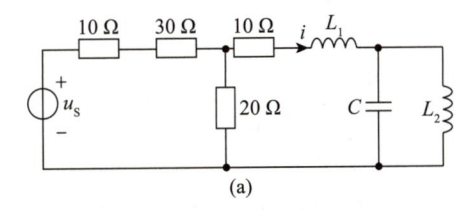

①直流单独作用时,电路如图(b)所示。

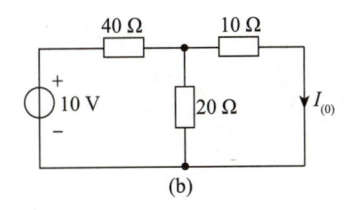

由图(b)可得电流为

$$I_{(0)} = \frac{10}{40 + 20//10} \times \frac{2}{3} = \frac{1}{7}(A)$$

②基波单独作用时,有

$$\omega L_2 = \frac{1}{\omega C}$$

发生并联谐振

$$\dot{I}_{(1)} = 0$$

③三次谐波单独作用时,电路如图(c)所示。

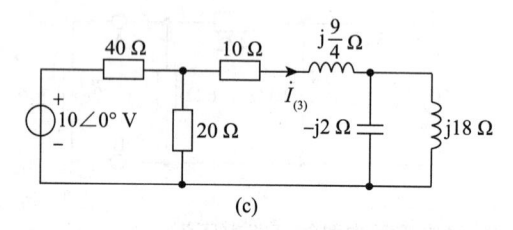

由于

$$j\frac{9}{4} + (-j2 // j18) = 0$$

发生串联谐振

$$\dot{I}_{(3)} = \frac{10\angle 0°}{40 + 10//20} \times \frac{2}{3} = \frac{1}{7}\angle 0°(A)$$

故

$$i(t) = \left[\frac{1}{7} + \frac{\sqrt{2}}{7}\sin(3\omega t)\right] A$$

第15讲 非线性电路

题1 水木珞研解析

"一步法"求解 R 左侧的戴维南等效电路,求解电路如图(a)所示。

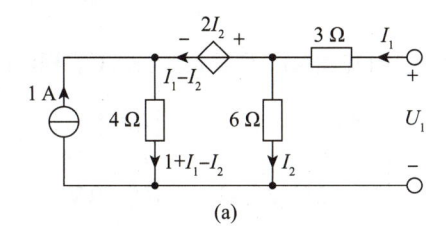

根据电路图有

$$\begin{cases} U_1 = 3I_1 + 6I_2 \\ 6I_2 = 2I_2 + 4\times(1+I_1-I_2) \end{cases} \Rightarrow U_1 = 6I_1 + 3$$

则原电路可等效化简,如图(b)所示。

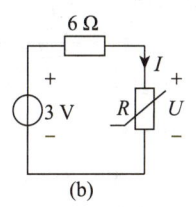

列出方程为

$$\begin{cases} 3-6I = U \\ U = I^2 - 5I - 3(I>0) \end{cases} \Rightarrow \begin{cases} I = 2\ \text{A} \\ U = -9\ \text{V} \end{cases}$$

故 R 吸收的功率为

$$P = UI = -18(\text{W})\ (\text{实际发出 18 W})$$

题2 水木珞研解析

由题意可画出非线性电阻以外的戴维南等效电路的求解电路,如图(a)所示,则原电路可等效化简为图(b)所示的电路。

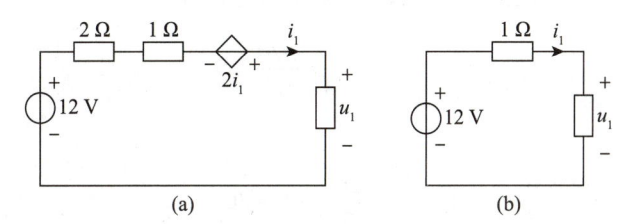

列出方程得

$$\begin{cases} i_1 = u_1 + 2 \\ u_1 = 12 - i_1 \end{cases}$$

解得

$$u_1 = 5\text{ V}, \quad i_1 = 7\text{ A}$$

题3 水木珞研解析

先求非线性电阻两端的开路电压[见图(a)]，列写 KCL、KVL 方程可得

$$\begin{cases} I_1 + I_2 = 1 \\ U_1 = 3I_1 \\ 5I_2 + 25 = 2I_1 + U_1 \end{cases} \Rightarrow \begin{cases} I_1 = 3\text{ A} \\ I_2 = -2\text{ A} \\ U_1 = 9\text{ V} \end{cases}$$

则开路电压为

$$U_{\text{OC}} = -2I_1 + 4U_1 = -2 \times 3 + 4 \times 9 = 30\text{(V)}$$

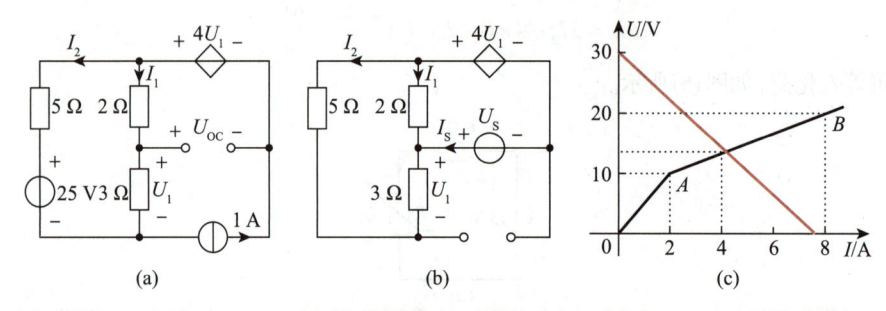

由于含有受控源，采用外加电压源法求等效电阻[见图(b)]，列写 KCL、KVL 方程可得

$$\begin{cases} I_1 + I_2 + I_S = 0 \\ U_1 = 3(I_1 + I_S) \\ 2I_1 + U_1 = 5I_2 \\ U_S = -2I_1 + 4U_1 \end{cases} \Rightarrow U_S = 4I_S$$

则等效电阻为

$$R_{\text{eq}} = 4\text{ Ω}$$

综上可得非线性电阻两端的伏安特性为

$$U = -R_{\text{eq}}I + U_{\text{OC}} = -4I + 30$$

结合图(c)可知，非线性电阻工作在 AB 段，AB 段的表达式为

$$U = \frac{5}{3}I + \frac{20}{3}$$

联立可得

$$\frac{5}{3}I + \frac{20}{3} = -4I + 30$$

解得

$$I = \frac{70}{17} \approx 4.12(\text{A}), \quad U = \frac{230}{17} \approx 13.53(\text{V})$$

题4 水木珞研解析

先求理想二极管两端的电压,然后判断理想二极管是否导通。

假设理想二极管不导通,对应的电路图如图(a)所示。

由图(a)的节点①和节点②列写节点电压方程为

$$\begin{cases} \left(\dfrac{1}{2}+\dfrac{1}{2}+\dfrac{1}{2}\right)U_{n1} - \dfrac{1}{2}U_{n2} = \dfrac{8}{2} = 4 \\ -\dfrac{1}{2}U_{n1} + \left(\dfrac{1}{2}+\dfrac{1}{2}\right)U_{n2} = 1 \end{cases} \Rightarrow \begin{cases} U_{n1} = 3.6\text{ V} \\ U_{n2} = 2.8\text{ V} \end{cases}$$

根据分压公式可得

$$U_{\text{OC}} = \frac{1}{2} \times U_{n2} - 1 = 0.4(\text{V})$$

由于 $U_{\text{OC}} > 0$,则二极管不导通不成立,因此二极管正向导通,对应电路图如图(b)所示。

故重新列写节点电压方程为

$$\begin{cases} \left(\dfrac{1}{2}+\dfrac{1}{2}+\dfrac{1}{2}\right)U_{n1} - \dfrac{1}{2}U_{n2} = \dfrac{8}{2} = 4 \\ -\dfrac{1}{2}U_{n1} + \left(\dfrac{1}{2}+\dfrac{1}{1}\right)U_{n2} - U_{n3} = 1 \\ U_{n3} = 1 \end{cases} \Rightarrow \begin{cases} U_{n1} = \dfrac{7}{2}\text{ V} \\ U_{n2} = \dfrac{5}{2}\text{ V} \\ U_{n3} = 1\text{ V} \end{cases}$$

故

$$I = \frac{U_{n1}}{2} = \frac{7}{4} = 1.75(\text{A})$$

(a)

(b)

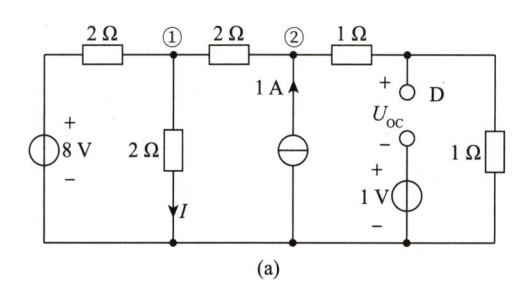

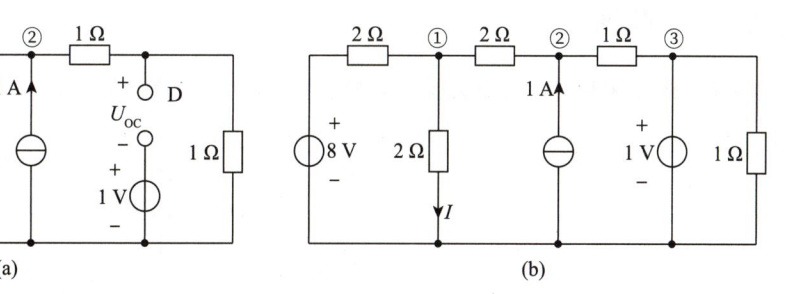

题5 水木珞研解析

确定静态工作点,当直流量 $U_S = 9$ V 作用于电路时非线性电阻的电压为 $9-6i$,结合伏安特性

$$u = \begin{cases} 3i^2, & i \geq 0 \\ -3i^2, & i < 0 \end{cases}$$

解得
$$u = 3\,\text{V},\ i = 1\,\text{A}$$

则静态工作点为
$$U_Q = 3\,\text{V},\ I_Q = 1\,\text{A}$$

位于 $u = 3i^2$ 段上。

故非线性电阻在静态工作点处的动态电阻为
$$R_d = \left.\frac{du}{di}\right|_Q = 6\,\Omega$$

因此小信号等效电路图如图所示。

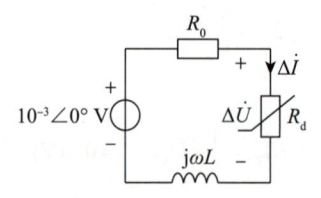

综上可得电流相量为
$$\Delta \dot{I} = \frac{10^{-3}\angle 0°}{R_0 + R_d + j\omega L} = \frac{10^{-3}}{6+6+j16} = 5\times 10^{-5}\angle(-53.13°)\,(\text{A})$$

时域形式为
$$\Delta i(t) = 5\times 10^{-5}\sqrt{2}\cos(1\,000t - 53.13°)\,\text{A}$$

则所求电流为
$$i(t) = I_Q + \Delta i(t) = \left[1 + 5\times 10^{-5}\times\sqrt{2}\cos(1\,000t - 53.13°)\right]\text{A}$$

题6 水木珞研解析

(1) 先求 R_{eq}。利用外加电源法求出等效电阻,求解电路如图(a)所示。

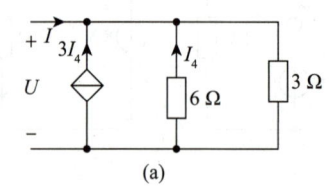

由KCL得
$$I = -3I_4 - I_4 + \frac{-6I_4}{3} = -6I_4$$

其中端口电压为
$$U = -6I_4$$

等效电阻为
$$R_{eq} = \frac{U}{I} = 1\,\Omega$$

再求 U_{OC}。由题图可得
$$4I_4 \times 3 + 57 + 6 \times (I_4 - 2) = 0$$

解得
$$I_4 = -2.5\,A$$

开路电压为
$$U_{OC} = -6 \times (I_4 - 2) = 27\,(V)$$

则戴维南等效电路如图(b)所示。

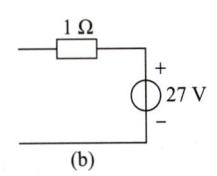

(2) 直流单独作用，静态工作点为
$$U_{CQ} = U_{OC} = 27\,V,\ C_d = \left.\frac{dq}{du}\right|_{u=U_{CQ}} = 5 \times 10^{-5}\,F$$

小信号单独作用，得到电路图如图(c)所示。

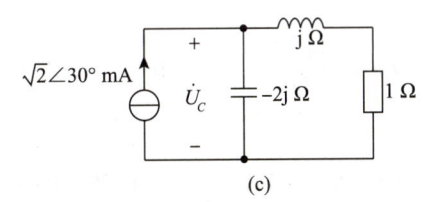

由电路图得
$$\dot{U}_C = \frac{\sqrt{2}\angle 30°}{\frac{1}{2}j + \frac{1}{1+j}} = 2\sqrt{2}\angle 30°\,(mV),\ \dot{I}_C = \frac{\dot{U}_C}{-2j} = \sqrt{2}\angle 120°\,(mA)$$

故得
$$u_C(t) = \left[27 + 4 \times 10^{-3}\sin(10^4 t + 30°)\right]V,\ i_C(t) = 2\sin(10^4 t + 120°)A$$

题7 水木珞研解析

直流作用时，对应的电路图如图(a)所示。

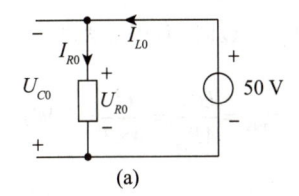

综上易得

$$U_{C0} = -50 \text{ V}, \quad U_{R0} = 50 \text{ V}, \quad I_{L0} = I_{R0} = 1 \text{ A}$$

则动态参数为

$$L_d = \frac{d\psi}{di_L}\bigg|_{i_L = I_{L0}} = \frac{1}{30} \text{ H}, \quad R_d = \frac{du_R}{di_R}\bigg|_{i_R = I_{R0}} = 25 \text{ }\Omega$$

小信号作用时，对应的电路图如图(b)所示。

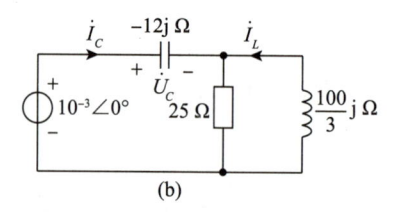

此时电容电流为

$$\dot{I}_C = \frac{10^{-3}\angle 0°}{-12\text{j} + 25 // \frac{100}{3}\text{j}} = 6.25 \times 10^{-5} \angle 0° \text{(A)}$$

电容电压为

$$\dot{U}_C = \dot{I}_C(-12\text{j}) = 7.5 \times 10^{-4} \angle(-90°) \text{(V)}$$

电感电流为

$$\dot{I}_L = -\dot{I}_C \cdot \frac{25}{25 + \frac{100}{3}\text{j}} = -3.75 \times 10^{-5} \angle(-53.13°) \text{(A)}$$

故

$$\begin{cases} u_C(t) = \left[-50 + 7.5\sqrt{2} \times 10^{-4} \sin(1\,000t - 90°)\right] \text{V} \\ i_L(t) = \left[1 - 3.75\sqrt{2} \times 10^{-5} \sin(1\,000t - 53.13°)\right] \text{A} \end{cases}$$

题8 水木珞研解析

(1) 以 R_1 为端口作戴维南等效电路，如图所示，设开路电压为 U_{OC}，R_1 左侧的等效电阻为 R_{eq}，即

$$\begin{cases} 1 \times (3 + R_{eq}) = U_{OC} \\ 0.5 \times (9 + R_{eq}) = U_{OC} \end{cases}$$

解得

$$U_{OC} = 6 \text{ V}, \quad R_{eq} = 3 \text{ }\Omega$$

由最大功率传输定理知，当 $R_1 = R_{eq} = 3 \text{ }\Omega$ 时，获得最大功率，且最大功率为

$$P_{max} = \frac{U_{OC}^2}{4R_{eq}} = \frac{6^2}{4 \times 3} = 3 \text{(W)}$$

第 15 讲 非线性电路

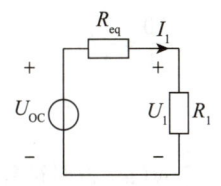

(2) 用电流 I_2 去代替 I_1,则由叠加定理 $I_2 = k \cdot I_1 + b$,代入数据,得

$$\begin{cases} -3 = k + b \\ -7.5 = 0.5k + b \end{cases}$$

解得

$$k = 9, \quad b = -12$$

那么

$$I_2 = 9I_1 - 12$$

则当 $I_2 = 0$ 时,

$$I_1 = \frac{4}{3} \text{ A}, U_1 = 2 \text{ V} \Rightarrow R_1 = \frac{U_1}{I_1} = \frac{3}{2} \Omega$$

(3) 由戴维南等效电路有 $U_{OC} = 6 \text{ V}, R_{eq} = 3 \Omega$,则

$$U_1 = U_{OC} - I_1 R_{eq} = 6 - 3I_1 = I_1^2$$

解得

$$I_1 \approx 1.37 \text{ A 或 } I_1 \approx -4.37 \text{ A}$$

题9 水木珞研解析

"一步法"求非线性电阻以外的戴维南等效电路。

由题意可以得出二端口的端口电压和电流满足下列关系:

$$\begin{cases} u_1 = 2u_2 - 5i_2 \\ i_1 = u_2 - i_2 \end{cases}$$

补充方程

$$u_1 = u_S - 2i_1$$

联立上述三个方程,解得

$$u_2 = \frac{7}{4}i_2 + \frac{u_S}{4}$$

则得到等效电路如图所示。

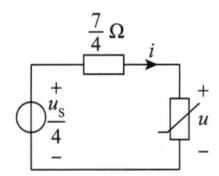

① 直流分量单独作用时,

$$U_S = 10 \text{ V}$$

$$\frac{10}{4} = \frac{7}{4}i + u$$

解得

$$i = \frac{2}{3} \text{ A} \ (u = 2i \text{ 时符合})$$

则动态电阻为

$$R_\text{d} = \frac{\mathrm{d}u}{\mathrm{d}i} = 2 \ \Omega$$

②交流分量 $u_\text{s}(t) = 0.2\sin(100t)\text{V}$ 单独作用时，

$$i(t) = \frac{u_\text{s}(t)}{\frac{7}{4} + 2} = \frac{1}{75}\sin(100t) \text{ A}$$

综上，

$$i(t) = \left[\frac{2}{3} + \frac{1}{75}\sin(100t)\right]\text{A}$$

题10 水木珞研解析

直流作用时的电路如图(a)所示。

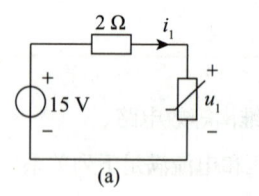

由题意可得

$$\begin{cases} u_1 = 15 - 2i_1 \\ u_1 = i_1^2 - 4i_1 \end{cases} \Rightarrow \begin{cases} i_1 = 5 \text{ A} \\ u_1 = 5 \text{ V} \end{cases}$$

动态电阻为

$$R_\text{d} = \frac{\mathrm{d}u_1}{\mathrm{d}i_1}\bigg|_{i_1 = 5\text{ A}} = 6 \ \Omega$$

则

$$u_{C_0} = u_1 = 5 \text{ V}$$

动态电容为

$$C_\text{d} = \frac{\mathrm{d}q}{\mathrm{d}u}\bigg|_{u = u_{C_0}} = \frac{1}{100} \text{ F}$$

小信号作用时的电路图如图(b)所示。

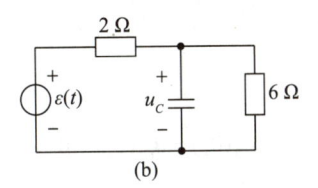

$$R_{eq} = 2 // 6 = \frac{3}{2}(\Omega)$$

由电路图知，电压稳态值为

$$u_C(\infty) = 1 \times \frac{6}{6+2} = \frac{3}{4}(V)$$

时间常数为

$$\tau = R_{eq} \cdot C_d = \frac{3}{200}s$$

则

$$u'_C(t) = \frac{3}{4} \times \left(1 - e^{-\frac{200}{3}t}\right) \cdot \varepsilon(t)$$

叠加得

$$u_C(t) = u_{C_0} + u'_C(t) = \left[5 + \frac{3}{4} \times \left(1 - e^{-\frac{200t}{3}}\right) \cdot \varepsilon(t)\right] V$$

题11 水木珞研解析

当 $t<0$ 时，$i=0$，$u=1\,V$，非线性电阻工作在 AB 段，则

$$u = (200i + 1)\,V, \quad u_C(0_-) = u + 10 = 11(V)$$

S 闭合后，对应的电路图如图(a)所示，等效电路如图(b)所示。

$$u_C(0_+) = u_C(0_-) = 11\,V$$

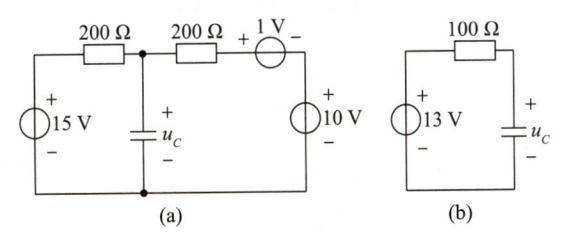

时间常数为

$$\tau = R_{eq}C = \frac{1}{50}s$$

则

$$u_C(t) = \left(13 - 2e^{-50t}\right)V, \quad u(t) = u_C(t) - 10 = \left(3 - 2e^{-50t}\right)V$$

故非线性电阻在 $t>0$ 时始终工作在 AB 段，故

$$u_C(t) = \left(13 - 2e^{-50t}\right)V$$

题12 水木珞研解析

①利用换路定则,则

$$u_{C1}(0_+) = u_{C1}(0_-) = 0$$

$$u_{C2}(0_+) = u_{C2}(0_-) = 6.32 \text{ V}$$

故

$$u_{C1}(t) = 10 \times (1 - e^{-t}) \text{ V} \quad (0 \leq t \leq t_1)$$

此时 D_1、D_2 均关断,则

$$u_{C1}(t_1) = 10 \times (1 - e^{-t_1}) = 6.32 \text{(V)}$$

得

$$t_1 = 1 \text{ s}$$

故当 $0 \leq t \leq 1$ 时,

$$u_{C1}(t) = 10 \times (1 - e^{-t}) \text{ V}, \quad u_{C2}(t) = 6.32 \text{ V}$$

②当 $t > 1$ 时,D_1 导通,D_2 关断。

电容电压为

$$u_{C1}(t) = u_{C2}(t) = \left[10 - 3.68 e^{-\frac{1}{2}(t-1)}\right] \text{V}$$

则

$$u_{C1}(t_2) = 8.64 \text{ V} \Rightarrow t_2 = 3 \text{ s}$$

故当 $1 < t \leq 3$ 时,

$$u_{C1}(t) = u_{C2}(t) = \left(10 - 3.68 e^{-\frac{t-1}{2}}\right) \text{V}$$

③当 $t > 3$ 时,D_1、D_2 均导通,故

$$u_{C1}(t) = u_{C2}(t) = 8.64 \text{ V}$$

综上,

$$u_{C1}(t) = \begin{cases} 10(1 - e^{-t}), & 0 \leq t \leq 1 \\ 10 - 3.68 e^{-\frac{t-1}{2}}, & 1 < t \leq 3 \\ 8.64, & t > 3 \end{cases}$$

$$u_{C2}(t) = \begin{cases} 6.32, & 0 \leq t \leq 1 \\ 10 - 3.68 e^{-\frac{t-1}{2}}, & 1 < t \leq 3 \\ 8.64, & t > 3 \end{cases}$$

第16讲 状态方程

题1 水木珞研解析

标出电路中的电量,如图所示。

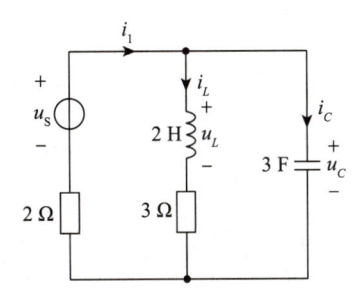

列写 KCL、KVL 方程可得

$$\begin{cases} i_1 = i_L + i_C \\ 2i_1 + u_C = u_S \\ u_L + 3i_L = u_C \end{cases}$$

其中

$$\begin{cases} u_L = L\dfrac{di_L}{dt} = 2\dfrac{di_L}{dt} \\ i_C = C\dfrac{du_C}{dt} = 3\dfrac{du_C}{dt} \end{cases}$$

联立两组方程可得

$$\begin{cases} \dfrac{du_C}{dt} = -\dfrac{1}{6}u_C - \dfrac{1}{3}i_L + \dfrac{1}{6}u_S \\ \dfrac{di_L}{dt} = \dfrac{1}{2}u_C - \dfrac{3}{2}i_L \end{cases}$$

标准形式为

$$\begin{bmatrix} \dfrac{du_C}{dt} \\ \dfrac{di_L}{dt} \end{bmatrix} = \begin{bmatrix} -\dfrac{1}{6} & -\dfrac{1}{3} \\ \dfrac{1}{2} & -\dfrac{3}{2} \end{bmatrix} \begin{bmatrix} u_C \\ i_L \end{bmatrix} + \begin{bmatrix} \dfrac{1}{6} \\ 0 \end{bmatrix} [u_S]$$

题2 水木珞研解析

标出电路中的电量,如图所示。

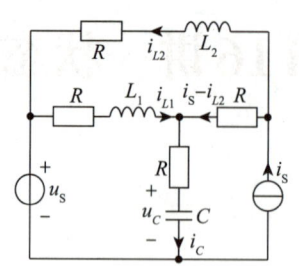

由电路图可得

$$\begin{cases} u_S = Ri_{L1} + L_1\dfrac{di_{L1}}{dt} + R(i_S + i_{L1} - i_{L2}) + u_C \\ Ri_{L2} + L_2\dfrac{di_{L2}}{dt} + Ri_{L1} + L_1\dfrac{di_{L1}}{dt} = R(i_S - i_{L2}) \\ i_C = i_{L1} + i_S - i_{L2} \\ i_C = C\dfrac{du_C}{dt} \Rightarrow \dfrac{du_C}{dt} = \dfrac{1}{C}i_{L1} - \dfrac{1}{C}i_{L2} + \dfrac{1}{C}i_S \end{cases}$$

整理得电路的状态方程为

$$\begin{bmatrix} \dfrac{di_{L1}}{dt} \\ \dfrac{di_{L2}}{dt} \\ \dfrac{du_C}{dt} \end{bmatrix} = \begin{bmatrix} -\dfrac{2R}{L_1} & \dfrac{R}{L_1} & -\dfrac{1}{L_1} \\ \dfrac{R}{L_2} & -\dfrac{3R}{L_2} & \dfrac{1}{L_2} \\ \dfrac{1}{C} & -\dfrac{1}{C} & 0 \end{bmatrix} \begin{bmatrix} i_{L1} \\ i_{L2} \\ u_C \end{bmatrix} + \begin{bmatrix} \dfrac{1}{L_1} & -\dfrac{R}{L_1} \\ -\dfrac{1}{L_2} & \dfrac{2R}{L_2} \\ 0 & \dfrac{1}{C} \end{bmatrix} \begin{bmatrix} u_S \\ i_S \end{bmatrix}$$

题3 水木珞研解析

选 i_{L1} 和 u_C 为状态变量，由电路图得

$$\begin{cases} i_{L1} + C\dfrac{du_C}{dt} + \dfrac{u_2}{R_2} = i_S \\ u_C = u_2 + u_S \\ L_1\dfrac{di_{L1}}{dt} + R_1 i_{L1} + \mu u_2 = L_2\dfrac{d(i_S - i_{L1})}{dt} + u_C \end{cases}$$

解得

$$\begin{cases} \dfrac{du_C}{dt} = -\dfrac{1}{CR_2}u_C - \dfrac{1}{C}i_{L1} + \dfrac{1}{CR_2}u_S + \dfrac{1}{C}i_S \\ \dfrac{di_{L1}}{dt} = \dfrac{1-\mu}{L_1+L_2}u_C - \dfrac{R_1}{L_1+L_2}i_{L1} + \dfrac{\mu}{L_1+L_2}u_S + \dfrac{L_2}{L_1+L_2}\dfrac{di_S}{dt} \end{cases}$$

整理得状态方程的标准形式为

$$\begin{bmatrix} \dfrac{du_C}{dt} \\ \dfrac{di_{L1}}{dt} \end{bmatrix} = \begin{bmatrix} -\dfrac{1}{CR_2} & -\dfrac{1}{C} \\ \dfrac{1-\mu}{L_1+L_2} & -\dfrac{R_1}{L_1+L_2} \end{bmatrix} \begin{bmatrix} u_C \\ i_{L1} \end{bmatrix} + \begin{bmatrix} \dfrac{1}{CR_2} & \dfrac{1}{C} \\ \dfrac{\mu}{L_1+L_2} & 0 \end{bmatrix} \begin{bmatrix} u_S \\ i_S \end{bmatrix} + \begin{bmatrix} 0 & 0 \\ 0 & \dfrac{L_2}{L_1+L_2} \end{bmatrix} \begin{bmatrix} \dfrac{du_S}{dt} \\ \dfrac{di_S}{dt} \end{bmatrix}$$

第 16 讲 状态方程

题4 水木珞研解析

由电路图可得

$$\begin{cases} \dfrac{du_{C1}}{dt} = i_1 - \dfrac{du_{C2}}{dt} - i_2 \\ \dfrac{du_{C3}}{dt} = \dfrac{du_{C2}}{dt} + i_2 \\ i_2 = \dfrac{1}{2} u_{C2} \\ i_1 = u_1 - u_{C1} \end{cases}$$

其中

$$u_{C1} = u_{C2} + u_{C3} \Rightarrow \dfrac{du_{C2}}{dt} = \dfrac{du_{C1}}{dt} - \dfrac{du_{C3}}{dt}$$

整理得

$$\begin{bmatrix} \dfrac{du_{C1}}{dt} \\ \dfrac{du_{C3}}{dt} \end{bmatrix} = \begin{bmatrix} -\dfrac{2}{3} & -\dfrac{1}{6} \\ -\dfrac{1}{3} & \dfrac{1}{6} \end{bmatrix} \begin{bmatrix} u_{C1} \\ u_{C3} \end{bmatrix} + \begin{bmatrix} \dfrac{2}{3} \\ \dfrac{1}{3} \end{bmatrix} u_1$$

水木珞研总结

本题也可以用 u_{C1}、u_{C2} 来列写电路的状态方程。

题5 水木珞研解析

画出该电路的有向图，如图所示。选支路3、4、6作为树支。

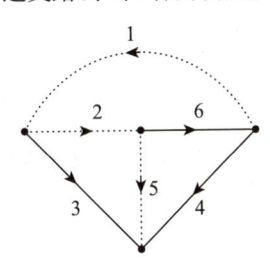

对电容所在的单树支割集和电感所在的单连支回路分别列写 KCL 和 KVL 方程

$$\begin{cases} C\dfrac{du_C}{dt} = i_{L_2} - i_5 \\ L_1 \dfrac{di_{L_1}}{dt} = -R_1 i_{L_1} + u_{S4} - u_{S3} + u_4 \\ L_2 \dfrac{di_{L_2}}{dt} = -R_5 i_5 + u_{S3} \end{cases} \quad ①$$

为消去中间变量，增补方程

249

$$\begin{cases} R_5 i_5 - u_4 = u_C + u_{S4} \\ i_5 + \dfrac{u_4}{R_4} = i_{L_2} - i_{L_1} \end{cases} \quad ②$$

解得

$$\begin{cases} u_4 = 0.5(i_{L_2} - i_{L_1} - u_C - u_{S4}) \\ i_5 = 0.5(i_{L_2} - i_{L_1} + u_C + u_{S4}) \end{cases} \quad ③$$

将式③代入式①并整理得

$$\begin{bmatrix} \dfrac{du_C}{dt} \\ \dfrac{di_{L_1}}{dt} \\ \dfrac{di_{L_2}}{dt} \end{bmatrix} = \begin{bmatrix} -0.5 & 0.5 & 0.5 \\ -0.5 & -1.5 & 0.5 \\ -0.5 & 0.5 & -0.5 \end{bmatrix} \begin{bmatrix} u_C \\ i_{L_1} \\ i_{L_2} \end{bmatrix} + \begin{bmatrix} 0 & -0.5 \\ -1 & 0.5 \\ 1 & -0.5 \end{bmatrix} \begin{bmatrix} u_{S3} \\ u_{S4} \end{bmatrix}$$

水木珞研总结

本题属于状态方程的列写，3个动态元件且不含有受控源和病态网络，降低了难度，考查同学们的计算能力。

题6 水木珞研解析

根据电路图可以列出方程

$$\begin{cases} u_C = -R(i_C + i_1) + u_S \\ u_{L_1} = u_C - R_1 i_1 \\ u_{L_2} = -R_2 i_2 \end{cases}$$

其中

$$u_{L_1} = L_1 \dfrac{di_1}{dt} + M \dfrac{di_2}{dt}, \quad u_{L_2} = L_2 \dfrac{di_2}{dt} + M \dfrac{di_1}{dt}$$

化简得

$$\begin{cases} i_C = -\dfrac{1}{R} u_C - i_1 + \dfrac{1}{R} u_S \\ \dfrac{di_1}{dt} = \dfrac{L_2}{L_1 L_2 - M^2} u_C - \dfrac{R_1 L_2}{L_1 L_2 - M^2} i_1 + \dfrac{R_2 M}{L_1 L_2 - M^2} i_2 \\ \dfrac{di_2}{dt} = -\dfrac{M}{L_1 L_2 - M^2} u_C + \dfrac{R_1 M}{L_1 L_2 - M^2} i_1 - \dfrac{R_2 L_1}{L_1 L_2 - M^2} i_2 \end{cases}$$

整理得

$$\begin{bmatrix} \dfrac{du_C}{dt} \\ \dfrac{di_1}{dt} \\ \dfrac{di_2}{dt} \end{bmatrix} = \begin{bmatrix} -\dfrac{1}{RC} & -\dfrac{1}{C} & 0 \\ \dfrac{L_2}{L_1L_2-M^2} & -\dfrac{R_1L_2}{L_1L_2-M^2} & \dfrac{R_2M}{L_1L_2-M^2} \\ -\dfrac{M}{L_1L_2-M^2} & \dfrac{R_1M}{L_1L_2-M^2} & -\dfrac{R_2L_1}{L_1L_2-M^2} \end{bmatrix} \begin{bmatrix} u_C \\ i_1 \\ i_2 \end{bmatrix} + \begin{bmatrix} \dfrac{1}{RC} \\ 0 \\ 0 \end{bmatrix} u_S$$

题7 水木珞研解析

标出电路中的电量，如图所示。

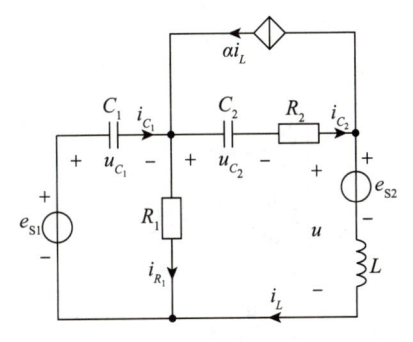

根据电路图有

$$\begin{cases} i_{C_2} = i_L + \alpha i_L \\ e_{S1} = u_{C_1} + R_1 i_{R_1} = u_{C_1} + R_1(i_{C_1} - i_{C_2} - \alpha i_L) \\ u = e_{S2} + L\dfrac{di_L}{dt} \\ R_1 i_{R_1} = u_{C_2} + R_2 i_{C_2} + u \end{cases}$$

其中

$$i_{C_1} = C_1 \dfrac{du_{C_1}}{dt}, \quad i_{C_2} = C_2 \dfrac{du_{C_2}}{dt}$$

整理得

$$\begin{bmatrix} \dfrac{du_{C_1}}{dt} \\ \dfrac{du_{C_2}}{dt} \\ \dfrac{di_L}{dt} \end{bmatrix} = \begin{bmatrix} -\dfrac{1}{R_1C_1} & 0 & \dfrac{1}{C_1} \\ 0 & 0 & \dfrac{1+\alpha}{C_2} \\ -\dfrac{1}{L} & -\dfrac{1}{L} & -\dfrac{R_2(1+\alpha)}{L} \end{bmatrix} \begin{bmatrix} u_{C_1} \\ u_{C_2} \\ i_L \end{bmatrix} + \begin{bmatrix} \dfrac{1}{R_1C_1} & 0 \\ 0 & 0 \\ \dfrac{1}{L} & -\dfrac{1}{L} \end{bmatrix} \begin{bmatrix} e_{S1} \\ e_{S2} \end{bmatrix}$$

输出方程为

$$\begin{bmatrix} u \\ i_{R_1} \end{bmatrix} = \begin{bmatrix} -1 & -1 & -R_2(1+\alpha) \\ -\dfrac{1}{R_1} & 0 & 0 \end{bmatrix} \begin{bmatrix} u_{C_1} \\ u_{C_2} \\ i_L \end{bmatrix} + \begin{bmatrix} 1 & 0 \\ \dfrac{1}{R_1} & 0 \end{bmatrix} \begin{bmatrix} e_{S1} \\ e_{S2} \end{bmatrix}$$

题8 水木珞研解析

(1) 开关 S 闭合时

$$i_L(0_-) = \frac{2}{3} + \frac{10}{1+2} = 4(\text{A}), \quad u_C(0_-) = \frac{10}{3} \times 1 = \frac{10}{3}(\text{V})$$

开关 S 断开后，作出等效电路，如图所示。

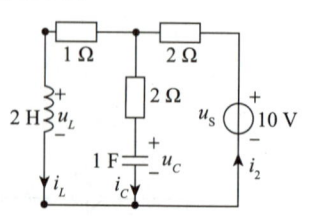

根据电路图列出方程

$$\begin{cases} \dfrac{\mathrm{d}u_C}{\mathrm{d}t} = i_2 - i_L \\ 2\dfrac{\mathrm{d}i_L}{\mathrm{d}t} = -i_L + 2i_C + u_C \\ u_S = 2i_2 + 2i_C + u_C \\ i_C = \dfrac{\mathrm{d}u_C}{\mathrm{d}t} \end{cases}$$

整理得

$$\begin{bmatrix} \dfrac{\mathrm{d}u_C}{\mathrm{d}t} \\ \dfrac{\mathrm{d}i_L}{\mathrm{d}t} \end{bmatrix} = \begin{bmatrix} -\dfrac{1}{4} & -\dfrac{1}{2} \\ \dfrac{1}{4} & -1 \end{bmatrix} \begin{bmatrix} u_C \\ i_L \end{bmatrix} + \begin{bmatrix} \dfrac{1}{4} \\ \dfrac{1}{4} \end{bmatrix} u_S$$

(2) 对状态方程进行拉普拉斯变换可得

$$\begin{bmatrix} s+\dfrac{1}{4} & \dfrac{1}{2} \\ -\dfrac{1}{4} & s+1 \end{bmatrix} \begin{bmatrix} U_C(s) \\ I_L(s) \end{bmatrix} = \begin{bmatrix} \dfrac{10}{3} \\ 4 \end{bmatrix} + \begin{bmatrix} \dfrac{1}{4} \\ \dfrac{1}{4} \end{bmatrix} \dfrac{10}{s}$$

解得

$$\begin{bmatrix} U_C(s) \\ I_L(s) \end{bmatrix} = \begin{bmatrix} \dfrac{\dfrac{10}{3}s^2 + \dfrac{23}{6}s + \dfrac{5}{4}}{s\left(s+\dfrac{1}{2}\right)\left(s+\dfrac{3}{4}\right)} \\ \dfrac{4s^2 + \dfrac{13}{3}s + \dfrac{5}{4}}{s\left(s+\dfrac{1}{2}\right)\left(s+\dfrac{3}{4}\right)} \end{bmatrix} = \begin{bmatrix} \dfrac{10}{3s} - \dfrac{\dfrac{4}{3}}{s+\dfrac{1}{2}} + \dfrac{\dfrac{4}{3}}{s+\dfrac{3}{4}} \\ \dfrac{10}{3s} - \dfrac{\dfrac{2}{3}}{s+\dfrac{1}{2}} + \dfrac{\dfrac{4}{3}}{s+\dfrac{3}{4}} \end{bmatrix}$$

故进行拉普拉斯反变换有

$$u_C(t) = \left(\dfrac{10}{3} - \dfrac{4}{3}\mathrm{e}^{-\frac{t}{2}} + \dfrac{4}{3}\mathrm{e}^{-\frac{3}{4}t}\right)\varepsilon(t)\text{V}, \quad i_L(t) = \left(\dfrac{10}{3} - \dfrac{2}{3}\mathrm{e}^{-\frac{t}{2}} + \dfrac{4}{3}\mathrm{e}^{-\frac{3}{4}t}\right)\varepsilon(t)\text{A}$$

题9 水木珞研解析

列出方程

$$\begin{cases} C_1 \dfrac{du_{C_1}}{dt} = i_{L_4} + i_{R_5} \\ C_2 \dfrac{du_{C_2}}{dt} = -i_{L_3} - i_{L_4} - i_{R_5} \\ u_{L_3} = u_{C_2} - u_S - i_{R_6} R_6 \\ u_{L_4} = -u_{C_1} + u_{C_2} - u_S - i_{R_6} R_6 \end{cases}$$

其中

$$\begin{cases} u_{L_3} = L_3 \dfrac{di_{L_3}}{dt} + M \dfrac{di_{L_4}}{dt} \\ u_{L_4} = M \dfrac{di_{L_3}}{dt} + L_4 \dfrac{di_{L_4}}{dt} \\ u_{C_2} = u_{C_1} + i_{R_5} R_5 \\ i_{R_6} = i_{L_3} + i_{L_4} \end{cases}$$

整理得

$$\begin{bmatrix} \dfrac{du_{C_1}}{dt} \\ \dfrac{du_{C_2}}{dt} \\ \dfrac{di_{L_3}}{dt} \\ \dfrac{di_{L_4}}{dt} \end{bmatrix} = \begin{bmatrix} -\dfrac{1}{R_5 C_1} & \dfrac{1}{R_5 C_1} & 0 & \dfrac{1}{C_1} \\ \dfrac{1}{R_5 C_2} & -\dfrac{1}{R_5 C_2} & -\dfrac{1}{C_2} & -\dfrac{1}{C_2} \\ \dfrac{M}{\Delta} & \dfrac{L_4 - M}{\Delta} & \dfrac{R_6(M - L_4)}{\Delta} & \dfrac{R_6(M - L_4)}{\Delta} \\ -\dfrac{L_3}{\Delta} & \dfrac{L_3 - M}{\Delta} & \dfrac{R_6(M - L_3)}{\Delta} & \dfrac{R_6(M - L_3)}{\Delta} \end{bmatrix} \begin{bmatrix} u_{C_1} \\ u_{C_2} \\ i_{L_3} \\ i_{L_4} \end{bmatrix} + \begin{bmatrix} 0 \\ 0 \\ \dfrac{M - L_4}{\Delta} \\ \dfrac{M - L_3}{\Delta} \end{bmatrix} u_S$$

其中

$$\Delta = L_3 L_4 - M^2$$

题10 水木珞研解析

(1) 以 i_1、i_2、u 为状态变量，列写状态方程

$$\begin{cases} C \dfrac{du}{dt} = i_2 \\ L_1 \dfrac{di_1}{dt} + M \dfrac{di_2}{dt} = u_S \\ u + M \dfrac{di_1}{dt} + L_2 \dfrac{di_2}{dt} + i_2 = u_S \end{cases}$$

代入数值，整理得

$$\begin{bmatrix} \dfrac{di_1}{dt} \\ \dfrac{di_2}{dt} \\ \dfrac{du}{dt} \end{bmatrix} = \begin{bmatrix} 0 & 4 & 4 \\ 0 & -4 & -4 \\ 0 & 1 & 0 \end{bmatrix} \begin{bmatrix} i_1 \\ i_2 \\ u \end{bmatrix} + \begin{bmatrix} 0.25 \\ 0 \\ 0 \end{bmatrix} u_S$$

(2) 因状态方程的系数矩阵不满秩,秩为2,因此为二阶电路。直接看去耦等效电路,如图所示,也可以得到相同的结论。

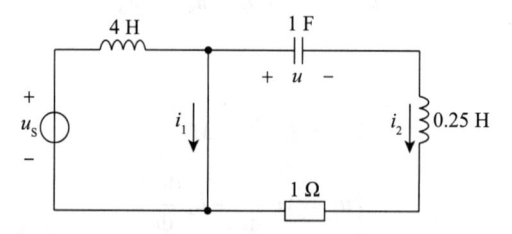

(3) 将状态方程写成复频域形式求解。(进行拉普拉斯变换)

$$\begin{bmatrix} s & -4 & -4 \\ 0 & s+4 & 4 \\ 0 & -1 & s \end{bmatrix} \begin{bmatrix} I_1(s) \\ I_2(s) \\ U(s) \end{bmatrix} = \begin{bmatrix} \dfrac{\sqrt{2}}{4} \cdot \dfrac{1}{s^2+1} \\ 0 \\ 0 \end{bmatrix}$$

解得

$$I_1(s) = \dfrac{\dfrac{\sqrt{2}}{4} \times \dfrac{1}{s^2+1} \times (s^2+4s+4)}{s \times (s^2+4s+4)} = \dfrac{\sqrt{2}}{4} \times \dfrac{1}{s(s^2+1)} = \dfrac{\sqrt{2}}{4} \times \left(\dfrac{1}{s} + \dfrac{-s}{s^2+1} \right)$$

进行拉普拉斯反变换得

$$i_1(t) = \dfrac{\sqrt{2}}{4}(1-\cos t) \cdot \varepsilon(t)\,\text{A}$$

第17讲　图论基础及电路方程矩阵形式

题1 水木珞研解析

(1) 按图中所取回路可得 $L_1(1,4,5,6)$，$L_2(2,5,6)$，$L_3(3,6,7)$。

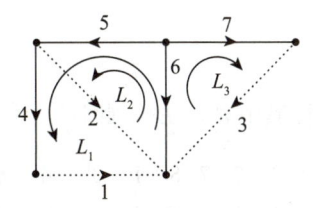

$$\boldsymbol{B} = \begin{array}{c} \\ L_1 \\ L_2 \\ L_3 \end{array} \begin{array}{c} 1\ \ 2\ \ 3\ \ 4\ \ 5\ \ 6\ \ 7 \\ \left[\begin{array}{ccccccc} 1 & 0 & 0 & 1 & 1 & -1 & 0 \\ 0 & 1 & 0 & 0 & 1 & -1 & 0 \\ 0 & 0 & 1 & 0 & 0 & -1 & 1 \end{array}\right] \end{array}$$

(2) 按图所取的割集方向可得 $Q_4(4,1)$，$Q_5(5,1,2)$，$Q_6(6,1,2,3)$，$Q_7(7,3)$。

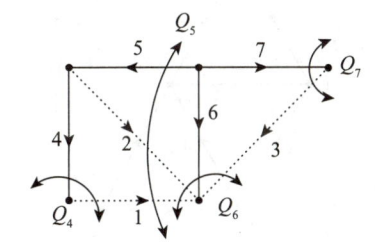

$$\boldsymbol{Q} = \begin{array}{c} \\ Q_4 \\ Q_5 \\ Q_6 \\ Q_7 \end{array} \begin{array}{c} 4\ \ 5\ \ 6\ \ 7\ \ 1\ \ 2\ \ 3 \\ \left[\begin{array}{ccccccc} 1 & 0 & 0 & 0 & -1 & 0 & 0 \\ 0 & 1 & 0 & 0 & -1 & -1 & 0 \\ 0 & 0 & 1 & 0 & 1 & 1 & 1 \\ 0 & 0 & 0 & 1 & 0 & 0 & -1 \end{array}\right] \end{array}$$

题2 水木珞研解析

根据矩阵 $\boldsymbol{B}$ 可画出四个基本回路，如图(a)所示。

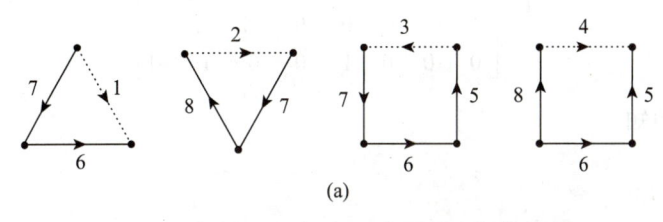

根据以上基本回路画出拓扑图，如图(b)所示，便可求得基本割集矩阵。

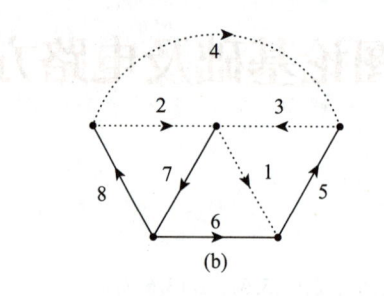

$$Q = \begin{bmatrix} 0 & 0 & -1 & 1 & 1 & 0 & 0 & 0 \\ 1 & 0 & -1 & 1 & 0 & 1 & 0 & 0 \\ 1 & -1 & -1 & 0 & 0 & 0 & 1 & 0 \\ 0 & -1 & 0 & -1 & 0 & 0 & 0 & 1 \end{bmatrix}$$

题3 水木珞研解析

(1) 由 $Q_f = [E \vdots 1]$，易知 $B_f = [1 \vdots F]$，其中 $F = -E^T$。此时

$$B_f = \begin{matrix} & 2 & 5 & 7 & 8 & 1 & 3 & 4 & 6 \\ & \begin{bmatrix} 1 & 0 & 0 & 0 & 1 & 1 & 0 & 0 \\ 0 & 1 & 0 & 0 & 0 & 0 & -1 & -1 \\ 0 & 0 & 1 & 0 & 0 & -1 & 1 & 1 \\ 0 & 0 & 0 & 1 & 1 & 1 & -1 & 0 \end{bmatrix} \end{matrix}$$

由 B_f 矩阵可作出有向图，如图所示。

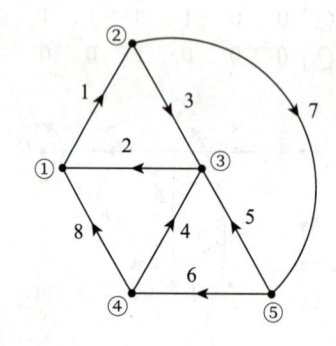

以节点⑤为参考节点，则关联矩阵为

$$A = \begin{matrix} & 2 & 5 & 7 & 8 & 1 & 3 & 4 & 6 \\ & \begin{bmatrix} -1 & 0 & 0 & -1 & 1 & 0 & 0 & 0 \\ 0 & 0 & 1 & 0 & -1 & 1 & 0 & 0 \\ 1 & -1 & 0 & 0 & 0 & -1 & -1 & 0 \\ 0 & 0 & 0 & 1 & 0 & 0 & 1 & -1 \end{bmatrix} \end{matrix}$$

(2) 由 $B_f U = 0$，可知

第17讲 图论基础及电路方程矩阵形式

$$\begin{bmatrix} 1 & 0 & 0 & 0 & 1 & 1 & 0 & 0 \\ 0 & 1 & 0 & 0 & 0 & 0 & -1 & -1 \\ 0 & 0 & 1 & 0 & 0 & -1 & 1 & 1 \\ 0 & 0 & 0 & 1 & 1 & 1 & -1 & 0 \end{bmatrix} \begin{bmatrix} U_2 \\ U_5 \\ U_7 \\ U_8 \\ U_1 \\ U_3 \\ U_4 \\ U_6 \end{bmatrix} = \mathbf{0} \Rightarrow \begin{bmatrix} U_2 \\ U_5 \\ U_7 \\ U_8 \end{bmatrix} = \begin{bmatrix} -1 & -1 & 0 & 0 \\ 0 & 0 & 1 & 1 \\ 0 & 1 & -1 & -1 \\ -1 & -1 & 1 & 0 \end{bmatrix} \begin{bmatrix} U_1 \\ U_3 \\ U_4 \\ U_6 \end{bmatrix}$$

题 4 水木珞研解析

根据 $\boldsymbol{B}_f$ 矩阵，作出对应的图，如图所示。

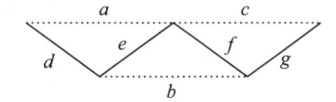

由图可知

(1) 支路 $acef$ 构成树，正确；

(2) 支路 $abcdg$ 构成回路，正确；

(3) 支路 $abeg$ 不构成割集，错误。

题 5 水木珞研解析

由题意，选取 5 个割集，如图所示。

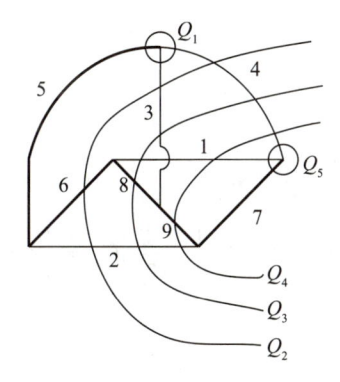

由图可知，所选树对应的各基本回路分别为

$$l_1(1,7,8,9),\ l_2(2,6,8,9),\ l_3(3,5,6,8),\ l_4(4,5,6,7,8,9)$$

各基本割集回路为

$$Q_1(3,4,5),\ Q_2(2,3,4,6),\ Q_3(1,2,3,4,8),\ Q_4(1,2,4,9),\ Q_5(1,4,7)$$

题6 水木珞研解析

(1) 根据题图所示电路作出有向图，如图所示。

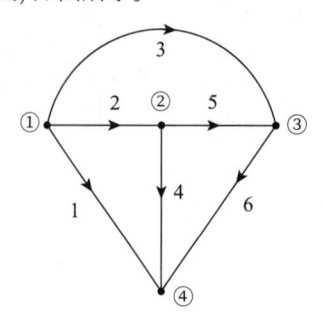

(2) 由图易得关联矩阵 A（以节点④为参考节点）和支路电导矩阵 G_b 如下。

$$A = \begin{bmatrix} 1 & 2 & 3 & 4 & 5 & 6 \\ 1 & 1 & 1 & 0 & 0 & 0 \\ 0 & -1 & 0 & 1 & 1 & 0 \\ 0 & 0 & -1 & 0 & -1 & 1 \end{bmatrix}, \quad G_b = \begin{bmatrix} 1 & 0 & 0 & 0 & 0 & 0 \\ 0 & \frac{1}{2} & 0 & 0 & 0 & 0 \\ 0 & 0 & \frac{1}{3} & 0 & 0 & 0 \\ 0 & 0 & 0 & \frac{1}{4} & 0 & 0 \\ 0 & 0 & 0 & 0 & \frac{1}{5} & 0 \\ 0 & -\frac{1}{6} & 0 & 0 & 0 & \frac{1}{6} \end{bmatrix}$$

其中 $I_6 = \dfrac{U_6 - 2I_2}{R_6} = G_6 U_6 - 2 G_6 G_2 U_2$，得 G_b 最后一行。

(3) 易列出节点电压方程如下。

$$\begin{cases} \left(\dfrac{1}{R_1} + \dfrac{1}{R_2} + \dfrac{1}{R_3}\right) U_{n1} - \dfrac{1}{R_2} U_{n2} - \dfrac{1}{R_3} U_{n3} = -\dfrac{E_1}{R_1} \\ -\dfrac{1}{R_2} U_{n1} + \left(\dfrac{1}{R_2} + \dfrac{1}{R_4} + \dfrac{1}{R_5}\right) U_{n2} - \dfrac{1}{R_5} U_{n3} = -J_4 \\ -\dfrac{1}{R_3} U_{n1} - \dfrac{1}{R_5} U_{n2} + \left(\dfrac{1}{R_3} + \dfrac{1}{R_5} + \dfrac{1}{R_6}\right) U_{n3} = \dfrac{2I_2}{R_6} = \dfrac{2(U_{n1} - U_{n2})}{R_6 R_2} \end{cases}$$

题7 水木珞研解析

(1) 将矩阵 B_f 先连支、后树支排列，得

$$B = \begin{bmatrix} 1 & 3 & 5 & 2 & 4 & 6 \\ 1 & 0 & 0 & 1 & 1 & 0 \\ 0 & 1 & 0 & 0 & -1 & 1 \\ 0 & 0 & 1 & 1 & 1 & -1 \end{bmatrix} \Rightarrow Q = \begin{bmatrix} 1 & 3 & 5 & 2 & 4 & 6 \\ -1 & 0 & -1 & 1 & 0 & 0 \\ -1 & 1 & -1 & 0 & 1 & 0 \\ 0 & -1 & 1 & 0 & 0 & 1 \end{bmatrix}$$

由矩阵 $\boldsymbol{B}$ 和 $\boldsymbol{Q}$，可知 $\boldsymbol{B}_f$ 对应的全部基本回路为 $L_1(1,2,4)$，$L_2(3,4,6)$，$L_3(2,4,5,6)$，$\boldsymbol{B}_f$ 对应的全部基本割集为 $C_1(1,2,5)$，$C_2(1,3,4,5)$，$C_3(3,5,6)$。

(2) 由题意易知

$$Z_1 = B_f Z B_f^T = \begin{bmatrix} R_1 + R_2 + R_4 & -R_4 & R_2 + R_4 \\ -R_4 & j\omega L_3 + R_4 + j\omega L_6 & -R_4 - j\omega L_6 \\ R_2 + R_4 & -R_4 - j\omega L_6 & \dfrac{1}{j\omega C_5} + R_2 + R_4 + j\omega L_6 \end{bmatrix}$$

(3) 若 $\boldsymbol{I}_1 = \begin{bmatrix} 3 & 1 & 1 \end{bmatrix}^T$，则

$$\boldsymbol{I} = \boldsymbol{B}_f^T \boldsymbol{I}_1 = \begin{bmatrix} 3 & 4 & 1 & 3 & 1 & 0 \end{bmatrix}^T$$

题8 水木珞研解析

(1) 关联矩阵为

$$A = \begin{matrix} n_1 \\ n_2 \\ n_3 \\ n_4 \end{matrix} \begin{bmatrix} 1 & 1 & 0 & 0 & 0 & 0 \\ 0 & -1 & 1 & -1 & 0 & 0 \\ 0 & 0 & -1 & 0 & 0 & 1 \\ -1 & 0 & 0 & 1 & 1 & 0 \end{bmatrix}$$

(2) 支路导纳矩阵为

$$Y = \begin{bmatrix} \dfrac{1}{R_1} & 0 & 0 & 0 & -\beta\dfrac{1}{j\omega L_5} & 0 \\ 0 & \dfrac{1}{R_2} & 0 & 0 & 0 & 0 \\ 0 & 0 & j\omega C_3 & 0 & 0 & 0 \\ 0 & g & 0 & \dfrac{1}{R_4} & 0 & 0 \\ 0 & 0 & 0 & 0 & \dfrac{1}{j\omega L_5} & 0 \\ 0 & 0 & 0 & 0 & 0 & \dfrac{1}{R_6} \end{bmatrix}$$

(3) 支路电压源和支路电流源列向量分别为

$$\dot{\boldsymbol{U}}_S = \begin{bmatrix} 0 & 0 & 0 & \dot{U}_{S4} & 0 & -\dot{U}_{S6} \end{bmatrix}^T, \quad \dot{\boldsymbol{I}}_S = \begin{bmatrix} \dot{I}_{S1} & \dot{I}_{S2} & 0 & 0 & 0 & 0 \end{bmatrix}^T$$

(4) 列出节点电压方程为

$$\boldsymbol{A Y A}^T \dot{\boldsymbol{U}}_n = \boldsymbol{A} \dot{\boldsymbol{I}}_S - \boldsymbol{A Y} \dot{\boldsymbol{U}}_S$$

代入参数得

$$\begin{bmatrix} \dfrac{1}{R_1}+\dfrac{1}{R_2} & -\dfrac{1}{R_2} & 0 & -\dfrac{1}{R_1}-\dfrac{\beta}{j\omega L_5} \\ -\dfrac{1}{R_2}-g & \dfrac{1}{R_2}+\dfrac{1}{R_4}+j\omega C_3+g & -j\omega C_3 & -\dfrac{1}{R_4} \\ 0 & -j\omega C_3 & \dfrac{1}{R_6}+j\omega C_3 & 0 \\ -\dfrac{1}{R_1}+g & -\dfrac{1}{R_4}-g & 0 & \dfrac{1}{R_1}+\dfrac{1}{R_4}+\dfrac{1+\beta}{j\omega L_5} \end{bmatrix} \begin{bmatrix} \dot U_{n1} \\ \dot U_{n2} \\ \dot U_{n3} \\ \dot U_{n4} \end{bmatrix} = \begin{bmatrix} \dot I_{S1}+\dot I_{S2} \\ -\dot I_{S2}+\dfrac{\dot U_{S4}}{R_4} \\ \dfrac{\dot U_{S6}}{R_6} \\ -\dot I_{S1}-\dfrac{\dot U_{S4}}{R_4} \end{bmatrix}$$

题9 水木珞研解析

(1) 以先连支、后树支方式排列，列写 $\boldsymbol{B}_\mathrm{f}$、$\boldsymbol{Q}_\mathrm{f}$。

$$\boldsymbol{B}_\mathrm{f} = \begin{matrix} 2 & 4 & 5 & 1 & 3 & 6 \\ \begin{bmatrix} 1 & 0 & 0 & -1 & -1 & 0 \\ 0 & 1 & 0 & 1 & 0 & 1 \\ 0 & 0 & 1 & 0 & -1 & 1 \end{bmatrix} \end{matrix}, \quad \boldsymbol{Q}_\mathrm{f} = \begin{matrix} 2 & 4 & 5 & 1 & 3 & 6 \\ \begin{bmatrix} 1 & -1 & 0 & 1 & 0 & 0 \\ 1 & 0 & 1 & 0 & 1 & 0 \\ 0 & -1 & -1 & 0 & 0 & 1 \end{bmatrix} \end{matrix}$$

(2) 支路阻抗矩阵为

$$\boldsymbol{Z} = \begin{matrix} 1 & 2 & 3 & 4 & 5 & 6 \\ \begin{bmatrix} R_1 & 0 & 0 & 0 & 0 & 0 \\ 0 & j\omega L_2 & -j\omega M & 0 & 0 & 0 \\ 0 & -j\omega M & j\omega L_3 & 0 & 0 & 0 \\ 0 & 0 & 0 & \dfrac{1}{j\omega C_4} & 0 & 0 \\ 0 & 0 & 0 & 0 & R_5 & 0 \\ 0 & 0 & 0 & 0 & 0 & R_6 \end{bmatrix} \end{matrix}$$

回路阻抗矩阵为

$$\boldsymbol{Z}_l = \begin{bmatrix} R_1+j\omega(L_2+L_3+2M) & -R_1 & j\omega(L_3+M) \\ -R_1 & R_1+R_6+\dfrac{1}{j\omega C_4} & R_6 \\ j\omega(L_3+M) & R_6 & R_5+R_6+j\omega L_3 \end{bmatrix}$$

题10 水木珞研解析

(1) 根据题图(b)补充基本割集矩阵 $\boldsymbol{Q}_\mathrm{f}$，则

$$\boldsymbol{Q}_\mathrm{f} = \begin{matrix} 4 & 5 & 6 & 1 & 2 & 3 & 7 \\ \begin{bmatrix} 1 & 0 & 1 & 1 & 0 & 0 & 0 \\ 0 & 1 & -1 & 0 & 1 & 0 & 0 \\ -1 & -1 & 0 & 0 & 0 & 1 & 0 \\ 0 & 0 & 1 & 0 & 0 & 0 & 1 \end{bmatrix} \end{matrix}$$

(2) 节点电压矩阵方程的表达式为

$$(AG_bA^T)U_n = A(G_bU_{Sb} - I_{Sb})$$

其中

$$A = \begin{bmatrix} 1 & 1 & 1 & 0 & 0 & 0 & 0 \\ 0 & 0 & -1 & 1 & 1 & 0 & 0 \\ 0 & -1 & 0 & 0 & -1 & 1 & 0 \\ 0 & 0 & 0 & 0 & 0 & -1 & -1 \end{bmatrix}, \quad G_b = \begin{bmatrix} \frac{1}{2} & 0 & 0 & 0 & -j\frac{3}{2} & 0 & 0 \\ 0 & 0 & 0 & 0 & 0 & 0 & 0 \\ 0 & 0 & -j5 & 0 & 0 & 0 & 0 \\ 0 & 0 & 0 & -j2 & 0 & -2 & 0 \\ 0 & 0 & 0 & 0 & j\frac{1}{2} & 0 & 0 \\ 0 & 0 & 0 & 0 & 0 & \frac{1}{4} & 0 \\ 0 & 0 & 0 & 0 & 0 & 0 & 1 \end{bmatrix}$$

$$U_{Sb} = \begin{bmatrix} U_{S1} & 0 & 0 & 0 & 0 & U_{S6} & 0 \end{bmatrix}^T = \begin{bmatrix} 50\angle 30° & 0 & 0 & 0 & 0 & 80\angle 45° & 0 \end{bmatrix}^T$$

$$I_{Sb} = \begin{bmatrix} 0 & i_{S2} & 0 & 0 & 0 & -i_{S6} & 0 \end{bmatrix}^T = \begin{bmatrix} 0 & 3\angle 60° & 0 & 0 & 0 & 5\angle(-105°) & 0 \end{bmatrix}^T$$

题 11 水木珞研解析

(1) 由 Q 中对角线为1的子阵可以判断其对应的树为 $T = (4,5,6)$。

(2) 基本割集如图(a)所示。

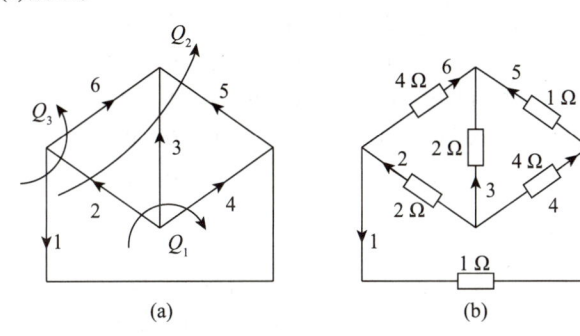

由图可得到割集导纳矩阵

$$Y_t = \begin{bmatrix} G_2 + G_3 + G_4 & G_2 + G_3 & -G_2 \\ G_2 + G_3 & G_1 + G_2 + G_3 + G_5 & -G_1 - G_2 \\ -G_2 & -G_1 - G_2 & G_1 + G_2 + G_6 \end{bmatrix} = \begin{bmatrix} 1.25 & 1 & -0.5 \\ 1 & 3 & -1.5 \\ -0.5 & -1.5 & 1.75 \end{bmatrix}$$

解得

$$G_1 = 1\,\text{S}, \quad G_2 = 0.5\,\text{S}, \quad G_3 = 0.5\,\text{S}$$

$$G_4 = 0.25\,\text{S}, \quad G_5 = 1\,\text{S}, \quad G_6 = 0.25\,\text{S}$$

各支路电阻参数如图(b)所示。

$$R_1 = \frac{1}{G_1} = 1\,\Omega,\ R_2 = \frac{1}{G_2} = 2\,\Omega,\ R_3 = \frac{1}{G_3} = 2\,\Omega$$

$$R_4 = \frac{1}{G_4} = 4\,\Omega,\ R_5 = \frac{1}{G_5} = 1\,\Omega,\ R_6 = \frac{1}{G_6} = 4\,\Omega$$

(3) 基本回路的参考方向如图(c)所示。

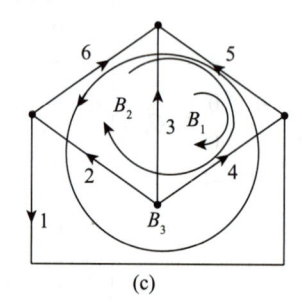

(c)

基本回路阻抗矩阵为

$$\mathbf{Z} = \begin{matrix} B_1 \\ B_2 \\ B_3 \end{matrix} \begin{bmatrix} R_1 + R_5 + R_6 & -(R_5 + R_6) & -R_5 \\ -(R_5 + R_6) & R_2 + R_4 + R_5 + R_6 & R_4 + R_5 \\ -R_5 & R_4 + R_5 & R_3 + R_4 + R_5 \end{bmatrix} = \begin{matrix} B_1 \\ B_2 \\ B_3 \end{matrix} \begin{bmatrix} 6 & -5 & -1 \\ -5 & 11 & 5 \\ -1 & 5 & 7 \end{bmatrix}$$

题12 水木珞研解析

关联矩阵为

$$\mathbf{A} = \begin{matrix} a \\ b \\ c \\ d \end{matrix} \begin{matrix} 1 & 2 & 3 & 4 & 5 & 6 & 7 & 8 \\ \begin{bmatrix} -1 & 1 & 0 & 0 & 0 & 1 & 0 & 0 \\ 0 & 0 & 0 & 0 & 0 & -1 & 1 & -1 \\ 0 & -1 & -1 & 1 & 0 & 0 & 0 & 0 \\ 0 & 0 & 0 & -1 & 1 & 0 & 0 & 1 \end{bmatrix} \end{matrix}$$

选 (3,5,6,8) 为树，则基本回路矩阵为

$$\mathbf{B}_\text{f} = \begin{matrix} 1 \\ 2 \\ 4 \\ 7 \end{matrix} \begin{matrix} 1 & 2 & 4 & 7 & 3 & 5 & 6 & 8 \\ \begin{bmatrix} 1 & 0 & 0 & 0 & 0 & 1 & 1 & -1 \\ 0 & 1 & 0 & 0 & -1 & -1 & -1 & 1 \\ 0 & 0 & 1 & 0 & 1 & 1 & 0 & 0 \\ 0 & 0 & 0 & 1 & 0 & -1 & 0 & 1 \end{bmatrix} \end{matrix}$$

基本割集矩阵为

$$\mathbf{Q}_\text{f} = \begin{matrix} 3 \\ 5 \\ 6 \\ 8 \end{matrix} \begin{matrix} 3 & 5 & 6 & 8 & 1 & 2 & 4 & 7 \\ \begin{bmatrix} 1 & 0 & 0 & 0 & 0 & 1 & -1 & 0 \\ 0 & 1 & 0 & 0 & -1 & 1 & -1 & 1 \\ 0 & 0 & 1 & 0 & -1 & 1 & 0 & 0 \\ 0 & 0 & 0 & 1 & 1 & -1 & 0 & -1 \end{bmatrix} \end{matrix}$$

第18讲 均匀传输线

题1 水木珞研解析

由于终端阻抗匹配，因此无损线始端输入阻抗 $Z_i = Z_c = 600\,\Omega$，则始端电压为

$$\dot{U}_1 = \frac{Z_i \times \dot{U}_S}{R_S + Z_i} = \frac{600}{300+600} \times 24\angle(-30°) = 16\angle(-30°)(\text{V})$$

终端负载电压为

$$\dot{U}_2 = \dot{U}_1 e^{-j\frac{2\pi}{\lambda}l} = 16\angle(-30°) \times 1\angle\left(-\frac{2\pi}{\lambda} \times \frac{\lambda}{3}\right) = 16\angle(-150°)(\text{V})$$

负载电流为

$$\dot{I}_2 = \frac{\dot{U}_2}{Z_2} = \frac{16\angle(-150°)}{600} \approx 26.67\angle(-150°)(\text{mA})$$

因此

$$u_2(t) = 16\sqrt{2}\cos(\omega t - 150°)\text{V}, \quad i_2(t) = 26.67\sqrt{2}\cos(\omega t - 150°)\text{A}$$

题2 水木珞研解析

无损线的传输方程为

$$\dot{U}_1 = \dot{U}_2'\cos\left(\frac{2\pi}{\lambda} \times \frac{\lambda}{4}\right) + j300\dot{I}_2'\sin\left(\frac{2\pi}{\lambda} \times \frac{\lambda}{4}\right) = j300\dot{I}_2'$$

$$\dot{I}_1 = \dot{I}_2'\cos\left(\frac{2\pi}{\lambda} \times \frac{\lambda}{4}\right) + j\frac{\dot{U}_2'}{300}\sin\left(\frac{2\pi}{\lambda} \times \frac{\lambda}{4}\right) = j\frac{\dot{U}_2'}{300}$$

所以传输线的传输参数矩阵为

$$A_1 = \begin{bmatrix} 0 & j300 \\ \dfrac{j}{300} & 0 \end{bmatrix}$$

理想变压器的传输参数矩阵为

$$A_2 = \begin{bmatrix} n & 0 \\ 0 & \dfrac{1}{n} \end{bmatrix} = \begin{bmatrix} 3 & 0 \\ 0 & \dfrac{1}{3} \end{bmatrix}$$

传输线和理想变压器为级联，总的传输参数矩阵为

$$A = A_1 A_2 = \begin{bmatrix} 0 & j300 \\ \dfrac{j}{300} & 0 \end{bmatrix}\begin{bmatrix} 3 & 0 \\ 0 & \dfrac{1}{3} \end{bmatrix} = \begin{bmatrix} 0 & j100 \\ \dfrac{j}{100} & 0 \end{bmatrix}$$

题3 水木珞研解析

(1) 对第一段无损线而言，其长度为 $\dfrac{\lambda}{4}$，由输入阻抗得

$$Z_{in} = \dfrac{Z_{c1}^2}{Z_L}$$

求得此时 $2-2'$ 端相当于接有的负载为

$$Z_L = \dfrac{Z_{c1}^2}{Z_{in}} = \dfrac{300^2}{450} = 200\,(\Omega)$$

(2) 第二段无损线终端开路，从 $2-2'$ 端看第二段无损线的等效阻抗为

$$Z'_{in} = -jZ_{c2}\cot(\beta l_2) = -jZ_{c2}\cot\left(\dfrac{2\pi}{\lambda}\times\dfrac{\lambda}{8}\right) = -jZ_{c2} = -jX_C \qquad (*)$$

即该段无损线可以用一个电容(容抗 X_C)来等效。$2-2'$ 端总的等效阻抗 Z_L 等于集中参数电阻串联电感再和等效电容并联，即

$$Z_L = \dfrac{(100+j100)(-jX_C)}{100+j100-jX_C} = 200(\Omega)$$

求得

$$X_C = 200\,\Omega$$

由(*)式得

$$Z_{c2} = X_C = 200\,\Omega$$

题4 水木珞研解析

将电感 L 用一段长度为 l' 且终端短路的无损线等效，等效电路图如图所示。当新增加的一段无损线的长度 l' 为某一数值时，存在 $Z_i = jX_L$。

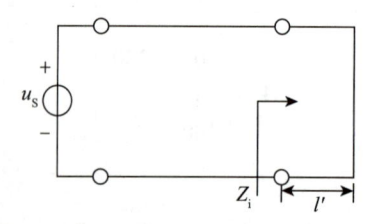

从终端看新增加的无损线的输入阻抗为

$$Z_i = jZ_c\tan\left(\dfrac{2\pi}{\lambda}\times l'\right)$$

所以

$$j100\tan\left(\dfrac{2\pi}{8}\times l'\right) = j100\sqrt{3}$$

解得

$$l' = \frac{4}{3} \text{ m}$$

这样相当于无损线增加了 $\frac{4}{3}$ m。等效终端短路,等效终端电压为零,在距等效终端 $x' = k\frac{\lambda}{2}$ 处,电压为零。电压为零的点距终端的距离为

$$x = x' - l' = k\frac{\lambda}{2} - \frac{4}{3} = 4k - \frac{4}{3} \quad (k = 1, 2, 3, 4)$$

当线长为 18 m 时,传输线上电压始终为零的点距终端的距离为

$$x \approx 2.67 \text{ m}, 6.67 \text{ m}, 10.67 \text{ m}, 14.67 \text{ m}$$

题5 水木珞研解析

(1) 第2段无损线的长度为 0.5 m 等于 $\lambda/4$,从 a–a′ 端看其等效阻抗为

$$Z_{\text{in2}} = \frac{Z_c^2}{jX_L} = \frac{300^2}{j100\sqrt{3}} = -j300\sqrt{3}(\Omega)$$

即 a–a′ 端看第2段无损线相当于一个电容。

若使电流 $i(t)$ 恒等于零,则要求从 a–a′ 端看第1段无损线相当于一个感抗为 $300\sqrt{3}$ Ω 的电感,也就是等效电感和电容发生并联谐振,电流 $i(t)$ 为零。1–1′ 端开路,从 a–a′ 端看第1段无损线的等效阻抗为

$$Z_{\text{in1}} = -jZ_c \cot\left(\frac{2\pi}{\lambda} \times l_1\right) = j300\sqrt{3}$$

即

$$\cot\left(\frac{2\pi}{\lambda} \times l_1\right) = -\sqrt{3}$$

解得 l_1 的最小值为

$$l_1 = \left(\frac{5}{6}\pi\right) \Big/ \left(\frac{2\pi}{\lambda}\right) = \frac{5}{6}(\text{m})$$

又由余切函数的周期性有

$$l_1 = \left(\frac{5}{6} + k\right) \text{m} \quad (k = 0, 1, 2, \cdots)$$

(2) 第2段无损线在 a–a′ 端的电流为

$$\dot{I}_1' = \frac{\dot{U}_S}{Z_{\text{in2}}} = \frac{2\angle 45°}{-j300\sqrt{3}} = \frac{0.02}{9}\sqrt{3}\angle 135°(\text{A})$$

由传输线方程得 $2-2'$ 端的电压 $\dot{U}_2$ 为

$$\dot{U}_2 = \dot{U}_S \cos\left(\frac{2\pi}{2}\times 0.5\right) - jZ_c \dot{I}_1' \sin\left(\frac{2\pi}{2}\times 0.5\right) = \frac{2}{3}\sqrt{3}\angle 45° = 1.15\angle 45°(\text{V})$$

$$u_2(t) = 1.15\sqrt{2}\cos(\omega t + 45°)\text{V}$$

题6 水木珞研解析

由题可得求解电路如图所示。

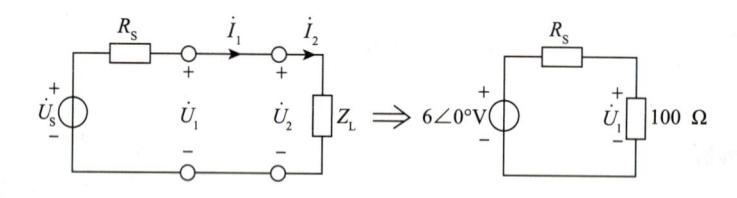

(1) 由题可知

$$\beta = \frac{\omega}{v} = \frac{10^8 \pi}{3\times 10^8} = \frac{\pi}{3}, \quad \lambda = \frac{2\pi}{\beta} = \frac{2\pi}{\frac{\pi}{3}} = 6(\text{m})$$

(2) 根据分压公式

$$\dot{U}_1 = \frac{100}{100+10}\cdot 6\angle 0° \approx 5.45\angle 0°(\text{V})$$

$$\begin{cases} \dot{U}_1 = U_2 \cos(\beta l) + j\dot{I}_2 Z_c \sin(\beta l) \\ \dot{I}_1 = \dot{I}_2 \cos(\beta l) + j\dfrac{\dot{U}_2}{Z_c}\sin(\beta l) \end{cases}$$

由于此时终端匹配，则有 $\dot{U}_1 = \dot{U}_2 e^{j\beta L}$，故

$$\dot{U}_2 = 5.45\angle 180° \text{ V}$$

$$u_1(t) = 5.45\sqrt{2}\cos(10^8 \pi t)\text{V}, \quad u_2(t) = 5.45\sqrt{2}\cos(10^8 \pi t + 180°)\text{V}$$

题7 水木珞研解析

由题可得求解电路，如图所示。

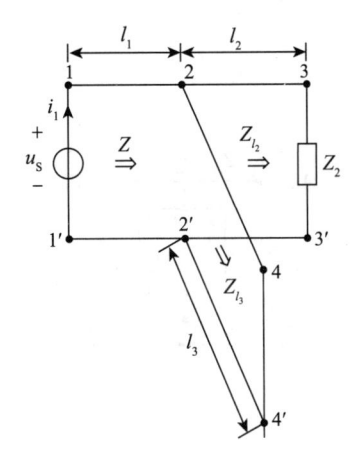

由 $v = \dfrac{\omega}{\beta}$ 可得，相位系数

$$\beta = \dfrac{\omega}{v} = \dfrac{2\pi \times 10^8}{3 \times 10^8} = \dfrac{2\pi}{3}$$

对无损耗线 l_2 从 $2-2'$ 端向终端看进去的入端阻抗为

$$l_2 = Z_c \dfrac{Z_2 + jZ_c \tan(\beta l_2)}{Z_c + jZ_2 \tan(\beta l_2)}$$

$$\beta l_2 = \dfrac{2}{3}\pi \times \dfrac{3}{4} = \dfrac{\pi}{2}$$

则 $\tan(\beta l_2) \to \infty$，故

$$Z_{l_2} = \dfrac{Z_c^2}{Z_L} = \dfrac{Z_c^2}{Z_2} = \dfrac{100^2}{10} = 1\,000\ (\Omega)$$

对无损耗线 l_3 从 $2-2'$ 端向终端看进去的入端阻抗为

$$Z_{l_3} = jZ_c \tan(\beta l_3)$$

$$\beta l_3 = \dfrac{2\pi}{3} \times \dfrac{3}{4} = \dfrac{\pi}{2}$$

则 $\tan(\beta l_3) \to \infty$。

从 $1-1'$ 端看进去的入端阻抗为

$$Z = Z_c \dfrac{Z_{l_2} + jZ_c \tan(\beta L_1)}{Z_c + jZ_{l_2} \tan(\beta L_1)} = \dfrac{Z_c^2}{Z_{l_2}} = \dfrac{100^2}{1\,000} = 10\,(\Omega)$$

而 $u_S(t) = 10\cos(2\pi \times 10^8 t)\text{V}$，则

$$i_1(t) = \dfrac{u_S(t)}{Z} = \cos(2\pi \times 10^8 t)\text{A}$$

题 8 水木珞研解析

由题可得求解电路如图所示。

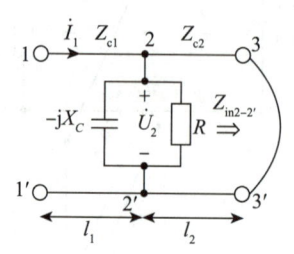

(1) 由于 $3-3'$ 短路，则有

$$Z_{\text{in}2-2'} = jZ_{c2}\tan(\alpha l_2) = j200\tan\left(\frac{2\pi}{\lambda}\cdot\frac{\lambda}{8}\right) = j200(\Omega)$$

$$Z_{l2-2'} = R\,/\!/\,(-jX_C)\,/\!/\,jX_l = 300\,/\!/\,-j200\,/\!/\,j200 = 300(\Omega)$$

$$Z_{l2-2'} = Z_{c1} = 300\,\Omega$$

即负载匹配，则

$$Z_{\text{in}1-1'} = 300\,\Omega$$

(2)

$$\dot{I}_1 = \frac{\dot{U}_S}{Z_{\text{in}1-1'}} = \frac{600\angle 0°}{300} = 2\angle 0°(\text{A})$$

即

$$I_1 = 2\,\text{A}$$

(3) $\dot{U}_2 = \dot{U}_S\cos(\alpha l_1) - j\dot{I}_1 Z_{c1}\sin(\alpha l_1) = 600\angle 0°\cos\left(\frac{2\pi}{\lambda}\times\frac{\lambda}{4}\right) - j2\angle 0°\times 300\sin\left(\frac{2\pi}{\lambda}\times\frac{\lambda}{4}\right) = 600\angle(-90°)(\text{V})$

即

$$U_2 = 600\,\text{V}$$

题 9 水木珞研解析

由题可得求解电路如图所示。

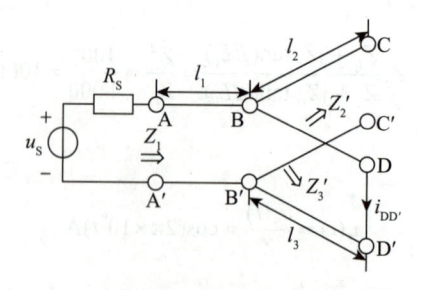

由于 C-C' 端开路，有
$$Z_2 = \infty, \ I_2 = 0, \ l_2 = 5\,\text{m}$$

从 B-B' 端看进去的入端阻抗为
$$Z_2' = \frac{U_x}{I_x} = \frac{U_2\cos(\beta x) + jZ_c I_2\sin(\beta x)}{I_2\cos(\beta x) + j\dfrac{U_2}{Z_c}\sin(\beta x)} = -jZ_c\cot\left(\frac{2\pi}{\lambda}l_2\right) = -j300\sqrt{3}\,(\Omega)$$

由于 D-D' 端短路，有
$$Z_2 = 0, \ U_2 = 0, \ l_3 = 10\,\text{m}$$

从 B-B' 端看进去的入端阻抗为
$$Z_3' = \frac{U_x}{I_x} = \frac{U_2\cos(\beta x) + jZ_c I_2\sin(\beta x)}{I_2\cos(\beta x) + j\dfrac{U_2}{Z_c}\sin(\beta x)} = jZ_c\tan\left(\frac{2\pi}{\lambda}l_3\right) = j300\sqrt{3}\,(\Omega)$$

由于 Z_2' 与 Z_3' 并联后谐振，则从 B-B' 端相当于开路，从 A-A' 端看进去，则
$$Z_1 = -jZ_{c1}\cot\left(\frac{2\pi}{\lambda}l_1\right) = -j150(\Omega)$$

$$\dot{U}_S = 0.6\angle 0°\,\text{V}$$

$$\dot{I}_A = \frac{\dot{U}_S}{R_3 + Z_1} = \frac{0.6\angle 0°}{150\sqrt{3} - j150} = 2\angle 30°\,(\text{mA})$$

$$i_A(t) = 2\cos(\omega t + 30°)$$

$$i_A(t) = jZ_c i_\infty(t)\sin(\beta L_3) \Rightarrow i_{DD'}(t) = i_\infty(t) = 1.633\cos(\omega t - 150°)\,\text{mA}$$

题10 水木珞研解析

传输时间为
$$t = \frac{l}{v} = \frac{300}{3\times 10^8} = 1(\mu\text{s})$$

当 $0 < t \leq 1\,\mu\text{s}$ 时，有
$$U = 0$$

当 $1\,\mu\text{s} < t < 3\,\mu\text{s}$ 时，等效电路如图(a)所示。
$$U_1 = \frac{Z_c}{R_S + Z_c}U_S = \frac{200}{200 + 50}\times 10 = 8(\text{V})$$

根据柏德生法则可得图(b)。

$$u_C(\infty) = \frac{R}{R+Z_c} \cdot 2U_1 = \frac{300}{200+300} \times 16 = 9.6(\text{V})$$

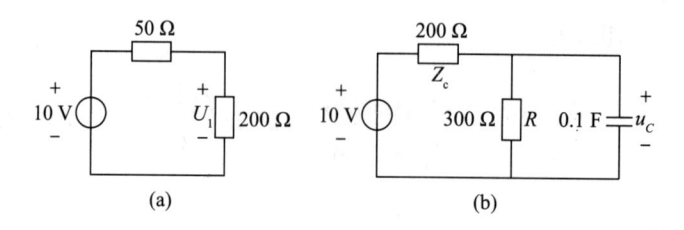

(a)

(b)

等效电阻

$$R_{eq} = Z_c // R = 200 // 300 = 120(\Omega)$$

时间常数

$$\tau = R_{eq}C = (200 // 300) \times 0.1 = 12(\text{s})$$

根据三要素公式，有

$$u_C(t) = 9.6\left(1 - e^{-\frac{t}{12}}\right)$$

综上

$$u(t) = 9.6\left(1 - e^{-\frac{t-10^{-6}}{12}}\right)\varepsilon(t-10^{-6})\text{V}$$